Inhalt

Sibylle Duda

Vorwort

Im zweiten Band der *WahnsinnsFrauen* wird dasselbe Konzept wie im ersten Band, der in erster Auflage 1992* erschienen ist, weiterentwickelt. Dort ist auch meine Theorie über weiblichen Wahnsinn im Vorwort niedergelegt. Ich sehe den weiblichen Wahnsinn nicht so sehr als ein psychiatrisches oder individuelles Problem, sondern als ein gesellschaftliches Problem. In meiner Auseinandersetzung mit Frauenbiographien bediene ich mich einer feministischen Methode, die durch drei Ansätze gekennzeichnet ist:

1. Ich ergreife Partei für die Frau.

2. Ich frage nach dem latenten Sinn ihrer Erfahrungen und der Ereignisse in ihrem Leben. Erst wenn ich die Ebene des Konstatierens verlassen habe und nach der Bedeutung, dem Sinn biographischer Ereignisse frage, erschließt sich eine andere Perspektive des Verstehens. Das Befremdliche erhält einen neuen Sinn, es wird zum Anhaltspunkt für eine Kritik an patriarchalischen Strukturen.

3. Immer sollte die ideologiekritische Frage gestellt werden: Wem nützt irgendeine Theorie / Aussage / Feststellung? Häufig wird die Antwort lauten müssen, daß gerade Theorien / Aussagen / Feststellungen über die Frau den Frauen nicht nützen, sondern schaden. Solchen Informationen gegenüber sind immer Skepsis, Zweifel und Mißtrauen am Platz.

Wie werden die patriarchalischen Strukturen aufrechterhalten? Indem das Weibliche idealisiert und gleichzeitig abgewertet und marginalisiert wird. Die Beiträge in diesem Band illustrieren, entlarven und kritisieren die Bedingungen, unter denen Frauen im Patriarchat leben müssen.

* *WahnsinnsFrauen*. Herausgegeben von Sibylle Duda und Luise F. Pusch, Frankfurt am Main 1992 (suhrkamp taschenbuch 1876).

Charlotte Perkins Gilman
1860-1935

Eine Wahnsinnsgeschichte

Von Swantje Koch-Kanz
und Luise F. Pusch

Wer war Charlotte Perkins Gilman?

Charlotte Perkins Gilman, eine der bedeutendsten feministischen Schriftstellerinnen und Theoretikerinnen der USA, ist im deutschsprachigen Raum weitgehend unbekannt geblieben. Auch in ihrer Heimat war sie etwa fünfzig Jahre lang so gut wie vergessen, bis 1973 mit der Wiederauflage ihrer Erzählung von 1892, »Die gelbe Tapete« (The Yellow Wallpaper), in der sie einen Abstieg in den Wahnsinn aus der Perspektive der Kranken beschreibt, die Diskussion um ihr Werk wieder auflebte. Eine Diskussion, die bis heute nicht abreißt, vielmehr immer intensiver wird, denn »Charlotte Perkins Gilman – eine der größten SozialphilosophInnen Amerikas – war [sogar] unserer Zeit voraus«.[1] Die kommentierte Gilman-Bibliographie von Scharnhorst aus dem Jahr 1985 muß »ständig aktualisiert werden, um den Strom von Arbeiten über Gilman zu erfassen, die seit 1985 veröffentlicht wurden. Glücklicherweise machen es heutzutage die Online-Recherchen leichter, mit der rapide wachsenden Gilman-Forschung Schritt zu halten«.[2] Die Charlotte Perkins Gilman Society gibt einen Newsletter heraus, der über Neuerscheinungen informiert.

Charlotte Perkins Gilman lebte von 1860 bis 1935 – Zeitgenossinnen sind z. B. die Friedens-Nobelpreisträgerin Jane Addams (1860-1935), mit der sie zeitweise zusammenarbeitete, Lou Andreas-Salomé (1861-1937), Nellie Melba (1861-1931), Marie Curie (1867-1934), Adele Sandrock (1864-1937), Suzanne Valadon (1865-1938) und Marianne Werefkin (1860-1939). Zeitgenossen sind u. a. Husserl, Nansen, Wilhelm II., Briand, Stanislavsky, Jawlensky, Schnitzler, Yeats, Svevo, Tagore und Kipling.

Etwa drei Jahrzehnte, von 1890 bis 1920, arbeitete Charlotte Perkins Gilman als Autorin und national wie international gefragte Vortragsrednerin für die Sache der Frau. Sie war eine unermüdliche Arbeiterin, die ein so umfangreiches Werk hinterließ, daß frau sich beklommen fragt, wie sie dies zustande brachte, ohne wieder zusammenzubrechen. Denn ihre Karriere begann mit einem Nervenzusammenbruch. Charlotte Perkins Gilman beschreibt ihn eindringlich in ihrer Autobiographie *The Living of Charlotte Perkins Gilman:*[3]

»Daß eine bis dahin auffallend gesunde junge Frau, die über sämtliche Annehmlichkeiten verfügte, auf so jämmerliche Weise zusammenbrach, war unerklärlich. ›Du solltest deine Willenskraft einsetzen‹, sagten aufrichtige Freunde. Das hatte ich getan, intensiv und lange, vielleicht zu intensiv und zu lange – jedenfalls diesmal wollte es nicht funktionieren.

›Bring doch ein bißchen Freude in dein Leben‹, sagte eine Sympathisantin. ›Leg dich mit einem schönen Buch zu Bett, beschäftige Dich mit angenehmen Dingen.‹ Sie merkte nicht, daß ich unfähig war zu lesen und daß mein Gemüt ausschließlich mit unangenehmen Dingen beschäftigt war. Die Krankheit ging einher mit wachsender Melancholie, und diese – das wissen all jene, die sie geschmeckt haben – besteht aus jeder schmerzhaften Gemütsbewegung: Scham, Furcht, Reue, eine blinde bedrückende Verwirrung, äußerste Schwäche, ein ständiger Gehirnschmerz, der das Bewußtsein mit sich ballenden Schreckensbildern ausfüllt.

Das Elend ist zweifellos so körperlich wie Zahnschmerzen, aber das Gehirn, seiner Natur gemäß, sucht nach Gründen für sein Elend. Wenn es das Gefühl Furcht registriert, suggeriert es jedes nur erdenkliche Unglück; bei dem Gefühl Scham, Reue erinnert man sich an jeden Fehler und jedes Vergehen des ganzen Lebens, und man zerkrümelt vor Erniedrigung auf die Erde.

›Wenn du aufstündest und etwas tätest, ginge es dir besser‹, sagte meine Mutter. Ich erhob mich mühsam und versuchte, den Fußboden ein bißchen aufzufegen, mit Schaufel und Besen, aber schon bald ließ ich diese Werkzeuge erschöpft fallen und weinte wieder in hilfloser Scham.

Ich, sonst unablässig fleißig, konnte keinerlei Arbeit welcher Art auch immer verrichten. Ich war so schwach, daß Messer und Gabel mir aus der Hand fielen – zu müde zum Essen. Ich konnte weder lesen noch schreiben, noch malen, noch nähen, noch reden, noch zuhören, noch irgend etwas. Ich lag auf dem Sofa und weinte den ganzen Tag. Die Tränen rannen mir auf

Charlotte Perkins Stetson im Alter von 24 Jahren, kurz vor ihrer Heirat (1884)

beiden Seiten in die Ohren. Ich ging weinend zu Bett, wachte nachts weinend auf, saß morgens auf der Bettkante und weinte – vor schierer unablässiger Qual. Kein körperlicher Schmerz, die Ärzte untersuchten mich und fanden nichts.«

In der Gilman-Literatur wird dieser Zusammenbruch häufig mit der Geburt der Tochter Katharine in Verbindung gebracht und als Wochenbettdepression – also quasi als hormonal bedingte Verhaltensstörung – eingeordnet. Aber eine genauere Betrachtung ihres Lebens bis zu diesem Zeitpunkt legt eine differenziertere Deutung nahe. Auch die Tatsache, daß Charlotte sich besser, ja gesund fühlte, sobald sie Mann und Kind hinter sich ließ, und augenblicklich wieder erkrankte, wenn sie in ihre kleine Familie zu ihren Pflichten einer Mutter, Hausfrau und Gattin zurückkehrte, spricht eher für eine Ehebett- als für eine Wochenbettdepression.

Kindheit, Jugend und Heirat

Charlotte Perkins Gilman war ein sehr einsames, herumgestoßenes Kind gewesen, dem systematisch jegliche Zärtlichkeit versagt wurde. Ihr Vater entstammte mütterlicherseits der bedeutenden Intellektuellen-Familie der Beechers – Harriet Beecher-Stowe, die berühmte Autorin von *Onkel Toms Hütte,* war Charlottes Großtante. Kurz nach Charlottes Geburt verließ er seine Frau und kümmerte sich in der Folge kaum noch um seine Familie, zu der noch Charlottes älterer Bruder Thomas gehörte. (Dieser Bruder war – offenbar gestört – auch keine Stütze, im Gegenteil: Anscheinend wußte er nichts Besseres zu tun, als seine kleine Schwester beständig zu hänseln.) Charlottes Mutter war gezwungen, mit ihren Kindern bei Verwandten Unterschlupf zu suchen – in achtzehn Jahren mußte sie neunzehnmal umziehen. Um ihrer Tochter den Schock eines plötzlichen Liebesentzugs zu ersparen, wie sie ihn erlitten hatte, beschloß die Mutter, Charlotte erst gar nicht an Liebe und Zärtlichkeit zu gewöhnen:

»Ihre Methode bestand darin, dem Kind so weit wie möglich jeglichen Ausdruck von Zuneigung zu verweigern, damit sie sich nicht daran gewöhnen oder sich danach sehnen könnte:
›Ich habe immer deine kleine Hand von meiner Wange weggenommen, als ich dich noch stillte‹, erzählte sie mir in späteren Jahren; ›ich wollte nicht, daß du so leiden würdest, wie ich

gelitten hatte.‹ Ich durfte sie nicht streicheln, und sie liebkoste mich nie, außer wenn ich schlief. Dies habe ich schließlich herausgefunden, und dann tat ich alles, um wachzubleiben, bis sie zu Bett kam, ich benutzte sogar Nadeln, um nicht einzuschlafen, und manchmal gelang es mir. Und wie bemüht gab ich vor, tief zu schlafen, und wie verzückt genoß ich es, von ihr in die Arme genommen, gedrückt und geküßt zu werden.«[4]

Charlotte ist also weitgehend auf emotionale Selbstversorgung zurückgeworfen, und da sie ein hochbegabtes Mädchen ist, baut sie sich zum Trost eine reich ausgestattete Phantasiewelt auf: Sie erlernte »the joy of brain building«.[5] Im Alter von zehn bis elf Jahren stellte sie ihre bis dahin erdachten Werke unter folgendem Titel zusammen:

Poetess
Literary and Artistic Vurks
of the
Princess Charlotte[6]

Aber dieses Refugium zerstört ihr die offenbar von allen guten Geistern verlassene Mutter:

»Eben dreizehn. Dies war fünf Jahre lang mein ganzes Glück gewesen. Es war bei weitem der größte und aktivste Teil meiner Geistestätigkeit. Man verlangte von mir, daß ich sozusagen das Hauptgebäude verschloß und nur noch den Seitenflügel bewohnte. Niemand konnte sagen, ob ich es tat oder nicht, es war eine innere Festung, nur mir stand sie offen.«

Gilmans Biographin Lane vermutet, daß Charlotte vielleicht selbst manchmal Angst vor der Macht ihrer Phantasien hatte und so in gewisser Weise auch im eigenen Interesse dem harten Gebot der Mutter gehorchte. Die Mutter verbot ihr auch das Lesen von Romanen und enge Freundschaften; auch hier gehorchte Charlotte.[8]

Mit fünfzehn allerdings widersetzte sie sich erstmals offen ihrer Mutter, die sie daraufhin schlug. »Es kümmerte mich nicht im geringsten«, schreibt Charlotte, denn »ich begriff, daß weder sie noch irgend jemand mich zu irgend etwas zwingen konnte [...] Ich war geboren.« Diese siegreich bestandene Konfrontation mit der Mutter war »eines der wichtigsten Ereignisse meines Lebens«.[9]

Von nun an nahm Charlotte Perkins Gilman ihre Erziehung selbst in die Hand und verfuhr, wenn möglich, noch rigoroser als ihre Mutter. Sie hielt sich für charakterschwach, und ihre Gefühlsausbrüche – Brüllen und Schreien[10] – machten ihr angst. Also setzte sie sich zum Ziel, einen disziplinierten und kontrollierten Menschen aus sich zu machen. Sie verordnete sich neben extensiver Lektüre, kalten Bädern und anstrengender körperlicher Ertüchtigung an der frischen Luft auch Übungen zur Stählung ihrer Willens- und Entschlußkraft. Sie erzog sich dazu, sich um andere zu kümmern und stets erst nachzudenken, bevor sie sprach. In ihrer Autobiographie erklärt sie ihre Methoden. Sie begann mit dem Entschluß, sich in einer bestimmten Richtung zu ändern, und dann übte sie das entsprechende Verhalten in zahllosen Wiederholungen solange, bis der erwünschte Charakterzug Teil ihrer Persönlichkeit war. Nach ihrem sechzehnten Lebensjahr bestimmte sie jedes Jahr einen oder zwei Charakterzüge, die sie sich zulegen wollte. Sie erinnert sich an die Befriedigung ob ihrer Leistung: »Acht Jahre lang tat ich nichts, was ich für falsch hielt, und tat – koste es, was es wolle – nur das, was ich für richtig hielt – was nicht heißt, daß all meine Entscheidungen richtig waren.« Nach diesen acht Jahren war sie 24 – und heiratete.[11] Von da an mußte sie offenbar Dinge tun, die sie nicht für richtig hielt.

Eigentlich hatte sie nie heiraten wollen. Die mißglückte Ehe ihrer Eltern war ja auch ein denkbar schlechtes Vorbild gewesen, außerdem hatte die junge Charlotte nach den beeindruckenden Ergebnissen ihres Selbstertüchtigungsprogramms beschlossen, ihre so gestählten Geistes- und Charakterstärken für die Menschheit einzusetzen, statt als Hausfrau, Gattin und Mutter zu wirken. Zu ihrer Zeit gab es für Frauen ihrer Gesellschaftsschicht nur das eine oder das andere: Ehe hieß: keine Karriere, Karriere hieß: keine Ehe.[12] Männer konnten selbstverständlich damals wie heute beides miteinander verbinden. Die meisten Vollzeit-Kämpferinnen für die Rechte der Frauen beispielsweise waren unverheiratet.

Andererseits war sie nach all der Selbstkasteiung und dem systematischen Liebesentzug seit ihrer Kindheit natürlich emotional völlig ausgehungert. Sie hatte innige Beziehungen zu Freundinnen, besonders zu Martha Luther. Über den »gesegneten« Sommer des Jahres 1881 schrieb Charlotte später, sie glaube, daß den meisten Menschen im ganzen Leben nicht so viel Glück beschieden sei wie ihr damals mit Martha.[13] »Ich habe Freunde genug, und eine Liebe«, schrieb sie ihr, und auch, daß Martha ihr den Gatten, die Kinder und alles, auf das sie (um eines Berufes willen) verzichten müsse, ersetzen könne. Martha aber wollte die ihr zugedachte Rolle im Leben der Freundin nicht spielen und heiratete noch im Herbst nach jenem »gesegneten Sommer«. Dieser Verlust traf Charlotte tiefer als alles, was sie bis dahin erlebt hatte. Viele Jahre später, als Charlottes erste Ehe in Auflösung begriffen war, schrieb sie an Martha: »Während des ersten Jahres oder der beiden ersten Jahre meiner Ehe, in allen Tiefen des Schmerzes, des Verlustes und der Einsamkeit, schrie mein Herz nach Dir, nicht nach ihm. Ich habe Dich mehr geliebt als sonst irgendwen, in jener Zeit, als ich noch ein Herz zum Lieben und Leiden hatte.«[14]

Zu Anfang des Jahres 1882, drei Monate nach Marthas Heirat, ermahnte sich die 21jährige Charlotte in ihrem Tagebuch noch einmal in aller Form zur Ehelosigkeit:

»Hieran will ich mich halten, falls, wie ich befürchte, die Macht der Leidenschaft einmal meinen Verstand umwölken und meinen Willen verdrehen oder betäuben sollte.

Nun, da mein Kopf kühl und klar ist, nun, bevor ich mich selber in irgendeiner Weise einem anderen Menschen gebe, will ich meine Gründe für ein Leben allein niederschreiben [...]

Freiheit bedeutet mir mehr als alles andere [...] In allen Lebensumständen möchte ich ohne fremde Hilfe meinem eigenen Willen folgen [...] In jeder Hinsicht möchte ich meine eigene Wahl treffen, für mich selber sorgen [...]

Das Gefühl von individueller Stärke und Selbst-Sicherheit ist mir süßer als Vertrauen.

Ich möchte fähig und frei sein, allen und jedem einzelnen zu helfen – so wie ich es nie sein könnte, wenn meine Zeit und meine Gedanken von jener Erweiterung meines Selbst, einer Familie, in Anspruch genommen würden.

[...] Aus vielen und guten Gründen – langsam gewachsenen und sorgfältig überlegten –, aus mehr Gründen als jenen, an die ich mich jetzt erinnern kann, entscheide ich mich dafür zu LEBEN – allein.

Gott helfe mir!«[14a]

Wenige Tage nach diesem Eintrag lernte sie den fast gleichaltrigen Maler Charles Walter Stetson (1858-1911) kennen, einen gutaussehenden und charmanten jungen Mann, den sie zweieinhalb Jahre später, nach langem, für beide schmerzvollen Hin und Her, schließlich doch heiratet. Das Hin und Her ist u. a. dokumentiert in seinen Tagebüchern, in die er ihre Briefe einarbeitete. Mary A.

Hill, die Herausgeberin der Tagebücher, meint zu dieser ungewöhnlichen Praxis: »Sicher wollte er, daß sie sie lesen sollte. Denn dadurch, daß er seine Sicht darstellte, daß er ihre Briefe abschrieb und dann eine Antwort skizzierte, konnte er ihr Denken anleiten, ›unzartes‹ Benehmen korrigieren, ja sogar ihr die ›richtige‹ Lektüre ans Herz legen.«[15] Auch sollte es wohl eine Dokumentation ihres Fortschritts in seine Richtung sein, denn anfangs hatte sie ihm – getreu ihrer obigen Selbstermahnung – erklärt, sie sei für eine Ehe zu selbständig und ehrgeizig. Solche Ideen schien er manchmal zu akzeptieren, eigentlich jedoch wollte er sie ihr abgewöhnen. Seiner Meinung nach »belastete« sie die Beziehung mit »unnatürlichen« und völlig überflüssigen Konflikten.[16]

Ein Dokument sind diese Tagebücher wirklich, nämlich ein Dokument »seiner Vorurteile gegen Frauen, seines [nicht nur] sexuellen Doppelstandards, seiner Intoleranz gegenüber Einstellungen Charlottes, die er bei sich selbst für unabdingbar hielt. In der Tat zeugen die Tagebücher von einer regelrechten Schlacht – Walter versucht, Standards viktorianischer Moral durchzusetzen, Charlotte leistet Widerstand bis zum Äußersten.«[17]

Zum Thema Beruf und/oder Ehe war ihm natürlich klar, daß er beides brauchte, um glücklich zu sein. »Ich fühle mein Innerstes erzittern«, schrieb er, angesichts der für einen Mann »unweisen Ökonomie«, auf eins von beiden zu verzichten. Bei einer Frau lag die Sache anders. »Alles, was die Frau davon ablenkt, ihr Heim zu verschönern und zu heiligen und Kinder zu gebären, ist mit Sicherheit Sünde«, befand er. »Jedermann weiß, daß ich an die völlige Freiheit der Frau glaube, aber jene Freiheit, die sie gegen die Bande der Liebe und des Heims rebellieren läßt, ist falsch.« Daher zeugten Charlottes Ambitionen von »größter Selbstsucht«; »er müsse ihr also auf ihrem Weg zu Ruhm und ›Freiheit‹ Einhalt gebieten [...] und ihr zeigen, was für eine erbärmliche zusammengepanschte Suppe sie für ihr Geburtsrecht einzutauschen im Begriff sei.«[18] Er könne seine Energien nicht auf Haushaltspflichten verschwenden, meint er. Aber wenn Charlotte sich ähnlich äußert, hält er sie für verrückt.[19]

»Walters Tagebücher«, so die Herausgeberin, »sind ein Schlag-auf-Schlag-Protokoll« des Kampfes ums Überleben, den Charlotte führt, und der Manöver Stetsons, um die Kontrolle zu behalten. Manchmal sei sie einfach zu »selbstsüchtig«, zu »kühn und unabhängig«, um seine »Wünsche und Bedürfnisse« zu berücksichtigen, schreibt er. Dann aber, begeistert von ihren bzw. seinen Fortschritten: »Ah! wie anders als der triumphierende Eroberer-Blick von neulich! O wie dieser Geist gebrochen ist. Der falsche Stolz schmilzt schnell durch die Liebe.« »Sie möchte eher als Kind denn als Frau behandelt werden.«[20] »Während [Charlotte] auf meinem Schoß saß, sagte sie: ›Wenn ich bei dir bin, fühle ich mich ‚klein', du verletzt meinen Stolz wieder und wieder, ich fühle mich nicht halb so stark oder glaube, daß ich nicht halb so nützlich für die Welt im allgemeinen bin. Ich schrecke davor zurück – mein Stolz schreit auf. Ich fühle mich mit niemandem sonst so.‹ – Der Stolz der lieben Frau hat etwas abbekommen: wenn ich mich nicht irre, ist es der Beginn eines Frauseins von unaussprechlicher Süße.«[21]

Aus dieser unaussprechlich kitschigen Vision wird nichts. Je mehr Charlotte sich Walter gegenüber als Kind fühlt, um so mehr haßt sie sich selbst. Wenige Monate vor der Heirat schreibt Walter: »Ihre Selbstanklagen sind endlos; ein großer Anfall von Selbstverleugnung hat sie überkommen. Sie sprach vom Sterben, daß mir das Herz wehtat.«[22] Es wurde immer schlimmer mit ihr, je mehr ihre Heiratspläne vorankamen. Der Abstieg in den Wahnsinn hatte mit »Spasmen des Entsetzens« und »Hysterie« – so heißt es in den Tagebüchern am 3. Dezember 1883, fünf Monate vor der Hochzeit – schon hier, lange vor der Wochenbettdepression, begonnen.[23]

Ehe, Mutterschaft, Wahnsinn

Die Hochzeitsnacht und die ersten Wochen der Ehe waren noch erstaunlich glücklich. Bald aber wird ihr das Leben als Nur-Hausfrau und Nur-Gattin unerträglich, stellen sich wieder die Depressionen ein. Sie wird schwanger, und die Depression vertieft sich. Sie verfällt für Monate in Lethargie. Nach der Geburt der Tochter Katharine im März 1885 fühlt sie sich endgültig in der Falle: »Jeden Morgen dasselbe hoffnungslose Erwachen, dasselbe Sich-Dahinschleppen. Sterben wäre bloß Feigheit. Rückzug unmöglich, Flucht unmöglich.«[24] »[...] nein, er versteht nicht, wie unwiderruflich gebunden ich bin, lebenslänglich, lebenslänglich. Nein, wenn er nicht stirbt oder das Baby, oder er sich nicht ändert oder ich mich nicht ändere, gibt es keinen Ausweg.«[25]

Sie erinnert sich voll Bitterkeit an all die Energie, die sie in die Stärkung ihres Charakters investiert hatte: »Acht Jahre ehrlichen, bewußten, ehrenwerten Einsatzes dahin, zusammen mit der Willensstärke, die ihn ermöglichte. Die Bitterkeit dieser Schmach macht das Erinnern auch heute noch unerträglich«, schreibt sie Jahrzehnte später in ihrer Autobiographie.[26]

Im Herbst 1885 läßt sie Mann, Kind und Mutter (die sich um das Kind kümmert) in Providence zurück und fährt quer über den Kontinent nach Pasadena zu ihrer Freundin Grace Channing. Dort fühlt sich Charlotte wie im Paradies und erholt sich ganz allmählich. Die Channing-Familie, besonders der Vater, ist anregend und freundlich; die Freundinnen verfassen zusammen Theaterstücke und führen sie mit großem Erfolg auf. Im Frühjahr 1886 kehrt Charlotte gestärkt und frohgemut zu ihrer Familie zurück, aber dort stellt sich nach kurzer Zeit das alte Elend wieder ein. Charlotte war nun einmal nicht für Ehe- und Mutterglück nach damaligem Zuschnitt geschaffen – und sie hatte es gewußt und lange entschlossenen Widerstand geleistet. Warum überhaupt hatte sie nachgegeben und sich auf das für sie so verheerende Unternehmen eingelassen?

Einen interessanten Erklärungsversuch für das, was mit Charlotte geschah, bringt ihre Biographin Ann Lane.[27] Sie berichtet von den Erfahrungen der Psychoanalytikerin Alexandra Symonds mit bestimmten Patientinnen, die Charlotte in wesentlichen Zügen ganz auffallend ähneln. Die Patientinnen sind »tüchtig, unabhängig und selbstbewußt, bis sie heiraten; dann werden sie völlig hilflos und abhängig. Sie ›schrumpfen [...] zusammen‹, werden deprimiert und ängstlich und leiden oft an psychosomatischen Problemen.«[28] Die dazugehörigen Ehemänner werden ausnahmslos als freundlich und hilfreich geschildert. Bewußt zeigen die Frauen keinerlei Wut; selbst die ganz normalen Spannungen zwischen Menschen, die zusammenleben, werden verdrängt. »Voller Angst vor der eigenen Feindseligkeit, mit der sie fast jede Art von Selbstbehauptung verwechseln, verwenden diese Frauen enorme Energien darauf, ihre Gefühle zu zügeln. ›Erbarmungslos erwürgen sie ihr inneres Selbst‹, so charakterisiert Symonds dies Verhalten.«[29]

Und wieso reagieren diese Frauen so auf die Heirat? Sie alle stammen – wie Charlotte – aus Familien, die sie früh, zu früh, zwangen, ihre Gefühle zu kontrollieren und eine unabhängige

Persönlichkeit zu entwickeln. Dies gab ihnen als Heranwachsenden die Illusion von Stärke. Sie unterdrückten das Kind in sich. »Aber mit der Heirat konnten sie die übermäßige Bürde, die sie so lange geschleppt hatten, endlich abwerfen und sich erlauben, das abhängige kleine Mädchen zu sein, das sie zum angemessenen Zeitpunkt nicht hatten sein dürfen. Die Ehe wurde [...] ihre ›Abhängigkeitserklärung‹.«

Lane resümiert: »Charlotte hatte all die Jahre den Atem angehalten, voller Angst, jene lange unbefriedigten Kindheitsbedürfnisse anzuerkennen. Mit der Heirat erlaubte sie sich, diesen tiefen Atemzug zu nehmen und sich in Abhängigkeit, Depression, Kollaps aufzulösen. Die Heirat als ›Notausgang aus dem Leben‹, um mit Alfred Adler zu reden.«[30]

Unseres Erachtens ist diese Erklärung ergänzungsbedürftig; sie unterschätzt den krankheitsfördernden Einfluß des Ehemanns und der patriarchalischen Ehe. Der freundliche, fürsorgliche Ehemann ist nur freundlich, solange die Frau bereit ist, sich zu unterwerfen. Es geschieht nicht ohne seine Nachhilfe, daß Charlotte ihr Selbst abwürgt. Sie tut damit genau das, was der Ehemann verlangt. Ohne diese Selbsttötung sind, wie Stetsons Tagebücher mehr als deutlich machen, die Ehe und der Ehefrieden nicht zu haben. Insofern sieht die Autorin der »Gelben Tapete« die Sache klarer als die Psychoanalyse: Das, was sie krank gemacht hat, ist die patriarchale Ehe und Mutterschaft als solche. Und die seelische Heilung ist nur in einer Befreiung aus den ehelichen Banden zu finden.

Im übrigen ist eine solche Entwicklung für Frauen im Patriarchat nachgerade vorgezeichnet, nur nimmt sie normalerweise nicht so dramatische Formen an, weil die wenigsten heranwachsenden Frauen die Selbstkasteiung so brutal betreiben, wie Charlotte es offenbar mußte. Ansonsten aber wird praktisch von jedem Mädchen verlangt, zu früh erwachsen zu werden, Verantwortung für das Wohlergehen anderer zu übernehmen und folglich alle aggressiven Gefühle rigoros unter Verschluß zu halten. Und die Ehe ist noch heute ein Ort, in dem der Mann die Führung übernehmen und die Frau sich dieser Führung anvertrauen soll. Das Ergebnis für die »normale Gattin, Hausfrau und Mutter«: eine »graue« Depression, nicht so schwarz wie Charlottens. Frau »kann damit leben« – dafür/deshalb bleibt diese graue Depression ihre lebenslängliche Begleiterin in Form von Lustlosigkeit, Antriebsarmut und abgründiger Müdigkeit.

Charlotte aber »konnte damit nicht leben« und suchte ärztliche Hilfe. Im Frühjahr 1887 begab sie sich in Behandlung bei Dr. S. Weir Mitchell, dem berühmten Schriftsteller, Neurologen und Erfinder der Ruhekur zur Heilung einer Gemütskrankheit, die damals immer mehr Frauen der »besseren Stände« befiel, die das viktorianische Ideal der selbst-losen und engelreinen Gattin und Mutter nicht verwirklichen konnten. Geistige Betätigung hielt Mitchell bei Frauen für pathologisch. Die Behandlung war eine Art Mastkur mit dem Ziel der Stillegung und Infantilisierung der Patientin, die sich danach geradezu dankbar auf ihre Hausfrauenpflichten stürzen sollte. Eine andere berühmte Patientin, an der die Mastkur sogar wiederholt exekutiert wurde, war Virginia Woolf. 1910 kam sie zum erstenmal nach Twickenham in eine Privatklinik für weibliche Geisteskranke: »Sie blieb sechs Wochen dort und fand es abscheulich. [...] Virginias Behandlung bestand darin, daß sie in einem verdunkelten Zimmer liegen, stündlich warme Milch mit geschlagenem Ei trinken und große Mahlzeiten essen mußte. Es war ihr untersagt, zu schreiben, zu lesen oder Besucher zu empfangen.«[31] 1915, nach einem weiteren Anfall, mußte sie die Tortur sechs Monate lang über sich ergehen lassen: »Tatsächlich war ich fast lahmgelegt, als ich wieder in die Welt zurückkam, unfähig, einen Fuß vor den anderen zu setzen. Denke nur einmal – keinen Augenblick befreit zu sein von der Dressur der Ärzte – vollkommen fremde, konventionelle Männer, ›Sie werden dies nicht lesen‹, und ›Sie werden kein Wort schreiben‹ und ›Sie werden stilliegen und Milch trinken‹ – sechs Monate lang«, schreibt sie 1930 an eine Freundin. Am Ende der Kur hatte sie rund 50% zugenommen, von 54 auf 80 Kilo.[32]

Etwa um dieselbe Zeit wie Woolf erinnert sich auch Gilman in ihrer Autobiographie mit Grauen an diese Kur und deren Folgen:

> »Ich wurde ins Bett gesteckt und mußte dort verbleiben. Ich wurde gefüttert, gebadet, massiert und reagierte mit dem kräftigen Körper einer 26jährigen. Soweit er sehen konnte, hatte ich nichts, daher schickte er mich nach einem Monat dieser angenehmen Behandlung mit folgender Anweisung nach Hause: ›Leben Sie so häuslich wie möglich. Ihr Kind sollte immer um Sie sein.‹ (Hierzu sei angemerkt, daß ich schon zu weinen und zu zittern anfing, wenn ich das Kind nur anzog – sicher alles andere als eine gesunde Gesellschaft für sie, von der Wirkung auf mich nicht zu reden.) ›Legen Sie sich nach jeder Mahlzeit eine Stunde

hin. Jeden Tag nicht mehr als zwei Stunden geistiger Beschäftigung! Und rühren Sie nie wieder Feder, Pinsel oder Bleistift an, solange Sie leben.‹

Ich fuhr nach Hause, befolgte diese Anweisungen strikt und geriet gefährlich nahe an den Rand des Wahnsinns. Die geistige Agonie wurde so unerträglich, daß ich mit leeren Augen dasaß und meinen Kopf hin und her warf – um aus der Qual herauszukommen. Kein körperlicher Schmerz, nicht einmal der geringste Kopfschmerz, nur geistige Qual, so lastend in ihrer alptraumartigen Düsternis, daß sie real genug schien, um sich vor ihr zu ducken. Ich machte mir ein Baby aus Stoffresten, hängte es an den Türgriff und spielte damit. Ich kroch in die hintersten Wandschränke und unter Betten – um mich vor dem zermalmenden Druck dieses abgründigen Elends zu verstecken.«[33]

Ausbruch und Aufbruch: »Die meisten Frauen kriechen nicht am Tage.«[34]

Eine Frau, die sich vor einem »nur seelischen« Schmerz in die hintersten Ecken verkriecht, ist nicht nur »am Rande des Wahnsinns«; sie ist wahnsinnig, denn sonst wüßte sie, daß der Schmerz in ihr ist und nicht außerhalb, daß das Verstecken nichts nützt, daß sie dem Schmerz nicht durch räumliche Distanz entkommen kann und ihn auf andere Weise bekämpfen muß.

Charlotte, am Ende angekommen, schlug die Anweisungen des Nervenarztes in den Wind, verließ im Oktober 1888 ihren Mann und zog mit ihrer kleinen Tochter zu den Channings nach Pasadena, dem einzigen Ort, an dem sie nach der Heirat jemals glücklich gewesen war. Schon während ihrer Ehe hatte sie gelegentlich Gedichte und kurze Texte in Zeitschriften, vor allem in Organen der Frauenbewegung, veröffentlichen können. Diese Verdienstmöglichkeiten baute sie nun weiter aus, außerdem gab sie bildungswilligen Frauen – die von ihr begeistert waren – gegen Bezahlung Mal- und Literaturunterricht. Manchmal kam auch Walter zu Besuch, man versuchte eine Versöhnung, aber stattdessen entwickelte sich schließlich eine tiefe Zuneigung zwischen Grace und Walter, die Charlotte mit Erleichterung zur Kenntnis nahm.

1890 schrieb sie »Die gelbe Tapete«, jene Erzählung, die – vor ihren Theorie-Klassikerinnen und ihren feministisch-utopischen Romanen – ihren heutigen Ruhm begründete. In einem Brief an Martha Lane äußerte sie sich wie folgt über ihr Meisterinnenwerk:

»Wenn meine schreckliche Geschichte ›Die gelbe Tapete‹ herauskommt, mußt Du versuchen, sie zu lesen. Walter hat sie viermal gelesen und hält sie für die schauerlichste Geschichte, die er je gelesen hat. Sagt, sie schlägt Poe und Doré! Aber das ist nur die Meinung eines Ehemanns. Ich habe das Ding allerdings drei Frauen hier vorgelesen, und nie sah ich Leute sich dermaßen winden! Auch bei Tageslicht. Es ist eine einfache Geschichte, aber sehr unangenehm.«[35]

Die »schreckliche Geschichte« malt aus, was mit ihr geschehen wäre, wenn sie Dr. Mitchells Anweisungen gefolgt wäre – den »Fall eines Nervenzusammenbruchs, der ungefähr so anfing wie meiner und so behandelt wurde, wie Dr. S. Weir Mitchell mich behandelte, mit dem meiner Meinung nach unausweichlichen Resultat: fortschreitender Wahnsinn.«[36]

Über Gilmans Stilmittel urteilt Elaine R. Hedges, die Herausgeberin, ja Ausgräberin der Geschichte, im Jahr 1973:

»Die Geschichte wird mit klinischer Präzision und ästhetischem Takt erzählt. Die kurzen, abgehackten Sätze, die Kürze der Absätze, die oft nur aus einem oder zwei Sätzen bestehen, verdeutlichen den angespannten, zerstreuten Geisteszustand der Erzählerin. Der Stil erzeugt eine kontrollierte Spannung: alles ist leise und zurückgenommen. Wir haben nur die Perspektive der Erzählerin – eigentlich eine sehr komplexe Perspektive, da sie letztlich wahnsinnig ist und doch, während ihres langen Abstiegs in den Wahnsinn, in vieler Hinsicht vernünftiger als die Menschen ihrer Umgebung, die sie zum Krüppel machen. Während sie ihre Geschichte erzählt, faßt die LeserIn Vertrauen zur Vernunft ihrer Argumente und Erklärungen.«[37]

Der Inhalt ist, kurz gefaßt, folgender: Ende des 19. Jahrhunderts, irgendwo auf dem Lande in Neu-England. Die Erzählerin, eine junge Ehefrau und Mutter, ist von ihrem Mann, der zugleich ihr Arzt ist, auf einen für drei Sommermonate gemieteten Landsitz verbracht worden, um sich dort von einer nicht klar definierten Krankheit, einer Art nervöser Erschöpfung, zu erholen. Den Gatten schildert sie als liebevoll und fürsorglich, aber es wird schnell deutlich, daß seine Bevormundung und Herablassung möglicherweise die Ursache der Krankheit ist und seine Behandlung sie eher verschlimmert, als zu ihrer Besserung beiträgt: »John ist Arzt, und vielleicht – (das würde ich natürlich keiner Menschenseele anvertrauen, aber dies ist totes Papier und eine große Erleichterung für mich) – vielleicht ist das der Grund, weshalb ich nicht rascher gesund werde«, ist, gleich zu Anfang, einer der Schlüsselsätze der Erzählung.[38] Sie würde sehr gerne arbeiten, am liebsten schreiben, aber genau das ist ihr strengstens untersagt, von ihrem Mann und von ihrem Bruder, der ebenfalls Arzt ist – genau wie es Gilman von Dr. S. Weir Mitchell verboten wurde, der in der Erzählung namentlich erwähnt wird.

»Ich persönlich glaube, daß eine Arbeit, die mir liegt, die anregend und abwechslungsreich ist, mir guttun würde.

Aber was kann man da schon machen?

Entgegen ihrem Rat habe ich eine Weile lang dennoch geschrieben; aber es erschöpft mich doch sehr – daß ich es so verheimlichen muß oder sonst auf heftigen Widerstand stoße.«[39]

Was sie eigentlich erschöpft, ist, wie hier schon deutlich wird, der ungleiche und aussichtslose Kampf zwischen ihren eigenen Wünschen und denen des Gatten. Der Gatte überfährt sie ständig mit seiner »natürlichen« Autorität als Mann, seiner »selbstlosen Liebe« und »Fürsorge« und seiner professionellen Autorität als Arzt. Sobald sie sich mühsam wieder aufrichtet, wird sie sofort überrollt, ganz »liebevoll« und zu ihrem eigenen Besten natürlich: »Es ist so schwierig, mit John über meinen Fall zu reden, weil er so klug ist und weil er mich so liebt.«[40] Gewitzter geworden, betreibt sie ihr Eigenleben nur noch in der Heimlichkeit, aber die hierfür notwendige Wachsamkeit, Umsicht und Doppelzüngigkeit sind mindestens so erschöpfend wie der offene Widerstand: »[...] gebe ich mir Mühe, mich zu zu beherrschen – zumindest vor ihm, und das ermüdet mich sehr.«[41]

Am liebsten hätte sie eines der Zimmer im Erdgeschoß, die ins Freie führen, aber John, der Ehemann, weist ihr ein ehemaliges Kinderzimmer im obersten Stockwerk zu, dessen Fenster zwar zahlreich, aber sämılich vergittert sind. Der Zugang zur Treppe nach unten ist ebenfalls versperrt, »der Fußboden ist zerkratzt und voller Löcher und zersplittert, und der Verputz ist hier und da herausgebrochen worden«.[42] Im Zimmer steht, am Boden festgenagelt, ein riesiges schweres Bett, in dem John ihr nächtens beiwohnt, wenn er nicht in Erfüllung seiner ärztlichen Pflichten aushäusig ist. An den Wänden sind »rings and things« angebracht, wohl für Turnübungen der Kinder gedacht. Kurz, das Zimmer ist einem Gefängnis, ja einer Folterkammer ziemlich ähnlich.

Das schlimmste aber ist diese gelbe Tapete, die offenbar auch den Kindern früher so wenig gefiel, das sie versucht haben, sie abzureißen. Stellenweise hängt sie in Fetzen herunter, z. B. am Kopfende des Bettes »etwa so weit ich reichen kann« (Hat sie sie also vielleicht selbst abgerissen?):

> »Eine so schreckliche Tapete habe ich noch nie im Leben gesehen.
>
> Eines dieser wuchernden und überladenen Muster, die sich gegen jedes Kunstgefühl versündigen.
>
> Es ist matt genug, um das Auge, das ihm nachgehen möchte, zu verwirren, und doch so deutlich, daß es fortwährend irritiert und zur Untersuchung herausfordert; und sobald du den schwunglosen, unentschlossenen Kurven ein wenig folgst, begehen sie plötzlich Selbstmord – stürzen ab in grauenvollen Winkeln, zerstören sich in unerhörten Widersprüchen. Die Farbe ist abstoßend, fast ekelerregend: ein schwelendes, unreines Gelb, vom langsam wandernden Sonnenlicht seltsam entfärbt.«[43]

Da der Erzählerin jede geistige Beschäftigung verboten ist, was natürlich nicht auszuhalten ist, beschäftigt sie sich nun mit der Tapete, versucht hinter die Ordnung des wahnsinnigen Musters zu kommen.

Das, was die Erzählerin in der Tapete sieht, ist zweifellos ihre eigene Kreation, eine Projektion ihres Unbewußten:

> »In diesem Papier gibt es Dinge, von denen außer mir niemand weiß oder je wissen wird.[44] [...]
>
> [...] das Muster [...] ist eine Tortur.
>
> Du denkst, du hast es bewältigt; aber gerade wenn du so richtig dabei bist, ihm zu folgen, schlägt es einen Purzelbaum rückwärts, und du stehst da. Es schlägt dir ins Gesicht, schmettert dich nieder und trampelt auf dir herum. Es ist wie ein schlimmer Traum.«[45]

Aber das Studium der Tapete gibt ihr auch viel, denn dort passiert doch wenigstens etwas, hat sie etwas zu tun:

> »Das Leben ist jetzt sehr viel aufregender als früher. Weißt du, ich habe jetzt etwas mehr, dem ich entgegensehen und auf das ich mich freuen, das ich beobachten kann. Ich esse auch wirklich besser und bin ruhiger als vorher.«[46]

Schließlich werden ihre Mühen des Beobachtens belohnt, erkennt sie, was sich hinter dem Muster der Tapete verbirgt: Es ist eine Frau, die hinaus will. Nachts sind im Vordergrund Gitterstäbe zu sehen, hinter denen eine Frau herumkriecht und die dadurch in Bewegung geraten. Sie rüttelt an den Stäben, versucht gar, sich hindurchzuzwängen:

> »Aber durch dieses Muster könnte niemand hindurchklettern – es erdrosselt so; ich glaube, deshalb hat es so viele Köpfe.
>
> Sie zwängen sich durch, und dann würgt das Muster sie ab und dreht sie kopfüber und macht ihnen die Augen weiß.«[47]

Am Ende ist die Erzählerin überzeugt, daß die Frau tagsüber hinter den Stäben hervorkommt und draußen herumkriecht. »Es ist die gleiche Frau, das weiß ich, weil sie immer kriecht, und die meisten Frauen kriechen nicht am Tage.«[48]

Inzwischen hat sich der Verstand der Erzählerin so verwirrt, daß sie mit den Gestalten ihrer Einbildung eins wird. Zum Beispiel hat sie ein Seil versteckt: »Wenn diese Frau wirklich herauskommt und versucht wegzulaufen, dann kann ich sie festbinden.«[49] Wenig später erfahren wir, daß sie selbst »aus der Tapete gekommen« und mit ihrem Seil »sicher festgehalten« ist:

> »[...] da [draußen] sind so viele von diesen kriechenden Frauen, und sie kriechen so schnell.
>
> Ob sie wohl alle aus dieser Tapete gekommen sind wie ich?
>
> Aber ich werde jetzt von meinem wohlversteckten Seil ganz sicher festgehalten – mich kriegt ihr nicht auf die Straße dort hinaus!
>
> Ich vermute, daß ich wieder hinter das Muster zurück muß, sobald es dunkel wird, und das ist schlimm.«[50]

Es kann sein, daß John sie mit dem Seil ans Bett gefesselt hat (natürlich nur zu ihrer Sicherheit) und daß sie diesen Umstand nun mal so, mal so auslegt. Überhaupt hat sie jetzt Schwierigkeiten, ihre eigenen Taten und Motive und die anderer auseinanderzuhalten. Zum Beispiel berichtet sie, daß die Kinder das Bettgestell angenagt haben; kurz darauf lesen wir, daß sie selbst ein kleines Stück aus dem Bett herausgebissen hat.[51] Ein endloses Verwirrspiel von Projektionen und Gegenprojektionen deutet sich an. Sie bekommt Angst vor John, manchmal kommt er ihr seltsam vor, und sie vermutet, es könnte an der Tapete liegen. Auch Jennie, ihre Schwägerin, benimmt sich verdächtig. Die Erzählerin weiß, daß Jennie heimlich das Tapetenmuster studiert; drohend teilt sie mit:

»Ich habe beschlossen, daß ich allein, und sonst niemand, dahinterkommen werde!«[52] Und später: »hier bin ich, und niemand berührt dieses Papier außer mir allein [...] jedenfalls nicht lebend!«[53]

Die Geschichte endet damit, daß die Erzählerin sich einschließt und den Schlüssel aus dem Fenster wirft, denn sie will John in Erstaunen versetzen. Sie reißt so viel von der Tapete herunter, wie sie kann: »Es klebt scheußlich, und das Muster hat richtig Spaß daran. All diese erwürgten Köpfe und hervorquellenden Augen und watschelnden Pilzgewächse kreischen förmlich vor hämischer Verachtung!«[54]

Die Frau aus der Tapete hat durch ihr ewiges Kriechen in Schulterhöhe einen Schmierstreifen an der Wand hinterlassen. Und nun kriecht sie bzw. die Erzählerin (sie sind ja inzwischen eins geworden) immer an der Wand entlang, die Schulter immer an der Schmutzspur, »so daß ich mich nicht verirren kann«.[55]

John kommt nach Hause und bekommt seine Überraschung:

»›Was ist hier los?‹ rief er. ›Um Himmels willen, was machst du da!‹

Ich kroch einfach weiter, aber ich sah ihn über meine Schulter hinweg an.

›Endlich bin ich herausgekommen‹, sagte ich, ›dir und Jane zum Trotz. Und ich habe fast die ganze Tapete abgerissen, damit ihr mich nicht wieder zurückstecken könnt!‹

Also warum hätte dieser Mann jetzt wohl in Ohnmacht fallen sollen? Aber das tat er eben – und zwar gerade an der Wand mir in den Weg, so daß ich über ihn hinwegkriechen mußte, jedes Mal!«[56]

Zwar ist unsere Heldin nun total verrückt geworden, aber endlich triumphiert sie über ihren liebenden Gatten, der nach Art hysterischer Weiber in Ohnmacht gefallen ist. Der freche Tonfall, mit dem sie sein Bemühen, die Tür zu öffnen, kommentiert: »Es ist zwecklos, junger Mann, du kriegst sie nicht auf!« (bevor sie ihm großzügig Einlaß zu ihrer »Überraschung« gewährt), ist nach all den Unterwürfigkeiten, die wir uns von ihr anhören mußten, eine Wohltat. Leider erst im Rahmen ihres zwar zielstrebigen und erstmals nicht von ihm dirigierten, wenn auch wahnsinnigen Tuns kann sie ihn klar einordnen als das, was er ist: ein Hindernis.

Wie sagte schon Emily Dickinson: »Much madness is divinest sense [...]«[57]

Aktivistin und Theoretikerin für die Rechte der Frau[58]

Charlotte Perkins Gilman war nun frei und selbständig und mußte für sich und ihre Tochter den Lebensunterhalt verdienen. 1891 zog sie mit ihrer geliebten Freundin bzw. Partnerin Adeline Knapp nach Oakland und eröffnete eine kleine Pension. Ihre Mutter war an Krebs erkrankt und wurde ebenfalls in den Haushalt aufgenommen. Trotz der Pflege, der Verwaltung, der Kindererziehung brachte Charlotte es fertig, weiter beständig Artikel zu schreiben und sie auch zu verkaufen.

Die Mutter starb im März 1893. Ein Jahr später wurden Charlotte und Walter geschieden. Grace Channing und Walter heirateten bald darauf, und Charlotte entschied sich schweren Herzens, ihre neunjährige Tochter von den beiden aufziehen zu lassen. Sie war inzwischen bereits eine lokal recht bekannte feministische Rednerin und Publizistin; und diese »herzlose Tat« war für die gegnerische konservative Presse Kaliforniens ein gefundenes Fressen.

Obwohl es Gilman unendlich schwerfiel, ihr Kind fortzugeben, entschloß sie sich doch dazu, weil ihr Wunsch, als Sozialreformerin zu wirken, mit den Pflichten einer Mutter einfach nicht zu vereinbaren war. Außerdem wußte sie ja ihr Kind in besten Händen.

Nachdem Katharine fort war, zog Charlotte zu ihrer 21 Jahre älteren Freundin, der Schriftstellerin Helen Campbell nach San Francisco. »Mother Campbell«, überzeugte Kämpferin für die Rechte berufstätiger Frauen, machte Charlotte mit den Ideen des Sozialismus und Antikapitalismus vertraut, bekochte und tröstete sie und richtete sie wieder auf, wenn es ihr schlechtging. Ihre zärtliche Liebe füreinander überstand etliche Krisen und hielt fast 20 Jahre lang. Nachdem Charlotte ihre eigene, so wenig zärtliche Mutter aufopfernd bis zu ihrem Tod gepflegt hatte, brauchte sie selbst dringend etwas liebevolle Bemutterung.

Charlotte trat auch verschiedenen Frauenvereinen bei und wurde immer wieder gern als Rednerin eingeladen. Harriet Howe, eine glühende Verehrerin, die während der Zeit mit Adeline Knapp streckenweise die Dritte im Bunde war, berichtet über das Charisma dieser Rednerin: »[...] das Publikum unterbrach immer wieder mit Applaus. Zuerst waren sie sicher überrascht, wertvolle Ideen von einer Frau zu hören, einer Frau, die etwas zu sagen hatte und es ohne jede Platitüde zu sagen verstand. Nie zuvor hatten sie so klare Aussagen über schlichte Tatsachen gehört, und noch nie hatten sie derartiges von einer Frau vernommen. Sie brauchten eine Weile, um sich von ihrer Überraschung zu erholen, und dann nahm sie sie gefangen.«[59] »Sie half diesen Frauen, mit dem Denken anzufangen, ohne sie zu erschrecken. Es war Magie. Es war ein EREIGNIS. Ich war hingerissen. Ich wußte sofort, ich hatte die bedeutendste Persönlichkeit getroffen, die ich je gesehen hatte oder je sehen würde. Das war wahr, und ist es noch immer. Und sie hatte mir das größte Geschenk gemacht, – den Mut, zu meiner Überzeugung zu stehen.«[60]

Von einem Häufchen Elend am Rand des Wahnsinns zur mitreißenden Rednerin – was für eine unglaubliche Entwicklung in so kurzer Zeit! Verständlich, daß Charlotte anderen Frauen, vielen Frauen, möglichst allen Frauen, den Weg zur Selbstbefreiung zeigen wollte.

Zwischen 1895 und 1900 dehnte sich Gilmans Wirkungskreis auf die internationale feministische Szene aus. Sie reiste von Stadt zu Stadt und von Land zu Land, von Frauenkongressen zu Stimmrechtsversammlungen und Zusammenkünften von Frauenvereinen, ohne feste Adresse und ohne Haushaltsverpflichtungen. 1896 freundete sie sich in London mit Beatrice und Sidney Webb, G. B. Shaw und anderen Fabian Socialists an.

Charlotte Perkins Gilman hatte auch enge Bindungen an einige akademische Vertreter der Reformsoziologie, besonders Lester Frank Ward und Edward A. Ross, die beide die »Frauenfrage« als wesentliches Anliegen ihrer neuen Wissenschaft erkannten und ernst nahmen. Als Autodidaktin ohne »akademische Weihen« lag ihr an diesen Kontakten besonders; sie waren anregend und stärkten ihr Selbstbewußtsein. Ward und Ross unterstützten sie in der Überzeugung, ihre wichtigste Aufgabe sei die Konstruktion eines umfassenden Moralsystems auf der Basis der wissenschaftlichen Soziologie und verfaßt in verständlicher Sprache. Denn das war eine ihrer großen Stärken: Sie konnte die Dinge auf den Punkt bringen und komplexe Sachverhalte so anschaulich und klar, oft noch verblüffend und witzig darstellen, daß sie ein großes Publikum erreichte – damals wie heute ein zentrales Anliegen feministischer Aufklärung und Politik. In ihrem ersten großen theoretischen Werk, *Women and Economics* (1898) z. B. vergleicht sie die Stellung der Frau mit der von Kühen:

»Die wilde Kuh ist weiblich. Sie hat gesunde Kälber und genügend Milch für sie. Und mehr Weiblichkeit braucht sie nicht. Abgesehen davon ist sie eher rindlich als weiblich. Sie ist ein schlankes, starkes, schnelles Tier, fähig zu rennen, zu springen und wenn nötig zu kämpfen. Wir haben, aus ökonomischen Gründen, die Fähigkeit der Kuh, Milch zu produzieren, künstlich weiterentwickelt. Sie ist zur lebenden Milchmaschine geworden, gezüchtet und gehalten nur zu diesem Zweck; ihr Wert wird in Litern gemessen.«[61]

Women and Economics ist eine Abhandlung über die finanzielle Abhängigkeit der Frau vom Mann und die negativen Folgen dieser Ungerechtigkeit für Frauen und die Gesellschaft als Ganzes. Wie bei der Kuh hat mann die Geschlechtsfunktionen der Frau überzüchtet und ihre menschlichen Fähigkeiten gezielt verkümmern lassen. Zur Abhilfe plädiert Gilman für flächendeckende kollektive Haushalts-Service-Einrichtungen (Gemeinschaftsküchen, -wäschereien usw.), damit die Frau aus ihrem Haushaltsgefängnis befreit wird und in einer Welt ohne Apartheid sinnvollen und angesehenen Tätigkeiten nachgehen kann. *Women and Economics* wurde in sieben Sprachen übersetzt und erlebte sieben Neuauflagen.

1900 heiratete Charlotte ihren Vetter, George Houghton Gilman, einen Rechtsanwalt, der sieben Jahre jünger war als sie. Die Ehe hielt 34 Jahre lang, bis zu seinem Tod, und war sehr glücklich. »Ho«, wie »Chopkins« ihn in ihren zahllosen Briefen von ihren zahllosen Vortragsreisen zärtlich nannte, unterstützte von Anfang an rückhaltlos ihre berufliche Tätigkeit. Charlottes Zeitschrift *The Forerunner* (s. u.) und vier ihrer Bücher erschienen in einem gemeinsam betriebenen Verlag, den sie »Charlton« nannten – gebildet aus »Charlotte« und »Houghton«. Hätte ihr erster Ehemann, Walter, sich ähnlich kooperativ und aufgeklärt verhalten wie Houghton, wäre allen Beteiligten wahrscheinlich viel Leid erspart geblieben, aber ob sich Gilman zu der Denkerin und Kämpferin entwickelt hätte, der wir so viel verdanken, ist fraglich.

Daß die zweite Ehe nicht wieder schwere Depressionen auslöste, lag sicher auch daran, daß Gilman bei ihrem »Antritt« eine erfahrene und erfolgreiche Frau von 40 Jahren war, die von dem Gatten nicht mehr einfach »zurechtgestutzt« werden konnte – dem dies im übrigen auch nicht in den Sinn gekommen wäre.

22 Jahre lang war New York ihr Wohnsitz, Tochter Katharine

wohnte in dieser Zeit abwechselnd beim Vater oder bei ihnen. 1922 zogen sie nach Norwich Town in Connecticut.

1904 besuchte Charlotte den Internationalen Frauenkongreß in Berlin; 1905 schloß sich eine ausgedehnte Europatournee an; sie hielt Vorträge in England, Holland, Deutschland, Österreich und Ungarn. 1913 nahm sie am Internationalen Frauenstimmrechtskongreß in Budapest teil.

Weil Gilman sowohl Feministin als auch Sozialistin war, geriet sie oftmals zwischen die Fronten und wurde in keiner der beiden Gruppierungen je ganz heimisch. Den Sozialisten paßte ihr kompromißloses Eintreten für Frauen, überhaupt ihr Insistieren auf der Geschlechterproblematik, überhaupt nicht. Und die bürgerliche Frauenbewegung hatte große Schwierigkeiten mit ihren Angriffen auf die Organisation der Familie und den Monopolkapitalismus. Sie sah es nun als ihre Aufgabe an, beide Seiten davon zu überzeugen, daß ihre Anliegen im Grunde dieselben seien, denn sie glaubte, daß die Gleichstellung der Frau durch die Vergesellschaftung der Hausarbeit erreicht werden könnte.

Ende 1909 startete die fast Fünfzigjährige das anspruchsvollste Projekt ihres Lebens, die Monatszeitschrift *The Forerunner*. Sie zeichnete als Besitzerin, Herausgeberin und Alleinautorin. Für jährlich einen Dollar bekamen die ca. 3000 AbonnentInnen Monat für Monat auf 30 Seiten: eine Kurzgeschichte, verschiedene Gedichte, Artikel und Buchrezensionen sowie je ein Kapitel eines Fortsetzungsromans und eines Fortsetzungs-Sachbuchs, alles aus der Feder Charlotte Perkins Gilmans. Die Zeitschrift erschien sieben Jahre lang, bis Dezember 1916. Gilmans Programm für ihre Zeitschrift, veröffentlicht in der ersten Nummer, lautete: »Sie soll das Denken anregen, Hoffnung, Mut und Ungeduld wecken, praktische Vorschläge und Lösungen vorstellen und die starke Gewißheit eines besseren Lebens zum Ausdruck bringen, eines Lebens, das hier und jetzt und von uns zu verwirklichen ist.«[62]

Starke Worte und eine unglaubliche geistige Anstrengung und Leistung, besonders, wenn man bedenkt, daß Charlotte Perkins Gilman keineswegs vor Gesundheit strotzte. Immerhin war sie einmal dem Wahnsinn nahe gewesen, und sie litt in der Folge immer wieder an oft sehr schweren Depressionen. Aber ähnlich wie Virginia Woolf, die ihr Werk ebenfalls ihrer ständigen geistigen Gefährdung sozusagen abtrotzte, war Gilman eine ungeheuer disziplinierte Arbeiterin.

Über die depressiven Schübe schreibt sie in ihrer Autobiographie:

> »Wenn ich gezwungen bin, Einladungen abzulehnen, eine Arbeit aufzugeben, die leicht scheint, zuzugeben, daß ich ein schwieriges Buch nicht lesen kann, und als Entschuldigung diese geistige Schwäche angebe, kichern FreundInnen liebenswürdig, ›Ich wollte, ich hätte deinen Verstand‹. Dann wünsche ich, sie hätten ihn wirklich eine Weile, zur Strafe dafür, daß sie mir nicht glauben.[63]
> Plötzlich von stolzer Kraft zu verächtlicher Schwäche überzugehen, von fröhlicher Gelassenheit zu einer winselnden Vermeidung jeder Anstrengung oder Unannehmlichkeit, aus Angst vor dem Zusammenbruch danach, ist nicht schön, mit vierundzwanzig. Vierzig Jahre und länger in der geduldigen Bemühung hinzubringen, mit so einer Schwäche leben zu lernen, um trotz ihrer etwas zu schaffen, ist ein ermüdender und zermürbender Prozeß. Bücher aus dem Leben zu verlieren, sicher mehr als 90 Prozent der normalen Lesekapazität, ist kein geringes Unglück.«[64]

Alter, Krankheit, Abschied

In den »roaring twenties« trat Charlotte Perkins Gilman in ihr sechstes Jahrzehnt und begann widerstrebend mit ihrer Autobiographie, deren Fertigstellung sich bis kurz vor ihrem Tode 1935 hinzog. Sie interessierte sich mehr für die Gegenwart und Zukunft als für ihre Vergangenheit. Und die Gegenwart machte ihr politisch wenig Freude. Das Frauenstimmrecht war erstritten, und die »New Woman« betrat die Szene. Gilman mußte mit ansehen, wie die jungen Frauen sich immer mehr von den sozialistisch-feministischen Zielen entfernten, für die sie dreißig Jahre lang gekämpft hatte. Die große Chance, jetzt ihre wirtschaftliche Unabhängigkeit durchzusetzen, vernachlässigte die »neue Frau« zugunsten einer Gilman mehr als fragwürdig erscheinenden Sexualbefreiung. Die Parallele zur Einstellung vieler junger Frauen heute ist verblüffend.

In ihrem letzten philosophischen Werk, *His Religion and Hers* (1923), wendet sich Gilman der Ideologiekritik zu.[65] Die Religion, von Männern gemacht und androzentrisch strukturiert, hat der Menschheit mehr geschadet als jede andere Institution oder Ideologie, erklärt Gilman. Allerdings kann sie umstrukturiert werden und dann vielleicht neue Hoffnung geben. Sie kann Gutes bewirken, wenn sie sich mehr für das Diesseits als für das Jenseits interessiert. Gilmans Kritik nimmt zentrale Thesen der Religionskritik Mary Dalys und anderer feministischer Thea- und Theologinnen aus den siebziger und achtziger Jahren vorweg.[66]

Die Jenseitsvorstellungen des Judentums, Christentums, des Islam oder der Mormonen sind für Gilman nichts als Varianten typisch männlicher Visionen. Die Menschen sollten sich mehr für das interessieren, was aus ihren Kindern und späteren Generationen wird, als dafür, was nach dem Tod aus ihnen selber wird. »Einen toten Menschen können wir nicht bessern, wohl aber ein Baby«, betont Gilman.

Die Religionen sind nicht nur vom Tod besessen, sondern auch frauenverachtend. Sie fordern »Glauben« und »Gehorsam« – mit verheerenden Konsequenzen für menschliches Verhalten. Was die »Väter« erkannten, mag früher sinnvoll gewesen sein, aber es ist schädlich, ihre beschränkte Sehweise späteren Generationen aufzuzwingen.

Soweit »seine Religion«. *Ihre* Religion dagegen, meint Gilman, könnte sich auf die weiblichen Prinzipien Gebären und Nähren gründen, auf Wachstum statt Tod: Evolution bedeutet für sie Wachstum, nicht Kampf.

Charlotte Perkins Gilman war nicht frei von Rassenvorurteilen. Als sie 1922 von New York nach Connecticut zog, war sie »unendlich erleichtert«, dem »Rassenkonglomerat« der ImmigrantInnen New Yorks entkommen zu sein. Zwar trat sie einerseits immer wieder mutig gegen Rassendiskriminierungen auf, aber »ihr Glaube an die letztliche Gleichheit aller Rassen war im Grunde nur die Erwartung, daß andere Rassen sich immer mehr der ihrigen angleichen würden«.[67]

1932 erkrankte Gilman unheilbar an Brustkrebs. Sie »hatte nichts dagegen, zu sterben«, aber es tat ihr leid, Houghton allein lassen zu müssen. Houghton, den ihre Krankheit sehr mitnahm, starb aber noch vor ihr an einer Gehirnblutung, im Mai 1934.

Im Herbst 1934 flog Gilman nach Pasadena, um ihre letzten Monate in der Nähe ihrer Tochter und Enkelkinder zu verbringen. Ihre alte Freundin Grace Channing Stetson bezog mit ihr ein kleines Haus und blieb bis zum Schluß bei ihr.

Dieses Leben, das vor 75 Jahren so ohne Liebe begonnen hatte, endete in einer Flut von wunderbar beredten, erschütternden Beweisen der Liebe und Verehrung,[68] die Charlotte Perkins Gilman dadurch zukamen, daß sie von ihren Freundinnen und Freunden Abschied nahm und ihnen mitteilte, sie werde ihrem Leben bald selbst ein Ende setzen, wenn es ihr an der Zeit erscheine.

Am 17. August 1935 starb sie, »schnell und schmerzlos«[69] durch das Einatmen von Chloroform. Ihrem Wunsch entsprechend gab es keinen Trauergottesdienst, und ihre Asche wurde über ihren geliebten Hügeln Südkaliforniens ausgestreut.

»Kein geringes Unglück«: Charlotte Perkins Gilman und ihr Wahnsinn

Die (männliche) Wissenschaft geht heute davon aus, daß Depressionen in der Regel sowohl biologische als auch psychische Ursachen haben (von patriarchalischen Ursachen ist weniger die Rede). Über mögliche biologische Ursachen der Krankheit Gilmans läßt sich heute natürlich nicht mehr viel ermitteln. Daß es sich nicht um eine »klassische Wochenbettdepression« gehandelt haben kann, zeigt sich schon darin, daß die depressive Verstimmung bereits in ihrer Verlobungszeit einsetzte. Eher könnten wir von einer typisch weiblichen Ehedepression sprechen. Die junge, tatendurstige Charlotte geriet in Lebensumstände, die für eine Frau mit so hochfliegenden Plänen, von heute aus betrachtet, zutiefst »deprimierend« waren: »Ausgelöst werden kann eine Psychose durch [...] Lebensumstände, die über längere Zeit gravierende Widersprüche zwischen der inneren und der äußeren Welt haben entstehen lassen [...] Das eigene Lebenskonzept ist verunsichert beziehungsweise konnte sich noch nicht entfalten.«[70]

Daß Gilman aber auch nach der Flucht aus der ersten Ehe immer wieder unter Depressionen zu leiden hatte, wenn auch nie wieder in so vernichtendem Ausmaß wie beim ersten Mal, kann durchaus daran liegen, daß sie zwar der Ehe, nicht aber dem Patriarchat entronnen war, dessen Botschaft an die Frau bekanntlich lautet: »Du bist nicht der Rede wert!« Wie besonders Carol F. Kessler betont, neigte Gilman zeit ihres Lebens zu unbarmherziger Selbstkritik: »Die Einstellungen zu sich selbst sowohl in den Tagebüchern als auch in der Autobiographie zeugen von schlechter geistiger Gesundheit: Exzessive Selbstkritik, übermenschliche Erwartungen an sich selbst und eine Tendenz, sich abzuwerten. Wut versteckte sie [vor sich selbst] hinter hingebungsvollem Dienst an der Allgemeinheit.«[71] Wie die moderne kognitive Therapie meint, prädestiniert eine solche geistige Verfassung geradezu zur Depression: »Der depressive Mensch sieht sich selbst als unzureichend. [...] Untersuchungen ergaben einen ausgeprägten Unterschied zwischen der Selbsteinschätzung des depressiven Menschen [...] auf der einen und seinen – oft herausragenden – tatsächlichen Leistungen. [...] Die Depression [liegt] an einer Störung des Denkens. [...] Die pessimistische Grundeinstellung beeinflußt die Stimmung, die Motivation und die Beziehungen zu anderen und führt schließlich zum vollen Spektrum der für die Depression typischen psychischen und körperlichen Symptome.«[72] Die Tatsache, daß es in dem Zitat statt »der depressive Mensch« genausogut »die Frau« heißen könnte, spricht Bände über unsere patriarchale Gesellschaft, in der es – mindestens – doppelt so viele depressive Frauen wie Männer gibt.

Gilman beschwerte sich über die nur vordergründig »schmeichelhafte« Verständnislosigkeit ihrer Freundinnen, wollte sie ihnen ihre »Schwäche« begreiflich machen. Wir wollen nicht den Fehler dieser wohlmeinenden Freundinnen wiederholen und Gilmans Krankheit »wegerklären«. Bessere, frauenfreundlichere Lebensumstände führten nicht automatisch zu Freiheit von der Krankheit, wohl aber, wie es scheint, zu Besserung. Gilman schildert die Depression als ständig im Hintergrund lauernde Bedrohung, die Prophylaxe entsprechend als ermüdenden und zermürbenden Prozeß. So wollen wir es stehenlassen und zum Schluß nur noch einmal die unglaubliche Leistung Gilmans würdigen: Trotz ihrer geistigen »Schwäche« entwickelte sie eine solche geistige Kraft, daß sie die Menschen bis heute mit Bewunderung erfüllt und mit Ideen, Argumenten und Zündstoff versorgt.

Anmerkungen

1 Vgl. Davidson 1988, S. IX. Alle Übersetzungen aus den englischsprachigen Originaltexten sind – soweit nicht anders angegeben – von uns, Swantje Koch-Kanz und Luise F. Pusch.
2 Karpinski 1992a, S. 9.
3 1935: zit. nach Gilman 1992, S. 58f.

4 Gilman 1975 [1935], S. 10-11; zit. nach Berman 1992, S. 213.
5 Gilman 1935; zit. nach Lane 1990, S. 46.
6 Lane 1990, S. 46.
7 Gilman 1935; zit. nach Lane 1990, S. 52.
8 Lane 1990, S. 53.
9 Gilman 1935; zit. nach Lane, S. 55.
10 Vgl. Lane 1990, S. 58.
11 Vgl. Lane 1990, S. 57.
12 Lane 1990, S. 68.
13 Lane 1990, S. 67.
14 Lane 1990, S. 79.
14a Lane 1990, S. 80.
15 Hill 1992, S. 192.
16 Hill 1992, S. 192.
17 Hill 1992, S. 193.
18 Hill 1992, S. 193.
19 Hill 1992, S. 196.
20 Hill 1992, S. 193.
21 Hill 1985, S. 162f.
22 Hill 1992, S. 197.
23 Hill 1992, S. 198.
24 Hill 1980, S. 128.
25 Hill 1980, S. 128f.
26 Hill 1980, S. 129.
27 Lane 1990, S. 135ff.
28 Lane 1990, S. 136.
29 Lane 1990, S. 136.
30 Lane 1990, S. 137.
31 Amrain 1992, S. 206.
32 Vgl. Amrain 1992, S. 216.
33 Gilman 1935, zit. nach Lenz 1987, S. 33f.
34 Gilman 1994, S. 130.
35 Hill 1980, S. 186.
36 Hill 1980, S. 150.
37 Hedges 1992, S. 129.
38 Gilman 1987, S. 3f.
39 Gilman 1987, S. 4.
40 Gilman 1987, S. 17.
41 Gilman 1994, S. 113.
42 Gilman 1987, S. 12.
43 Gilman 1987, S. 7.
44 Gilman 1987, S. 17.
45 Gilman 1987, S. 19.
46 Gilman 1987, S. 22.

47 Gilman 1987, S. 24.
48 Gilman 1994, S. 130.
49 Gilman 1987, S. 27.
50 Gilman 1987, S. 28.
51 Gilman 1994, S. 134.
52 Gilman 1987, S. 22.
53 Gilman 1987, S. 26.
54 Gilman 1987, S. 28.
55 Gilman 1987, S. 28.
56 Gilman 1987, S. 29.
57 Zit. nach Hedges 1992, S. 132.
58 Für die biographischen Fakten der Jahre 1890-1935 stützen wir uns weitgehend auf die Darstellung in Allen 1988, S. 27-54.
59 Howe 1992, S. 73.
60 Howe 1992, S. 75.
61 Zit. nach Hedges 1992, S. 133.
62 *The Forerunner* 1 (November 1909), S. 32; zit. nach Allen 1988, S. 49.
63 Gilman 1975, S. 98; zit. nach Berman 1992, S. 219.
64 Gilman 1975, S. 100; zit. nach Berman 1992, S. 219f.
65 Vgl. Lane 1990, S. 285-89.
66 Vgl. Daly 1970, 1980, 1981.
67 Allen 1988, S. 53.
68 In Auszügen nachzulesen bei Lane 1990, S. 357ff.
69 Lane 1990, S. 360.
70 Bock et al. 1995, S. 96.
71 Kessler 1995, S. 165.
72 Beck 1980, S. 1.

Literatur

Allen, Polly Wynn: *Building Domestic Liberty: Charlotte Perkins Gilman's Architectural Feminism.*, Amherst, MA 1988
Amrain, Susanne: »Gleichmut – Üben Sie sich in Gleichmut, Mrs. Woolf!«, in: Sibylle Duda & Luise F. Pusch. Hgg. 1992, S. 174-225
Beck, Aaron T.: »Preface«, in: Burns, David D.: *Feeling Good: The New Mood Therapy.* New York 1980, S. 1-2
Berman, Jeffrey: »The Unrestful Cure: Charlotte Perkins Gilman and ›The Yellow Wallpaper‹«, in: Golden 1992, S. 211-241
Bock, Thomas, J. E. Deranders & Ingeborg Esterer: *Stimmenreich: Mitteilungen über den Wahnsinn.* München 1995 [1992]
Daly, Mary: *Kirche, Frau und Sexus* [= *The Church and the Second Sex*]. Übs. aus d. Engl. von Dietgard Erb. Olten; Freiburg, Br. 1970 [1968]

– *Jenseits von Gottvater Sohn & Co.: Aufbruch zu einer Philosophie der Frauenbefreiung* [= *Beyond God the Father: Toward a Philosophy of Women's Liberation*]. Übs. aus d. Engl. von Marianne Reppekus, Barbara Henninges und Erika Wisselinck. München 1980 [1973]; 4. erw. Aufl. 1986
– *Gyn/ökologie: Eine Meta-Ethik des radikalen Feminismus* [= *Gyn/ecology: The Meta-Ethics of Radical Feminism, 1978*]. Übs. aus dem Engl. von Erika Wisselinck. München 1981
Davidson, Cathy N.: »Foreword«, in: Meyering, Sheryl L. Hg., *Charlotte Perkins Gilman: The Woman and her Work*, Rochester, NY 1988, S. IX-XI
Gilman, Charlotte Perkins: *The Yellow Wallpaper*. Hg. von Susanne Lenz. Stuttgart 1987
– »Die gelbe Tapete«, in: Pusch, Luise F. Hg., *Handbuch für Wahnsinnsfrauen*, S. 111-36. Übs. aus dem Engl. von Gerlinde Kowitzke. Frankfurt/M. 1994
– *Women and Economics: The Economic Factor Between Men and Women as a Factor in Social Evolution*. Hg. Carl N. Degler. New York 1966 [1898]
– *The Man Made World or, Our Androcentric Culture*. New York 1971 [Reprint]
– *Herland: A Lost Feminist Utopian Novel*. Hg. Ann J. Lane. New York. 1979
– *Herland*. Übs. aus dem Engl. von Sabine Wilhelm. Reinbek 1980 [= *Herland*. Hg. von Ann J. Lane. New York 1979]
– *His Religion and Hers: A Study of the Faith of our Fathers and the Work of our Mothers*. Westport, CN 1985
– *The Living Of Charlotte Perkins Gilman: An Autobiography*. New York; London 1935, [Reprint] New York 1975
– »From The Living of Charlotte Perkins Gilman: An Autobiography«, in: Karpinski 1992, S. 57-65
– *The Charlotte Perkins Gilman Reader*. Hg. Ann Judith Lane. New York 1980
– *Die gelbe Tapete und andere Erzählungen*, mit einer Einleitung von Ann J. Lane. Übs. aus dem Engl. von Karl H. Schulz. Frankfurt; Berlin. [= *The Charlotte Perkins Gilman Reader*. Hg. Ann J. Lane. New York 1980] 1988 [1985]
Golden, Catherine. Hg.: *The Captive Imagination: A Casebook on The Yellow Wallpaper*. New York 1992
Hedges, Elaine R.: »›Out at last‹? ›The Yellow Wallpaper‹ after two decades of feminist criticism«, in: Karpinski 1992, S. 222-33. [Ebenfalls abgedruckt in Golden 1992; S. 319-38; erweiterte Fassung des Tagungsvortrags bei der Modern Language Association, Washington, DC, Dezember 1989]

– »Afterword to the ›The Yellow Wallpaper‹, Feminist Press Edition«, in: Golden 1992, S. 123-136
Hill, Mary A.: *Charlotte Perkins Gilman: The Making of a Radical Feminist 1860-1896*. Philadelphia, PA 1980
– Hg.: *Endure: The Diaries of Charles Walter Stetson*. Philadelphia 1985
– »On the diaries of Charles Walter Stetson«, in: Karpinski 1992; S. 184-201
Howe, Harriet: »Charlotte Perkins Gilman – as I knew her«, in: Karpinski 1992, S. 73-84 [zuerst in: *Equal rights: Independent Feminist Weekly 5* (September 1936), S. 211-6]
Karpinski, Joanne B. Hg.: *Critical Essays on Charlotte Perkins Gilman*. New York 1992
Kessler, Carol Farley: »Charlotte Perkins Gilman 1860-1935«, in: *Modern American Women Writers*. Hg. von Elaine Showalter, Lea Baechler & A. Walton Litz. New York 1991. S. 155-169
Lane, Ann J.: *To »Herland« and Beyond: The Life and Work of Charlotte Perkins Gilman*. New York 1990
Lenz, Susanne: »Nachwort«, in: *The Yellow Wallpaper*. Hg. von Susanne Lenz. S. 33-48. Stuttgart 1987
Scharnhorst, Gary: *Charlotte Perkins Gilman: A Bibliography*. Metuchen, NJ 1985

Séraphine Louis
(genannt Séraphine de Senlis)

1864-1942

Malerin von Marias Gnaden

Von Andrea Schweers

für R. R.

Sie gehört zu den großen Unsterblichen.
(Wilhelm Uhde über Séraphine Louis)

Denkt an die malenden Séraphines überall in der Welt, die nicht zufälligerweise das Haus putzen für einen Kunstkritiker mit der besonderen Sensibilität eines Uhde! Wir werden ihre Werke vielleicht niemals sehen!
(Karen Petersen/J. J. Wilson)

Ein eiskalter Novemberwind fegt durch die schmalen Gassen und über die leeren Plätze der nordfranzösischen Kleinstadt Senlis. Grau ist die alles beherrschende Farbe – das blanke Kopfsteinpflaster, die Natursteinfassaden der mittelalterlichen Häuser, die hohen Klostermauern und Reste der gallo-römischen Stadtbefestigung und die gotischen Kirchen, die viel zu groß und viel zu zahlreich erscheinen für die kleine, etwas verschlafene Stadt und die ihre gewaltigen Türme in den grauen Himmel recken – dieses »köstliche Grau«[1] des Himmels der Ile de France. Der Ort hat einmal großartigere Zeiten gesehen – Stammsitz des kapetingischen Herrscherhauses, Sommerresidenz vieler französischer Könige, die umliegenden Wälder ein beliebtes Jagdrevier des Hochadels, die Stadt eine Hochburg religiöser Kongregationen. Von den 20000 EinwohnerInnen im 16. und 17. Jahrhundert waren am Vorabend der Revolution nur noch 4500 übriggeblieben, und die einstige Größe wurde bis heute nicht wieder erreicht. Senlis verschloß sich innerhalb seiner Befestigungsmauern, lehnte Mitte des letzten Jahrhunderts den Anschluß an die neue Eisenbahn ebenso ab wie in unseren Tagen die Verbindung mit dem Pariser Vorortzug. Die Nähe der französischen Metropole scheint unvorstellbar, und doch sind es bis zum Zentrum von Paris nur 50 Kilometer.

Aber Senlis lohnt einen Besuch, nicht nur wegen seines weitgehend erhaltenen historischen Stadtkerns, sondern vor allem wegen des städtischen Museums, das seit einigen Jahren im schön restaurierten ehemaligen erzbischöflichen Palais untergebracht ist und über eine bedeutende Sammlung naiver Malerei verfügt.[2] Als deren Herzstück werden die »Bilder einer Aufwartefrau«[3] gezeigt – die außergewöhnlichen, eindrucksvollen, beunruhigenden Werke der Séraphine Louis, einer Dienstmagd und Malerin, die den größten Teil ihres Lebens in den engen Mauern dieser Stadt verbrachte und von niemandem hier ernst genommen wurde.

Zwei Menschen ist es zu verdanken, daß Senlis überhaupt Werke seiner einzigen Künstlerin von internationaler Bedeutung besitzt – dem deutschen Kunstsammler und Mäzen Wilhelm Uhde, der Séraphine Louis 1912 zum ersten Mal begegnete, ihre Arbeiten kaufte, ausstellte und bekannt machte, und Anne-Marie Uhde, die nach dem Tod ihres Bruders dessen Nachlaß verwaltete und dem Museum mehrere Bilder vermachte. 82jährig eröffnete sie 1972 eine große Séraphine-Louis-Retrospektive in Senlis, zu deren Anlaß der örtliche Heimatverein an dem bescheidenen Haus in der schmalen Rue du Puits-Tiphaine, in dem die Malerin 26 Jahre lang gelebt und gearbeitet hatte, eine Gedenkplakette anbringen ließ.

So ist denn einigermaßen sichergestellt, daß Séraphine Louis, die zu ihren Lebzeiten von den Menschen ihrer Umgebung zunächst für verrückt gehalten, dann offiziell für verrückt erklärt wurde, auch in ihrer Heimatstadt nicht wieder gänzlich in Vergessenheit geraten wird. Das Denkmal allerdings, das ihr, wie sie gegen Ende ihres Lebens sicher war, auf jeden Fall zustünde, wurde nie errichtet.

Eine Kindheit auf dem Lande

»Um 1925 war Séraphine eine alterslose Bäuerin, von mittlerer Größe, robust, mit einem von Falten durchzogenen und mit Sommersprossen übersäten Gesicht. Sie hatte eine kräftige Nase, einen breiten Mund, dichte, weiche, an den Spitzen gelockte Haare, die sie kurzgeschnitten trug und die wohl einmal rotblond gewesen waren«,[4] so schildert sie der Psychiater Gallot, der einzige ihrer Biographen, der sie noch persönlich kennengelernt hat.

Nur zwei Fotografien sind von ihr erhalten, beide zeigen die gut

Séraphine Louis, fotografiert von Anne-Marie Uhde (um 1929)

60jährige in einem schmucklosen, hochgeschlossenen, dunklen Kleid, dessen weiter Rock ihr bis auf die Füße fällt. Auf dem einen Bild hält sie den Kopf leicht gesenkt, die Augen geschlossen, die Arme hängen beschäftigungslos herab, sie wirkt müde, verschüchtert und abgearbeitet, auf dem anderen, um 1929 von Anne-Marie Uhde aufgenommenen, steht sie mit hocherhobenem Kopf neben ihrer Staffelei, Palette und Pinsel in typischer Selbstporträt-Pose der Fotografin entgegenhaltend, den Blick in die Ferne gerichtet. Beide Aufnahmen bezeugen, wie ihr Leben war – hart und arbeitsreich – und wie sie sich selber sah – mit einer die Menschen irritierenden Mischung aus Demut und Stolz.[5]

Séraphine Louis wurde am 3. September 1864[6] in Arsy-sur-Oise, einem kleinen Dorf an der Straße von Compiègne nach Clermont, wenige Kilometer von Senlis entfernt, geboren. Ihre Eltern, die Hausangestellte Victorine Adeline Julie Mayard oder Maillard und der Uhrmacher Antoine Frédéric Louis, waren arme Leute. Mit 6 oder 7 Jahren[7] hatte sie beide Eltern verloren. Wie sie und ihre wahrscheinlich einige Jahre ältere Schwester diese traumatische Situation erlebten bzw. überlebten, ist nicht belegt. Möglicherweise wurden sie von Bauern aus der Nachbarschaft aufgenommen, jedenfalls hütete Séraphine schon früh die Kühe des Dorfes und sprach noch als alte Frau liebevoll und kenntnisreich über den richtigen Umgang mit Haustieren. Der Schulbesuch war nur von kurzer Dauer, verhalf ihr aber zu einer schwungvollen, geübt wirkenden Handschrift. Mit 13 kam sie zu verschiedenen gutbürgerlichen Familien der umliegenden Ortschaften »in Stellung«. Daß sie den Arbeitsplatz häufig wechselte, mag nicht so sehr an ihrem unsteten Charakter gelegen haben als an unangenehmen Erlebnissen, wie sie typisch waren für Dienstmädchen, die schutzlos ihrer »Herrschaft« ausgeliefert waren. Von ihr sind keine direkten Berichte darüber bekannt, aber eine ihrer späteren Schreckensphantasien – Vergewaltigung durch einen Notar – ist möglicherweise ein spätes Echo ihrer Erfahrungen. Als 18jährige »fand sie Schutz«[8] im Kloster von St. Joseph in Senlis, wo sie 20 lange Jahre, wahrscheinlich im Status einer Laienschwester, lebte und arbeitete. Wieder putzte sie, diesmal für die Schwestern, war bescheiden und unauffällig und fühlte sich wohl, obwohl ihre späteren Visionen von zänkischen, eifersüchtigen Nonnen, die sich bis aufs Blut bekämpfen, und ebenso unangenehmen Priestern, eine andere Sprache sprechen.

Beten, putzen, malen

Séraphine Louis' Lebenseinstellung war von tiefer, naiver Frömmigkeit geprägt, und ans Heiraten hatte sie, auf Anraten der Jungfrau Maria, auch nie gedacht. Warum sie trotzdem dem Schwesternorden von St. Joseph nicht beitrat, bleibt, wie das meiste in ihrer Lebensgeschichte, ungewiß. Keiner ihrer Biographen vermutet den naheliegendsten Grund – daß sie frei sein wollte, um zu malen –, wie ihr überhaupt ein von eigenen Entscheidungen bestimmtes Lebenskonzept wenig zugestanden wird. Sicher jedenfalls ist, daß sie mit 38 Jahren einen überraschenden Schritt tat, sie verließ das Kloster, nahm zunächst wieder Stellungen bei verschiedenen Familien an und mietete sich schließlich vier Jahre später zum ersten Mal in ihrem Leben ein eigenes Zimmer im ersten Stock des Hauses Nr. 1, rue du Puits-Tiphaine, unweit der Kathedrale, wo sie regelmäßig den Gottesdienst besuchte.

Ein Jahr zuvor hatte ihr »Schutzengel« bzw. die Jungfrau Maria ihr in der Kirche gesagt, daß sie sich ans Zeichnen machen sollte,[9] und das tat sie dann auch mit Konsequenz und Beharrlichkeit. Sie malte Blumen und Früchte auf alles, was ihr in die Hände fiel, »[...] Tassen, Krüge, Teller, Flaschen, Kartons und Holzbretter und später sogar gebrauchte Glühbirnen [...]«.[10] Das Museum von Senlis zeigt aus dieser ersten, an Allgäuer Bauernmalerei erinnernden Werkphase drei kleine, mit hellgelben Blüten auf dunklem Grund bemalte Tonvasen und ein Aquarell – bunte Wiesenblumen in einem roten Weidenkorb – jeweils mit einem kräftigen Namenszug »S. Louis« signiert.

Ihren Lebensunterhalt verdiente sie weiterhin mit ihren »travaux noirs« – Putzarbeiten für andere Leute –, gelegentlich verkaufte sie für wenige Francs ein Bild in der Nachbarschaft oder tauschte es gegen Lebensmittel und Farben, die sie aus der örtlichen Drogerie bezog. Bis heute werden auf den Dachböden der Häuser von Senlis frühe »Séraphines« gefunden, verstaubt und unbeachtet von den Besitzern, die sich auch jetzt nicht unbedingt ihres Wertes bewußt sind.[11]

Nach einem vom Vater erzwungenen, lustlos absolvierten Jurastudium hatte der 30jährige Wilhelm Uhde, ein vielseitig gebildeter, europäisch denkender Intellektueller 1904 mit Paris endlich seine Wahlheimat gefunden und in der modernen Malerei seine Lebensaufgabe.[12] Vom Wert der französischen Kultur war er zutiefst überzeugt – »ein französischer Junge von 15 Jahren ist im allgemeinen unendlich viel intelligenter als ein Deutscher von fünfundzwanzig«[13] –, eine Einstellung, die ihm im Bismarckschen Preußen viel Feindschaft, später unter den Nazis Verfolgung und Ausbürgerung einbrachte. Mit einem außergewöhnlichen Gespür für bedeutende Neuerungen in der Kunstentwicklung kaufte er frühe kubistische Arbeiten von Picasso (ein Bild für 10 Francs!) und Georges Braque, organisierte die ersten Einzelausstellungen für Marie Laurencin und den Zöllner Rousseau, vermittelte die Werke von Odilon Redon nach Deutschland (wo sie wenig Anerkennung fanden).

Auf der Suche nach Erholung vom Großstadttrubel mietete er zusammen mit zwei schwedischen Freunden um das Jahr 1912 in Senlis eine kleine Wochenend-Wohnung an der Place Lavarande, wenige Schritte von der Rue du Puits-Tiphaine entfernt. »Es war die Ruhe nach den homerischen Kämpfen, die es damals in Paris für die moderne Malerei zu bestehen gab«,[14] schreibt er in seinen Lebenserinnerungen, ohne zu ahnen, »dass ich hier eine grosse Aufgabe vom Schicksal erhielt, die ganz dem Sinn meines Lebens entsprach.«[15]

»Jeden Morgen kam eine alte Frau, die man mir empfohlen hatte, für eine Stunde, um meine kleine Wohnung aufzuräumen. Ausser ihrem Namen, Séraphine Louis, wusste ich nichts von ihr und ich beachtete sie nicht weiter. [...] Eines Tages bemerkte ich bei kleinen Leuten in Senlis ein Stilleben, welches einen so ausserordentlichen Eindruck auf mich hervorbrachte, dass ich vor Ergriffenheit schweigend vor ihm stehen blieb. Während ich es länger betrachtete, machte ich mir klar, dass diese Wirkung keiner äusserlichen Ursache zuzuschreiben war, sondern ausschliesslich einem so grossen künstlerischen Werte, dass das Bild einer genauen Prüfung standhielt. Es stellte Äpfel dar, die auf einem Tische lagen, sonst nichts. Aber es waren wirkliche Äpfel, in einer schönen festen Materie modelliert. Cézanne wäre glücklich gewesen, sie zu sehen. ›Wer hat dieses Bild gemalt‹, fragte ich. – ›Séraphine‹, antwortete man mir. – ›Welche Séraphine?‹ – ›Nun, Ihre Aufwartefrau. Sie dachte daran, uns das Bild zu verkaufen. Aber wenn Sie es wünschen, treten wir gern zurück. Es kostet acht Francs.‹

Als Séraphine am nächsten Tag bei mir ankam, sah sie auf einem Stuhle das Stilleben. Sie begann zu lachen. ›Monsieur hat mein Bild gekauft? Es gefällt also Monsieur?‹ – ›Sehr gut. Haben Sie noch mehr?‹ Sie brachte ein halbes Dutzend, von denen jedes einen gleich grossen Eindruck auf mich machte, wie das erste. Eine seltene Leidenschaft, ein heiliger Eifer, eine mittelalterliche Glut lebte in diesen Stilleben. Ich zeigte einige dieser Bilder den kompetentesten meiner Freunde: sie waren so bewegt wie ich.«[16]

Auf das Leben von Séraphine Louis hatte diese Entdeckung wenig *konkrete* Auswirkungen. Uhde mußte Frankreich 1914, kurz vor dem Ersten Weltkrieg, überstürzt verlassen, seine gesamte Sammlung, darunter auch Louis' Bilder, wurden als Besitz eines »feindlichen Ausländers« beschlagnahmt und zwangsversteigert, er verlor die Malerin aus den Augen, erst 15 Jahre später sollten sie sich wiedersehen. Um so größer aber ist die *psychologische* Wirkung dieser Begegnung einzuschätzen. Zum ersten und einzigen Male hatte jemand Séraphine Louis als Künstlerin betrachtet und ernst genommen, ihre Bilder nicht aus Mitleid mit der armen Frau gekauft, sondern weil sie außergewöhnlich waren. Es ist nicht sicher, ob sie dieser Ermunterung bedurfte, um ihren Weg unbeirrt wie bisher weiterzugehen, aber gewiß hat sie ihre künstlerische Entwicklung erheblich gefördert und ihr geholfen, sich selbst als Malerin zu sehen. Uhdes manchmal pathetisch klingende Begeisterung – »das geheiligte Herz einer Dienenden (fühlte) die Berufung, die Erhabenheit des Mittelalters neu zu beleben [...]«[17] –, entsprang einer besonderen Liebe zu Bildern, die »nicht gesehen, sondern erlebt werden wollten«.[18] Natürlich faszinierte ihn als Kunsthändler und Sammler alles Neue, Unentdeckte. Aber vor allem sah er von Anfang an, und darin liegt sein besonderes Verdienst, die künstlerische Qualität ihrer Arbeiten. Die Entwicklung, die die Malerin in den folgenden Jahren machte, sollte ihm recht geben.

Die Schrecken des Ersten Weltkriegs erlebte Séraphine Louis in Senlis, die Invasion der Stadt und den großen Brand, der von den deutschen Besatzungstruppen mutwillig gelegt wurde. Sie verarbeitete diese Eindrücke in Bildern, die ganz aus dem Rahmen ihres Themen- und Formenkreises herausfielen – brennende Häuser mit weitgeöffneten Fenstern, aus denen die Flammen schlagen, und patriotische Allegorien, auf denen ein flammendes Herz-Jesu-Motiv mit der Trikolore und dem amerikanischen Sternenbanner über Ruinen schwebt.

Den wenigen zugänglichen Reproduktionen[19] nach zu urteilen, sind diese Arbeiten von wesentlich schlechterer Qualität als ihre übrigen Bilder – sie wirken hastig gemalt und unausgewogen in der Komposition. Danach kehrte sie zurück zu ihrem eigentlichen Thema – Blumen, Blätter Früchte –, die Formate wurden größer, sie malte jetzt zumeist auf Leinwand, seltener auf Holz, benutzte weiterhin Wandfarben und Haushaltslacke. Ihre Lieblingsmotive waren weiße Margeriten, die sie auf dunklem oder rotem Untergrund zu phantastischen Sträußen, Blütenteppichen oder dicken Büschen zusammenstellte. In den 20er Jahren kamen andere Blumen hinzu, Früchte, Obstbäume, stets mit feinem Pinsel sorgfältig und doch schwungvoll gemalt.

Über ihr Leben in all diesen Jahren ist fast nichts bekannt. Sie lebte zurückgezogen und ärmlich in ihrem spärlich möblierten Zimmer, betete mit Hingabe in der Kathedrale, ging kaum noch zu anderen Leuten putzen. Irgendwann faßte sie den kühnen Entschluß, aus ihrer Berufung zur Malerei ihren Beruf zu machen, auch wenn nicht absehbar war, ob sie jemals davon würde leben können. Stets standen in ihrem Atelier mehrere fertige Leinwände mit vorbereitetem Untergrund und schon signiert in Erwartung der Inspiration, die ihr die Kraft geben würde, das Bild zu gestalten. Wenn sie malte, ließ sie niemanden in ihre Wohnung, an die Tür hängte sie ein Schild »Mademoiselle Séraphine empfängt nicht«.[20]

In Senlis galt sie als wunderlich, seit wann, das ist schwer festzustellen. In all den Jahren, in denen sie als Dienstmädchen in bürgerlichen Familien bzw. im Kloster lebte und arbeitete, hatte sich wahrscheinlich niemand die Mühe gemacht, über ihren Gemütszustand nachzudenken. Auch die Tatsache, daß sie unverheiratet blieb, ja offensichtlich niemals ein Mann in ihrem Leben eine Rolle spielte – ihre späteren Phantasien von einem geheimnisvollen Verlobten stehen auf einem anderen Blatt –, wird für ein Waisenmädchen aus ärmlichen Verhältnissen wohl eher die Regel gewesen sein, zumal sie ja ihre »heiratsfähigen« Jahre im Kloster verbracht hatte.[21] Vermutlich fing sie erst in den 20er Jahren, d. h. als sie auf die 60 zuging, an, den Menschen ihrer Umgebung aufzufallen.

> »Für die Kinder meines Alters war Séraphine eine merkwürdige kleine Alte [...]. Immer in Schwarz gekleidet, Jacke und Rock mit weiten Falten, war sie die einzige Frau der Stadt, die zu jeder Zeit einen Strohhut trug! Und was für einen. In ganz Senlis war bekannt, daß er von dem wenig behaarten Kopf eines verehrten Doktors stammte, oder, warum nicht, eines schriftstellernden Barons, der ihn auch kräftig getragen hatte. Séraphine malte das helle Stroh mit schwarzem Lack an, um aus dem Hut ein persönliches Besitzstück zu machen. Sobald sie ihr Tagewerk beendet hatte, trug sie ihr Paar Holzschuhe nicht an den Füßen, sondern mit der linken Hand an ihre Brust gedrückt, auf der sich die langen Enden eines schwarzen Wollschals kreuzten. Sie war wenig gesprächig, und der schrille Klang ihrer Stimme überraschte ebenso wie der Blick aus ihren grün-blauen, gelb gesprenkelten Augen, der nur selten auf uns ruhte.«[22]

Dieser Bericht von Henri Leblanc, heute Bildhauer und Mitglied des Kunstvereins von Senlis, entspricht ziemlich genau einer der beiden Zeichnungen, die er als 16jähriger von seiner merkwürdigen Nachbarin anfertigte. Auf beiden Skizzen hat sie die Augen fast geschlossen, so als würde sie nur nach innen blicken, und tiefe Falten durchziehen ihr Gesicht. Die erste Zeichnung schildert sie wie die mündliche Beschreibung, wahrscheinlich auf dem Heimweg von einer Putzstelle, die zweite gibt ein Geschehnis wieder, das in die Legende von Senlis eingegangen ist: Wir sehen die Malerin am Fenster ihrer Wohnung, rechts von ihr an der Wand hängt ihre Palette – die sie nicht benutzte, denn sie mischte ihre Farben und Lacke in einem Teller –, auf der Fensterbank stehen ein Krug und ein Topf mit Pinseln, und über ihrem Kopf hängen Girlanden mit Papierrosen, die zuvor als Kirchenschmuck zum Fest der heiligen Theresa gedient hatten und mit denen sie jetzt Wände und Decke ihrer Wohnung dekoriert hatte. Schon die Tatsache, daß ein Nachbarsjunge karikaturartige Zeichnungen von ihr anfertigte, die zudem aufbewahrt und 15 Jahre nach ihrem Tod zusammen mit einem biographischen Aufsatz über die Malerin in einer Kunstzeitschrift publiziert wurden,[23] zeigt, wieviel Aufsehen sie erregte in einer Stadt, in der wahrscheinlich nicht viel Aufregendes geschah. »Séraphine war bekannt. Sie malte sehr spät in der Nacht, bei gutem Wetter hatte sie ihr Fenster geöffnet, und der ganze Stadtteil hörte sie Choräle singen, schrill und falsch.«[24]

Man machte sich lustig über ihre Kleidung, ihren Weinverbrauch (sie liebte den »natürlichen Wein« und hatte immer eine Flasche »Roten« bei sich), ihre Visionen, mit denen die Nachbarskinder üble Scherze trieben, und natürlich über ihre Malerei – »Mit Lack malt man doch keine Bilder« war die allgemein verbreitete Meinung.[25]

Sie reagierte, indem sie sich noch mehr zurückzog und ihre Wohnung mit mehreren Schlössern und Riegeln verbarrikadierte, denn sie fürchtete sich vor den »bösen Frauen«, die an ihrer Tür lauerten, um ihr zu sagen, »dass es nicht schicklich für mich, sondern eine Dreistigkeit sei, zu malen, wenn man eine ungebildete Dienerin ist.«[26]

Die Jahre des Ruhms (1927-1930)

Als der stellvertretende Bürgermeister von Senlis Séraphine Louis aufforderte, an einer für Oktober 1927 im Rathaus geplanten Ausstellung lokaler Kunst teilzunehmen, sagte sie – aus berechtigter Furcht, man wolle sich über sie lustig machen – nur zögernd zu. Schließlich gab sie drei Bilder – einen Kirschbaum, einen Fliederstrauß auf dunklem Grund, zwei Weinreben (rot und weiß). Dieser Schritt an die Öffentlichkeit brachte eine einschneidende Wende, denn er ermöglichte die Wiederbegegnung mit Wilhelm Uhde. Mit immerhin 63 Jahren begann so die aufregendste Zeit ihres Lebens.

Schon 1924 war Uhde nach Paris zurückgekehrt, diesmal zusammen mit seinem Lebensgefährten, dem jungen deutschen Maler Helmut Kolle, und hatte begonnen sich eine zweite Sammlung aufzubauen, nachdem die Maler und Malerinnen seiner Vorkriegssammlung inzwischen berühmt und für ihn finanziell unerreichbar geworden waren (ein Bild von Rousseau, das einmal ihm gehört hatte und das mit seinem Besitz beschlagnahmt und zwangsversteigert worden war, wurde jetzt für 300 000 Francs verkauft). Sein Interesse galt nun vor allem noch nicht so bekannten Vertretern der sogenannten »naiven Malerei« – um so erstaunlicher ist es, daß er sich nicht fragte, was aus Séraphine Louis, deren Anfangswerke er so vielversprechend gefunden hatte, geworden war. 1927 zog er zusammen mit Kolle in das unweit von Senlis gelegene Chantilly. »Zitternd vor Ungeduld« besuchte er im Oktober die Ausstellung »provinzialer Kunst« im Rathaus und erfuhr die Wiederbegegnung mit Séraphine Louis' Bildern wie ein Erweckungserlebnis – »[...] da war es, als fingen draußen längst verstummte Glocken an zu läuten.«[27]

Natürlich kaufte er die drei Bilder – wofür er von den Ausstellern mit leisem Spott bedacht wurde (»es ist doch vorgekommen, daß man solche Dinge in Paris ernst genommen hat«,[28] war ihr Kommentar), und sorgte wohl auch dafür, daß die Pariser Presse, die ansonsten von der lokalen Ausstellung keine Notiz genommen hatte, über Séraphine Louis berichtete.

Ironisch vermerkte die Lokalzeitung *Courrier de l'Oise* den unerwarteten Erfolg dieser »merkwürdigen Autodidaktin«, die den Putzeimer durch den Pinsel ersetzt habe, und befand, daß ihre Malerei ein »psychologisches Dokument« sei, man aber bei aller Bewunderung für ihre »anziehende Naivität« nicht die Schönheit der alten klassischen französischen Kunst aus den Augen verlieren dürfe.[29]

Séraphine Louis nahm die zweite Begegnung mit Uhde ähnlich selbstverständlich wie ihr erstes Treffen 15 Jahre zuvor: »Monsieur ist zurückgekehrt?«[30] war ihr knapper Kommentar, und sie berichtete ihm von den einschneidenden Veränderungen in ihrem Leben:

> »Ich bin nicht mehr im Dienst bei andern Leuten. Ich male, aber das ist schrecklich schwer, denn ich bin alt und eine Anfängerin, die keine Erfahrung hat.«[31]

Immerhin hatten ihre finanziellen Sorgen nun vorläufig ein Ende. Uhde kaufte ihre gesamte Produktion bzw. vermittelte ihr Kontakte zu anderen InteressentInnen.

Vermutlich nahm er sie regelrecht unter Vertrag, auch wenn aus seinen Texten nichts Näheres über die Bedingungen hervorgeht.

Er ließ ihr die gewünschten zwei Meter hohen Leinwände bringen, die Farben, die er ihr schickte, benutzte sie allerdings nicht. Unter starker Anspannung, in schlaflosen Nächten malte sie nun ein Meisterinnenwerk nach dem anderen, zum Teil in den großen

Formaten (1,95 m × 1,30 m), die für sie schon rein körperlich nicht leicht zu handhaben waren. Gallot vermutet, daß in diesen produktivsten Jahren drei bis vier Bilder pro Monat entstanden. Regelmäßig kam ein von Uhde geschickter Lastwagen, der ihr neues Material brachte und die fertigen Werke abholte – ein beeindruckendes Schauspiel, von dem Henri Leblanc noch Jahrzehnte später berichtete:

»Ich erinnere mich an diese ›Paradiesblumen‹, diesen ›Kirschbaum‹ mit leuchtend-roten Früchten so groß wie Äpfel, gehalten von einem unwahrscheinlichen Gitterzaun, diesen großen Strauß ohne Stiele, der wie ein Vogel in der Mitte eines tiefenlosen Himmels von irrealem Blau schwebte. Auch noch an andere, die ich an einem Sommernachmittag erstaunt betrachtete. Sie standen an die Wand gelehnt, aufgereiht auf dem Bürgersteig. Der Kunstkritiker und Sammler W. Uhde trug sie eins nach dem anderen aus der Wohnung von Séraphine. Die Rue du Puits-Tiphaine war absolut leer, menschenleer. Ich lief meine Mutter holen, um ihr diese unglaublichen Bilder zu zeigen. Sie lehnte es ab, mir zu folgen. Das geschah sicherlich nicht ohne Grund.«[32]

Nicht alle Leute hatten, wie Madame Leblanc, Vorbehalte, der Malerin zu begegnen. Uhde berichtet, daß alte Bekannte sich an sie erinnerten:

»Wenn sie jetzt von Senlis Besuch empfängt, so sind es Leute, die ihr wohlwollen und die freundlich mit ihr sprechen. Wir treffen bei ihr die Oberin des Hospitals, in ihrem strengen Kostüm, begleitet von alten Fräulein in unmodernen Kleidern. Sie kennen Séraphine seit langem, lachen mit ihr und erinnern sie an die vergangene Zeit [...].«[33] Und neue Kontakte entstanden, besonders wichtig der zu Anne-Marie Uhde.[34] Sie zog 1928 nach Chantilly und war von der Begegnung mit Séraphine Louis ebenso beeindruckt wie ihr Bruder:

> »Ich fand sie in ihrer bescheidenen Kammer. Die Möbel bestanden aus einem Bett, zwei Stühlen, einem kleinen Ofen und einer Staffelei. Auf dem Kaminsims brannte eine kleine Lampe vor der Statue der Heiligen Jungfrau. Die Wände waren mit angefangenen Bildern bedeckt, die eine ergreifende Kraft hatten. Und mitten zwischen diesen außergewöhnlichen Leinwänden stand eine kleine, alte, schmächtige, ein bißchen welke Frau, deren Gesicht und besonders deren Augen ein brennendes inneres Leben ausdrückten. Trotz ihrer demütigen Erscheinung

wirkte sie auf mich stolz und würdevoll. Ich fühlte mich überwältigt durch die Atmosphäre dieses Zimmers, die Farbigkeit dieser Bilder, die mich an das Leuchten von alten Kirchenfenstern erinnerten. Das wirkliche Leben verschwand für mich, ich wurde erfaßt von einer anderen, einer fernen, mysteriösen Welt.«[35]

Anne-Marie Uhde besuchte Séraphine Louis fortan regelmäßig, brachte ihr die Zahlungen ihres Bruders, wobei es auch vorkam, daß sie nicht empfangen wurde (wenn die Malerin gerade »in Inspiration« war), und lud sie zu sich nach Hause ein. Dann legte diese die neun Kilometer von Senlis nach Chantilly zu Fuß zurück, unter dem Arm ihr Picknick und einen Klappstuhl, auf dem sie sich zwischendurch ausruhte. Auf dem Weg sammelte sie neue Eindrücke von Blumen und Bäumen, die sie dann später in ihrer Malerei verarbeiten konnte, denn sie malte ja nie »vor der Natur«, sondern trug die Motive ganz in sich. Es heißt, sie habe mit den Pflanzen auch geredet und sei oft ganz versunken gewesen in ihrer Gedankenwelt. Die Uhdes störte das offenbar nicht, sie schätzten ihre Besuche und auch das Gespräch mit ihr. Von anderen Malern wollte sie allerdings nichts hören, betrachtete Uhdes Sammlung eher mißtrauisch, zu den peinlich genau gezeichneten Stadtansichten eines Louis Vivin fragte sie nur: »Ist das mit der Hand gemacht?»[36]

Ein Jahr nach ihrer Wiederbegegnung präsentierte Wilhelm Uhde die Bilder von Séraphine Louis zusammen mit denen anderer Maler seiner neuen Sammlung als die Bilder der »Maler des Heiligen Herzens« in der Pariser Galerie des Quatre-Chemins, und unter demselben Begriff widmete er ihnen ein Kapitel in seinem ebenfalls 1928 zuerst auf Französisch erschienenen Buch *Picasso et la Tradition Française*. Dies war der Beginn von Séraphine Louis' Ruhm, andere Galerien und Museen in anderen Städten – Grenoble, Zürich, New York – übernahmen die Ausstellung, die Kunstkritik sprach von ihr, private SammlerInnen kauften ihre Bilder. »Der Hohn der kleinen Stadt [wurde] allmählich durch die lebende Stimme des großen Paris übertönt.«[37] Obwohl sie selber aller Wahrscheinlichkeit nach nicht ein einziges Mal in ihrem Leben das »große Paris« besuchte, an der Präsentation ihrer Werke also auch nicht teilnahm, genoß sie doch die zunehmende Anerkennung, empfing auch gelegentlich auswärtige KunstliebhaberInnen in ihrem Atelier und gab ihnen eigenwillige Interpretationen zu ihren Werken. Dies sei der Amazonas, erklärte sie z. B. den leuchtendblauen Wasserfall auf einem ihrer schönsten Bilder, dem *Paradiesbaum.*[38]

Das ihr nun so unerwartet zur Verfügung stehende Geld gab sie mit vollen Händen aus. »Fast täglich kaufte sie irgendwelche überflüssigen Dinge: Möbel, Teppiche, Dutzende von Messern und Gabeln mit silbernen Ornamenten, sie mietete mehrere Zimmer hinzu, machte Schulden, bestellte grosse teure Rahmen mit geschnitzten Engelsköpfen in den Ecken.« Diese »überflüssigen Dinge«, Versatzstücke eines gutbürgerlich eingerichteten Haushalts, waren nichts anderes als die kleinen Annehmlichkeiten, die sie in ihrem in extremer Armut verbrachten Leben immer hatte entbehren müssen. Offensichtlich träumte sie auch noch von anderem – sie ließ sich ein Hochzeitskleid anfertigen, weil sie, wie Gallot berichtet, einen jungen Mann heiraten wollte, der ihr auf der Promenade zugelächelt habe. Anschließend wollte sie dann mit ihm nach Spanien gehen. Es ist leicht vorstellbar, daß solche Extravaganzen nicht nur von Wilhelm Uhde (der sie bezahlen mußte), sondern auch von den NachbarInnen mißbilligend betrachtet wurden. Das Glück währte denn auch nicht lange.

Der Anfang vom Ende (1930-1932)

Aufgrund der allgemeinen weltwirtschaftlichen Entwicklung kam auch Uhde 1930 in finanzielle Bedrängnis. Er mußte Séraphine Louis bitten, ihre Ausgaben einzuschränken. Aber die Malerin sah nicht ein, warum sie von ihrem Traum von einem besseren Leben Abstriche machen sollte. In den (kurzen) Jahren ihres Erfolgs und internationalen Widerhalls auf ihre Arbeit hatte sie ihre frühere, fast unterwürfige Demut abgelegt und stolz zu verstehen gegeben, daß sie überzeugt war »von der Größe ihres Werkes«.[39] Fortan unterschrieb sie ihre Briefe mit »Séraphine Louis Maillard – sans rivale« (= ohne Rivalin).

Auf der Grundlage dieser – berechtigten – Überzeugung hatte sie intensive Träume entwickelt – sie wünschte sich ein Leben im Wohlstand, Nachruhm in Form eines Denkmals und schließlich ein gutbürgerliches Begräbnis mit Musik und reichlichem Leichenschmaus für alle.

Durch Uhdes Rückzug zerbrach dieser Traum von Ruhm und

Geld auf grausame und für sie ganz unverständliche Weise. Sie fühlte sich von ihrem Käufer und Förderer schmählich im Stich gelassen oder lebte, wie Uhde es ausdrückt, »[...] in einer fernen, fremden Welt und verstand nicht, was um sie herum vorging.«[40]

Ob und inwieweit die beiden in den folgenden Jahren in Kontakt blieben, ist unklar. Es steht zu vermuten, daß Uhde – außer den finanziellen Problemen – auch noch andere Gründe hatte, sich von der Malerin zurückzuziehen. 1931 starb nach qualvoller Krankheit Helmut Kolle, sein langjähriger Freund und Lebensgefährte, und Uhde war lange Zeit ganz erfüllt von dem Schmerz über diesen Verlust. Weil er die Trostlosigkeit des Winters in Chantilly nicht ertragen konnte, zog er im September 1934 wieder nach Paris. Vieles spricht dafür, daß er und Séraphine Louis sich nicht mehr wiedersahen. Ihr vermutlich letztes Bild – *Fleurs* oder *Cœurs de Jeanette* – war Uhde jedenfalls unbekannt gewesen, als er es 1932, kurz nach ihrer Einlieferung in die Anstalt, ersteigerte.

Entgegen anderslautenden Berichten hatte sie also ganz offensichtlich bis zuletzt gemalt, und ihren Bildern ist auch nicht anzusehen, daß sie »verwirrt« war oder daß sich ihr Geist »verdüsterte« – im Gegenteil, die herzförmigen Blüten ihres letzten Bildes wirken weniger dramatisch bewegt als die vorangegangenen Kompositionen, die Farben – rosa, hellgrün, gelb und grau – sind leicht, heiter und zart, die gesamte Komposition ebenso ausgewogen wie bei den letzten großen Arbeiten, kein Zeichen von Nachlassen der Konzentration oder mangelnder Beherrschung der Materie.

Dennoch häuften sich im Laufe des Jahres 1931 die Klagen über Séraphine Louis' Verhalten – sie störte die Nachtruhe der Nachbarschaft, schrieb anklagende, teilweise verwirrt wirkende Briefe an Personen aus ihrem Bekanntenkreis, im Polizeikommissariat behauptete sie, bestohlen worden zu sein, während des Gottesdienstes wurde sie ausfallend gegen den Priester, weil er seine illegitimen Kinder getötet habe, sie fürchtete vergiftet zu werden und schickte deshalb Urinproben zur Untersuchung an ein medizinisches Labor – kurzum, die Leute hielten sie zunehmend für verrückt, zumal durch den Rückzug der Uhdes auch niemand mehr da war, der dies alles als Exzentrizitäten einer Künstlerin erklärt hätte.

Schließlich lief Séraphine Louis von Haus zu Haus und kündigte den Menschen den baldigen Weltuntergang an, den Sündern drohte sie mit Bestrafung für ihre Missetaten. Am 31. Januar 1932 schleppte sie dann in der Frühe einen Teil ihrer Wohnungseinrichtung auf den Cours Thoré-Montmorency direkt vor das Polizeikommissariat, weil sie beschlossen hatte, »auf und davon zu gehen«.[41] Die Sachen wurden am Nachmittag aufgefunden und sofort als ihr Besitz identifiziert (für derartige Verrücktheiten kam in Senlis offensichtlich nur *eine* in Frage). Die Gendarmen nahmen die Gelegenheit wahr, holten die Besitzerin ab und brachten sie zunächst ins Krankenhaus von Senlis, wo ihr, wie es heißt, die notwendige Pflege zuteil werden würde. Ein Zeitungsbericht gibt das Polizeiprotokoll wieder und macht deutlich, was man schon lange von Séraphine Louis gedacht hatte:

»Diese in Senlis legendäre Gestalt, von Schwachsinn befallen, war unfähig, sich zu orientieren und sich allein zurechtzufinden [...].«[42] Besonders grausam wirkt der Zusatz: »(Sie) behauptet, Malerin zu sein«, so als hätten nicht alle in Senlis gewußt oder zumindest wissen können, daß Séraphine Louis in den vergangenen 25 Jahren ihre ganze Kraft und Kreativität in Bilder investiert hatte, die in Paris und sogar im Ausland geschätzt und für wertvoll befunden wurden.

Im Krankenhaus von Senlis behielt man sie nur kurze Zeit. Da sie halluzinierte und es nicht gelang, sie zur Ruhe zu bringen, wurde sie am 25. Februar in die psychiatrische Anstalt, das »Asyl«, wie es im Französischen heißt, von Clermont-de-l'Oise, wenige Kilometer von Senlis entfernt, eingeliefert. Dort lebte sie noch 10 Jahre.

»Ich fühle mich von einem inneren Übel zerfressen« (1932-1942)

Makabrerweise sind die Jahre vor ihrem Tod, die Séraphine Louis als eine von der Öffentlichkeit völlig unbeachtete, sozusagen anonyme Patientin in der Irrenanstalt von Clermont verbrachte, die noch am besten dokumentierten ihres Lebens. Wilhelm Uhde hatte sich, bei allem Interesse, das er ihrer Malerei entgegenbrachte, und obwohl er mehrere Texte über sie verfaßte, nie intensiv bemüht, mehr über ihr früheres Leben, ihre Kindheit und Jugend und ihre langen Arbeitsjahre als Dienstmädchen herauszufinden. Im Gegenteil, er betonte noch die Nichtigkeit ihres Schicksals und trug zur Mystifizierung ihrer Person bei, indem er sie nicht unter ihrem vollen Namen, sondern als Séraphine de Senlis bekannt machte, sie sozusagen als legendäre Gestalt ohne individuelles Leben in die Kunstgeschichte einführte und den Vergleich mit der anderen berühmten Viehmagd der französischen Historie, Johanna von Orléans, herausforderte.

Die Jahre in der Anstalt sind immerhin belegt durch einige medizinische Berichte, eine knappe, aber regelmäßig geführte Krankenakte (vom Umfang etwa einer Buchseite) und eine Reihe von Briefen als einzige schriftliche Zeugnisse von ihrer Hand, die sie an »hochgestellte« Persönlichkeiten schrieb und die einen kleinen Einblick vermitteln in die Themen, die sie innerlich beschäftigten.[43]

Der Einlieferungsbericht des Krankenhauses von Senlis vom 14. Februar 1932 wiederholte die von den Polizisten bereits vermerkten Vorwürfe – nächtliche Ruhestörung, Versenden verleumderischer Briefe, skandalöses Verhalten während des Gottesdienstes usw. – und faßte die Beobachtung ihrer Krankheitssymptome unter drei Punkten zusammen: 1. systematischer Verfolgungswahn (sie hat Angst, von den Nonnen vergiftet zu werden), 2. Halluzinationen (sie hört Stimmen, u. a. die ihrer Schwester, die ihr rät, sich zu verheiraten, und der Heiligen Jungfrau, die sie vor dem Ausbruch der Revolution warnt und ihr empfiehlt, nach Spanien zu gehen), 3. gestörte Körperempfindungen (das innere Übel, das sie zerfrißt).

Ihren Wahnideen und Halluzinationen liege, so heißt es weiter, ein ausgeprägter Schwachsinn zugrunde (hier übernahm der Arzt offensichtlich ungeprüft die bereits in der Zeitung veröffentlichte »Diagnose«), ihr Zustand habe sich seit zwei Jahren verschlimmert, und sie sei eine Gefahr »für sich selbst und ihre Umgebung«, was die Einweisung in eine Heilanstalt notwendig mache. Worin die »Gefahr« lag, die von ihrer Person ausging, wurde nicht näher erklärt – von einer Selbstmordgefährdung war weder vor noch nach ihrer Einlieferung je die Rede, und was die Gefährdung der Umgebung betraf, so handelte es sich wohl eher um eine Belästigung und Irritation.

Der Einlieferungsbericht von Clermont vom 26. Februar 1932 ergänzte die diagnostizierte »chronische Psychose« um ein weiteres Krankheitsbild: »Größenwahn«, der sich u. a. darin manifestierte, daß sie sich als Malerin bezeichne. Es wirkt geradezu zynisch, sollten die behandelnden Ärzte wirklich alle Äußerungen über ihre Malerei als Auswüchse ihrer Wahnvorstellungen interpretiert haben. Tatsächlich deutet nichts darauf hin, daß versucht wurde, die Patientin vor dem Hintergrund ihrer künstlerischen Arbeit besser zu verstehen. Vircondelets Darstellung, ein Assistenzarzt habe sich bemüht, von Wilhelm Uhde Näheres über Séraphine Louis' Vergangenheit zu erfahren, wirkt wenig wahrscheinlich. Da Uhde in seinen Schriften behauptet, die Malerin sei 1934 gestorben (was lange Zeit als ihr Todesdatum galt und in verschiedenen Lexikontexten wiederholt wurde), spricht alles dafür, daß er sie seit ihrer Einlieferung, vermutlich schon vorher, nicht mehr gesehen hatte und die Anstalt von Clermont auch nie besuchte.

Gut zwei Wochen nach ihrer Ankunft in Clermont wurde ein weiterer medizinischer Kurzbericht über sie erstellt (Zertifikat vom 15. März 1932) – sie hörte weiterhin Stimmen – Gott, Maria und ihre Schwester –, fürchtete sich vor einem Notar, der sie vergewaltigen wolle bzw. verhext habe, war euphorisch, fabulierte, beschäftigte sich mit »Liebesdingen« (»préoccupations amoureuses«), was immer das heißen mag. Über ihr Leben und ihre Behandlung in der Anstalt ist nichts Näheres bekannt. Möglicherweise wurde sie zeitweilig in einer Einzelzelle, vielleicht auch in einer Zwangsjacke ruhiggestellt. Als einziges Medikament ist Chloral, ein Schlafmittel, verzeichnet. Mit Sicherheit war sie, wie alle Patientinnen, die sich keine Extrabehandlung (z. B. eine Privatpflegerin) leisten konnten, einer strengen täglichen Routine unterworfen, die als bestes Mittel zur Beruhigung und langsamen Besserung delirierender Kranker angesehen wurde.

Auch die natürlich interessante Frage, ob sie noch einmal malte, kann nicht eindeutig beantwortet werden, die Meinungen ihrer BiographInnen gehen auseinander. Gallot vermutet, sie habe noch kleine Stilleben angefertigt, Vircondelet und Ortas-Peretti dagegen behaupten, sie habe jede künstlerische Betätigung verächtlich von sich gewiesen – Hinweise auf Quellen geben sie nicht.

Die Krankenakte, die im Abstand von mehreren Monaten, manchmal auch mehr als einem Jahr, ihr jeweiliges Krankheitsbild kurz darstellt, betont die Fortdauer ihrer Halluzinationen und das weitgehende Gleichbleiben ihres Geisteszustands, wobei sie anfangs »schwer zu dirigieren« war und verlangte freigelassen zu werden, aber in späteren Jahren »ruhig« wurde. Immer wieder klagte sie über das innere Übel, das sie zerfresse. Ihre Hauptsorge galt der Nahrung, ständig hatte sie Hunger (die Angst vor Vergiftung war also ganz verschwunden), sie forderte mehr zu essen, da sie schwanger sei und die Zwillinge in ihrem Bauch ernähren müsse. Diese mysteriöse Schwangerschaft, die sie über viele Jahre aufrechterhielt, und die Klage über fehlende Nahrung zeigen ein starkes Gefühl innerer Leere, einen schmerzhaften Mangel, den sie nicht anders zu füllen vermochte als durch Essen, da sie die frühere Möglichkeit, ihre Sehnsucht in farbenprächtigen Bildern auszudrücken, verloren hatte.

Ihre Hauptbeschäftigung neben der Anstaltsroutine und den täglichen Arbeiten (z. B. im Anstaltsgarten), an denen sie sich möglicherweise beteiligte, war offensichtlich das fortgesetzte Verfassen von Briefen – sieben davon sind in der Krankenakte erhalten, sie sind gerichtet an den leitenden Anstaltsarzt und verschiedene Gendarmerien der umliegende Orte. Alle enthalten in einem drängenden Tonfall geschriebene, voller Besorgnis formulierte Warnungen. 1936 prophezeit sie einen nahen Krieg und fürchtet, ihr Haus könnte bombardiert werden und verbrennen und darin auch ihre »hübschen Bilder«, was einen Verlust von 100 000 Francs und natürlich ihres Ruhms bedeuten würde. In einem anderen Brief aus demselben Jahr zeichnet sie ein wahres Inferno, denn wir leben »unter der Herrschaft Satans«, der die Heilige Jungfrau entthronen will und die Kinder Gottes in Versuchung führen, aber Gott wird sie retten, und Manna wird für sie vom Himmel fallen. Und Gott der Herr hat sie, Séraphine, auserwählt, denn »sie ist [seine] treueste Dienerin auf Erden«. Und immer wieder beschäftigt sie die Frage der Eheschließung, ihr habe Gott, als sie jung war, untersagt, sich zu verheiraten, »um mich zu retten«, aber um andere Frauen macht sie sich Sorgen, einer »Witwe Gabrielle Mary« und »ihrer guten Rosalie« empfiehlt sie dringend zu heiraten, solange es nicht zu spät ist, denn dann würde Gott ihnen ihre Fehler nicht anrechnen. In anderen Briefen zeigt sie sich geradezu besessen von Problemen der Sauberkeit und Hygiene, das Kloster von Senlis sei total verschmutzt, voller Flöhe und Wanzen, wohingegen in der Anstalt von Clermont, so beteuert sie, ständig gefegt und gewischt würde. Ihre letzten Briefe sind ganz beherrscht von der Angst vor dem Tod, vor dem tiefen Brunnen, in den die Verdammten fallen, und sie bittet um Gnade für die verlorenen Seelen.

Die Medizinerin Ortas-Peretti[44] beobachtet in ihrer graphologischen Untersuchung der Briefe zahlreiche Orthographiefehler, Provinzialismen, Auslassungen, eine nicht sehr große Ausdrucksfähigkeit, häufige Wiederholung derselben Gedanken in einem Text. Allerdings sieht sie keinen Hinweis auf schizophrene Züge, da der typische Versuch, den Sinn der eigenen Worte zu verdunkeln, bei ihr nicht festzustellen ist. Bei ihrer Schrift fällt auf, daß sie keine Leerräume zwischen den Buchstaben bzw. Wörtern läßt, alles ist dichtgedrängt, freie Räume wurden mit gepunkteten Linien ausgefüllt (hierin sieht sie eine Parallele zu den Bildern der Malerin), die Seiten sind immer ganz vollgeschrieben, teilweise finden sich zwei verschiedene Texte, in verschiedenen Richtungen übereinandergeschrieben, auf demselben Blatt.

Der »Fall Séraphine« hat natürlich die verschiedenen BiographInnen zu unterschiedlichen Hypothesen über ihre Krankheit geführt, wobei sich derartige posthume Diagnosen, zumal wenn sie auf einer solch mageren Materialbasis beruhen, immer auf schwankendem Boden bewegen. Alle sind sich darin einig, daß der ursprüngliche Befund »fortgeschrittener Schwachsinn« abzulehnen ist, und bescheinigen der Malerin ein »normales durchschnittliches intellektuelles Niveau«, was von Gallot auch aus eigener Anschauung bestätigt wird. Ortas-Peretti kommt zu dem Ergebnis »Paraphrenie«, einer speziellen Form der Paranoia, gekennzeichnet durch das Auftreten von partiellen Wahnideen und Sinnestäuschungen, wobei andere Bereiche der Persönlichkeit und des Denkens unberührt, also »normal« bleiben. Gallot betont im Gegensatz zu Ortas-Peretti besonders die langsame, unauffällige Entwicklung ihres Wahns über Jahrzehnte hinweg. Die Krankheit sei erst durch den Erfolgsrausch und die sie überwältigende Berühmtheit ausgebrochen, so daß die Malerei nicht mehr »als Therapie und Sicherheitsventil« fungieren konnte. Vircondelet zitiert eine Ärztin, die heute in der Anstalt von Clermont arbeitet und u. a. ein »délire sensitif des vieilles filles«, also einen »Alte-Jungfern-Wahn« in Erwägung zieht (sollte es sich hierbei tatsächlich um ein »offizielles« Krankheitsbild handeln – in den einschlägigen Lexika findet es sich allerdings nicht –, kann es ja wohl nur bedeuten, daß Ehelosigkeit bzw. das Fehlen von (hetero)sexuellen Erfahrungen Frauen krank macht, eine Auffassung, die sich durch alle aktuellen Erkenntnisse über die »Krankheit Frau« von selbst disqualifiziert).

Allen Hypothesen über Séraphine Louis' Erkrankung sind

einige auffällige Lücken gemeinsam. Keine/r ihrer BiographInnen stellt sich Fragen über die Auswirkung ihrer schrecklichen Kindheitserfahrungen – den frühen Verlust der Eltern, das Aufwachsen bei fremden Menschen, die Jahre als Dienstmädchen, die sicherlich mit starkem Zwang, möglicherweise mit sexueller Ausbeutung verbunden waren. Auch der religiösen Thematik ihrer Wahnideen und Visionen wird nicht näher auf den Grund gegangen, obwohl die Vermutung doch naheliegt, daß sie hierin Schutz und ein Wertesystem suchte, das ihr in ihrer Einsamkeit anderweitig nicht angeboten wurde. Schließlich wirkt auch der Ausbruch ihrer Krankheit als Folge ihres unerwarteten Erfolgs wenig überzeugend, so als sei ihr der Ruhm zu Kopf gestiegen, dabei hatte sie doch, nach Auskunft von Wilhelm Uhde, ihren Aufstieg ganz selbstverständlich als verdient hingenommen. Unbeachtet blieb dabei hingegen, welche Enttäuschungen und Verlustängste (und nicht zuletzt auch konkreten Ängste vor neuer Armut und Entbehrung) der Rückzug ihres Förderers in ihr ausgelöst haben mag.

Die langen Jahre in der Anstalt verliefen, aus der Sicht der Ärzte, offensichtlich ohne nennenswerte Zwischenfälle und Veränderungen. Immer wieder vermerkt die Krankenakte das Bedürfnis der Patientin nach mehr Nahrung und ihre rege Aktivität als Briefeschreiberin. Obwohl sie ausdrücklich als ruhig beschrieben wird, wurde eine Entlassung sicherlich nie in Betracht gezogen – wo hätte sie auch leben sollen? Eine Familienunterbringung als zahlende Patientin, wie sie für leichtere Fälle von psychisch Kranken damals üblich war, kam schon aufgrund ihres Alters sicherlich nicht in Frage. Am 4. Dezember 1940 vermerkte die Akte erste Anzeichen einer körperlichen Krankheit, ein Jahr später, am 28. Dezember 1941, heißt es, die Patientin müsse das Bett hüten, sei müde und habe Ödeme an den Gliedmaßen, ein Brustkrebs wird diagnostiziert, aber wohl nicht behandelt, am 11. Dezember 1942 stirbt sie. Möglicherweise litt Séraphine Louis in den letzten Jahren ihres Lebens noch einmal an starken körperlichen Entbehrungen, die genannten Ödeme deuten auf eine schlechte Ernährung hin. Aus anderen Krankengeschichten ist bekannt, daß während des Krieges und der deutschen Besatzung die Heilanstalten in Frankreich zunehmend mangelhaft versorgt wurden und die PatientInnen an den Folgen des Hungers starben.[45]

Da sie keine Verwandten hatte und niemand sie »kannte«, wurde Séraphine Louis im Gemeinschaftsgrab der Anstalt beerdigt, das heute auch nicht mehr zu sehen ist. In Clermont-de-l'Oise erinnert nichts an sie, das große Begräbnis, von dem sie geträumt hatte, bekam sie ebensowenig wie den schönen Grabstein, auf dem stehen sollte:

Hier ruht Séraphine Louis Maillard ohne Rivalin,
in Erwartung ihrer glücklichen Auferstehung.[46]

Das einzige, das von ihr blieb, sind – ihre Bilder.

Blumen, Blätter, Bäume – der phantastische Paradiesgarten der Séraphine Louis

Die Polizisten, die bei der großen Séraphine-Louis-Retrospektive in Senlis 1972 die Ausstellung bewachten, konnten es nicht lange in dem Saal aushalten und verlangten nach wenigen Stunden, abgelöst zu werden. Tatsächlich geht von den Bildern eine beunruhigende Wirkung aus, die auf den ersten Blick schwer zu erklären ist. Mit Ausnahme der erwähnten Bilder vom Beginn der 20er Jahre malte Séraphine Louis ausschließlich pflanzliche Motive: Früchte (u. a. Äpfel, Weintrauben, Orangen, Zitronen, Granatäpfel), Obstbäume (besonders Kirsch- und Apfelbäume) und Arrangements aus Blumen und Blättern, die an Margeriten, Flieder, Efeublätter, Distelblüten erinnern. In ihren Anfangswerken waren die einzelnen Motive – Blumen, Blätter, Stiele usw. – noch säuberlich nebeneinander gesetzt, aber ab Mitte der 20er Jahre wurden die Kompositionen immer dichter, die Farben kühner, die Formen bewegter, brodelnd von innerem Leben. In den meisten Werken aus ihrer Hauptschaffensphase von 1925 bis etwa 1930 sind die pflanzlichen Motive nur noch Vorwände für phantastische Farb- und Formenkompositionen, die fast immer das gesamte Farbspektrum umfassen und durch starke Kontraste von hell und dunkel eine ungeheure Leuchtkraft entfalten. In dem Bild *Trauben und rosa Blätter* (ca. 1927/28) kombiniert sie auf einem leuchtendroten Untergrund dunkelblaue Trauben mit rosafarbenen und flammend gelb-grünen Blättern, bei der *Séraphine bleue* (ca. 1929/30) ist es ein dunkelblauer Untergrund, aus dem, wie von einem geheimnisvollen Licht beschienen, eine irreale, distelartige Pflanze in gelb, rot und grün heraustritt. Auf den meisten Bildern sind die Motive um ein Zentrum gruppiert, was auch den surrealistischen

Kompositionen aus Blüten und Früchten die Form von Bäumen oder Sträußen gibt, teilweise deutet eine dunklere Fläche im unteren Drittel des Bildes Wurzeln, Erdboden, eine Vase an, aus denen die Pflanzen herauswachsen. Die Unruhe auf den Bildern entsteht durch die starken Farbkontraste und die züngelnde Bewegtheit der Formen – die gezahnten Blütenblätter der *Großen Margeriten* (ca. 1925/28) erinnern an fleischfressende Pflanzen –, die Lichtpunkte auf vielen Früchten und Blüten verwandeln diese in geheimnisvolle Augen.

Dieser Eindruck, von dem Bild »angeschaut« zu werden, ist am stärksten bei Séraphine Louis' berühmtestem Werk *Der Paradiesbaum* (1929/30), hier sind, im Gegensatz zu den anderen Bildern, die Motive asymmetrisch angeordnet, ein dunkler Baumstamm ragt von links unten in die Fläche, als Gegenbewegung stürzt ein leuchtendblauer Wasserfall durch die Bildmitte, das Ganze wird umspielt von einem bunten Blätterwald, dessen einzelne Formen an Muscheln, Vulven, Pfauenfedern erinnern, sie sind vielfach noch geschmückt durch weiße »Perlen«reihen – und in der Mitte »thront« ein Blatt in der Form eines Auges, das natürlich als das Auge Gottes erscheint.

Eine ähnliche Bildaufteilung hat auch *Der rote Baum* (ca. 1930), ein Spätwerk von fast impressionistischer Leichtigkeit, hier ist der Baumstamm noch extremer aus dem Zentrum gerückt, er stürzt fast auf die Seite, eine Bewegung, die aufgefangen wird durch seine fast zwei Drittel des Bildes einnehmende Krone in zarten rötlichen und bläulichen Farben, die die Tonalität des bewegten Hintergrunds wieder aufnimmt. Viele Bilder haben eine konzentrierte Dichte, die ihnen »wenig Luft« läßt, was sie möglicherweise schwer erträglich macht, aber sie strahlen auch eine erotische Kraft, eine enorme Lebensfreude aus – »ein märchenhaftes, phantastisches Paradies«, das die Kommentatoren zu der Vermutung führte, Séraphine Louis habe hier ihre unerfüllten Träume gemalt als »Ersatz für alles, was der Malerin im Leben versagt blieb«.[47] Ob es lediglich ein »Ersatz« war oder ob sie genau das von ihrem Leben wollte, eben diese prächtigen Bilder malen, sei dahingestellt, auf jeden Fall genoß sie ihre Schaffenskraft, und es verwundert nicht, daß sie beim Malen sang.

Séraphine Louis war eine vollkommene Autodidaktin, sie hatte nicht nur niemals Unterricht bekommen, sondern auch nie ein Museum besucht, wahrscheinlich in keiner Kunstgeschichte geblättert. Trotzdem war sie alles andere als eine Laiin, ihre Bilder weisen eine ganz erstaunliche Entwicklung bis hin zu der Perfektion auf, an der sie über viele Jahre systematisch und konzentriert arbeitete. Diese »Besessenheit« hat in der Tat etwas Geheimnisvolles, zu der sie auch durch ihre eigene Haltung beitrug. So ist z. B. die Zusammensetzung ihrer selbstgemischten Farben bis heute unbekannt. Uhdes Pariser Malerfreunde hätten gern gewußt, wie sie ihren Bildern diesen lackartigen Glanz verlieh, der sie noch strahlender erscheinen ließ und der bis heute nicht verblaßt ist, aber sie weigerte sich, ihr Geheimnis preiszugeben, so wie ihr auch nie jemand beim Malen zusehen durfte.

Auch die anderen von Wilhelm Uhde ausgestellten »Primitiven«[48] waren Autodidakten und hatten aufgrund ihrer sozialen Herkunft wenig Zugang zur »großen Kunst«, wenig Anschauungsmaterial für ihre Malerei, die allein aus ihrem »inneren Reichtum« geschaffen wurde. Ihre Lebensgeschichten sind oft ähnlich erstaunlich wie die von Séraphine Louis – Camille Bombois z. B. hatte, bevor er zu malen begann, als Zirkusboxer gearbeitet, und auch gewisse »Verrücktheiten« wurden ihnen nachgesagt – über die Alterseskapaden und die Naivität des Zöllners Rousseau amüsierten sich schon dessen Zeitgenossen. Keiner von ihnen aber wurde im medizinischen Sinne wahnsinnig, wie es – nicht zufällig – der einzigen Frau in dieser Gruppe von Außenseitern geschah.

Séraphine Louis und Camille Claudel – zwei parallele Leben oder: Woher kommt der weibliche Wahnsinn?

Die Lebens- und Krankheitswege der Malerin Séraphine Louis und der lange Zeit völlig vergessenen, Anfang der 80er Jahre wiederentdeckten und seitdem weltberühmten französischen Bildhauerin Camille Claudel weisen so erstaunliche Parallelen auf, daß ein Vergleich interessante Hinweise auf den Ursprung weiblichen Wahnsinns zu Tage fördert. Beide Künstlerinnen wurden 1864 geboren (Louis am 3. September, Claudel am 8. Dezember), starben im Alter von 78 (Louis am 11. Dezember 1942) bzw. 79 Jahren (Claudel am 19. Oktober 1943) in der psychiatrischen Anstalt, in der sie die letzten zehn bzw. 30 Jahre ihres Lebens, vergessen von der Öffentlichkeit, verbracht hatten, und beide wurden sie anonym begraben.[49] Von den ersten künstlerischen Versuchen bis zum Ausbruch ihrer Krankheit mit der folgenden Internierung hatten sie etwa 25 Jahre Zeit, ihr Werk zu schaffen – Claudel fing schon als junges Mädchen an zu modellieren, stellte mit 18 ihre erste Büste in Paris aus und begann um 1905, also mit 41 Jahren, systematisch ihre jeweilige Jahresproduktion zu zertrümmern, die letzten von ihr erhaltenen Werke stammen von 1906/1907. Da hatte die »Spätentwicklerin« Séraphine Louis mit der Anmietung einer eigenen Wohnung gerade den Schritt in die Unabhängigkeit getan und sich selbst die Möglichkeit geschaffen, überhaupt künstlerisch tätig zu sein, ihre kreative Lebensspanne liegt zwischen dem 42. und 68. Lebensjahr. Beide Frauen, denen von der zeitgenössischen Kunstkritik eine ganz außergewöhnliche Begabung, ja Genialität, bescheinigt wurde, hatten also nur relativ wenig Zeit, ihr Talent zu entwickeln und die Früchte ihrer Arbeit zu ernten. Claudel erlebte ihren Ruhm gar nicht mehr, für Séraphine Louis währte er gerade drei Jahre – ein wichtiger Nebenaspekt übrigens, wenn es um die Bewertung künstlerischer Leistungen von Frauen geht (um schon zu Lebzeiten wirklich berühmt zu werden, muß man nämlich auch Zeit haben, am eigenen Erfolg und [Nach]ruhm zu arbeiten, wie die ganz großen »Stars« unter den Künstl*ern,* etwa Rodin oder Picasso). Das Leben von Séraphine Louis und Camille Claudel war in unterschiedlicher, aber doch vergleichbarer Weise von Einsamkeit, Isolation und Armut geprägt. Die Malerin lebte wie eine Einsiedlerin, und nur während der kurzen Jahre ihres Ruhms hatte sie keine finanziellen Sorgen, die Bildhauerin war, nachdem sie durch ihre Trennung von Rodin aus dessen Bezugswelt herausgefallen war, ebenfalls sehr isoliert und, da sie von den wenigen Verkäufen ihrer Skulpturen nicht leben konnte, zeit ihres Lebens auf Geldzuwendungen ihrer Familie angewiesen. Trotz ihrer so ganz unterschiedlichen Persönlichkeiten – die strahlend schöne, eigenwillige, bewunderte junge Rodin-Schülerin und die nicht weniger eigenwillige, aber unauffällige »Dienstmagd« – machten sie doch beide die für Frauen im künstlerischen Beruf typische Erfahrung, nicht eingebunden zu sein in ein Bezugssystem jahrhundertelanger Kunstproduktion, sondern als absolute Einzelerscheinungen, eine »Revolte der Natur«, ein »Wunder« betrachtet zu werden. Sie standen in extremem Widerspruch zu ihrer Umwelt, die ihre künstlerischen Ambitionen entweder überhaupt nicht verstand, wie im Fall von Séraphine Louis, oder aber moralisch verurteilte, wie die Familie von Claudel. Die Bildhauerin versuchte, nachdem Rodin den auf gegenseitigem Geben und Nehmen basierenden Vertrag einer Liebes- und Arbeitsgemeinschaft gebrochen hatte, sich menschlich und künstlerisch von ihm zu befreien, was ihr auch einige Jahre gelang, sie scheiterte aber schließlich an der Unmöglichkeit, sich auf dem Kunstmarkt durchzusetzen, und zweifelte dann auch an ihren eigenen Fähigkeiten. Für Louis kam der eigentliche Bruch durch den Rückzug ihres Förderers, der ja als einziger aus ihrer Umgebung an die Qualität ihrer Arbeit geglaubt und zudem ihr materielles Überleben gesichert hatte. Auch die Krankheitssymptome zeigen auffällige Ähnlichkeiten – beide Patientinnen litten an einer Psychose, die sich durch Verfolgungswahn, die Angst, bestohlen und vergiftet zu werden, äußerte (bei Claudel waren es natürlich keine Nonnen, sondern Rodin, »der Schuft«, der ihr nach dem Leben und – für sie besonders bedrohlich – nach ihrem Werk trachtete). Von Halluzinationen, die, wie noch zu zeigen ist, in Séraphine Louis' Verrücktsein eine entscheidende Rolle spielten, ist bei Claudel nicht die Rede. Die Einlieferung in die Anstalt aber wird bei beiden ausgelöst durch gleiche Faktoren – Verwahrlosung und störendes Verhalten, das für die Umwelt unerträglich geworden war.

Camille Claudels Erkrankung wurde von Paul Claudel, ihrem Bruder, und in seiner Folge von zahlreichen anderen BiographInnen vor allem in der Verzweiflung über das Scheitern ihrer Liebesbeziehung begründet.[50] Die feministische Forschung betont andere Aspekte: die Schwierigkeit, sich als Frau in ihrem Beruf durchzusetzen (zumal in der übermächtigen Konkurrenz zu Rodin), und der nicht zu überwindende Bruch mit ihrer Familie, vor allem der Mutter, die ihr ihren »Lebenswandel« bis zu ihrem Tod nicht verzieh.[51] Allen gemeinsam ist die Auffassung, daß die Krankheit eine *Folge* der Lebens- bzw. Arbeitsbedingungen war – Camille Claudel *wurde* verrückt, Séraphine Louis dagegen – und hierin liegt der zentrale Unterschied in beider Geschichte – *war* verrückt.

Claudel hatte in ihren jungen Jahren wichtige Unterstützung erfahren, von ihrem Vater, der ihr Talent fördern wollte, und ihrem Lehrer Rodin, der von ihrem Genie überzeugt war. Musische Begabung und gelegentliche künstlerische Betätigung standen durchaus im Einklang mit dem bürgerlichen Frauenideal ihrer

Zeit, erst die ernsthafte Arbeit als Künstlerin und die dafür notwendige freie persönliche Lebensführung brachten sie in Opposition zu diesem Ideal. Für Séraphine Louis war die Ausgangssituation aufgrund ihrer sozialen Herkunft völlig anders, als armes Waisenkind sollte sie vor allem fromm, demütig und fleißig sein – nichts und niemand hatte ihr gesagt, daß sie malen konnte, ihr Bedürfnis nach künstlerischem Ausdruck und der letztendliche Entschluß, als Malerin zu leben, wurde von ihrer Umgebung und auch von ihr selbst als ungeheuerliche Anmaßung empfunden. Welche Ängste dies in ihr auslöste, hat sie immer wieder in ihrer Furcht vor »den Stimmen«, »den bösen Frauen« ausgedrückt. Aufgewachsen ohne Eltern oder eine andere wesentliche Erziehungsinstanz, war die Religion bzw. die in Kirchen und Klöstern ihrer Zeit vertretene Moral die einzige »Autorität«, die ihrem Leben den Weg wies. Woher, wenn nicht aus ihrem Glauben, sollte sie das Recht, die Berechtigung ziehen, als eine »ungebildete Dienerin« zu malen? Uhde sah in ihren Bildern »die Inbrunst des Mittelalters, da in den Klöstern die ekstatischen Gebete von Gott besessener Nonnen gen Himmel stiegen«,[52] und lag dabei dichter bei der Wahrheit, als er vermutlich ahnte. Gerda Lerner hat in ihrer hervorragenden Untersuchung über die *Entstehung des feministischen Bewußtseins* beschrieben, wie die großen mittelalterlichen Mystikerinnen ihre »Selbstautorisation« aus ihren Visionen bezogen: »Hildegard [von Bingen] [...] leitete ihre Autorität und ihr Recht zu sprechen und zu denken direkt von Gott ab. Gott sprach zu Hildegard – davon war sie überzeugt, und sie hatte die Gabe, ihre Mitmenschen davon zu überzeugen. Daraus schöpfte sie ihre große Energie, Vitalität und Führungsfähigkeit.«[53] Genauso erging es auch Séraphine Louis, ihr hatte die Jungfrau Maria aufgetragen zu malen, und nur so, mit der göttlichen Erlaubnis im Rücken, traute sie sich an ihr großes Werk heran. Es sah nicht so aus, als hätte sie in ihren Erscheinungen tatsächlich ihre Bilder »gesehen« – was und wie sie malte, hätte der Jungfrau Maria vielleicht auch nicht gefallen –, ihr half das intensive Zwiegespräch mit der höheren Instanz dabei, sich gegen die Kritik von außen und ebenso gegen ihre eigenen inneren Bedenken zu schützen. So gesehen, war ihr Verrücktsein eine Voraussetzung für ihre Malerei. Allerdings gelang es ihr nicht, »ihre Mitmenschen zu überzeugen« – zu Beginn des 20. Jahrhunderts herrschten in Westeuropa schlechte Zeiten für Visionen. Und so galten ihre Erscheinungen als krankhafte Halluzinationen, als Anzeichen eines Wahnsinns, der im Laufe ihres Lebens immer mehr Besitz von ihr ergriff, bis er sie ganz überwältigte. Und ihre Werke wurden nicht als Ergebnisse einer göttlichen Inspiration angesehen, sondern als die Bilder »einer verrückten alten Aufwartefrau«.[54]

Anmerkungen

Ich danke Madame de Labarthe, Leiterin des Museums von Senlis, und Madame Holzbacher von der Bibliothèque d'Art et d'Archéologie in Paris für ihre freundliche Unterstützung.

1 Uhde, Wilhelm: *Fünf primitive Meister: Rousseau, Vivin, Bombois, Beauchant, Séraphine,* Zürich 1947, S. 119.

2 Das Musée d'Art et d'Archéologie von Senlis ist geöffnet: Montag und Donnerstag-Sonntag: 10-12 und 14-18 Uhr, Mittwoch 14-18 Uhr.

3 Titel eines Fernsehfilms über Séraphine Louis.

4 Gallot, H.-M.: »Séraphine. Bouquetière ›sans rivale‹ des Fleurs maudites de l'Instinct«, in: *L'Information artistique,* No. 40, Mai 1957, S. 24 (im folgenden: Gallot 1957).

5 Das bekannte Bild mit der Palette findet sich in vielen Publikationen über Séraphine Louis, z. B. in *Berühmte Frauen: Kalender 1989;* das zweite ist bei Gallot (1957) abgedruckt.

6 Gallot (1957) gibt als Geburtsdatum den 3. 9. 1864 an, andere Quellen nennen den 2. 9. 1864.

7 Die Totesdaten der Eltern werden ganz unterschiedlich angegeben: Gallot (1957): Tod des Vaters ca. 1871, keine Angaben zur Mutter; Ortas-Peretti (1965): Tod des Vaters ca. 1871, keine Angaben zur Mutter; Ortas-Peretti (1965): Tod des Vaters, als sie 7 Jahre war, Tod der Mutter, als sie 1 Jahr war; Vircondelet (1986): Waise mit 6 Jahren.

8 Foucher, J.-P.: *Séraphine de Senlis,* Paris 1968, S. 13.

9 Gallot (1957), S. 7.

10 Ebd.

11 Mme de Labarthe, Direktorin des Museums von Senlis, berichtet von einem auf Holz gemalten Blumenbild, das die Jahrzehnte überdauerte, weil es als Abdeckung für einen Kaninchenstall diente.

12 Wilhelm Uhde: geboren 1874 in Brandenburg, Jurastudium, Studium der Kunstgeschichte in Breslau und München, seit 1904 in Paris, einjährige »Kameradschaftsehe« mit der russischen Malerin Sonia Terk (später Frau von Robert Delaunay), Aufbau einer bedeutenden Sammlung mit Bildern von Picasso, Braque, Rousseau u. a., 1914 Flucht nach Deutschland, 1924 Rückkehr nach Frankreich mit seinem

Lebensgefährten Helmut Kolle, Entdeckung von »naiven« Malern – Vivin, Bombois, Bauchant u. a., 1928 Ausstellung in Paris »Die Maler des Heiligen Herzens« (u. a. Séraphine Louis), zahlreiche Publikationen zur französischen Kunst, 1938 Aberkennung der deutschen Staatsbürgerschaft in Folge der Publikation seiner Lebenserinnerungen, 1939 Flucht mit seiner Schwester nach Südfrankreich, Plünderung seiner Wohnung durch die Gestapo, 1945 Rückkehr nach Paris, Retrospektive Séraphine Louis in der Galérie de France, 1947 in Paris gestorben, 1948 Einweihung des Uhde-Saals im Pariser Musée nationale d'Art moderne mit Bildern aus seiner Sammlung.

13 Uhde, Wilhelm: *Von Bismarck bis Picasso – Erinnerungen und Bekenntnisse,* Verlag Oprecht, Zürich 1938, S. 125 (im folgenden zitiert als: Uhde 1938).

14 Uhde (1938), S. 119.

15 Uhde, Wilhelm: *Fünf primitive Meister: Rousseau, Vivin, Bombois, Beauchant, Séraphine,* Zürich 1947, S. 120.

16 Uhde (1947), S. 120-123.

17 Uhde (1947), S. 120.

18 Uhde (1938), S. 125.

19 Die Werke sind reproduziert in: Foucher, J.-P.: *Séraphine de Senlis,* Paris 1968.

20 Vircondelet, Alain: *Séraphine de Senlis,* Albin Michel, Paris 1986, S. 67.

21 Aus dieser Tatsache allerdings zu schließen – wie alle Biographien das tun –, daß sie Jungfrau war, erscheint mir voreilig. Vircondelet behauptet sogar, unnachahmlich – unübersetzbar, »elle était totalement vièrge«, womit er wohl sagen will, daß sie keinerlei sexuelle Erfahrungen hatte.

22 Bericht von Henri Leblanc in: *Séraphine de Senlis.* Katalog zur Ausstellung in der Ancienne Abbaye Saint-Vincent – Senlis, 23. September bis 8. Oktober 1972, S. 10.

23 Gallot (1957).

24 Henri Leblanc, a. a. O., S. 11.

25 Henri Leblanc in dem Film über Séraphine Louis.

26 Uhde (1947), S. 125.

27 Uhde (1938), S. 251.

28 Uhde (1947), S. 125.

29 Vircondelet, Alain: *Séraphine de Senlis,* Albin Michel, Paris 1986, S. 57f.

30 Uhde (1947), S. 125.

31 Uhde, ebd.

32 Henri Leblanc in: *Séraphine de Senlis.* Katalog zur Ausstellung in der Ancienne Abbaye Saint-Vincent – Senlis, 23. September bis 8. Oktober 1972, S. 11.

33 Uhde (1947), S. 134.

34 Anne-Marie Uhde: geboren 8.10. 1889 in Lüneburg, seit 1928 in Frankreich, während des Krieges zusammen mit ihrem Bruder bei der Comtesse Colorédo-Mannsfeld in Saint-Lary im Gers (Südfrankreich) versteckt, dort beginnt sie zu malen, 1946 erste Einzelausstellung in Paris, unterstützt die Sammlertätigkeit ihres Bruders und sorgt nach seinem Tod für eine teilweise Wiederauflage seiner Werke, am 13. März 1988 (mit 98 Jahren!) in Paris gestorben. Zusammen mit etlichen Werken aus der Sammlung Wilhelm Uhde vermachte sie zahlreiche eigene Bilder dem Museum von Senlis.

35 Musée d'Art et d'Archéologie Senlis: *La réalité intérieure. Séraphine de Senlis et quelques peintres autodidactes,* Senlis 1989, o. S.

36 Uhde (1947), S. 134.

37 Ebd.

38 Madame Holzbacher, hilfsbereite Bibliothekarin an der Bibliothèque d'Art et d'Archéologie, berichtet diesen Vorfall als eine Erinnerung ihrer Mutter.

39 Uhde (1947), S. 134.

40 Uhde (1947), S. 135.

41 Gallot (1957), S. 19.

42 Ebd.

43 Alle Materialien sind abgedruckt bei: Vircondelet, Alain: *Séraphine de Senlis.* Albin Michel, Paris 1986, S. 157 ff.

44 Ortas-Peretti, Marie-Amélie: *Séraphine, peintre aliénée,* Thèse pour le doctorat de Médicine, Paris 1965, S. 39 ff.

45 In seiner Untersuchung des zeitlich parallel liegenden »Falles Camille Claudel« hat Jacques Cassar auf diese Zustände in den französischen Heilanstalten hingewiesen, vgl. dazu: Cassar, Jacques: *Dossier Camille Claudel,* Paris 1987, S. 356 ff.

46 Gallot (1957), S. 21.

47 Sello, Gottfried: *Malerinnen aus fünf Jahrhunderten,* Hamburg 1988, S. 152.

48 Wilhelm Uhde hat sich ausführlich mit der Benennung der von ihm gesammelten MalerInnen auseinandergesetzt, die häufig gewählten Bezeichnungen wie «naive« oder »Sonntagsmaler« lehnte er ab, am glücklichsten erschien ihm noch der Begriff »Primitive«.

49 Eine weitere Gemeinsamkeit ist das lange Zeit falsch angegebene Todesdatum: Claudel galt als 1920 gestorben, Louis als 1934.

50 Vgl. Paris, Reine-Marie: *Camille Claudel,* Frankfurt/M. 1989.

51 Vgl. Flagmeier, Renate: »Camille Claudel, Bildhauerein«, in: *Kritische Berichte*, Jg. 16, I/1988, S. 36-45; Schweers, Andrea: »Camille Claudel (1864-1943) – Begegnung mit einer Vergessenen«, in: Duda, Sibylle und Luise F. Pusch (Hg.): *WahnsinnsFrauen,* Frankfurt a. M. 1992, S. 146-173; Brückel, Beate: *Camille Claudel: Bildhauerin. Auf den Spuren einer »Verrückt-gewordenen« – eine sozialpsychologische Un-*

tersuchung, Diplomarbeit in klinischer Psychologie im Studiengang Psychologie an der Universität Bremen, Januar 1994.

52 Uhde (1938), S. 252.

53 Lerner, Gerda: *Die Entstehung des feministischen Bewußtseins. Vom Mittelalter bis zur Ersten Frauenbewegung*, Campus, Frankfurt/New York 1993, S. 86.

54 Uhde (1947), S. 135.

Literatur

Bihalji-Merin, O.: Das naive Bild der Welt, Ed. M. Du Mont Schauberg, Köln 1959

Brückel, Beate: *Camille Claudel: Bildhauerin. Auf den Spuren einer »Verrückt-gewordenen« – eine sozialpsychologische Untersuchung*, Diplomarbeit in klinischer Psychologie im Studiengang Psychologie an der Universität Bremen, Januar 1994

Buchheim, Lothar-Günther (Hg.): *Lexikon der modernen Kunst*, München 1963

Cassar, Jacques: *Dossier Camille Claudel*, Paris 1987

Cassou, Jean: »Les primitifs du XXe siècle«, in: *Bulletin des Musées de France*, août-septembre 1948, S. 169-171

Flagmeier, Renate: »Camille Claudel, Bildhauerin«, in: *Kritische Berichte*, Jg. 16, I/1988, S. 36-45

Foucher, J.-P.: *Séraphine de Senlis*, Paris 1968

Gallot, H.-M.: »Séraphine. Bouquetière ›sans rivale‹ des Fleurs maudites de l'Instinct«, in: *L'Information artistique*, No. 40. Mai 1957, S. 1-32

Greer, Germaine: *Das unterdrückte Talent*. Die Rolle der Frauen in der Bildenden Kunst (= The obstacle race. The fortunes of women painters and their work). Übs. Rainer Redies & Ingrid Krüger. Berlin, Frankfurt, Wien 1980

Guégen, Pierre: »Les néo-primitifs«, in: *L'Art d'aujourd'hui*, No. 4, 1951, S. 2-19

Krininger, Doris: Kurzporträt Séraphine Louis, in: Pusch, Luise F. (Hg.): *Berühmte Frauen, Kalender 1989*, Frankfurt/M. 1988

Lerner, Gerda: *Die Entstehung des feministischen Bewußtseins. Vom Mittelalter bis zur Ersten Frauenbewegung*, Campus, Frankfurt/New York 1993

Musée d'Art et d'Archéologie de Senlis: *La réalité intérieure. Séraphine de Senlis et quelques peintres autodidactes*, Senlis 1989

Ortas-Peretti, Marie-Amélie: *Séraphine, peintre aliénée*, Thèse pour le doctorat de Médicine, Paris 1965

Paris, Reine-Marie: *Camille Claudel*, deutsch von Annette Lallemand, Frankfurt/M. 1989

Petersen, Karen u. J. J. Wilson: *Women Artists. Recognition and Reappraisal from the Early Middle Ages to the Twentieth Century,* London 1978
Schweers, Andrea: »Camille Claudel (1864-1943) – Begegnung mit einer Vergessenen«, in: Duda, Sibylle und Luise F. Pusch (Hg.): *Wahnsinns-Frauen,* Frankfurt a. M. 1992, S. 146-173
Schweers, Andrea: *Interview mit Mme de Labarthe,* Konservatorin des Musée d'Art et d'Archéologie de Senlis, 1. November 1993, unveröffentlichtes Manuskript
Sello, Gottfried: *Malerinnen aus fünf Jahrhunderten,* Hamburg 1988
Séraphine de Senlis. Katalog zur Ausstellung in der Ancienne Abbaye Saint-Vincent – Senlis, 23. September bis 8. Oktober 1972
Uhde, Wilhelm: *Fünf primitive Meister – Rousseau, Vivin, Bombois, Bauchant, Séraphine,* Zürich 1947
Uhde, Wilhelm: *Von Bismarck bis Picasso – Erinnerungen und Bekenntnisse,* Verlag Oprecht, Zürich 1938
Vircondelet, Alain: *Séraphine de Senlis,* Albin Michel, Paris 1986
Westecker, Dieter u. a.: *documenta-Dokumente 1955-1968,* Kassel 1972

Else Lasker-Schüler
1869-1945

»Völlige Gehirnerweichung«

Von Sigrid Bauschinger

Leise sagen –

Du nahmst dir alle Sterne
Über meinem Herzen.

Meine Gedanken kräuseln sich,
Ich muß tanzen.

Immer tust du das, was mich aufschauen läßt.
Mein Leben zu müden.

Ich kann den Abend nicht mehr
Über die Hecke tragen.

Im Spiegel der Bäche
Finde ich mein Bild nicht mehr.

Dem Erzengel hast du
Die schwebenden Augen gestohlen;

Aber ich nasche vom Seim
Ihrer Bläue.

Mein Herz geht langsam unter
Ich weiß nicht wo –

Vielleicht in deiner Hand
Überall greift sie an mein Gewebe.[1]

Else Lasker-Schülers Gedicht »Leise sagen –« erschien am 7. Juli 1910 in der Zeitschrift *Der Sturm*. Einen Tag vorher war es ohne Wissen der Dichterin, dafür mit dem Kommentar »Völlige Gehirnerweichung – hören wir den Leser leise sagen«, in der *Rheinisch-Westfälischen Zeitung* in Essen abgedruckt worden. Zwei Jahre später hat Herwarth Walden, der Gründer und Herausgeber des *Sturm*, mit dem Else Lasker-Schüler in zweiter Ehe verheiratet war, das Gedicht in einem Aufsatz wieder veröffentlicht. Unter dem Titel »Deutsche Dichter und deutsche Richter« berichtet er über zwei langwierige Gerichtsverfahren, die Else Lasker-Schüler angestrengt hatte, weil eine Hamburger Zeitung das Gedicht ohne Honorar zu zahlen und wieder mit dem Essener Kommentar abgedruckt hatte.

Die Privatklage der Dichterin gegen die Hamburger Zeitung wurde abgewiesen. Auch das Hamburger Landgericht befand in zweiter Instanz, daß der kommentierende Satz »eine selbständige geistige Leistung« und als solche eine berechtigte Kritik darstellte. Als dann wegen unbefugten Nachdrucks auf Schadenersatz von 20 Mark geklagt wurde, wiederholte das Gericht, daß der Abdruck von Gedichten in einer »selbständigen wissenschaftlichen Arbeit« ohne Honorarzahlung zulässig sei. Ohne einen Sachverständigen hinzuziehen – Herwarth Walden hatte Richard Dehmel vorgeschlagen –, urteilte das Gericht, »Leise sagen –« errege »das Gefühl absoluter Verständnislosigkeit«. Es kam schließlich zu der Entscheidung, daß die Beklagte »das Geistesprodukt der Klägerin« habe ironisieren wollen, da es als »Stilblüte« unfreiwillig komisch sei und also wie jede Sammlung von Stilblüten und Druckfehlerteufeln nicht honoriert zu werden brauche.[2]

Walden belegt die Mentalität der deutschen Richter mit vergleichsweise milden Ausdrücken. Er spricht von »bürgerlicher Korrektheit« und der gängigen Meinung, nach welcher Kunst und Literatur »Gemeingut des Volkes« seien, die man ohne Fachkenntnisse beurteilen könne, denn man habe sie im Gefühl. »Man hat seine Bildung, man hat Goethe, Schiller und Wildenbruch gelesen, auch den Kampf um Rom, man hat die Heimat von Sudermann, Alt Heidelberg und die Lustige Witwe gesehen, man hat eine Dauerkarte zur Kunstausstellung und seine Aktie zum Zoo.«[3] Wenn Walden von dem »normal empfindenden« Gericht spricht – »Kunst ist ihnen nicht normal genug«[4] – plaziert er dessen Gesinnung bereits in die Nähe der nationalsozialistischen Kunstrichter, die kaum mehr als zwei Jahrzehnte später die Kunst Else Lasker-Schülers und die ihrer Dichter- und Malerfreunde als »entartet« verbrennen und verbannen würden.

Else Lasker-Schüler (Februar 1906)

Aus Waldens Artikel geht hervor, daß es sich bei dem Rechtsstreit um mehr handelte als um eine Klage wegen unbefugten Nachdrucks und unterlassener Honorarzahlung. Der Prozeß ist vielmehr ein weiterer Beweis für den lebenslangen Kampf Else Lasker-Schülers um künstlerische Freiheit, den sie gegen jene geführt hat, die ihr diese Freiheit mit dem Urteil »völlige Gehirnerweichung« absprechen wollten. Er ist ein Beispiel für die Konfrontation von Bürger und Künstler zu Beginn der Moderne, in der die Dichterin unerschrocken und kompromißlos die neue Kunst auf so ungewöhnliche Weise vertrat, daß die von ihr als unkünstlerische Menschen und Philister Bezeichneten in ihrem ästhetischen Schwachsinn nur mit dem Aufschrei »Wahnsinn!« reagieren konnten.

Else Lasker-Schüler traf als Frau, als Jüdin und als Künstlerin auf diese bürgerliche Opposition, der sie ihren phantasievollen poetischen oder satirischen Widerstand entgegensetzte, klagend, anklagend oder witzig-frech, immer jedoch kämpferisch. Sie konnte auf die Zurückweisung ihrer Person und die Kritik an ihrer Kunst mit einer Irritation reagieren, die sich bis zur Idiosynkrasie steigerte, was natürlich nur noch mehr Widerstand hervorrief.

Dafür mag bereits ihre Entgegnung auf den Vorwurf der Gehirnerweichung als Beispiel dienen. So primitiv er war, er hat sie doch gekränkt. Aber sie reagiert mit der ebenfalls im *Sturm* veröffentlichten Satire »Lasker-Schüler contra B. und Genossen«. Der Titel bezieht sich auf den Prozeß, den sie gegen die Berliner Zeitschrift *Wahrheit* und ihren Redakteur Bruhn führte, der das Gedicht »Abel«, ohne Honorar zu zahlen, abgedruckt hatte. Hauptsächlich ist jedoch davon die Rede, daß »einige Tageszeitungen um mein lyrisches Gedicht ›Leise sagen‹, soviel Lärm geschlagen und mich für geisteskrank erklärt haben«.[5] Das nimmt Else Lasker-Schüler zum Anlaß einer Satire, in der sie sich in psychiatrische Behandlung begibt. Sie kann sich an nichts mehr erinnern, seit man bei ihr Gehirnerweichung festgestellt hat. Auch den Namen ihres Urgroßvaters, des Scheik von Bagdad, hat sie vergessen und muß ihn überall, auch im orientalischen Seminar suchen, wo neben vielen anderen der Rektor und Studenten aus Vampur darüber nachdenken. Ihrem Psychiater bringt sie einen Kloß ihres Gehirns zur Untersuchung, auch bittet sie ihn, sie ein wenig im Kinderwagen herumzufahren. Sie muß in seiner Gegenwart immer meckern, denn er trägt einen roten Ziegenbart. Nebenbei ist er Schriftsteller.

Hinter dieser Figur verbirgt sich Alfred Döblin, der 1906 über »Gedächtnisstörungen bei der Korsakoffschen Psychose« promoviert hatte, worauf Else Lasker-Schüler offensichtlich in ihrer Satire anspielt. Bei dieser Krankheit handelt es sich um durch übermäßigen Alkoholgenuß hervorgerufene Gehirnveränderungen, die sich in Gedächtnisverlust äußern, der wiederum durch phantastisches sogenanntes »Konfabulieren« kompensiert wird.[6]

In der Satire macht sich die angeblich geisteskranke Dichterin jedoch nicht nur einen Jux über bornierte Journalisten. Der Text enthält auch eine wichtige Passage, die zum Verständnis der Aversion Else Lasker-Schülers gegen die bürgerliche Gesellschaft beiträgt, aus der sie stammte, aus der sie sich löste und in der sie so oft kein Verständnis fand. Es ist ein fiktiver Brief der Autorin an ihre »britische Busenfreundin Mabel«, den sich der Psychiater vorlesen läßt:

> Dear Mabel! Manchmal hab ich so Sehnsucht, ich säß wieder nachmittags an einem großen, runden Tisch neben meiner Mama und so zwischen meinen Schwestern und Brüdern, und oben sitzt mein Papa, und wir trinken zusammen um vier Uhr Kaffee aus der silbernen Kaffeemaschine durch Filtrierpapier – und so ganz zusammengerückt sitzen wir, wie eine Insel, aus einem Stück. Nicht Fremdes mehr, aber wir fließen ineinander, trotzdem wir Geschwister alle anders waren, und fürchten uns nicht vor dem Tode, weil einer den andern ersetzt. Das ist lange her, ich weiß auch nicht warum ich daran so oft denke, zumal ich doch Robinson wurde, durchbrannte in die Welt, weil ich dem Robinson auf dem Deckel seiner Geschichte so ähnlich sah. Und ich liebte das Abenteuer, das hat nichts mit der Stube zu tun, und wenn es auch eine herrliche ist.[7]

Nach dieser Nachmittagsstube hat sich die Dichterin immer wieder gesehnt, wie sie Mabel berichtet. Aber jedesmal wenn sie sie gefunden zu haben glaubte, wurde sie enttäuscht und verletzt. Als sie sich zum ersten Mal vermählte, sei sie ins Haus gefallen, und seitdem bluten ihre Knie. In der Familie ihres Verlobten konnte sie sich nicht zugehörig fühlen, denn »die fremde Mama« legte dem Sohn ein großes Stück Kuchen auf den Teller »und ich bekam ein schmales Stück Torte ohne eine rote Kirsche«.[8] Sogar im Haus von Verehrern wurde ihr bewußt, daß sie nicht dazugehörte, sondern wirklich Robinson war »auf dem Deckel seiner Abenteuer«.[9]

Als Künstlerin »durch und durch«[10] lebte und arbeitete Else

Lasker-Schüler unter dem Primat der Kunst und schuf in ihrer Person und ihrem Werk das absolute Gegenteil zu der bürgerlichen Welt, die sie nur zu gut kannte. In der biographischen Notiz, die sie für die Expressionismus-Anthologie *Menschheitsdämmerung* verfaßte, in die Kurt Pinthus 1919 ihre Gedichte als die einzigen einer Frau unter 22 Dichtern aufnahm, unterscheidet sie zwischen dem Ort ihrer Geburt, das war Theben in Ägypten, und Elberfeld, wo Elisabeth Schüler am 11. Februar 1869 zur Welt kam.

In den verklärenden Kindheitserinnerungen erscheint die Mutter als am einflußreichsten. Als still, fast ein wenig schwermütig, wird sie von der Tochter geschildert, der sie sich mit großer Liebe zuwandte. Sie erzählte dem Kind von den Dichtern, die sie las, von Goethe und Heine vor allem, sie spielte mit ihr Reimspiele und ließ sich Theater vorspielen. Sie war die angebetete, die schöne Mama.

Ganz anders der extrovertierte, lustige pater familias, der, obwohl der Familientisch in »Lasker-Schüler contra B. und Genossen« als runder Tisch bezeichnet wird, »oben« saß. Aron Schüler betrieb in Elberfeld ein kleines Bankgeschäft, das in den Gründerjahren florierte, so daß er ein Haus mit kleinem Garten am Stadtrand in der Nähe des Waldes erwerben konnte, in dem Else Schüler Kindheit und Jugend verbrachte.

Von den älteren Brüdern ist kaum die Rede, sie besuchten Internate und waren selten zu Hause. Der jüngste, Paul, war Else von allen Geschwistern das liebste. Wie die Mutter ihr die Liebe zur Dichtung einpflanzte, so vermittelte ihr der Bruder die Liebe zur Natur. Der Gymnasiast zeigte der kleinen Schwester Tiere und Pflanzen im Wald und Experimente in seinem »Labor«. Als er mit 21 Jahren kurz vor dem 13. Geburtstag seiner jüngsten Schwester an Tuberkulose starb, war das das erste große Unglück, das die Familie traf. Die ältere der beiden Schwestern, die schöne Maria Theresia, heiratete bereits, als Else 14 Jahre alt war. Die jüngere, Anna, stand ihr nach dem Tod des Bruders am nächsten und wurde, besonders in den frühen Berliner Jahren, ihre Vertraute.

Mit 21 Jahren verlor Else Schüler ihre Mutter. Es war von allen Verlusten der schwerste. Ein Kindheitserlebnis der Dichterin, das sie in dem Prosatext »Der letzte Schultag« beschreibt, wirft gleichsam seinen Schatten auf den Tod der Mutter voraus. Damals, Else war etwa 11 Jahre alt, kam die Mutter einmal von einem Spaziergang lange nicht nach Hause. Vater und Geschwister suchten die Vermißte, während die jüngste Tochter auf dem turmartigen Anbau des Hauses stand, von wo sie die Mutter »so traurig den kleinen Berg herabkommen« sah, »so traurig, das vermag meine Hand nicht zu schildern, da müßte ich schon mein Herz aus der Brust nehmen und es schreiben lehren«.[11] Das Kind sei daraufhin über die Einfassung der Terrasse gesprungen, um die Mutter schneller zu erreichen, dabei von einer Jalousie aufgefangen und von einem Feuerwehrmann gerettet worden. Dann, so heißt es im »Letzten Schultag« weiter, sei der »Veitstanz« bei ihr ausgebrochen.

Veitstanz, (chorea minor), ist eine Kinderkrankheit, die meist nach Infektionserkrankungen auftritt und sich in Gesichts- und Muskelzuckungen äußert. Nach einer Weile vergehen diese Symptome von selbst. Else Schüler wurde jedenfalls, so berichtet sie im »Letzten Schultag«, nach dieser Krankheit im Alter von elf Jahren aus der Schule genommen und fortan zu Hause unterrichtet. An keiner Stelle hat sie ihr Bedauern darüber geäußert. Die Schuld an ihrem Desinteresse an der Schule schiebt sie auf den Vater, der den Kindern für schlechte Noten Belohnungen gab und sie zum Schwänzen direkt ermunterte. Überhaupt erschienen Else Lasker-Schüler Wissen und Buchgelehrsamkeit stets als Antipoden ihrer Kunst, die reiner Inspiration entsprang. Deshalb behauptete sie auch, nur ihre eigenen Bücher zu lesen. Schon gegen das »häßliche« Wort »Literatur« hegte sie eine Aversion.

Über die Jugend der Dichterin, die sie bis zu ihrer Heirat mit 25 Jahren im Elternhaus verlebte, ist nichts überliefert. Aber aus der Elberfelder Zeit stammt ihre genaue Kenntnis der Stadt mit ihrer vielfach verzweigten gesellschaftlichen Struktur von den Färbereiarbeitern zu den Unternehmern, von den »Mucker« genannten Pietisten, zu den die kleine Else und ihren Vater faszinierenden Katholiken mit der Pracht ihrer Prozessionen.

Else Lasker-Schüler hat ihre Stadt über Jahrzehnte hin immer wieder besucht, sie in vielen autobiographischen Prosastücken beschrieben und ihr in dem Drama *Die Wupper* (erstmals veröffentlicht 1909, Uraufführung 1919) ein Denkmal gesetzt. Sie hat die Sprache des Bergischen Landes gesprochen, wie man in ihren Mundartbriefen an die Dichterfreunde Peter Baum und Paul Zech und den Dialogen in der *Wupper* sehen kann, und sie war mit rheinischem Humor gesegnet.

Die Ehe, die Else Lasker-Schüler mit dem soeben in Elberfeld approbierten Arzt Berthold Lasker 1894 schloß, bot die Befreiung aus dem nach dem Tod der Mutter verwaisten Elternhaus, jedoch nicht aus der bürgerlichen Existenz einer Frau. Berthold Lasker war zwar ein Akademiker, aber er stammte aus einer kleinbürgerlichen Familie einer noch kleineren Provinzstadt als Elberfeld, Berlinchen in der Neumark, wo sein Vater Kantor an der Synagoge war.

Die junge Ehefrau hat zunächst ein durchaus konformes bürgerliches Eheleben geführt, wie aus einem Brief des Vaters an die Schwester Anna hervorgeht: »Sie ist eine Frau à la seelige lieb seelige Mama sie kocht selbst und der Doctor ist verliebt in den Speisen was Else kocht – sie ist sehr haushälterisch sehr sparsam (geizig) [...] und ganz gewiß bekommt der arme Doctor nicht satt, der ja ohnehin ein Nebbich ist und verhungert aussieht etc. [...] Wenn ich die schönen Sachen meiner Möbel ansehen will, dann brauch ich nur zu Else gehen sie hat was nicht ganz nagelfest war an sich genommen [darunter: gegaunert] Sie ist klein aber sehr fein eingerichtet und sie sagt: wenn sie am Fenster sitze, wäre schöner als Theater.« Der Vater berichtet auch, seine jüngste Tochter sei »ruhiger häuslicher« geworden und »Frau Doctor« sei Trumpf.[12]

Als sich jedoch die Gelegenheit bot, der Schwester Anna nach Berlin zu folgen, die fast gleichzeitig gegen den Widerstand von Vater und Brüdern einen Künstler, den Opernsänger Franz Lindwurm gen. Lindner geheiratet hatte, hat Else Lasker-Schüler diese Gelegenheit sicher freudig ergriffen. Ein Satz in dem Brief des Vaters deutet darauf hin, wie spießig-bürgerlich die Atmosphäre in Elberfeld gewesen sein muß: »Gestern war sie bei Fröhlich zu Tisch eingeladen, vorher bei Baum und morgen abend bei Goldscheidt [...] Die lieblichen und die so thuenden Bekannten unseres Hauses ach die müssen nun gute Miene zum bösen Spiele machen sonst ärgern sie sich halb kaput. –?«[13]

Das kann sich auf die ersten künstlerischen Versuche Else Lasker-Schülers beziehen. Vor 1895 sind zwar keine Veröffentlichungen belegt, aber es ist anzunehmen, daß sie bereits in Elberfeld geschrieben und gezeichnet hat und zwar nicht dem bürgerlichen Geschmack entsprechend. Sie selbst berichtet, sie habe zwischen 15 und 17 Jahren die Gedichte ihres ersten Buchs *Styx* (1902) gedichtet. »Ich hatte damals meine Ursprache wiedergefunden, noch aus der Zeit Sauls, des Königlichen Wildjuden herstammend [...] Mein Gedicht Weltflucht dichtete ich u. a. in diesem mystischen Asiatisch.« In dieser Sprache heißt es »Elbanaff« und beginnt: »Min salihihi wali kinahu« [...][14] Man kann sich das Erstaunen der Fröhlichs, Baums und Goldscheidts vorstellen, falls ihnen solches zu Ohren kam.

Else Lasker-Schüler hat auch gegen das assimilierte jüdische Bürgertum, aus dem sie stammte, rebelliert, obwohl oder gerade weil sie auf ihr Judentum stolz war, auf den Urgroßvater, der in Geseke, dem Heimatdorf des Vaters, Rabbiner war und den sie zum »Oberrabbiner von Rheinland und Westfalen« erhebt, und auf die Vorfahren der schönen Mutter, die aus Spanien gekommen waren. Auf sie führt die Dichterin ihre künstlerischen Talente zurück. Aber jüdisches Brauchtum wurde bei den Schülers in Elberfeld nur noch wenig geübt. Lediglich der Versöhnungstag, an dem der Vater und die älteren Schwestern in die Synagoge gingen, wurde im Familienkreis begangen.

Daß Else Schüler im Wuppertal der vielen Konfessionen, wo Katholiken, Protestanten, Pietisten und Juden zusammenlebten, zu einer kleinen Minderheit gehörte, war ihr allerdings früh bewußt, obwohl sie in ihren Erinnerungen immer wieder die versöhnlichen Aspekte dieses Zusammenlebens herausstellt. Aber wie sie sich bemüht, den Vater eher als Bauherrn, denn als Bankbesitzer darzustellen und die mütterlichen Vorfahren als Weinbauern statt als Weinhändler, zeigt die Angst vor den stereotypischen Vorstellungen, die die Mehrheit von dem »Händlervolk« der Juden hatte und die sie von ihrer Familie unbedingt fernhalten wollte.

Dies um so mehr, als im Familienkreis von den Verfolgungen gesprochen wurde, welchen die Juden im Rheinland in der Vergangenheit ausgesetzt waren: »ja da saßen wir um unseren runden Abendbrottisch in unserem großen Hause und weinten alle wie Kinder [...]«[15]

Sie selbst, schreibt Else Lasker-Schüler, war nur einmal als Kind »antisemitischen Aufständen« auf dem Heimweg von der Schule ausgesetzt. »Weinend betrat ich unser schönes Haus. Selbst meiner teuren Mutter Liebe vermochte nicht mich zu trösten. Doch von unserem hohen Turm wehte immer fröhlich die Fahne.«[16]

Es ist bezeichnend, daß Else Lasker-Schüler dieses traumatische Kindheitserlebnis im Bereich der Familie gleichsam zu neutralisieren versucht. Jakob Hessing erwägt sogar die Möglichkeit einer Verbindung von Abbruch des Schulbesuchs, Erkrankung und antisemitischen Erfahrungen des Kindes.[17]

Else Lasker-Schüler hat als Jüdin gleichsam an zwei Fronten

Vergleich Benn–Brecht

gekämpft. Sie wandte sich gegen das verbürgerlichte Judentum, das seine eigene große Geschichte vergessen hatte und entsprechend die Dichterin ablehnte, die in einer bisher nicht gehörten Sprache und mit neuen Bildern daran erinnerte und die Juden aufs schärfste tadelte, die ihrem Volk »Unehre« antaten. Sie wandte sich aber auch gegen die Christen, die vergaßen, daß Jesus ein Jude war, und sie geißelt den nationalsozialistischen Antisemitismus mit schärfsten Worten.

Vor dem Ersten Weltkrieg schrieb sie an Martin Buber: »[...] ich *hasse* die Juden, da ich David war oder Joseph – ich hasse die Juden, weil sie meine Sprache mißachten, weil ihre Ohren verwachsen sind und sie nach Zwergerei horchen.[...]«[18] Kurz darauf erscheinen dann in dem Buch *Der Malik* zum ersten Mal die »wilden Juden«, kämpferische Künstlerfreunde, die wie sie die neue Kunst verteidigen.

Jüdische Themen in den Werken Else Lasker-Schülers feiern die große Geschichte eines großen Volkes, vor allem in den unvergleichlichen *Hebräischen Balladen* (1913), in welchen das Gedicht »Mein Volk« Zugehörigkeit und Abgeschiedenheit zugleich in ein großartiges Bild faßt.

Mein Volk

Der Fels wird morsch,
Dem ich entspringe
Und meine Gotteslieder singe
Jäh stürz ich vom Weg
Und riesele ganz in mir
Fernab, allein über Klagegestein
Dem Meer zu.

Hab mich so abgeströmt
Von meines Blutes
Mostvergorenheit.
Und immer, immer noch der Widerhall
In mir,
Wenn schauerlich gen Ost
das morsche Felsgebein,
Mein Volk,
Zu Gott schreit.[19]

Die Schreie der Verfolgten zu Gott hat Else Lasker-Schüler deutlich gehört. In der Erzählung *Der Wunderrabbiner von Barcelona* (1921) gehen die Erinnerungen an die jahrhundertelangen Verfolgungen mit unerhörter, die Sprache gleichsam zerstörender Gewalt ein. In Barcelona lehrt der heilige Rabbi Eleasar, daß Gott dem »Kind unter den Völkern« ein Licht in die braune Stirn gesetzt und es zum Volk der Propheten bestimmt habe, »ihm zu dienen in jedem Lande, in jedem Volke, auf allen Wegen. Amen.«[20] Dennoch bricht ein fürchterlicher Pogrom an. »Und die Juden, die an den Namen Jehovahs immer von neuem erwacht waren, lagen alle verstümmelt, zerbissen, Gesichte vom Körper getrennt, Kinderhände und Füßlein, zartestes Menschenlaub auf den Gassen umher, in die man die Armen wie Vieh getrieben hatte.«[21]

Im Gegensatz zu diesem Werk der Klage und Anklage hat Else Lasker-Schüler aber auch die Versöhnung von Juden und Christen zum Thema gemacht. In der Erzählung *Arthur Aronymus. Die Geschichte meines Vaters*, die 1932 erschien, und die sie gleichzeitig als Drama bearbeitete, steht die Familie des Vaters in einem westfälischen Dorf im Mittelpunkt, in dem abergläubische Dorfbewohner einem an Veitstanz (!) erkrankten Kind nachsagen, es sei eine Hexe, und der Vater es mit großer Würde ablehnt, seinen jüngsten Sohn Arthur Aronymus taufen zu lassen, um den Aufruhr zu beenden. Schließlich erscheint der Bischof von Paderborn persönlich und nimmt mit der Familie das Sedermahl, denn »mit einem bißchen Liebe gehts schon, daß Jude und Christ ihr Brot *gemeinsam in Eintracht brechen*, noch wenn es ungesäuert gereicht wird«.[22]

Else Lasker-Schüler hat immer wieder auf die Wurzeln des Christentums im Judentum hingewiesen und in ihrem Dramenfragment *IchundIch* Hitler als den »Antichrist und Antijud«[23] bezeichnet, denn beide sind identisch.

Sie war, wie ihre Essays in dem Band *Konzert* bezeugen, ein tiefreligiöser Mensch. Aber so wie sie jedweder Ideologie abhold war, so auch jedweder Orthodoxie. Die Schlußworte des Schauspiels *Arthur Aronymus* spricht der Bischof, indem er den heiligen Petrus zitiert: »Gott sieht nicht auf die Person, vielmehr ist ihm in jedem Volke wohlgefällig, wer ihn fürchtet und recht tut.«[24] Deshalb waren ihr die großen Religionsstifter, ob Buddha, Jesus oder Mohammed, »Himmelbegnadete«, als die sie auch die großen Künstler bezeichnet. Denn Else Lasker-Schülers Religiosität ist untrennbar verbunden mit ihrer Kunst.

Als Künstlerin hatte sich Else Lasker-Schüler in Berlin von vielen bürgerlichen Bindungen befreit. Die Szene in der Familie des Verlobten, die in »Lasker-Schüler contra B. und Genossen« beschrieben wird, verblaßt im Vergleich zu den rätselhaften Äußerungen der Dichterin über ihren ersten Mann. Nachdem einmal in einem Racheakt jemand eine Riesenschlange auf den Boden ihres Zimmers gelegt hätte, habe sie sich im Alter von sechzehn Jahren entschlossen, »eine Marderart zu heiraten, die die Schlangen zu töten pflegt [...]«.[25] Dennoch hat sie ihre erste Ehe wohl als qualvoll empfunden. Das ist jedenfalls den »Schauermärchen« zu entnehmen, die sie einmal Freunden, darunter Franz Werfel, erzählte. Da berichtete sie, ihr Mann habe verlangt, daß sie barfuß auf Nägeln tanzen sollte.[26] Es ist jedoch bezeugt, daß Berthold Lasker die künstlerischen Bestrebungen seiner Frau unterstützte, die in Berlin endlich zur Entfaltung kommen konnten. Sie nahm Zeichenunterricht, hatte ein eigenes Atelier, experimentierte mit der Kamera und ging im Kunst- und Kulturleben der Stadt geradezu auf. Im gleichen Maß, in dem sich diese Befreiung vollzog, löste sich Else Lasker-Schüler aus ihrer Ehe.

1899 wurde ihr Sohn Paul geboren, was die Dichterin zu einer antibürgerlichen Demonstration gestaltete. Sie hat immer bestritten, daß Berthold Lasker, von dem sie erst 1903 geschieden wurde, der Vater ihres Kindes war, hat jedoch nie den wirklichen Vater genannt. Ein griechischer oder auch spanischer Prinz soll es gewesen sein, aber ein Alcibiades de Rouan, den sie in einem Brief an Karl Kraus erwähnt, konnte bisher nicht gefunden werden. Auch wie der Sohn Else Lasker-Schülers geboren wurde, war eine durch und durch antibürgerliche Manifestation. Einer Postkarte an die Schwester Anna ist zu entnehmen, daß Paul Lasker-Schüler am 24. August 1899 in der Königlichen Frauenklinik zu Berlin auf die Welt kam und daß es sich dabei um eine kostenlose Demonstrationsgeburt gehandelt hat. Dazu gibt es die handschriftliche Notiz der Nichte Edda Lindwurm-Lindner: »Wie arm war sie und doch zu stolz, von den Verwandten Geld anzunehmen.«[27] Unter den wohlhabenden Verwandten befand sich beispielsweise der Gründer der *Frankfurter Zeitung*, Leopold Sonnemann, ein Vetter ihrer Mutter, die früh verwaist in seiner Familie aufgewachsen war und von dem sich die Nichte ebenfalls unverstanden und zurückgewiesen fühlte.

Die Geburt des Sohnes fällt zeitlich mit den ersten Veröffentlichungen der Dreißigjährigen in angesehenen Zeitschriften wie der von Ludwig Jacobowski herausgegebenen *Gesellschaft* und dem *Magazin für Litteratur* zusammen, das Rudolf Steiner und Otto Erich Hartleben redigierten. Diesen Publikationen war Else Lasker-Schülers Bekanntschaft mit einer ganzen Reihe Berliner Dichter und Dichterinnen, mit literarischen Vereinigungen und Kabaretts zu verdanken. Bei den »Kommenden« trat Rudolf Steiner ebenfalls auf, in der »Neuen Gemeinschaft« der Brüder Hart lernte sie Martin Buber und Gustav Landauer kennen. Alle waren sie Sammelpunkte für jene, die sich von der bürgerlichen Gesellschaft aus künstlerischen oder weltanschaulichen Gründen distanzieren wollten oder ganz lossagten.

Keiner tat das radikaler als der Erzbohèmien und Vagantenpoet Peter Hille (1854-1904), keiner von all ihren frühen Förderern hat Else Lasker-Schülers Talent deutlicher erkannt und keinem hat sie das bis an ihr Lebensende so sehr gedankt. Keiner aber hat sie auch so entschieden aus ihrer bürgerlichen Umwelt fortgeführt. Sein Portrait Else Lasker-Schülers als »schwarzer Schwan Israels« und »Sappho, der die Welt entzweigegangen ist«, ist sein bekanntester Text und hat das Bild der Dichterin für immer geprägt. Er gab ihr Gelegenheit, ihre Gedichte in seinem »Kabarett zum Peter Hille« oder dem »Ernsten Bühnlein« vorzutragen. Es waren leidenschaftliche Liebesgedichte mit Titeln wie »Nervus erotis«, »Trieb«, oder »Orgie«, in welchen sich der vitalistische Lebenskult der Jahrhundertwende austobt und wie sie ähnlich auch Zeitgenossinnen wie Marie Madeleine, d.i. Marie Madeleine von Puttkamer oder, allerdings mit bewußt sozialen Inhalten, die »Sängerin der freien Mutterschaft«, Margarete Beutler verfaßten. Aber Else Lasker-Schüler hat bereits auch ihre eigene Thematik gefunden, das Verhältnis zu den Nächsten, zu Vater, Mutter und Geschwistern, das sie in kosmische Dimensionen ausweitet, und ihre höchst eigene Kunstreligion, wie sie in so frühen Gedichten wie »Zebaoth« oder »Sulamith« erscheint.

Ihr erstes Prosawerk, *Das Peter Hille-Buch* (1906), hat sie ihrem großen Mentor gewidmet. In seiner feierlich rhythmischen Sprache klingt die von Nietzsches *Zarathustra* nach. Den geisteskranken Dichter, erzählte sie später, hat sie einmal mit anderen Künstlern von seiner Schwester Elisabeth Förster-Nietzsche vorgeführt bekommen und sie dafür gehaßt.[28]

Im *Peter Hille-Buch* beschreibt Else Lasker-Schüler in höchst verschlüsselten Episoden, wie sie allein oder mit anderen gleichgesinnten Jüngern dem verehrten Meister nachfolgt, aus der Stadt in die Wälder, über Felder und auf Bergeshöhn. Seine Weisheit, Güte und Toleranz und seine Freiheit von materiellen Gütern sind die Tugenden, um derentwillen sie ihn liebt.

Die Episoden lassen aber auch ahnen, mit welchen Schwierigkeiten der Ausbruch aus dem bürgerlichen Leben verbunden war. Ihr Kind konnte Else Lasker-Schüler bei der Schwester Anna lassen, wenn sie mit Petrus und seiner Schar Wanderungen unternahm oder seinen Vorträgen lauschte. Aber der Widerstand, der ihr von anderen Familienmitgliedern entgegenschlug, war um so stärker. Bei den Vorbereitungen zu einer Geburtstagsfeier für Peter Hille bemerkten seine Anhänger »eine Schar Müßiggänger kommen, die waren in heftigem Wortwechsel [...] und ich erkannte unter ihnen Jene, die sich dünkten, mit mir verwandt zu sein, und sie baten mich, ihnen meinen Sohn zu zeigen. Aber Raba guckte aus der kleinen Luke des Waldhäuschens und lächelte ob ihrer List. Und da ich mich also weigerte, wurden sie jähzornig und bewarfen meine Scham. Und Petrus schritt grimmig unter ihnen, sein Bart ballte sich.«[29]

Peter Hille gab Else Lasker-Schüler den ersten der beiden Namen, die sie von nun an inspirieren sollten. Er nannte sie Tino. Als »Tino, Prinzessin von Bagdad« wurde sie zur Mittelpunktsfigur des Buchs, *Die Nächte Tino von Bagdads* (1907), das in Versen und Prosa ein der Dichtung, dem Gesang und Tanz hingegebenes Wesen in einer fantastischen, wild-orientalischen Welt zeigt.

Gleichzeitig fühlte sich die Dichterin immer stärker dazu gedrängt, das, was sie schrieb, auch darzustellen. Ihre Briefe an den englischen Literaturwissenschaftler Jethro Bithell sprechen von hochfliegenden Plänen zu Vortragsabenden, bei denen sie in prächtiger Kleidung mit einem kleinen Negerknaben im Fez auftreten und ihre Dichtungen auf arabisch vortragen wolle. 1909 erwähnt sie zum ersten Mal »mein Bild als arabischer Prinz«,[30] das sie Bithell schicken wird, wie denn in ihren Briefen zahlreiche Hinweise auf den Rollen- und Kostümwechsel von der Prinzessin zum Prinzen zu finden sind, den sie nun vollzieht. Sie kritisiert das ausgeschnittene Kleid einer Dame und findet überhaupt Frauenkleider nicht schön. Sich selbst bezeichnet sie nun als Knaben und erzählt, daß es Leute gibt, »die mich nicht anders als den Knaben von Jericho nennen, das paßt eigentlich besser zu mir als Tino von Bagdad [...]«.[31]

Ihren zweiten Namen hat sich Else Lasker-Schüler selbst verliehen und ihn bis an ihr Lebensende getragen, Jussuf Prinz von Theben. Als solcher zeichnet sie viele ihrer Briefe, die sie mit seinem Bild verziert. Am Briefkopf ist sein Profil mit Stern und Mondsichel auf der Wange, manchmal mit seinem getreuen Somali Osman, abgebildet. Auf vielen anderen Zeichnungen, die sie für ihre Freunde, auch zum Dank für finanzielle Unterstützung, und zum Verkauf angefertigt hat, wie die kostbare Mappe *Theben* mit Gedichten und Lithographien, ist Jussuf stets in einem Phantasiekostüm dargestellt, in hohen Stiefeln, Kniehosen und fransengeschmückter Jacke. Manchmal trägt er einen phantastischen Kopfputz aus Federbüschen. Auch Indianisches ist in der Gestalt verborgen. Als Indianerhäuptling »Blauer Jaguar« hat sich Else Lasker-Schüler in den Briefen an Paul Goldscheider während der zwanziger Jahre bezeichnet.

Im Prinzen von Theben sind zwei Figuren vereint. Zunächst der biblische Joseph, mit dem sich Else Lasker-Schüler seit ihrer Kindheit identifiziert hat, denn er war wie sie ein Träumer und er wurde von seinen Brüdern verkauft, so wie sie von den Ihren nicht verstanden und abgelehnt wurde. Diesen Joseph erhebt sie dann zum arabischen Prinzen Jussuf und damit den Künstler zum Herrscher, eine Position, die ihm vor allen andern gehört. Die Dichterin hat genau gewußt, daß die Welt so lange unvollkommen bleibt, so lange es der Kunst an Macht gebricht. Daß die Künstler so oft die Armen sind, hat sie als die größte Ungerechtigkeit erkannt und dem als Prinz von Theben, zumindest in ihrer Phantasie und in ihren Briefen und Zeichnungen, abzuhelfen gesucht, indem sie die Künstlerfreunde mit prächtigen Namen und Geschenken, mit Gold und Tauben und Dromedarherden bedachte.

In einer Gesellschaft, in der die Macht und natürlich auch das Geld in männlichen Händen lag, mußte diese Künstler- und Herrschergestalt eine männliche sein. Else Lasker-Schüler hatte nicht zu vielen Frauen ein enges Verhältnis. Unter ihren Tausenden von Briefen finden sich weitaus weniger an Frauen als an männliche Briefpartner. Die ausführlichen Korrespondenzen hat sie ausschließlich mit Männern geführt.

Das hat verschiedene Gründe. Else Lasker-Schüler war sich bewußt, daß ihr Talent das aller zeitgenössischen Dichterinnen weit überragte, und mußte das demonstrieren. Sie weigerte sich beispielsweise, mit Ina Seidel gemeinsam bei einer Lesung aufzutreten, und bereits in den frühen Berliner Jahren hatten bei den »Kommenden« wahre Zusammenstöße mit anderen Dichterinnen stattgefunden. Else Lasker-Schüler hat eine Reihe von Schauspielerinnen, Sängerinnen und Künstlerinnen in ihren Portraits beschrieben, die gesammelt als *Gesichte* (1913) erschienen. Eine Dichterin ist nicht darunter. Daß ihr erster Gedichtband von der Kritik als Beispiel moderner Frauenlyrik gesehen wurde, hat sie sicher nicht beglückt. Sie teilte wohl die Meinung von Marina Zwetajewa: »nicht ›Dichterin‹ (ein Wort das für mich nur halbe Achtung ausdrückt), sondern – Dichter«.[32] Und wie Zwetajewa war sie überzeugt, »daß es in der Dichtung wesentlichere Unterscheidungsmerkmale gibt als die Zugehörigkeit zum männlichen oder weiblichen Geschlecht [...]«.[33]

Else Lasker-Schüler stand der ersten Frauenbewegung desinteressiert gegenüber; sie selbst war »wie ein Vogel frei, nicht frei im Sinne der Frauenrechtlerinnen mit breitem Fußstampfen«.[34] Die Frauen, die ihre Gunst gewannen, waren Künstlerinnen oder Freudenmädchen, mit denen sie sich im Café befreundete, »die haben wenigstens Takt«,[35] wie sie an Bithell schrieb. Mit schneeweiß gepuderten Gesichtern und geschminkten Lippen geht ein Rausch von ihnen aus, sie sind »gesteigerte Gauklerinnen – Erinnerungen an Karrenleben«.[36] Wieder sind es un- und antibürgerliche Erscheinungen, die Else Lasker-Schüler anziehen, weil sie sie inspirieren, und das konnten die Frauenrechtlerinnen nicht.

Wenn es aber um praktische Dinge ging wie um den Paragraphen 218, zu dem der *Sturm* 1912 eine Rundfrage veranstaltete, da erhob Else Lasker-Schüler ihre Stimme und verlangte, daß »öffentlich unschädliche Mittel verkauft« würden und nur weibliche Richter über diesen Paragraphen zu bestimmen hätten, »da bekanntlich *Männer noch nie im Leben es bis zum neunten Monat gebracht haben.*«[37] Auch in ihren zahllosen Hilfsaktionen, die von den Bitten an Verleger, die Werke anderer zu veröffentlichen oder abgelegte Kleider armen Poeten zukommen zu lassen bis zu Vermittlungen für abgewiesene Liebhaber reichten, hat sie sich für Frauen eingesetzt. Ganz energisch tat sie das 1918 bei Martin Buber, als sie versuchte, eine Frau aus einer Berliner Nervenheilanstalt zu befreien. Das spektakulärste Unternehmen dieser Art galt aber wiederum einem Mann, dem Dichter und Anarchisten Johannes Holzmann, den sie als Senna Hoy besang und den sie 1914 in einem Moskauer Gefängnis besuchte, ohne den Todkranken allerdings befreien zu können.

Das Bild Else Lasker-Schülers ist vor allem von ihrer Erscheinung in der Berliner Bohème zwischen der Jahrhundertwende und dem ersten Weltkrieg geprägt. Sie hatte nach ihrer Scheidung von Berthold Lasker 1903 den Musiker, Literatur- und Kunstkritiker Herwarth Walden (eigentlich Georg Levin 1876-1942) geheiratet, der 1910 die neben der *Aktion* wichtigste expressionistische Zeitschrift *Der Sturm* gründete, der sie den Namen gegeben haben soll und in der sie in den ersten beiden Jahrgängen sehr viel veröffentlichte. Nun stand sie mehr und mehr im Zentrum des künstlerischen Lebens von Berlin. Sie erkannte mit untrügerischem Blick für Qualität, was in der avantgardistischen Kunst und Literatur Bestand haben würde und was nicht. Allnächtlich wurde darüber im Café des Westens debattiert. Damals kleidete sie sich ungewöhnlich, nicht nur zu den Künstlerfesten, die sie als Indianer oder Affenjunge mit einem als Beardsleydame verkleideten Affen besuchte.

Das wurde von der bohèmen Kaffeehausgesellschaft akzeptiert, die Else Lasker-Schüler in dem »Briefroman mit Bildern und wirklich lebenden Menschen« *Mein Herz* mit all den dazugehörenden Eifersüchteleien und Klatschgeschichten geschildert hat. Die Zahl ihrer Freunde, Förderer und Verehrer weit über Berlin hinaus ist nicht mehr genau festzustellen, die größten Namen sind darunter: Gottfried Benn, Karl Kraus, Georg Trakl, Franz Werfel und die Maler Franz Marc und Karl Schmidt-Rottluff.

Else Lasker-Schüler ist aber auch unter Künstlern auf Ablehnung gestoßen und zwar bei solchen, denen ihre Exzentrizität von Natur aus zuwider war. So bei Franz Kafka, der sie nicht persönlich kannte, der aber sicher von dem Vorfall in Prag gehört hatte, als es dort nach einer Lesung »ein kleines Rencontre mit der Polizei«[38] gab, weil sie ihren Begleitern bei Mondschein in einer Nische der Nikolaskirche stehend eine arabische Rede hielt. Der von der Bohème völlig unberührte Franz Kafka empfand beim Lesen der Gedichte und Prosa des Prinzen von Theben nur »Leere und Widerwillen wegen des künstlichen Aufwands«, und stellte sie sich als »überspannte Großstädterin« und Säuferin vor, die sich nachts »durch die Kaffeehäuser schleppt«.[39] Walter Benjamin, der ihre Gedichte schätzte, fand sie im Umgang »hysterisch«,[40] Harry Graf Keßler versuchte jahrelang, »diese gräßliche Person«[41] zu meiden, und Oskar Kokoschka sah sich außerstande, sie zu portraitieren.

Else Lasker-Schülers Exzentrizität hat ihr überhaupt manche Aversionen eingetragen. In der zutiefst bürgerlichen deutschen Gesellschaft waren Exzentriker von jeher dünner gesät als etwa in England. Edith Sitwell, die selbst als exzentrisch galt, hat in ihrem Buch über englische Exzentriker behauptet, sie seien dort so besonders zahlreich vertreten, weil ein merkwürdiges und zugleich befriedigendes Wissen der eigenen Unfehlbarkeit die britische Nation auszeichne.[42] Über Deutschland dagegen hatte Annette Kolb bemerkt, es sei ein Land, das einerseits viele Weltbürger hervorgebracht habe, andererseits aber auch den Eigenbrötler.[43] Den Begriff Exzentriker benutzt sie wohlweislich nicht.

»Ex-zentriker« fallen durch ihr ungewöhnliches Verhalten auf, das von religiöser Schwärmerei über die Entwicklung fanatisch vertretener wissenschaftlicher Theorien bis zu Bau- und Reisewut und ungewöhnlicher Kostümierung reicht. Sie findet man in Deutschland selten. Eigenbrötler dagegen ziehen sich still zurück, um ihren Interessen zu frönen, und für sie hat man in Deutschland, wie Annette Kolb bemerkt, von jeher Verständnis gezeigt. Um so mehr mußten deshalb Exzentriker in dieser Gesellschaft auffallen.

Else Lasker-Schülers Exzentrizität wird gewöhnlich an ihrer Kleidung und dem Schmuck festgemacht, die sie zu Anfang des Jahrhunderts bei bestimmten Gelegenheiten bevorzugte. Sie sind an zwei Stellen dokumentiert. Zunächst auf einer Photographie, wahrscheinlich das »Bild als arabischer Prinz«, das sie am 6. 11. 1909 Jethro Bithell ankündigt und das sie für eine Theateragentur anfertigen ließ, als sie sich mit dem Gedanken trug, ihre Dichtungen kostümiert vorzutragen. Es zeigt die Dichterin im Profil, die Flöte blasend, in einem Anzug, bestehend aus leicht gepluderter Hose mit Kasak und buntbesticktem Gürtel, in dem ein Dolch steckt, sowie Knöpfstiefeletten. Es ist das bekannteste Bild der Dichterin, das geradezu zum Emblem der Frauenliteratur wurde und auch solche Bücher ziert, in welchen von ihr gar nicht die Rede ist.

Das andere Dokument ist die oft wiederholte Beschreibung, die Gottfried Benn von Else Lasker-Schüler gibt, mit der man nicht über die Straße gehen konnte, ohne daß ihr alles nachsah. »[...] extravagante, weite Röcke oder Hosen, unmögliche Obergewänder, Hals und Arme behängt mit auffallendem unechtem Schmuck, Ketten, Ohrringen, Talmiringen an den Fingern [...]«.[44]

Diese Schilderung erinnert in der Tat an Edith Sitwell, die sich als Hohepriesterin der englischen Dichtung zu ihren Lesungen in Brokat- und Samtgewänder kleidete, die mit Halbedelsteinen geschmückt waren, und dazu Turbane, enorme Ringe, Armreifen und einen schweren Azteken-Halsschmuck trug.

Es wäre allerdings verfehlt anzunehmen, Else Lasker-Schüler habe sich durchweg im Prinz von Theben-Kostüm bewegt, ebensowenig wie es sich bei ihren Kostümierungen um eine Art Transvestismus (englisch »crossdressing«) handelte, denn so, wie sie sich gewandete, war kein Mann im wilhelminischen Deutschland gekleidet. Alle von ihr existierenden Photographien außer der als »arabischer Prinz«, vom Brautbild bis zu der letzten Aufnahme von 1936 aus dem Exil, zeigen sie in durchaus bürgerlicher Kleidung.

Dennoch ist das Künstlerkostüm von außerordentlicher Wichtigkeit für das Verständnis Else Lasker-Schülers. Sie wollte mit ihrer ganzen Persönlichkeit ausdrücken, worum es ihr in ihren Dichtungen ging: um absolut Neues, »Nie-Dagewesenes«, um eine radikale Erneuerung der Kunst. Das mußte sichtbar gemacht werden durch ihre neue, nie-dagewesene Erscheinung.

Als solche bewegte sich die Dichterin in der expressionistischen Epoche vor dem Ersten Weltkrieg nicht nur in Großstädten wie Berlin und München. Auch in den Häusern und Schlössern der Hocharistokratie, wo sie Verehrerinnen wie Pauline Fürstin zu Wied hatte, ist sie als Prinz von Theben aufgetreten. »Sie kam in einem schwarzen Atlaskostüm, Jacke und Hosen, die schwarzen Haare glänzend, glatt, kurz geschnitten, ein ägyptischer Typ.«[45] So erinnert sich die Fürstin, die Else Lasker-Schüler zu Lesungen nach Neu-Wied einlud, in ihren Memoiren. Auch die Tochter Kaiser Wilhelms II., der Erbprinz von Sachsen und die holländische Königin sollen zu ihrem aristokratischen Verehrerkreis gehört haben.[46]

Else Lasker-Schüler hat sich ohne Rücksicht auf die Folgen, die sich für sie als dergestalt exzentrisch kostümierte Frau ergeben konnten, in der Öffentlichkeit bewegt, zu keinem Kompromiß bereit. Selbst als sie im August 1914 bei Kriegsausbruch in München in die chauvinistische Hysterie geriet, die damals allenthalben ausbrach und die hinter jeder ungewöhnlichen Erscheinung einen Staatsfeind vermutete, hat sie sich nicht von ihrer extravaganten Kopfbedeckung, einem Seidenturban, getrennt und ihrem Kostüm eine Schärpe in den deutschen Farben zugefügt.

Viele der englischen Exzentriker waren Aristokraten. Finanzielle Mittel und Landbesitz waren nötig, um solchen Leidenschaften wie Bau- und Reisewut zu frönen, und ihr Stand erlaubte ihnen exzentrisches Gebaren. Else Lasker-Schüler hat sich auch deshalb in den Prinzenrang »erhoben«, weil sie so, wenigstens in ihrem Phantasiereich, über den gesellschaftlichen Normen stand. Allerdings hat sie mit den aristokratischen ExzentrikerInnen auch ihre ständige Geldnot gemeinsam, denn viele von ihnen gerieten in tiefe Schulden.

Auch als Else Lasker-Schüler nicht mehr ihr Prinzenkostüm trug, zeichnete sie viele Briefe mit seinem Namen und Bild. Sie besaß sogar Visitenkarten, die sie als Prinz von Theben auswiesen. Sie war mit ihrer Kunstfigur identisch geworden und blieb der »Prinz von Theben immerdar« und als solcher gleichsam unverletzlich.

Die Scheidung ihrer zweiten Ehe 1912, als Herwarth Walden eine junge Schwedin kennengelernt hatte, die er bald darauf heiratete, war für Else Lasker-Schüler eine abgrundtiefe Kränkung. In *Mein Herz*, zuerst im *Sturm* als »Briefe nach Norwegen« erschienen, läßt sie die Öffentlichkeit daran teilnehmen. Sie fühlte sich nicht nur als Frau zurückgewiesen, sondern auch als Künstlerin, Nell Roslund war für sie eine Dilettantin. Die Dichterin war damals zweifellos in Gefahr, in eine tiefe Depression zu verfallen. Gleichzeitig hatte sich Gottfried Benn von ihr getrennt, um den sie in ihren Giselheer-Gedichten geworben hatte, der sich jedoch nicht zu ihrer Kunstauffassung bekehren ließ, was sich in dem ebenfalls äußerst verschlüsselten Briefroman *Der Malik* (1919) erkennen läßt, dessen erster Teil in Form von Briefen an den geliebten Halbbruder Ruben, d. i. Franz Marc, in der *Aktion* erschienen war.

In den Briefen beschreibt der inzwischen zum Kaiser (Malik) erhobene Prinz von Theben seine Verzweiflung und Verlassenheit in den düstersten Farben. Marc malte und schickte darauf die Postkarten, die als »Botschaften an den Prinzen Jussuf« berühmt wurden.

Der *Malik* ist jedoch nicht nur Ausdruck eines privaten Schmerzes, sondern in noch viel höherem Maß Else Lasker-Schülers Reaktion auf den Ersten Weltkrieg, den sie von Anfang an als großes Unglück erkannt hat. Sie verlor in diesem Krieg viele ihrer Künstlerfreunde, darunter Marc und Trakl, und sie wußte, daß ihre Welt der Kunst und des Kunstspiels in diesem Krieg unterging. Wilhelm Schmidtbonn hat 1916 eine herzzerreißende Schilderung ihres

Zustands während des Kriegs gegeben: Wie die Schreie der Verwundeten in ihrem Herzen wie in einem leeren Tempel widerhallen, wie die Klagen der Mütter eine Steinlast »auf den singenden Vogel schütten, der von Gott in ihr Herz getan ist. Die Dichterin brennt Pläne an, die wie Raketen in ihrem fiebernden Hirn hochsteigen: sie will zum Papst, vor ihm hinknien, daß er dem Krieg ein Ende mache.«[47]

Nach dem Ersten Weltkrieg hatte Else Lasker-Schüler durchaus literarische und künstlerische Erfolge zu verzeichnen: Ihr Drama *Die Wupper* wurde in den Kammerspielen des Deutschen Theaters in Berlin uraufgeführt, und Paul Cassirer gab eine zehnbändige Ausgabe ihrer Werke heraus, für die die Autorin die Einbände entwarf. Die zwanziger Jahre waren jedoch von großer finanzieller Not gekennzeichnet, besonders als ihr Sohn an Tuberkulose erkrankte und zwei Jahre lang in Schweizer Sanatorien lebte, ehe seine Mutter ihn nach Berlin zurückbrachte, wo sie ihn bis zu seinem Tod im Dezember 1927 gepflegt hat.

Else Lasker-Schüler war von jeher aufs höchste irritiert, daß die »Philister« und unkünstlerischen Menschen so oft mit Geld gesegnet waren und Künstler nicht. Das begann in der eigenen Familie. Onkel Leopold Sonnemann schämte sich ihrer – »ich tat nicht nach seinem Willen«,[48] und der Vetter Dr. Paul Schüler, »der ist millionenreich, aber er giebt mir *nichts*«.[49] Sie konnte daher einen wahren Haß auf die Besitzenden hegen: »[...] ich erwürge die Leute, die ums goldene Kalb tanzen.«[50] Davon waren wohlhabende Juden nicht ausgenommen. Gerade auf sie richtete sie ihre giftigsten Pfeile. »Sie fressen zu viel, sie sollten hungern.«[51]

Immer finden sich daher bei Else Lasker-Schüler wahre Räubergeschichten, wie sie auch ihre Arbeit als Rauben bezeichnet. Im *Peter Hille-Buch* ist zunächst von Mundraub die Rede, wenn die Jünger »süße Sahne und Weizenbrote« heimbringen, »die wir vor den Türen reicher Häuser fanden«.[52] Dann plündern sie aber auch Kaufhäuser und stehlen für Petrus einen Pelz. In Briefen aus dieser Zeit ist ebenfalls von Raubzügen die Rede. »[...] gestern haben wir 3 Studenten und ich feine Läufer in einem Haus von der Treppe nachts mitgenommen und 2 *Pelzkragen*. [...] Wir Räuber waren arglos eingeladen.«[53]

Daß Else Lasker-Schüler solche Räubereien plante, belegen auch die Erinnerungen anderer. So erzählte die Frau eines Zürcher Professors, bei der Else Lasker-Schüler oft zu Gast war, während ihres ersten Besuchs im Haus des Kaufmanns Bernhard Mayer, Else Lasker-Schüler habe ihr einmal erklärt, sie kenne einen reichen Juden, der in einem freistehenden Haus wohne, in das man leicht einbrechen könne und der einen Renoir besitze. »Ich steige ein, schneide das Bild aus dem Rahmen, und Sie passen auf, ob jemand kommt.« Als die Professorengattin ihre Teilnahme verweigerte, sei die Dichterin wütend geworden und seither nie mehr zu ihr gekommen. Frau Mayer hörte sich die Geschichte an, deutete auf die Wand und sagte: »Hier hängt der Renoir.«[54]

Es wurden immer wieder Hilfsaktionen für Else Lasker-Schüler gestartet. Karl Kraus rief 1913 in der *Fackel* zu einer Sammlung auf, die Künstlervereinigung »Der Blaue Reiter« veranstaltete eine Auktion zu ihren Gunsten, Ludwig Wittgenstein ließ ihr eine größere Summe zukommen, die sie aber für den Sohn zurücklegte und die höchstwahrscheinlich in der Inflation verlorenging. 1931 erhielt sie von der Preußischen Akademie der Künste eine Ehrengabe von 1000 Mark, die sie zurückwies bzw. anderen zukommen ließ, aus Kränkung, weil sie nicht in die Sektion Dichtung der Akademie aufgenommen worden war. Worum sie immer wieder bat, war eine regelmäßige Unterstützung, etwa von »5 Damen der Geldmänner«, die ihr monatlich jede 20 Mark geben sollten, »das ist auch mal schön 3 Jahre *lang*«.[55]

Schließlich wäre noch Else Lasker-Schülers Freigiebigkeit als Grund für ihre ewigen Geldnöte zu nennen. Kaum ein Mensch schenkte so gern wie sie, oft waren es, der Not gehorchend, kleine Dinge, Spielsachen, die sie selbst so liebte. Am 28. Dezember 1928 schreibt sie an Paul Goldscheider: »Ich hatte viel Geld verdient, aber alles futsch; so viel Weihnachten regte sich, bewegte mich.«

Die Schuld an ihren nie endenden Finanzmiseren schob sie zum großen Teil ihren Verlegern in die Schuhe. 1925 kam es zu einer wahren Explosion ihres angestauten Zorns in dem Pamphlet *»Ich räume auf!« Meine Anklage gegen meine Verleger*, die sie im Selbstverlag veröffentlichte. Es ist eine Schmähschrift gegen alle, die je ein Buch von ihr gedruckt haben, angefangen von Axel Juncker, der ihr für das *Peter Hille-Buch* 100 Mark auszahlte und für zwei andere nichts, zu dem »Raubgrafen« Kurt Wolff und Paul Cassirer, »ein Hai, der sich insbesondere von alten Meistern ernährt«.[56] Wenn die Verleger noch dazu in einer Villa wohnten, Teppiche und Automobile besaßen, kannte Else Lasker-Schülers Erbitterung keine Grenzen. Dabei denkt sie jedoch nicht nur an sich. Sie streitet für alle ausgebeuteten Dichter, schlägt vor, die Kunst zu verstaatlichen und Künstlergewerkschaften zu gründen.

Es erscheint wie ein Wunder, daß sich nach diesem Ausbruch überhaupt noch ein Verleger für Else Lasker-Schüler fand. Aber ihr Ruf als bedeutendste deutsche Dichterin war nun gefestigt. Ihre letzten Bücher vor der Emigration, der Sammelband *Konzert* und *Arthur Aronymus. Die Geschichte meines Vaters*, erschienen 1932 bei Rowohlt. Das Bühnenmanuskript des *Arthur Aronymus* hatte S. Fischer übernommen. Im gleichen Jahr wurde ihr zusammen mit Richard Billinger der Kleistpreis zugesprochen.

Die Else Lasker-Schüler der zwanziger Jahre hat man sich anders vorzustellen als die Bohèmienne vor dem Ersten Weltkrieg. Der Krieg hatte ihre Welt kalt und dunkel werden lassen, Krankheit und Tod ihres Sohnes veränderten ihr Leben und Schreiben. Der Prinz von Theben ist sie zwar »immerdar«, aber nun ohne Kostümierung. Das Café ist nicht mehr der allabendliche Aufenthalt. Statt dessen liest sie in den Büchern, die im Jenseits geschrieben wurden, und es ist nicht verwunderlich, daß ihre intensive Vorstellungskraft die Gestalten der heiligen Texte gleichsam verkörperlicht. König David und Jesus erscheinen ihr im dämmrigen Zimmer, über dem Grab ihres Kindes sieht sie »die Engel im Weinen,/ Im Wind und im Schneeregen«.[57] Nun entstehen die bedeutenden Essays aus dem Band *Konzert*; die Natur, die atmende Schöpfung, wird Trösterin und spendet Kraft.

Vor dem nahenden Unheil gab es jedoch keine Rettung, und Else Lasker-Schüler hat Deutschland im April 1933 fluchtartig verlassen. Sie lebte zunächst in der Schweiz. Von einer dritten Palästinareise konnte sie nach Kriegsausbruch 1939 nicht mehr zurückkehren und verbrachte die letzten Jahre in Jerusalem, wo sie am 22. Januar 1945 gestorben ist.

Daß ihre Idiosynkrasien sich im Exil verstärken mußten, war unvermeidbar. Heimwehkrank nach Berlin, den Freunden, der geliebten Ostsee, wo sie so gern ein Häuschen besessen hätte, wird sie nun mehr denn je von Ängsten um ihre finanzielle Sicherheit geplagt. Zwar wurde sie nun von jüdischen Hilfsorganisationen und privater Seite regelmäßig unterstützt, aber nun fürchtet sie, den in Berlin zurückgebliebenen Töchtern ihrer Schwester Anna nicht mehr helfen zu können. Abgeschnitten von Zeitungen, Verlagen und einem großen Teil ihrer LeserInnenschaft, vor allem aber von den Freunden, die ebenfalls in alle Winde verstreut waren, fühlte sie sich grenzenlos verlassen. Sie dehnte ihre abendlichen Besuche bei den verschiedensten Freunden und Bekannten bis in die Morgenstunden aus, weil sie nicht in ihr Zimmerchen in der Zürcher »Bollerei« oder dem Jerusalemer Hotel Vienna zurückkehren wollte. Wenn einmal ein Lichtstrahl in diese verdüsterte Welt des Exils fiel, etwa bei der Uraufführung des *Arthur Aronymus*-Schauspiels 1936 am Zürcher Schauspielhaus, so folgte, wie so oft in ihrem Leben, die Enttäuschung auf dem Fuß, denn es wurde aus nie geklärten Gründen nach zwei Aufführungen abgesetzt. 1934, 1937 und 1939 bricht sie zu ihren Palästinareisen auf, auch um immer wieder neue Aufenthaltsgenehmigungen in der Schweiz zu beantragen, ja zu erbetteln, ständig verfolgt von der Fremdenpolizei, die sogar in ihrem Hotelzimmerchen schnüffelt.

Else Lasker-Schüler hat im Exil drei Werke geschrieben, die sich wie These, Antithese und Synthese zueinander verhalten und die ganze Spannweite ihrer Kreativität zeigen. *Das Hebräerland* (1937) als Ergebnis der ersten Palästinareise gibt ein hochpoetisches und verklärtes Bild des Landes, das sie mit seinen steinigen Klüften zunächst erschreckte. Aber wie auf ihren Illustrationen schmückt sie es auch mit Worten, »vergoldet« es und nimmt die Versöhnung der arabischen und jüdischen »Stiefbrüder« vorweg.

Nachdem der Kriegsausbruch ihre Rückkehr in die Schweiz verhinderte, wo man ihr auch keine Aufenthaltsgenehmigung mehr erteilen wollte, und sie den unaufhaltsamen Vormarsch von Hitlers Armeen in ganz Europa beobachten mußte, reagierte sie mit einem ganz außerordentlichen Werk, der »theatralischen Tragödie« *IchundIch,* in der sie das Zeitgeschehen auf den Faustmythos bezieht und in den Dimensionen des Welttheaters selbst als Prolog und im Nachspiel auftritt, in dem sie ihren eigenen Tod darstellt. *IchundIch* ist ein grandioses Lehrstück, in dem mit allen bühnentechnischen Möglichkeiten der Untergang des Bösen gezeigt wird, das in Gestalt der gesamten nationalsozialistischen Führungsclique auftritt.

Das Drama ist Fragment geblieben, und seine Unvollständigkeit wurde auch von Wohlmeinenden als Unvollkommenheit mißverstanden, so daß es lange nicht zur Aufführung freigegeben und zunächst nur in Auszügen veröffentlicht wurde. Ernst Ginsberg wollte »im Interesse des Angedenkens und des *unzerstörten* Bildes der Lasker« von der Veröffentlichung ganz absehen. »Ich habe nur mit tiefster Erschütterung, ja ich gestehe: zuweilen nur unter Tränen lesen können. Immer klang mir die Ophelia-Klage im Ohr: ›Oh welch ein edler Geist ward hier zerstört.‹«[58]

Daß dieser »edle Geist« dennoch nicht zerstört war, beweist das letzte Buch Else Lasker-Schülers, *Mein blaues Klavier*, das 1943 in Jerusalem erschien. Es enthält ausschließlich Gedichte, auch Liebesgedichte von großer Schönheit, in welchen es der über Siebzigjährigen noch einmal gelingt, gegen alles Leid anzuschreiben. Die Gedichte sind gleichsam der Beweis dafür, daß sie recht hatte, wenn sie sich nie auf ihr Geburtsjahr festlegen wollte, das sie nach der Heirat mit dem neun Jahre jüngeren Herwarth Walden mit 1876 angab, weil sie wirklich alterslos war. In den Gedichten zeigt sich auch noch einmal die ganze umfassende Liebeskraft Else Lasker-Schülers, die lieben mußte, um zu leben. Sie unterschied stets zwischen dem Zustand des Verliebtseins, einer schwärmerischen Liebe für alle, die sie in ihr Kunstreich aufnahm, und der bürgerlichen, besitzergreifenden Liebe, die sie verachtete.

Die Zeugnisse der letzten Lebensjahre beweisen allerdings auch, wie schwer das Leben für sie wurde. Zwar hatte sie in Jerusalem den »Kraal« gegründet, in dem sie und andere Dichter ihre Werke lasen oder Vorträge über so praktische Dinge wie den Luftschutz gehalten wurden. Aber sie fühlte sich immer mehr vereinsamt und, nachdem sie als Untermieterin in eine Wohnung ziehen mußte, geradezu verfolgt. Von dem Ehrensold, den sie von einer Organisation erhielt, und der monatlichen Unterstützung von Salman Schocken verteilte die große Tierliebhaberin größere Summen an arabische Jungen, damit sie ihre Esel weniger maltraitierten. Bis zuletzt steckte sie voller Ideen zu helfen, zu bessern, zu versöhnen. So schlug sie Schocken vor, in Jerusalem einen Jahrmarkt zu eröffnen. »So versöhnen wir zunächst das Volk Judas und des Arabers [...] Ich leite zuerst Karrossel mit hebräischen und arabischen *kindlichen* Volksliedern. *Alle* Kinder kommen von 4-9 Uhr abends, und sich liebende Menschen und freuen sich was.«[59]

Else Lasker-Schüler reagierte auf die Unvollkommenheit der Welt, auf Unterdrückung, Armut, Krieg und Verfolgung mit zwingender Logik: Wenn sie als machtlose Künstlerin die Herrschaft des Prinzen von Theben übernimmt, wenn sie ungleich verteilten Reichtum der Welt gerecht verteilen will, wenn sie an Papst Pius XII. schreibt und ihn aufruft, der Judenverfolgung Einhalt zu gebieten[60] (ein Telegrammentwurf an Stalin ist im Nachlaß erhalten; *Das Hebräerland* wollte sie an Churchill schicken lassen). Am deutlichsten gibt sich diese Logik in Else Lasker-Schülers Sprache zu erkennen. Wenn sie in ihren Briefen, ihrer Protestschrift *»Ich räume auf!«*, ihrem großen Klagegesang *Der Wunderrabbiner von Barcelona* und der Verdammung des Bösen in *IchundIch* gegen alle Regeln von Grammatik und Syntax verstößt, dann deshalb, weil man über zum Himmel schreiendes Unrecht, über buchstäblich Unbeschreibliches nur in zerrissenen Worten und zerbrochenen Sätzen schreiben kann.

Else Lasker-Schüler hat, soviel wir wissen, niemals einen Nervenzusammenbruch erlitten, sie war in keiner Nervenheilanstalt, sie hat nicht Selbstmord begangen oder es auch nur versucht. Aber eine ihrer letzten Zeichnungen zeigt auf dem karierten Papier eines Notizhefts in Bleistiftstrichen eine Gestalt in langem Gewand mit dem Profil des Prinzen von Theben, die sich an einem Baum erhängt hat. Darunter steht: »Im Grauen der Einsamkeit«.[61]

Werner Kraft, einer ihrer verständnisvollsten Freunde, hat wie kaum ein anderer erkannt, auf welch schmalem Grat Else Lasker-Schüler in den letzten Jerusalemer Jahren lebte, und es im Gedicht gesagt:

Die Dichterin
(Else Lasker-Schüler)

In dieser Zeit, da wachsendes Entsetzen
Der fliehenden Vernunft die Waage hält
Und lechzend quer durch Sumpf und Stoppelfeld
Die Hunde die vom Hof Verjagten hetzen,
Wacht eine Greisin über Gottes Schätzen,
Und wenn durch Welten die Verfolgung bellt,
Sitzt sie und hebt die Zitterhand und stellt
Die goldne Schrift zu diamantnen Sätzen
Verschlungner Offenbarung, eh es nachtet.

In ihren Augen zuckt ein Wetterschein,
Und wenn der Wahnsinn auszubrechen trachtet,
Kehrt sie noch einmal in das Leben ein,
Geheimen Lautes gibt sie unsren Leiden
Ein Augenöffnen und ein Ohrenweiden.[62]

1 Werke I, S. 163.
2 Walden, Herwarth: »Deutsche Dichter und deutsche Richter«, in *Sturm* 3. Jg. Juli 1912, S. 102-104; 114-116.
3 Ebd., S. 102.
4 Ebd., S. 103.
5 Werke II, S. 176.
6 Schröter, Klaus: *Alfred Döblin in Selbstzeugnissen und Bilddokumenten*, Reinbek bei Hamburg 1978, S. 49.
7 Werke II, S. 178 f.
8 Ebd., S. 179.
9 Ebd., S. 180.
10 Macke, August und Franz Marc: *Briefwechsel*, Köln 1964, S. 147.
11 Werke II, S. 698.
12 Klüsener, S. 33 f.
13 Ebd.
14 Werke II, S. 520.
15 »Was soll ich hier?«, S. 64.
16 Werke III, S. 70.
17 Hessing, S. 36.
18 Briefe I, S. 117.
19 Werke I, S. 137.
20 Werke II, S. 502.
21 Ebd., S. 501.
22 Ebd., S. 1193 f.
23 *IchundIch*, S. 64.
24 Werke I, S. 1193 f.
25 Lasker-Schüler, Else: »Etwas von mir« in: Kern, Elga (Hg.): *Führende Frauen Europas*, München 1930, S. 16.
26 Starke, Othmar, *Was mein Leben anbelangt*, Berlin 1956, S. 53.
27 Klüsener, S. 43.
28 Goldscheider, Paul, »Wo ich in bin ist es grün.« In: Schmid, S. 51.
29 Werke II, S. 20.
30 Briefe I, S. 40.
31 Ebd., S. 47.
32 Zwetajewa, Marina: *Im Feuer geschrieben. Ein Leben in Briefen*, Frankfurt 1992, S. 132.
33 Ebd., S. 538.
34 Briefe I, S. 52.
35 Briefe I, S. 41.
36 Ebd., S. 42.
37 Wiederabgedruckt in: Schlenstedt, S. 300.

38 Holzer, Marie: »Else Lasker-Schüler als Gast in Prag.« In: *Die Aktion* 1913, 3. Jg. Sp. 525-527.
39 Kafka, Franz: *Briefe an Felice,* Heller, Erich und Jürgen Born (Hg.), Frankfurt am Main 1967, S. 296.
40 Benjamin, Walter: *Briefe* I, Frankfurt am Main 1966, S. 115.
41 Keßler, Harry Graf: *Tagebücher,* Frankfurt am Main 1961, S. 181.
42 Vgl. Edith Sitwell: *The English Eccentrics,* London 1950, S. 21.
43 Annette Kolb: *Versuch über Briand,* Berlin 1929, S. 81 f.
44 Gottfried Benn: »Rede auf Else Lasker-Schüler.« Gesammelte Werke Bd. 4, *Reden und Vorträge,* Wiesbaden 1975, S. 1102.
45 Pauline Fürstin zu Wied: *Vom Leben gelernt,* Ludwigsburg 1958, S. 47.
46 Emil Szittya: *Das Kuriositäten-Kabinett,* Konstanz 1923, S. 247-250.
47 Schmidtbonn, Wilhelm: »Siehe, eine Dichterin.« *Berliner Tageblatt,* 15. Oktober 1916.
48 Briefe I, S. 40.
49 Ebd., S. 23.
50 Ebd., S. 46.
51 Ebd., S. 117.
52 Werke II, S. 25.
53 Briefe I, S. 64.
54 Mayer, Bernhard: Memoiren. Unveröffentlichtes Typoskript, S. 174.
55 Briefe I, S. 23.
56 Werke II, S. 550 f.
57 Werke I, S. 335.
58 Werke III, S. 171.
59 »Was soll ich hier?«, S. 52.
60 Ebd., S. 63 f.
61 Ebd., S. 59.
62 Kraft, Werner: »Die Dichterin« (Else Lasker-Schüler) in: Pazi, Margarita Hg.: *Nachrichten aus Israel,* Hildesheim 1981, S. 57.

Literatur

Gedichte 1902-1943. Herausgegeben von Friedhelm Kemp, München 1959 (Werke I)

Prosa und Schauspiele. Herausgegeben von Friedhelm Kemp, München 1962 (Werke II)

Verse und Prosa aus dem Nachlaß. Herausgegeben von Werner Kraft, München 1961 (Werke II)

Lieber Gestreifter Tiger. Briefe von Else Lasker-Schüler. Erster Band. Herausgegeben von Margarete Kupper, München 1969 (Briefe I)

Wo ist unser buntes Theben. Briefe von Else Lasker-Schüler. Zweiter Band. Herausgegeben von Margarete Kupper, München 1969 (Briefe II)
IchundIch. Eine theatralische Tragödie. Herausgegeben und mit einem Nachwort versehen von Margarete Kupper, München 1980
»Was soll ich hier«. Exilbriefe an Salman Schocken. Herausgegeben von Sigrid Bauschinger und Helmut G. Hermann, Heidelberg 1986

Bänsch, Dieter: *Else Lasker-Schüler. Zur Kritik eines etablierten Bildes,* Stuttgart 1971
Bauschinger, Sigrid: *Else Lasker-Schüler. Ihr Werk und ihre Zeit,* Heidelberg 1980
Dies.: »Ich bin Jude, Gott sei Dank.« In: Gunther E. Grimm/Hans-Peter Bayerdörfer (Hgg.): *Im Zeichen Hiobs,* Königstein/Ts. 1985
Dies.: Nachwort und Kommentar. In: *Else Lasker-Schüler. Werke. Lyrik. Prosa. Dramatisches,* München 1991
Hessing, Jakob: *Else Lasker-Schüler. Biographie einer Dichterin,* Karlsruhe 1985
Ders.: *Die Heimkehr einer jüdischen Emigrantin. Else Lasker-Schülers mythisierende Rezeption 1945 bis 1971,* Tübingen 1993
Fried, Erich: Else Lasker-Schüler. In: *Die Wupper. Zur Eröffnung des neuerbauten Schauspielhauses.* Herausgegeben von der Stadt Wuppertal, 1966
Klüsener, Erika: *Else Lasker-Schüler in Selbstzeugnissen und Bilddokumenten,* Hamburg 1980
Kraft, Werner: »Else Lasker-Schüler«, in: *Wort und Gedanke,* Bern und München 1959
Ders.: »Nachwort«, in: *Else Lasker-Schüler. Verse und Prosa aus dem Nachlaß,* München 1961
Pazi, Margarita: »Else Lasker-Schüler in Jerusalem. Zur Nuancierung einer allgemeinen Meinung«, in: *Deutsche Vierteljahrs-Schrift* 75 (1981)
Schlenstedt, Silvia: »Nachwort«, in: Silvia Schlenstedt (Hg.): *Else Lasker-Schüler. Ich suche allerlanden eine Stadt,* Leipzig 1988
Schuster, Peter-Klaus: »Franz Marc und Else Lasker-Schüler«, in: *»Der Blaue Reiter präsentiert Eurer Hoheit sein Blaues Pferd.« Karten und Briefe.* Peter-Klaus Schuster (Hg.), München 1987
Wiener, Meïr: »Else Lasker-Schüler«, in: *Juden in der deutschen Literatur.* Gustav Krojanker (Hg.), Berlin 1922
Else Lasker-Schüler 1869-1945. Bearbeitet von Erika Klüsener und Friedrich Pfäfflin. Mit einer Auswahl aus den Tagebüchern von Werner Kraft und Volker Kahmen. *Marbacher Magazin 71/1995*

Sir Galahad

(Bertha Eckstein, geb. Diener)

1874-1948

Wahnsinnsliebe

Von Sibylle Mulot

Bertha Helene Diener wurde am 18. März 1874 in Wien geboren,[1] im selben Jahr wie Hugo von Hofmannsthal, Karl Kraus und Richard von Schaukal.

Ihr Vater Carl Diener war zwanzig Jahre zuvor von Stuttgart nach Wien ausgewandert, der Bauboom der Ringstraße hatte dem jungen schwäbischen »Zink-Ornamenten- und Blechwarenfabrikanten«[2] Wohlstand, wenn nicht sogar Reichtum verschafft. Er schien ihn aber nicht richtig genießen zu können, von seiner »kargen protestantischen Jugend« als Sohn eines württembergischen Kanzleischreibers geprägt. Er war groß, gutaussehend, hatte laut Bertha despotische Züge und war ein Wesen, »das man fieberhaft gern küßte, obwohl er jähzornig schrie.«[3]

Auch Berthas Mutter Marie, geborene Wechtl, war vom frisch erworbenen Wohlstand eher bedrückt als entlastet. *Ihre* Mutter praktizierte noch als Hebamme in der Wiener Josefstadt, ihr Vater war Heizer bei der Österreichischen Nationalbank.[4] Zu Berthas Ärger brachte sie es nicht einmal fertig, die große Dame wenigstens zu spielen. Sie benahm sich nicht wie die Herrin, sondern wie das Stubenmädchen des klassizistischen Schlößchens im Vorort Landstraße, das als Manufaktur und Wohnsitz zugleich diente. Es besaß Ställe, Brunnen, Innenhof, Park und Türmchen. Zweifellos hatte auch Marie Wechtl eine sehr karge Jugend erlebt. Im übrigen war sie von ihrem Mann völlig abhängig, zehn Jahre jünger als er und nicht sehr bemittelt. Carl Diener hatte sich zur Ehe mit der jungen Wienerin erst entschlossen, als der erste gemeinsame Sohn schon ein Jahr alt war. Marie Wechtl mußte zum protestantischen Glauben übertreten, alle Kinder wurden evangelisch erzogen.[5]

Beide Eltern steckten später in pompösen Gründerzeitroben wie in Kostümen, die nicht recht passen. Man lebte in permanenter Angst, gesellschaftlich etwas falsch zu machen – den reichen Kun-

Bertha Eckstein (um 1910)

den gegenüber. Kulturelles Kapital war offenbar kaum zu tradieren, es existierte nicht. Bertha berichtete von väterlicher Zeitungslektüre am Ofen und elterlichem Schachspiel beim Kaffee. Gelegentlich ein Opernbesuch. Das war auch schon alles. Sie selbst bekam eine Gouvernante und ein zahmes Reh. Ihre Jugend war reglementiert, ausstaffiert und leer.

Ihre beiden Brüder waren neun und elf Jahre älter.[6] Sie exerzierten der kleinen Schwester geradezu exemplarisch vor, welche Möglichkeiten begabte Knaben aus reichem Hause damals wohl hatten: Gymnasium, Universität, Weltreisen, eine Wissenschaftskarriere, eine Firmengründung.[7] Nichts davon war für Bertha vorhergesehen. Während ihre Jahrgangskameraden Kraus, Hofmannsthal und Schaukal ganz selbstverständlich aufs Gymnasium gingen, hatte sie sich mit der trüben Höheren-Töchter-Ausbildung zufriedenzugeben. Das erste private Mädchengymnasium in Wien wurde erst gegründet, als Bertha bereits achtzehn war. Die einzige Möglichkeit für Mädchen, Abitur zu machen, bestand darin, privat zu lernen und schließlich die Prüfung in allen Fächern als »Externe« an einem Knabengymnasium abzulegen. Das hätte mindestens Duldung, eigentlich Unterstützung des Elternhauses vorausgesetzt. Daran war nicht zu denken. Und im übrigen, wozu? Bestand eine Frau, und sei es auch mit Auszeichnung, die für Externe in der Regel noch strenger gehandhabte »Reife-Prüfung«, verweigerte man ihr automatisch die dazugehörige »Reifeklausel«. Reife, hatte Mann festgestellt, war Frauen »nicht wesensgemäß«.[8] So versperrte man den Frauen wirksam den Zugang zu den heimischen Universitäten. Der einzige Ausweg aus dieser Blockade wiederum war das Studium in Zürich. All das waren indiskutable Investitionen für die Eltern Diener. Nein, Bertha hatte als Mädchen eine möglichst gute Partie zu machen und auf einen Mann zu warten, der nach Erwartung der Eltern »ein Goethe, zugleich Vanderbilt, englischer Herzog und französischer Botschafter«[9] in einer Person sein sollte. Interessant in diesem Zusammenhang: Frauen konnten damals in Österreich zwar volljährig werden (mit vierundzwanzig Jahren), aber niemals mündig. Als Unverheiratete unterstanden sie zeitlebens einem männlichen Familienoberhaupt. Als Ehefrau ihrem Gatten.

Von Kind an rebellierte Bertha eher introvertiert gegen das strenge, kulturfeindliche Patriarchat im Elternhaus. Korsette kann man auf zwei Arten loswerden: Entweder wirft man sie (dem

Beispiel der beherzten Rosa Mayreder folgend) ganz fort und wendet die Sache ins Politische, oder man hungert sich selbstzerstörerisch heraus. Bertha kasteite sich mit Stil. Sie goß den Inhalt ihres Goldfischglases in die eingezogene Bauchmulde. Schwammen die Fische darin herum, ohne anzustoßen, war ihre Schlankheit vollkommen. Nun konnte sie ihrerseits den Zeigefinger heben und ihren Zuchtmeistern Laxheit vorwerfen, Unvollkommenheit aus Schwäche.

Lebten ihre Eltern in ängstlicher gesellschaftlicher Anpassung, entschied sie sich für wilde Überanpassung. Sie praktizierte ein trotziges Noch-Bessermachen, eine Übererfüllung aller Normen, huldigte einem unmenschlichen, wenn auch scheinbar freiwillig gewählten Perfektionismus, um die eine oder andere Vergünstigung dann »verdient« zu haben. Zum Beispiel Reitstunden, oder Lateinunterricht. Berthas Weg zur Emanzipation geriet auf diese Weise zur Springprozession. Perfektionierung als Vorleistung, trotzdem immer wieder Versagung ohne Begründung.

Sie befand sich in der klassischen Ausgangssituation des Patriarchats. Mit ihrer Intelligenz und ihrem starken Willen fühlte sie sich dem Vater ebenbürtig, der schwachen Mutter weit überlegen. Sie würde also beweisen, daß sie genauso gut war wie ein Mann, und eigentlich besser. Immer wieder stieß sie dabei schmerzhaft an das Urmißverständnis. Niemand *wollte,* daß sie genauso gut war wie ein Mann. Oder überhaupt wie ein Mann. Ihr Schlankheitswahn (war es Magersucht? Bertha war von Natur aus sehr lang und sehr dünn) wurde von ihrer Umwelt als das interpretiert, was er auch war: Ablehnung der Weiblichkeit, Protest gegen Nicht-Gleichberechtigung. Weil der politische Sinn Bertha völlig abging, verfolgte sie strebend, hungernd und Höchstleistungen vollbringend den Weg einer einsamen Unpolitischen, und es grenzt an ein Wunder, daß sie mit ihrem glasharten, spröden Naturell bei diesem Wahnsinnsprogramm nicht wirklich wahnsinnig wurde. Man kann sagen, daß der Wahnsinn sie in unheimlicher Weise nur streifte. Das Schlimmste bewältigte sie schreibend. Paradoxerweise wurde sie durch das Chaos des Ersten Weltkriegs und den Verlust ihres eigenen Vermögens aus ihrer quälenden Abhängigkeit erlöst.

Ihr Ideal war, neben Europas schmalster Wespentaille (die sie bald besaß), ein Charakterzug, den sie nicht besaß: Sie wäre so gern »weich, sonnig und höflich«[10] gewesen. Statt dessen war sie scharf, kritisch und unbarmherzig, kompromißlos, undiplomatisch, narzißtisch. Sie war langbeinig, hochgewachsen, blond und eckig. Sehr früh muß ihr der jüngste Gralsritter Galahad imponiert haben, der einzige in der Tafelrunde ohne Fehl. Sie züchtete sich zu strenger Tadellosigkeit empor. Man hielt sie für schrecklich affektiert. Ihre intellektuelle Eigenständigkeit suchte in anderen Menschen immer das Besondere, das Unangepaßte. Selten genug fand sie es, und wenn, dann jedesmal unter dramatischen Begleitumständen.

»Es war nach dem Trauerjahr«, schrieb sie im kitschig-pathetischen Stil ihres ersten Romans, »bei einer großen Teegesellschaft. Da trat ein Mensch zur Tür hinein. Ging pfeilrecht mit nachtwandlerischem Lächeln auf Sibyl zu und blieb vor ihr stehen. Er war jung, gradhaarig, schmächtig, doch von der verdrechselten Knorrigkeit van Eyckscher Engel. Aus der Haut einer Hostie sahen Augen des Illuminaten. Das Zahnbein war schlecht. Der Anzug unauffällig korrekt.«[11]

Gabriel Gruner nannte sie den jungen Mann im Roman.

»Sie sprachen durch Stunden. Die Leute ringsrum zogen am Rand ihrer Sinne in einem ganz anderen Medium dahin, wie in den Wasserwürfeln der Aquarien bewegter Schleim zieht. Er machte sie spüren, sie sei behütet, irgendwie auserkoren, von geistigen Führern erwartet. Worte wie Sterne fielen auf sie nieder, von herber dunkler Glorie. Sie fing ein jegliches mit dem Herzen auf, denn ihr Hunger nach Seele war sehr groß.«[12]

Es ist leicht zu sehen, warum Gabriel Gruner alias Friedrich Eckstein, damals fünfunddreißig (Bertha war gerade zweiundzwanzig) den Eltern *kein* willkommener Schwiegersohn schien. Seine Fabrik (Spezialpergamentpapier) warf zu wenig ab. Er kam aus jüdischer Familie. Sein Vater, der verstorbene Fabrikant, war, zusammen mit seiner starken emanzipierten Frau, Frühsozialist gewesen und hatte seinen Arbeitern freiwillig Arbeitszeitverkürzung und eine Krankenkasse beschert. Fritz Eckstein hatte sieben jüngere Geschwister, darunter zwei Frauenrechtlerinnen und einen Sozialdemokraten. Er war ein Schwärmgeist, Gelehrter und Bohemien – das Gegenteil von Berthas Vater. Er steckte all sein Geld in Bücher, Handschriften und mittellose Komponisten, etwa in Anton Bruckner und Hugo Wolf. Er war Anarchist, trug sommers wie winters Leinenanzüge, aß kein Fleisch, war erklärter Gegner der Vivisektion. Seine Leidenschaft galt den Grenzwissenschaften. Er war unangepaßt, tat, sagte und glaubte, was er für richtig hielt. Einem Mann sah man ja vieles nach, aber mußte es für Bertha ausgerechnet dieser bargeldlose jüdische Buddhist sein?[13]

Es kam zum Konflikt. Vater Diener war gegen die Verbindung, schrie, tobte, öffnete ihre Briefe. Bertha blieben die Hände bis zu ihrer Volljährigkeit gebunden. Wäre sie ausgerückt, um heimlich zu heiraten, hätte ihr Vater sie mit Polizeigewalt zurückholen und Eckstein wegen Entführung vor Gericht stellen können. Es war ihm zuzutrauen. Also beschloß sie zu warten und zu schweigen – »zwei Jahre wechselten Vater und Tochter kein Wort«,[14] ein unangenehmer häuslicher Zustand. Endlich, zwei Wochen nach ihrem vierundzwanzigsten Geburtstag, trat sie mit Friedrich Eckstein in den heiligen Stand der Ehe.[15] Juristisch gesehen wechselte sie nur ihren Vormund – aus eigenem Entschluß, da volljährig. Lebensgeschichtlich gesehen vertauschte sie eine alte Abhängigkeit mit einer besseren neuen. Gesellschaftlich betrachtet blieb sie durchaus bei ihrer Strategie der Normerfüllung: mochten die Eltern auch zetern über Wie und Wen, im Grunde hatte sie sich doch ganz bürgerlich verheiratet.

Zweifellos liebte sie Eckstein auf ihre Weise. Er war genau der Ausnahmemensch, den sie ersehnt hatte. In einem Milieu absoluter Kulturlosigkeit (sie fand dafür die Bezeichnung »seichter Aufklaricht«) ragte er herein »wie ein Magnetberg».[16] Er war kauzig, aber kein Despot. Er war fast ein Universalgelehrter, auf seinen Spezialgebieten außerordentlich beschlagen. Gegen den Materialismus des ausgehenden 19. Jahrhunderts setzte er einen fast altmodisch wirkenden Humanismus und eine geradezu antiquierte Naturphilosophie. Dazu kam seine rührende Religionssammelwut. Bertha war in ein wunderliches und etwas angestaubtes Geistreich gefallen. Aber sie lernte in Ecksteins Bibliothek Quellen lesen und interpretieren, seltene Texte finden, Zusammenhänge konstruieren, lernte Zeitströmungen und Menschen kennen – den Sinn fürs Entlegene hatte sie selbst in die Ehe mitgebracht. Daß Bertha sich die engen Beziehungen ihres Mannes zu Feministinnen und Sozialistinnen wie Therese Eckstein-Schlesinger, Rosa Mayreder, Marie Lang und Auguste Fickert so wenig zu eigen machte, mag paradoxerweise damit zusammenhängen, daß sie es bei einem so aufgeschlossenen Mann wie Eckstein scheinbar nicht nötig hatte, aber auch damit, daß alles Politische dieser elitären Individualistin bis zum Unverständnis fremd blieb.

Was ihr dagegen sofort auffiel, war die Bargeldlosigkeit ihres jungen Haushalts. Gläubigern ging man irgendwie aus dem Wege. Eckstein hatte sich seiner Fabrik entledigt und für sich und Bertha ein hübsches Schlößchen in Baden bei Wien gemietet. Man lebte im Grünen. Bertha wurde schwanger und huldigte ihrem Schlankheitswahn, indem sie immer genau soviel abnahm, wie »die Frucht schwoll«.[17] Ein Gralsritter und schwanger? Man sollte die Schwangerschaft dann wenigstens nicht sehen. »Sie sog die feinen, harten Sehnen straff ein, ohne Erlahmen, von Willen übergossen.«[18] Mit ihrem Kasteiungsprogramm tat sie in ihren Augen nicht etwas Gewaltsam-Überspanntes, sondern im Gegenteil das einzig Richtige. Trächtige edle Tiere wurden doch auch nicht fett, argumentierte sie. Sie trieb weiter begeistert Sport, und »die noble Mulde füllte sich nur eben aus. Ein planer Spiegel«.[19] Zwei Monate vor der Entbindung erwähnte Friedrichs Schwester Therese Eckstein brieflich eine »schwere Erkrankung« Berthas und die anschließende Besserung.[20] Die Geburt wurde ein Kaiserschnitt. »Wie Fritz erst dieser Tage berichtet hat, hat Schauta an ihr den Kaiserschnitt gemacht und sie war durch 6 Tage in äußerster Lebensgefahr. Hoffentlich bewährt sich ihre zähe Natur weiter und sie erholt sich rasch.«[21]

Bertha nannte ihren ersten Sohn Percy – offenbar nach Perceval, dem Taldurchdringer. Denn dort, wo bei anderen sich etwas wölbte, war bei ihr ja nur Tal, diese »mondweiße Mulde zwischen Barsoi-Flanken«.[22] Den Kaiserschnitt verwandelte sie in ihrem autobiographischen Roman bezeichnenderweise in einen »Wirbel von Wehen«, der »das Ausgetragene springlebendig austrieb«.[23] Sie ertrug es schlecht, daß sie, schon um ihren Wahn zu rechtfertigen, nicht auch perfekt und wie eine Weltmeisterin geboren hatte.

In dem Maße, wie Bertha feststellte, daß ihre eigene Geistesart sich doch nicht mit Ecksteins Geisterreich deckte, kamen Brüche in die Ehe. Ihr Ehrgeiz war bedeutend weltlicher, pragmatischer, ihr Hang zu Geld und Luxus ziemlich stark. Van Eycks Engel hatte sie zu geistigen Freuden geführt, aber sinnlich befriedigt hatte er sie nicht.

Ein Jahr nach Percys Geburt traf sie, in einer Villa des Wiener Cottage-Viertels, auf einen Weltprinzen, bei einem *Jour*.

»In der Bibliothek staute es sich heute interessiert, alle horchten, einer sprach: ein dunkler großgewellter Greifenkopf auf eher kleinem, überaus wohl gebautem Körper. Warmes Wogen ging in die

Luft über von diesem Haar, durch das ein weißer Strähn, wie der Montmorencys silberte. Die Augen, gleich braunen Beeren, von denen die eine größer war, spannten sich in ewig wacher Vitalität.«[24]

Hier hatte sie gleich ein Namenswortspiel in den Roman verwoben. Der Weltprinz war der vierunddreißigjährige Bankierssohn Theodor *Beer,* ein Lebemann mit Skalpell, Doktor der Medizin, Vivisektor am Fisch-, Vogel- und Reptilienauge, einziger Millionärssohn und Salonliebling, Schwerenöter und Hobbyfotograf. Das andere Extrem also. Das genaue Gegenteil wiederum von Friedrich Eckstein. Beer war jung, dynamisch, ungeduldig, egozentrisch, arrogant. Ein erschreckend diesseitiger kleiner Despot, dämonisch agil, für Bertha von erotischem Fluidum übergossen. Den schicksalhaften Augen-Blick beschrieb sie folgendermaßen:

»Einen Augenblick standen er und sie, von Augen umklammert an den zwei Enden eines leeren Luftstrahles. Man sah sein Herz im Halse. Dann war es, als nehme er seine ganze magnetische Vergangenheit zusammen, würfe sie über die Frau. Sie stand, mit seinem Fluidum übergossen. Es flutete an ihr hinauf, drang, zurückgewiesen, nicht ein, rann ab. Er senkte die mächtigen braunen Augen wie bestürzt, dozierte weiter, ignorierte sie. Zog später Gabriel sehr höflich ins Gespräch, verneigte sich nur stumm vor ihr. Ließ alle Übrigen, lud das Paar zu sich in den ersten Stock, zeigte seine naturwissenschaftlichen Sammlungen, seine Bilder, das photographische Atelier. Bat kommen, Aufnahmen machen zu dürfen [...]«[25]

Bertha dämonisiert hier den abschätzenden Verführerblick. Die weitere Entwicklung war fatal. Zwischen Beer und ihr entspann sich eine kalt funkelnde narzißtische Liebes- und Haßgeschichte, die sich volle elf Jahre hinzog und mit Berthas moralischer und physischer Beinahe-Zerstörung endete.

»Nach korrekter Pause machte er seinen Gegenbesuch auf dem Lande, machte Meisteraufnahmen [...] Schickte Separata seiner Arbeiten, zeigte Menschen-, besonders Frauenmißachtung [...]«[26] – eben der typische *homme fatal* oder Damenmann. Bertha fühlte sich allerdings in ihrer Ehe ziemlich sicher, jener »magischen Starre eines geschlossenen Systems«[27] – nicht ahnend, wie labil gerade geschlossene Systeme sind. Und dann – war Beer nicht Vivisektor? Etwas ganz Verworfenes, ein Unberührbarer? Ihr »Sinnenprinz«, der sie erotisch so anzog, war ein Vertreter jenes gefühlskalten lebensvernichtenden Patriarchats, der für sie eigentlich nicht in Frage kam. Sie fingen praktisch sofort an zu streiten.

»›Heil aus gemarterten Tieren muß letzten Endes Unheil sein. Ihr Vivisektoren vergeßt, daß Äskulap der Sohn Apollons ist.‹ – Er widersprach, hochfahrend, gereizt [...] Wer rede vom ›Heilen‹, das interessiere ihn nicht, aber ohne Sinnesphysiologie gebe es kein Verständnis der tiefsten Dinge. Dazu sei die Vivisektion eine praktisch unentbehrliche Technik, genau wie die chemische Analyse [...] Laienhafte Sentimentalität wirke lächerlich. Nie hätten es Tiere in der Natur so gut, gingen so human zugrunde, würden so behandelt und gepflegt wie Versuchsexemplare vor und zwischen den Experimenten. Sie möge sich persönlich überzeugen, wie die Tiere an ihm hingen. Er pfiff. Aus dem Pavillon brach Freudengewinsel. Ein verbundener Köter kam herausgekrochen, leckte seine Hände [...]«[28]

Theodor Beer, acht Jahre älter als Bertha, hatte sich nach seinem medizinischen Examen zwei Jahre lang auf den Augenfacharzt vorbereitet, als er sein Desinteresse am Heilen und seine Liebe zur Forschung entdeckte. Seither experimentierte er am lebenden Vogel-, Fisch- und Reptilienauge. Die Früchte seiner Arbeit schickte er Bertha in Form von Sonderdrucken ins Haus, darunter den langen Aufsatz über »Tierschmerzen und Vivisektion«.[29] Die Diskussion wurde damals sehr heftig und polemisch geführt. Friedrich Eckstein war ein entschiedener Vivisektionsgegner und hatte sich publizistisch für die andere Seite engagiert. Ein sonderbares Duell fand statt, mit geschwungenem Skalpell und Sonderdrucken. Eckstein argumentierte humanitär und naturphilosophisch, Beer wissenschaftlich-medizinisch. Ohne Vivisektion gebe es noch heute kein Wissen von Blut- und Lymphkreislauf, von Drüsensekretion, keinen Impfschutz, keine Antisepsis, keinen Augenspiegel etc. Zwischen diesen Extrempositionen gab es keine Verständigung.

Bertha war nicht zu beneiden. Ihr Verhältnis zur Kreatur und zum edlen Tier war zeit ihres Lebens außerordentlich affektiv, war Menschenersatz. Die Arbeit ihres Sinnesprinzen ekelte sie aufs äußerste an. Beer paßte gar nicht zu ihr, es sei denn, er ließe sich vollständig umerziehen. Man kann förmlich dabei zusehen, wie in ihrem Kopf der vertraute Gedanke entstand, auch hier durch Perfektion zu imponieren, also selbst irgendwann Medizin zu studieren, um ihn argumentativ zu besiegen. Herrschen! Den anderen so abhängig machen, daß er sich der notwendigen Charakteränderung nicht länger entzieht. Denselben Gedanken hatte Beer natürlich auch. Ein dreijähriger Eroberungskrieg brach aus. Beer erging sich in Huldigungen, Bertha übertrumpfte ihn mit Zurückweisungen.

»Durch Monate, über Länder und Meere kam es ›hochachtungsvoll‹ herbeigeströmt. Einmal auf Briefpapier der British Association, einmal mit dem Abdruck einer Gemme aus Syrakus. Dann wieder eine Anfrage, ob er ihr aus Paris etwas besorgen könne. Sie antwortete gar nicht.«[30]

Und lehnte auch die Widmung auf dem Titelblatt einer Beerschen Studie ab.[31] Längst waren seine Briefe aber zur anregenden Droge geworden. Noch aus dem Papierkorb sahen sie ihr angenehm in die Augen, »hartnäckig durch Wohlgestalt«.[32] Seitenlang zitierte Bertha in ihrem Roman aus diesen »perfiden, verbotenen, ersehnten Briefen«.[33] Beer war Experte in Sachen Narzißmus. Seine Technik der Huldigung war auf Bertha zugeschnitten. Er pries sie nämlich als die *fast* vollkommene Frau, mit nur noch ganz kleinen Fehlern. »Wo andere mich hundertmal verletzt hätten – ich meine natürlich sich selbst verletzend, ihr eigenes Bild trübend – haben Sie mich nicht mehr als vielleicht zweimal verletzt. Ich hätte das gar nicht für möglich gehalten.«[34] Welch ein Ansporn!

Dann kam, auf einer Schiffsreise geschrieben, ein »viele hundert Seiten« langer Brief. »Wollen Sie meine Frau werden?« fragte Beer die verheiratete Bertha. Er habe diese Frage noch keiner gestellt. Er wolle Kinder von ihr. Die Zukunft malte er als ewigwährendes goldenes Fest.[35] Da erst – schrieb Bertha in einem späteren Brief an ihren Sohn – sprang der Funke richtig über, und die seit langem unterminierte Festung flog in die Luft.[36]

Was für sie aussah wie Sieg auf der ganzen Linie, war der Anfang vom Untergang. Zum weltanschaulichen Konflikt kam nun der herzzerreißende zwischen Menschen. Bertha hatte ihre Ehe »noch nicht ausgeliebt und ausgeglaubt.«[37] An Scheidung von Eckstein, an Trennung von Percy zu denken war fürchterlich. Andrerseits fiel sie jede Nacht in eine »Fieberkurve der Sehnsucht«.[38] Beer wollte keine Zeit verlieren, bestand auf sofortiger Trennung mit anschließender Scheidung. Bertha und Friedrich Eckstein waren protestantisch getraut, eine Scheidung war möglich. Der Gedanke an Beer zerrte an ihr »mit dunkel saugenden Strahlen«.[39]

Was wußte sie eigentlich von ihrem Anbeter, der, wenn er nicht vivisezierte, ständig herumreiste? Eigentlich eine ganze Menge.

Beer war eine begehrte Partie. Eltern warfen ihm ihre Töchter förmlich hinterher. Im Stil einer Gaunerkomödie hatte er seine Haushälterin, als sie von ihm ein Kind erwartete, mit einer netten Mitgift an einen armen adligen Beamten verheiratet. Nun bewegte sich diese Dame als eine »Edle von« ganz ungeniert in der guten Wiener Gesellschaft, meist als Beers Postillion d'Amour.[40] Er schickte sie auch Bertha ins Haus, aber er hatte noch mehrere Eisen im Feuer. Ein Vierteljahr ungefähr ließ Beer sich von der unentschlossenen Bertha hinhalten, dann überreichte Dagmar Edle von Helmburg Bertha ein sonderbares Ultimatum: Beer gebe ihr eine letzte Entscheidungsfrist von drei Wochen. Danach werde er jemand anderen heiraten. Bertha erstarrte »zu Eis und Honig – wünschte viel Glück«.[41] Nun ließ er ausrichten, es sei dies nur eine »Zwischenheirat«[42], mit Rücksicht auf sie selbst, bis sie sich entschieden habe – aber das Mädchen, das Beer gefunden hatte, war zu jung, zu schön, zu reich und zu klug, um eine bloße Verlegenheitslösung darzustellen. Auf den Tag genau nach drei Wochen heiratete Beer im Juli 1903 die neunzehnjährige Laura Eißler, Tochter eines reichen Holzhändlers, fuhr mit ihr in seine Traumvilla am Genfer See (er hatte Bertha immer damit gelockt), und zurück blieb in hilfloser Verliebtheit Frau Eckstein mit einem beträchtlichen Stapel an Briefen.[43]

Und nun war Ruhe. Wenigstens äußerlich. Sie sprach mit ihrem Mann von Trennung, woraus dieser eine »Probetrennung«[44] machte, in der Hoffnung, sie werde zurückkehren. Dreißigjährig war Bertha zum ersten Mal in ihrem Leben frei, allein und für sich. Gierig stürzte sie sich auf die Wissenschaft. Sie hörte Vorlesungen bei »Kocher in Bern, bei van't Hoff in Berlin, hörte Bergson in Paris«.[45] Ein sehr bezeichnendes Programm, erwachsen aus ihrer Liebesgeschichte mit Beer, abzielend auf eine Zukunft mit Beer. Sie war ihm noch immer verfallen. Kocher war ein bedeutender Chirurg, der sich auf Drüsenoperation und Antisepsis spezialisiert hatte. Beer hatte ihn zehn Jahre zuvor selber in Bern gehört. Van't Hoff war ein führender moderner Chemiker (»*unentbehrlich wie die chemische Analyse*«, hatte Beer einmal gesagt), und bei Bergson hoffte sie wohl, etwas über einen anderen Zeitbegriff zu erfahren. Für Beer war Zeit immer nur gleich Tempo. Gab es nicht auch so etwas – wie Dauer?

Um 1905, als Berthas Wanderjahre begannen, löste Friedrich Eckstein den Badener Haushalt auf und richtete sich in einer

Wiener Stadtwohnung ein. Die beiden lebten getrennt, aber noch nicht geschieden. Bis 1908 verbrachten sie zum Beispiel die Sommerferien zusammen – vielleicht wegen Percy.[46] Bertha reiste nach England, Griechenland, Kreta, Ägypten – und schrieb. Da sie sich immer über »Vollkommenheit« definierte, waren auch ihre Reiseglossen stilistisch vollkommene Kunstwerke. Sie erschienen ab 1907 in der angesehenen Monatszeitschrift *März*, neben Texten von Thomas Mann, Peter Altenberg, Hermann Hesse, Christian Morgenstern und Gustav Meyrink. Einige, wie »Ägypten« oder »Zur Dämonologie des Haushalts«, bestachen durch ihren Witz und wurden bis heute immer wieder nachgedruckt.[47]

Von Beer hörte sie in dieser Zeit nichts. Dafür immer wieder über ihn. Drei Jahre nach seiner Hochzeit kam ein Paket mit seiner Schrift. Darin wurde ihr ihr Hochzeitsgeschenk für Laura Eißler-Beer zurückgegeben. Warum? Stimmte das Gerücht also, Beers junge Frau sei tot, habe sich umgebracht? Er selber sei das Opfer von Erpressungen?

Drei weitere Jahre vergingen. Bertha reiste und schrieb. »Der Vorfrühling ihrer Glieder blieb fixiert«[48] – für wen? Ende Februar 1909 rief ein Telegramm sie kurz vor ihrem fünfunddreißigsten Geburtstag nach Hause. Ihr Vater war gestorben. Ende Mai starb auch die Mutter.[49] Beer kondolierte und schickte Dagmar Edle von Helmburg. Ein Besuch am Genfer See wurde vereinbart. Waren beide noch dieselben wie sechs Jahre zuvor?

Beer hatte einen wüsten Justizalptraum hinter sich, ausgelöst durch seine Hochzeit im Jahr 1903. Kaum war er mit Laura Eißler an den Genfer See entschwunden – Adolf Loos folgte ihnen, um den Bau einer zweiten Villa am Seeufer zu leiten – machten in Wien zwei Familienväter (sie waren beide Rechtsanwälte) die Entdekkung, daß Beer die ganze Zeit über nicht nur in ihrem Haus verkehrt hatte, ohne eine der Töchter zu heiraten, sondern auch noch anderweitig tätig gewesen war: Er hatte die halbwüchsigen Söhne beim Fotografieren angeblich unsittlich berührt. Der erste Punkt war ein Pech, das man nicht einklagen konnte. Aus dem zweiten dagegen ließ sich ein schönes Delikt konstruieren.

Nach einigen privaten Erpressungsversuchen, auf die Beer nicht reagierte – Wiedergutmachung wofür? – erstatteten die Väter Anzeige. Vielleicht wäre nicht viel passiert, wenn Beer sofort eine Gegenklage wegen Erpressung und Verleumdung eingereicht hätte. Er hatte praktisch die gesamte Wiener High Society in

»künstlerischer Pose« mehr oder weniger halbnackt oder kostümiert abgelichtet, ohne daß es zu Klagen gekommen war. Aber Beer blieb im Ausland, kümmerte sich um nichts und wurde von einem Cousin, einem unerfahrenen Winkeladvokaten, schlecht beraten. Der malte ihm die Greuel der Wiener Justiz in düsteren Farben aus und unterschlug gleich einen wichtigen Vernehmungstermin. Als Beer deshalb per Haftbefehl gesucht wurde, riet er ihm zur Flucht nach Amerika, das an Österreich nicht auslieferte.

Ein ganzes Jahr lang hielt Beer es in Amerika aus, abgeschnitten von seiner Frau, die den Fortgang der Bauarbeiten am Genfer See überwachte, von den Freunden, Verwandten, den Versuchstieren und vor allem seinem Lieblingsspielzeug, der Villa Karma. Im Sommer 1905 kehrte er zurück und stellte sich den Behörden in Wien.

Es kam, wie es kommen mußte. Eine neiderfüllte, sensationsgierige Gesellschaft machte einem Lebensstil den Prozeß, der extravagant, selbstherrlich und provokant war. Der Prozeß Beer beschäftigte die Zeitgenossen stark. In Wien herrschte damals bei politischen und Sittlichkeitsdelikten eine autoritär-sadistische Rechtsprechung, die Karl Kraus von Fall zu Fall entlarvte und anprangerte. Begleitet wurde sie jedesmal von publizistischen Schmutzkampagnen gewaltigen Ausmaßes. Der Winkeladvokat hatte insofern nicht übertrieben, nur die falsche Taktik empfohlen. Trotz widriger Begleitumstände kam Beer mit einem blauen Auge davon. Der Vorwurf der Anklage war so dürftig und so unglaubhaft, daß mit größter Mühe nur ein Vierteljahr Gefängnis dabei herausschaute. Dies reichte allerdings aus, um Beer um Doktortitel, Professorentitel und Venia legendi zu bringen, falls das Urteil bestätigt werden sollte. Beer legte sofort Revision ein, stellte eine hohe Kaution und besuchte mit Laura am Abend ein Cabaret, um auf seine Art Haltung zu bewahren.[50]

Dann trieb die Causa auf eine Katastrophe zu. Laura Beer, eine dunkle Schönheit, Mathematik- und Physikstudentin, hatte sich mit der Heftigkeit der Jugend für ihren Mann eingesetzt, unter anderem einen der Familienväter auf der Straße mit der Reitpeitsche attackiert und ihn der Lüge geziehen. Als die Revision Ende März 1906 endgültig abgelehnt wurde, Beer also seine drei Monate absitzen mußte, seine Titel verlor und in den Augen der Welt weiterhin als »schuldig« galt, erschoß sie sich am selben Tag im Keller der Villa Karma.[51]

War dies ein Selbstmord aus gekränkter Ehre? Aus wildem gesellschaftlichen Ohnmachtsgefühl, das sich bei Damen *und* Herren der Wiener Gesellschaft um die Jahrhundertwende so häufig äußerte? Oder Beers übermächtiger Einfluß? Familiäre Depressionen? Der Fall wird nicht einfacher, wenn man erfährt, daß auch Lauras ältere Schwester sich zwei Jahre zuvor in der Villa Karma umgebracht hatte. Sie war dem Paar kurz nach der Hochzeit »im besten Einvernehmen« an den Genfer See gefolgt und hatte dort angeblich feststellen müssen, daß »das Glück ihrer Schwester ihr Unglück war«.[52]

Peter Altenberg und Karl Kraus schrieben Nachrufe auf Laura Beer. Arthur Schnitzler zerbrach sich den Kopf über »Beers Weiberglück«, das eigentlich ein Unglück war. Bertha machte seinen »dämonischen Charme« dafür verantwortlich, den er »hatte oder haben konnte«, wobei sich »ein paradiesisches Wohlgefühl, mit nichts vergleichbar, in seiner Nähe« einstellte.[53] Am aufschlußreichsten ist der Brief, den Dagmar Edle von Helmburg am Tag von Lauras Selbstmord an Adolf Loos schrieb.

»Es gab für sie nur ein Glück: sich zu ihm hinaufzubilden, ihn durch ihre Schönheit zu erfreuen. Bei der liebevollsten Hingebung und Treue für den Professor, dessen ganz besonderen Wert sie mit einem sicheren Instinkt als junges Mädchen erkannte, war sie doch ohne eine Spur von Eifersucht; immer bemüht, ihn in seiner Freiheit, seiner Entwicklung ja nicht zu hemmen. Dazu war sie sportlich perfekt – Theodors Abwesenheit in Amerika benützte sie ebenso wol, Reiten als Anatomie zu lernen; immer von dem Gedanken getragen, ihm etwas Liebes zu leisten!«[54]

Das hochbegabte Mädchen hatte sich freiwillig einem Regime unterworfen, an dessen Ende Vollkommenheit stehen sollte, in Wirklichkeit aber der Tod. Beer, der vivisezierende Blaubart, war eine Art Bruchstückmensch.[55] Maßlos hochfahrend, verwöhnt, anspruchsvoll, Abhängigen gegenüber in seiner Kritik äußerst verletzend, eitel, launisch, tyrannisch. Berthas Charakter war dem seinen übrigens nicht so unähnlich. War *sie* von ihm noch abhängig? Oder schon wieder?

Als sie sich entschloß, im Frühjahr 1909 die Beziehung wieder aufzunehmen, war Beers Vater, der Bankier, aus Kummer über die Affäre längst gestorben,[56] und Dagmars Scheinmann Edler von Helmburg hatte sich bei dieser Gelegenheit wieder scheiden lassen. Dagmar war daraufhin mit ihrem und Beers Sohn endgültig an den Genfer See übersiedelt.[57]

Den Auftakt bildeten die üblichen großen Gesten. Beer radelte neben dem Zug her und warf Blumen in Berthas Abteil. Endlich saß man abends in »tiefen Stühlen unterm Mond«[58] auf der Terrasse seines Landhauses.

»Ruhe gab's nicht bei ihm. Zirkus im Hirn war angesagt. Im roten Frack festlicher Hatz stand er: Kenner, Liebhaber, Käufer, Dompteur, Publikum: alles in Einem [...] Seine stolze Wut nach Probe ihres Wissens war ohne Maß. Nichts von Literatur, Kunst, Musik: dem Weiberschwatz. Er preßte sie ins Letzte, Ernsteste vor, drehte dann zäh wieder zurück ins Detail, verlangte einen Griff voll Fachwissen hier, einen dort [...]«[59]

Dank Kocher und van't Hoff ging Bertha besser in den Ring als ehedem. Sonst hatte sich nichts verändert. Die beiden mißtrauten einander noch immer zutiefst. Theodor fand, Bertha habe ihn damals hingehalten und betrogen. Bertha fand, Theodor habe sie damals unter Druck gesetzt und düpiert. Das Gespräch wurde nicht erfreulicher, als es auf persönliche Dinge kam. Einmal war Bertha drauf und dran, tief gekränkt die Koffer zu packen, ließ sich aber zurückhalten. Beer teilte abwechselnd tödliche Kränkungen und maßlose Komplimente aus. Eine unheimliche Erfolgsmischung. Schließlich siegte die körperliche Sehnsucht. Die beiden sanken sich in die Arme und küßten sich »sechzehn Stunden lang«,[60] wobei sie den Ehebruch vermieden. Ein zur Unzeit gezeugtes Kind hätte die Scheidung kompliziert. Nein, die »erste Vereinigung«[61] jener Menschen, die eigentlich dazu geschaffen waren, einander zu verachten und zu mißbilligen, sich aber erotisch und aus Gründen der Eigenliebe so stark anzogen, sollte gleich ein Kind erschaffen – ein kleines Ausnahmewesen natürlich, etwas ganz Vollkommenes. Bertha fuhr nach Wien und betrieb die Scheidung.

Die Akte Eckstein gegen Eckstein gehört zu den Brandakten des Wiener Justizpalastes. Sie ist noch vorhanden, aber verkohlt und somit unberührbar. Vielleicht wird sie in Zukunft nach komplizierter Einschweißtechnik wieder lesbar sein, vorläufig sind wir auf den Registerband und auf Berthas eigene Angaben angewiesen. Die Scheidung wurde am 29. Juli 1909 eingereicht, am 18. Oktober verkündet und im November 1909 rechtskräftig, ging also, nach jahrelanger Trennung, sehr schnell.[62] Der zehnjährige Percy war beim Vater aufgewachsen und wurde ihm zugesprochen, das Besuchsrecht für Bertha großzügig gehandhabt. Bis auf eine Klausel: Sie durfte ihr Kind nur sehen, solange ihr Lebenswandel *einwandfrei* blieb.

Weiter waren folgende gesetzliche Bedingungen an die Scheidung geknüpft: Drei Monate nach Rechtskraft durfte sie ein neues Kind empfangen, das dann nicht mehr der alten Ehe angehörte. Aber erst sechs Monate danach durfte sie sich wieder verheiraten. Diese Bedingungen, vor allem aber die Klausel wurden Bertha zur Falle.[63]

Theodor Beer hatte beim Tod seines Vaters die hübsche Summe von 1,3 Millionen Kronen geerbt.[64] Er steckte das Geld in seine Parkgrundstücke bei Clarens. Im oberen Park stand ein schönes altes Landhaus, Villa Sangata. Im unteren Park am Ufer des Genfer Sees hatte Adolf Loos von 1903 bis 1906 begonnen, ein zweites Landhaus, Villa Karma, zu einer luxuriösen Traumvilla umzubauen. Hugo Ehrlich führte die Arbeiten von 1908 bis 1912 zu Ende. Dieser stilistisch einwandfreie ultimative Traumbau aus Marmor, Mahagoni und Glas beherbergte ein halbes Dutzend Bäder, eine Schwimmhalle, einen Gymnastikraum, eine Sternwarte, ein Labor, unzählige Gästezimmer, Bibliotheks-, Speise-, Billard- und sonstige Säle, Loggien, Veranden, Pergolen – ein wahrer Palast. Bertha konnte ihn bei ihren Besuchen bewundern und sich darauf freuen, daß dies bald »ihr Heim«[65] sein würde – Schloß Nr. drei. *Ihr* Vater Carl Diener hatte seinen drei Kindern nur je 250 000 Kronen hinterlassen, angelegt in Wertpapieren und Mietshäusern.[66] Für bescheidene Lebensführung hätte die Rendite ausgereicht – aber Bertha konnte sich Bescheidenheit jetzt nicht mehr leisten – nicht mit Theodor Beer.

»Sie bot ihm jenes letzte Zusammenspiel der Tadellosigkeit, das nur um ein Vermögen bei den ganz großen Couturiers erreichbar ist. Fuhr manchmal eigens über den Kanal um ein *tea gown,* einen Hut. Schade, daß ihre Mittel nicht so unbegrenzt.«[67]

Als sie ein einziges Mal sparen wollte und an die hochgezogenen Schnäbel von Designerschuhen aus rotem Leder die dazu passenden schwarzen Perlen *nicht* hängte, gab es gleich eine Rüge. Man traf sich in Paris, Venedig und Rom, um die Zeit bis zur Rechtskraft der Scheidung zu verkürzen. Ein mühsamer Drei-Stufen-Plan lag vor Bertha. Unmittelbar nach Rechtskraft, also ab Dezember 1909, konnte sie schon mal als Gast in Beers Landhaus ziehen, die Scheidung war dadurch nicht mehr gefährdet. Dies durfte aber (*einwandfreier Lebenswandel*) keiner erfahren, sonst nahm man ihr womöglich Percy weg. Drei Monate später, im März 1910, konnte unter Wahrung äußerster Diskretion das neue

Kind gezeugt werden, vorausgesetzt, daß man weitere drei Monate später auch wirklich heiratete. Erst dann war der juristische Alptraum ausgestanden. Anschaulich schildert Bertha die Qualen, die im Winter 1909/1910 für sie aus dieser Rechtslage und aus der permanenten sexuellen Frustration erwuchsen. Beer war bedeutend weniger gequält. Er mußte nicht um ein Besuchsrecht bangen und ging einfach »aus ihren Armen zu Gleichgültigen«.[68]

Im Dezember 1909 war Bertha tatsächlich zu Beer nach Clarens übersiedelt. Im Januar 1910 schickte Adolf Loos ihr einen jungen Wiener Maler vorbei, den er in die Schweiz geholt hatte, um ihm Porträtaufträge zu verschaffen. Der vierundzwanzigjährige mittellose junge Mann namens Kokoschka arbeitete zunächst in Leysin, wo Loos' Lebensgefährtin Bessie zur Kur war, dann im nahe gelegenen Yvorne, wo er den Gelehrten August Forel porträtierte. (Forel lehnte das später berühmte Porträt allerdings ab).[69] Danach sollte er das Bild einer Frau in Clarens malen, die man dadurch von ihrem Kummer ein wenig »abzulenken« hoffte – man hatte sie ihm als Gattin eines »Wiener Gelehrten« vorgestellt. Kokoschka nahm natürlich an, in Beers Haus handle es sich um eine »Frau Dr. Beer«.[70] Wahrscheinlich hatte man ihm den Namen »Eckstein« bewußt verschwiegen. Theodor Beer war in der fraglichen Zeit nicht da, war verreist. In seinen Lebenserinnerungen beschrieb Kokoschka, was er damals in der verschneiten Villa vorfand – ein arg gehetztes Wild. Er begriff zwar nicht recht, warum, man hatte ihn über die verworrenen Umstände nur lückenhaft informiert, aber was er sah, war dieses:

»Kleinmut und die Angst, daß das Gericht ihr Kind dem Ehemann zusprechen sollte, ließen sie wie ein gehetztes Tier sich in ihrem Dasein nicht mehr auskennen. Sie hatte schlaflose Nächte und erschien einmal in meinem Zimmer in einem leichten weißen Gewand in einer Verfassung der Niobe, der man ihr Junges wegnehmen wollte.«[71]

Genau diesen irren Zustand malte er mit seinem Röntgenblick. Das Bild blieb unvollendet, denn eines Nachts kam es zum Eklat.

»Sie zwang mich, die Polizei anzurufen, und wollte sich in einer Raserei voll Dankbarkeit mir an den Hals werfen, wovon ich sie nur mit Mühe abhalten konnte. Ich erinnere mich nur, daß meine Hände mit Preußischblau verschmiert waren, weil ich noch an dem Bild arbeitete.«[72]

Sonderbarerweise seilte sich aber der junge Mann noch vor

Eintreffen der von ihm gerufenen Polizei an einem Bettuch aus der Villa ab, floh zum Bahnhof und fuhr wieder zu Bessie ins Sanatorium. Warum? Das schreibt er leider nicht. Nur: »Im Tumult im Hof in der Nacht, als die Polizei erschien, blieb meine Flucht unbemerkt.«[73]

Warum mußte eigentlich die Polizei gerufen werden? Bertha Eckstein lag ja gerade daran – soviel wissen wir – anonym zu bleiben. Wer bedrohte sie also ganz konkret zu dieser Stunde? Kokoschka war damals ein genialer, heftiger und gelegentlich gewalttätiger junger Mann, immer auf der Suche nach Liebe und Protektion von den Schönen und Reichen. Sollte man hier vielleicht nach der Methode des umgedrehten Vorwurfs lesen? Also: »*Ich* zwang sie indirekt, die Polizei anzurufen, denn *ich* wollte in einer Raserei voll Dankbarkeit mich *ihr* an den Hals werfen, wovon ich nur mit Mühe abgehalten werden konnte?« – An den Haaren herbeigezogen wäre dies nicht. Kokoschka gelang es zwei Jahre später, mit jener überfallartigen Umarmungstaktik eine andere schöne, einsame, wohlhabende Frau zu erobern: die frisch verwitwete Alma Mahler...[74]

Wie auch immer, Kokoschkas Flucht wäre damit plausibel erklärt (in der Hektik verlor er dabei sein letztes Geld, ein Goldstück seiner Mutter, so daß ihm mildtätige Passanten die Fahrkarte nach Leysin bezahlen mußten). Und hier das Nachspiel:

»An nächsten Tag erschien die Frau von der Villa Karma hoch zu Roß in Reitkleid und Federhut. Ich sah sie wohl, hielt mich aber versteckt. Sie verlangte gebieterisch, daß ich zu ihr zurückkehre (!) und hätte fast mit der Reitpeitsche dreingeschlagen, als Bessie Loos, obwohl sie offenbar mit der seelisch verstörten Frau Mitgefühl empfand, standhaft meine Anwesenheit leugnete. Bleich im Gesicht muß ich gewesen sein, und einen Druck im Magen habe ich wohl verspürt, als ich im Fenster die Mänade einsam auf der vereisten Serpentinenstraße hinuntergaloppieren sah, das Pferd noch zur Eile anpeitschend.«[75]

Clarens und Leysin sind zirka 25 Kilometer voneinander entfernt. Bertha war eine exzellente Reiterin. Sie schmeichelte sich immer, daß man sie in dieser Beziehung mit Kaiserin Elisabeth von Österreich verglich. Aber hier hätte sie sich als Mutter und Amazone fast den Hals gebrochen. Das unvollendete Bild wurde 1962 vom Wiener Museum des 20. Jahrhunderts bei einer Auktion ersteigert und hängt heute im Museum moderner Kunst in Wien –

weil Kokoschka selbst dazu keine anderen Angaben machen konnte, unter den Titeln »Frauenporträt«, »Porträt einer Unbekannten«, »Porträt Frau Dr. Baer«.[76]

Alles wurde noch schlimmer. Der März kam, die sexuelle Erfüllung nahte. Es war aber keine. Denn alles geschah »manisch, brutal, nur einem Zweck zu. – Daß er mich nicht nachher noch an den Füßen aufhängt, wie die Tatarenkhane ihre Weiber, ist alles.«[77] Beer machte sich über Berthas Schwangerschaftsgefühle lustig. Was sie *fühle,* sei unerheblich, wichtig seien »erst die Herztöne«.[78] Auch gut. Sir Galahad fuhr mit Percy ins Gebirge. Sie »glitt auf Skiern ins Blaue, verschmachtet nach Freiheit und Bewegung«.[79]

Der Bruch war offenbar schon da, wenn auch noch verdeckt. Beer versuchte nun, Bertha an der Finanzierung der Villa Karma zu beteiligen. Bertha sah ihr Vermögen dahinschwinden und verhielt sich wieder hinhaltend, sagte nicht deutlich genug nein. »Dein Benehmen gegen mich verschlechtert sich rapid«, schrieb Beer ihr wütend.[80] Im Frühsommer präsentierte sie ihm ein ärztliches Attest – bitte sehr, die Herztöne. Beer revanchierte sich mit einem Ehevertrag. Ja, er würde sie heiraten, aber nur unter bestimmten Bedingungen. Berthas »Vermögen und ihr künftiges Kind verblieben auf alle Fälle ihm, während er das Recht haben sollte, sie jederzeit entschädigungslos auf die Straße zu werfen«. Eine »ungeheure Empörung« stieg in ihr auf. Sie stand auf, beschimpfte ihn als jüdischen Wucherer und verließ sein Haus. Er rief ihr nach, das kommende Kind sei ihm trotzdem sicher, sie sei ja eine gerichtsnotorische Rabenmutter.[81]

Das eigentliche Martyrium begann für Bertha jetzt. Sie fühlte sich in den Schmutz gezogen und hintergangen. Da hatte jemand sie erst »in den Salonwagen eingeladen«, um sie nachträglich »bei voller Fahrt in den Viehwaggon zu stoßen«.[82] Sie zog sich von allen Freunden und Bekannten zurück und reiste quer durch Europa. »Menschenscheu, ganz allein irrte sie von Stadt zu Stadt. Sprach durch Monate kaum ein Wort. Mied Seen, Brücken, Felsen [...]«[83] Als in einem Hotel nur noch ein Zimmer im vierten Stock frei war, fing sie an zu schreien. Haß hielt sie aufrecht. Sie wollte nicht wie Laura Eißler und deren Schwester und noch andere Damen an Theodor Beer sterben. Sie bezeichnete ihn als Bestie, Wucherer, Hyäne, Nigger. Mit Entsetzen nahm sie wahr, daß sich diese Haltung auch auf das ungeborene Kind übertrug. Erwog Selbstmord, Kindsmord. Sah sich in Anfällen von Klarheit als »arme Irre«.[84] Dann folgten wieder »Pausen bitterster Verliebtheit«.[85] Ihr zweiter Sohn Roger kam kurz vor Weihnachten 1910 in Berlin mit Kaiserschnitt zur Welt. Sie ließ es Beer sofort telegraphieren.

Daraufhin geschah nichts. Nach einiger Zeit kam Beer und ließ einen Brief abgeben. Bertha hielt ihn eine Zeitlang ungeöffnet in der Hand, alles schien gut. Aber der Brief (»Geehrte gnädige Frau«) enthielt nur die Forderung nach Übertragung der Vormundschaft über den Säugling. – Wieder empörte Enttäuschung: Man interessierte sich also nur mehr für das Produkt, nicht mehr für sie selbst. Bertha ließ Beer wegschicken.

Zwei Monate später hörte sie von ihrem Rechtsanwalt, Beer sei zu Verhandlungen bereit. Bertha fuhr nach Wien, den Säugling ließ sie bei der Amme in Berlin. Ein sonderbares Schauspiel begann: Zwei schwer Justizgeschädigte gaben sich bei ihren Anwälten ein Stelldichein. Bertha bestand jetzt auf einer Scheinehe mit anschließender sofortiger Trennung, Beer beharrte auf vorhergehender Übertragung der Vormundschaft. (Daß Bertha übrigens den Vater ihres Kindes nirgendwo angegeben hatte, rettete dem in Deutschland lebenden Roger später, als er den Ariernachweis erbringen mußte, das Leben.)[86]

Die Verhandlungen wurden ergebnislos abgebrochen, hatten aber eine halbe Versöhnung bewirkt. Ermuntert von Beers Rechtsanwälten, fuhr Bertha im März 1911 mit dem drei Monate alten Baby an den Genfer See, um Beer an seinem Geburtstag damit zu beglücken. Wieder einmal wurde die Heirat verabredet. Bertha ließ das Kind mit seiner Amme bei Beer und fuhr zu Percy in die Schweiz – genau wie ein Jahr zuvor. Es war die Zeit im Jahr, in der sie zwei Wochen mit ihm verbringen konnte, Percys Osterferien.

Und wieder einmal trog die Ruhe. Was nun folgte, stimmt traurig. Kaum war Bertha in der Schweiz angekommen, erreichte sie ein Brief von Beer mit »unterschriftsfertigem Dokument«[87] – die Vormundschaft. Aber wieso? Hatten sie nicht die Heirat beschlossen, durch die er automatisch Vormund wurde? Bertha reagierte wieder einmal nicht, legte den Brief beiseite. Sie las Percy gerade aus dem Dschungelbuch vor, als ein Telegramm für sie kam: »Kind mit Amme unterwegs.«[88] Beer schickte also der Unbotmäßigen ihr Baby zurück – in ein Hotel, dessen Wiener Gäste nicht einmal ahnen durften, daß ein zweites Kind existierte. Auch Percy wußte davon nichts.

In äußerster Panik packte sie die Koffer und floh mit dem ersten Kind vor dem zweiten quer durch die Schweiz und Frankreich »bis an den Kanal hinauf«.[89] Dies war der endgültige Bruch. Der Machtkampf war zu Ende. Roger wuchs in Berlin bei Pflegeeltern auf, die ihn 1913 adoptierten, dem Zugriff Beers entzogen. Bertha hatte Mordgelüste. Sie träumte davon, Beer »und die ganze Brut« in Clarens zu erschießen, als Chauffeur verkleidet, die Taschen voller Revolver. Aber Beer, Dagmar Edle von Helmburg und der gemeinsame Sohn waren nach all diesen Strapazen auf Weltreise gegangen.[90]

Bertha zog nach München, zu Freunden im Umkreis der Pension Romana, und begann zu schreiben. »Im Palast des Minos« erschien 1913, ein archäologisches Reisebuch. Mit ihren Prentice-Mulford-Übersetzungen hatte sie Erfolg, der erste Band vom »Unfug des Sterbens« verkaufte sich auf Anhieb hunderttausendmal. 1913 begann sie die »Die Kegelschnitte Gottes« und schrieb sich in aggressivem, gefühlsbetontem, ebenso kitschigem wie polemischem Stil ihr Leben von der Seele. Das Thema von »Mütter und Amazonen« klingt bereits an: Die Utopie vom patriarchatsfreien Raum. Wie weit war man augenblicklich davon entfernt! Die despotischen Wesen, die man so »fieberhaft gern küßte, obwohl sie jähzornig schrien«, also ihr Vater und Theodor Beer, waren allzu lange die eigentlichen *Herren des Spiels*[91] gewesen, und sie kamen gar nicht gut weg. Der über fünfhundert Seiten starke Roman erschien 1920. Da war Beer schon ein Jahr tot. Er hatte im März 1916 Dagmar Edle von Helmburg geheiratet und war als einfacher Gefreiter fünfzigjährig zum Kriegsdienst eingezogen worden. Arthur Schnitzler und andere Bekannte setzten sich vergeblich für die Wiedererlangung seiner Titel ein. 1919 brachte er sich in einem Hotel in Luzern um. Die österreichische Inflation hatte sein Vermögen vernichtet, er konnte die Hypothekenzinsen nicht mehr bezahlen. Villa Karma wurde verkauft.[92]

Der Weltkrieg wurde auch für Bertha zu einer Zäsur. Er fraß den Rest ihres Vermögens und befreite sie endlich davon, stets jene auf Äußerlichkeit bedachte »grande élégante« und jenes kompromißlose hochempfindliche »Luxuswesen«[93] sein zu müssen, das »ganze Armaden« von Schiffen hinter sich verbrannte, ohne je etwas anderes damit zu erreichen als eigene Einsamkeit. In der zweiten Hälfte ihres Lebens konzentrierte sie sich voll auf ihre Arbeit. Diese Arbeit betrieb sie radikal. Selber dagegen wurde sie ihren eigenen Worten zufolge geradezu »unausstehlich conziliant«.[94] Zu ihren Söhnen hatte sie ein gutes Verhältnis, zu Percy Eckstein, dem Übersetzer, Romancier und literarischen Agenten sogar ein enges Arbeitsverhältnis. Sie reiste viel und lebte unabhängig, ohne Haushalt, in Hotels und Pensionen, ab 1920 hauptsächlich in der billigen Schweiz. »Mütter und Amazonen«, ihr Hauptwerk, erschien 1932 und fand begeisterte Leser unter der jüngeren Generation. Einer von ihnen, der österreichische Fotograf Lothar Rübelt (»Sir Galahad hat meine Jugend geprägt«), hatte das Glück, sie um Neujahr 1939 bei einem Schriftstellertreffen im österreichischen Grünau zu treffen. Er fotografierte die fast fünfundsechzigjährige Ski-Amazone bei halsbrecherischen Schußfahrten und im Tiefschnee. Sie war noch immer gertenschlank und fit.[95]

Gegen Ende ihres Lebens träumte sie noch einmal von einem Schloß. Sie hätte gerne irgendeine schöne alte Villa bei Rom gemietet, wohin ihr Sohn Percy aus Österreich emigriert war. Dazu kam es aber nicht mehr. Am 20. Februar 1948 starb sie mitten in der Arbeit an einem neuen Buch nach einer Operation in Genf.[96]

Anmerkungen

»Wahnsinnsliebe« basiert auf Kapitel II und III meines 1987 im Fischer Verlag in Frankfurt erschienenen Buches *Sir Galahad. Porträt einer Verschollenen* (mit 91 Abbildungen). Es ist die erste und nach wie vor einzige Biographie von Bertha Eckstein-Diener alias Sir Galahad. Für weitere Quellenangaben verweise ich auf das dortige Quellen- und Literaturverzeichnis S. 276ff. Einige seither neu aufgetauchte Informationen konnte ich hier verarbeiten.

1 Taufschein Bertha Helene Diener, Auszug aus dem Taufbuch der ev. Gemeinde Augsburger Bekenntnisses, Wien, Innere Stadt 1874, Zahl 249.

2 Lehmanns Adreßbuch der Stadt Wien.

3 Sir Galahad, Die Kegelschnitte Gottes, Roman, München 1926. Er enthält besonders im 4. Teil viel autobiographisches Material, im folgenden als »Kegelschnitte« zitiert, S. 426f., S. 404.

4 Ahnenpaß des Hellmuth Diener (im Besitz von Werner Eichinger, Wien).

5 Trauschein Carl Diener, Pfarramt Maria Treu, Wien VIII, Tom. 1863, Fol. 169e.

6 Carl Diener, geb. 11. Dez. 1862, Paul Hugo Diener, geb. 1865.

7 Carl Diener promovierte 20jährig mit Auszeichnung, habilitierte sich 23jährig, machte Studienreisen nach Spanien, Syrien, Amerika, zum Himalaya, war 30jährig Dozent für Geographie und Geologie, mit 35 Jahren Professor. Paul Hugo gründete in Budapest unter väterlicher Beteiligung die »Erste ungarische Transport-Aktiengesellschaft«, deren Direktor er wurde.

8 Gertrude Langer-Ostrawsky, Erziehung und Bildung – eine Untersuchung zum Schulwesen für Mädchen 1848 bis 1920, in *Die Frau im Korsett, Wiener Frauenalltag zwischen Klischee und Wirklichkeit, 1848-1920*, Verlag der Museen der Stadt Wien.

9 *Kegelschnitte* S. 440. Das junge Mädchen selbst träumte von einer anderen Dreieinigkeit: Ein Mann, der gleichzeitig »Dionysos, Buddha und Newton« wäre (Kegelschnitte S. 431 f).

10 *Kegelschnitte* S. 433.

11 *Kegelschnitte* S. 436.

12 *Kegelschnitte* S. 437.

13 Zu Friedrich Eckstein s. Max Schönherr, Wer war Friedrich Eckstein? Separatasammlung SL der Musiksammlung der Wiener Nationalbibliothek, abgedruckt in: Friedrich Eckstein, *Alte unnennbare Tage, Erinnerungen aus siebzig Lehr- und Wanderjahren*, Wien 1988 (Reprint der ersten Ausgabe von 1936), S. 313-328. Darin auch: Sibylle Mulot, Zu einer Biographie Friedrich Ecksteins, S. 295-310. Zu Therese, Emma und Gustav Eckstein siehe Marina Tichy, Therese Schlesinger, Bürgerin und Sozialistin, in: *»Die Partei hat mich nie enttäuscht ...« Österreichische Sozialdemokratinnen*, hg. von Edith Prost, Wien 1989 S. 135-184.

14 *Kegelschnitte* S. 441.

15 Heiratsurkunde Friedrich Albert Eckstein und Bertha Helene Eckstein, Evang. Pfarramt A.B. Wien Innere Stadt, Nr. 1898/325. Darin auch Eintragung der Scheidung.

16 *Kegelschnitte* S. 438.

17 *Kegelschnitte* S. 446.

18 Ebd.

19 Ebd.

20 Brief Therese Schlesingers an Auguste Fickert vom 9. 3. 1899: »In den letzten Tagen hatten wir viel Aufregung durch die schwere Erkrankung meiner jungen Schwägerin. Es geht ihr aber schon viel besser.« (Handschriftensammlung, Wiener Stadt- und Landesarchiv, Inv.-Nr. 71018/8. Diesen und auch den folgenden Hinweis verdanke ich Dr. Marina Tichy aus Wien).

21 Brief von Emma Eckstein an Rosa Mayreder (undatiert, offenbar Ende Mai/Anf. Juni 1899), Handschriftensammlung ebd., Inv.-Nr. 123.333.

22 *Kegelschnitte* S. 446.

23 *Kegelschnitte* S. 447. Diese Korrektur der Wirklichkeit war ihr offenbar sehr wichtig. Obwohl dadurch später im Roman ein Widerspruch und somit Erklärungsbedarf entstand. Bei ihrer zweiten Schwangerschaft wußte sie nämlich schon im voraus, daß »das Messer weitere Kinder ans Licht bringen mußte, sonst starben sie ungeboren«, wie eine, die bereits einen Kaiserschnitt hinter sich hat. Was tun? Nach ihrer zerstörerischen Liebesgeschichte mit Theodor Beer war ihr dieses authentische Detail wichtig, weil sie daran ihre Verzweiflung und ihr Irresein demonstrieren konnte. Denn sie überlegte sich während der zweiten Schwangerschaft immer wieder, ob sie bei der Geburt den notwendigen Kaiserschnitt einfach verweigern solle, um mitsamt dem Kind zu sterben. Der erklärende Satz hieß dann schließlich, nicht ungeschickt, einfach, daß damals, *nach* der ersten natürlichen Geburt, »als Fachleute dazukamen, irgend ein schwerer Kunstfehler begangen worden war«. (*Kegelschnitte* S. 507).

24 *Kegelschnitte* S. 449.

25 Ebd.

26 *Kegelschnitte* S. 450.

27 *Kegelschnitte* S. 454.

28 *Kegelschnitte* S. 450 f.

29 In: Theodor Beer, *Aus Natur und Kunst.* Gesammelte Feuilletons, Dresden und Leipzig 1900, S. 136-183.

30 *Kegelschnitte* S. 453 f.

31 Wahrscheinlich dieser: Theodor Beer, *Die Weltanschauung eines modernen Naturforschers.* Ein nicht-kritisches Referat über Mach's Analyse der Empfindungen, Dresden und Leipzig 1903.

32 *Kegelschnitte* S. 454.

33 *Kegelschnitte* S. 470.

34 *Kegelschnitte* S. 452.

35 *Kegelschnitte* S. 466 f.

36 Brief an Roger Diener vom 15. 12. 1947, Handschriftensammlung der Österreichischen Nationalbibliothek (dort liegen alle erhaltenen Briefe von Sir Galahad).

37 *Kegelschnitte* S. 467 f.

38 *Kegelschnitte* S. 469.

39 Ebd.

40 Scheidungsprotokoll Helmburg gegen Helmburg, Registerband 1905 Abt. Cg VII Nr. 34, Landesgericht für Zivilrechtssachen, Wien. *Dagmar Edle von Helmburg, geborene Zidlicky,* wird von Sir Galahad im Roman als »Lady Tatjana de Walden, geborene Sedlaček« verschlüsselt. Dagmars und Beers Sohn Ralph kam Anfang 1900 zur Welt, zu dem Zeitpunkt also, als Beer anfing, Bertha den Hof zu machen.

41 *Kegelschnitte* S. 469.

42 *Kegelschnitte* S. 470.

43 Vera Behalova, Adolf Loos: Villa Karma. Masch. Diss. Wien 1974. Darin wertvolles Quellenmaterial zu Theodor Beer auf S. 28 ff. Beers Briefe an Adolf Loos im Anhang.

44 *Kegelschnitte* S. 471.

45 *Kegelschnitte* S. 472.

46 Vgl. Arthur Schnitzler, Tagebücher (unveröff.) vom 19. August 1908, und *Kegelschnitte* S. 468.

47 Zuletzt in: *Einblicke und Ausbrüche, Lebensskizzen berühmter Frauen,* ausgewählt und kommentiert von Susanne Gretter, Frankfurt 1994, darin: Sir Galahad, Zur Dämonologie des Haushalts, S 62-65. Siehe auch das *Literatur*-Verzeichnis.

48 *Kegelschnitte* S. 472.

49 Todesanzeige Carl Diener vom 28. 2. 1909, Todesanzeige Marie Diener vom 24. 5. 1909.

50 Zu Theodor Beers Prozeß siehe Karl Kraus, Aufsätze in verschiedenen Nummern der *Fackel* (s. Personenregister), später zusammengefaßt in: *Sittlichkeit und Kriminalität,* Ausgewählte Schriften Bd. 1, Wien 1908. Ferner die folgenden Zeitungen: *Wiener Allgemeine Zeitung, Neues Wiener Journal, Neues Wiener Tagblatt, Die Zeit, Neue Freie Presse, Österreichische Kronenzeitung, Deutsches Volksblatt* – jeweils am 24. März 1904 und am 25. Oktober 1905.

51 A. a. O., am 28. März 1906.

52 Ebd.

53 Peter Altenberg in: *Neues Wiener Journal* vom 28. 3. 1906; Karl Kraus in: *Die Fackel,* Nr. 200 vom 3. April 1906, S. 1 ff., und Nr. 201 vom 19. April 1906, S. 18 ff.; Arthur Schnitzler, Tagebuch 1917-1919, hg. von der Österreichischen Akademie der Wissenschaften, Wien 1985, 16. 11. 1919 (bei Beers Tod, im Rückblick). Bertha Eckstein-Diener, Brief an Roger Diener vom 15. 12. 1947.

54 D. v. H. an Adolf Loos, 27. März 1906, im Besitz von Vera Behalova.

55 Terminologie nach Gerald von Minden, Der Bruchstück-Mensch. Psychoanalyse des frühgestört-neurotischen Menschen in der technokratischen Gesellschaft. München, Basel 1988. Von Minden untersucht Fälle von extremen narzißtischen Störungen bis hin zum Borderline-Fall.

56 Am 18. 9. 1905, siehe Totenschein Wilhelm Beer.

57 Vgl. Helmburg gegen Helmburg. Auch Vera Behalova, op. cit., und Dr. Walter Dollfuß, Zürich, in einem Brief an Oskar Kokoschka vom 10. Sept. 1972 (im Besitz von Vera Behalova). Darin heißt es: »Von 1906 bis 1909 lebte ich als Knabe in Clarens. [...] Ralph von Helmburg wohnte in der Villa Sangata mit seiner Mutter, der österreichischen Baronin Dagmar von Helmburg. Besitzer dieser Villa war Professor Dr. Theodor Beer [...]« Herr von Helmburg, Ralphs ›Vater‹, »trat in Clarens nie in Erscheinung. Als ich einmal meiner Mutter sagte, ich

fände, daß Ralph Professor Beer so ähnlich sähe, blieb sie mir die Antwort schuldig [...]« Später »änderte Ralph seinen Vornamen in Randolph und nahm den Geschlechtsnamen seines leiblichen Vaters, Beer, an.«

58 *Kegelschnitte* S. 477.

59 *Kegelschnitte* S. 477 f.

60 *Kegelschnitte* S. 484.

61 Vgl. *Kegelschnitte* S. 496.

62 Scheidungsprotokoll Eckstein gegen Eckstein, Registerband 1909, Abt. Cg VIII Nr. 481, Landesgericht für Zivilrechtssachen, Wien. Vgl. auch *Kegelschnitte* S. 485 ff.

63 Vgl. *Kegelschnitte* S. 494 ff. Geschiedene Männer durften »sofort wieder heiraten«.

64 Verlassenschaftsakte Wilhelm Beer (d. i. Acten über die Verlassenschaftabhandlung Wilhelm Beer, k. k. Handelsgericht zu Wien VII, A 141/5 V 163, 1905).

65 *Kegelschnitte* S. 493.

66 Verlassenschaftsakte Karl Diener, k. k. Handelsgericht zu Wien, A 43/9, 1909.

67 *Kegelschnitte* S. 488.

68 *Kegelschnitte* S. 494 ff.

69 Oskar Kokoschka, *Mein Leben*. München 1971, S. 97 f., und Oskar Kokoschka, *Briefe*, Hildesheim 1984, Bd. 1, S. 10 f. Aus den Briefen geht klar hervor, daß Kokoschka im Januar 1910 in Clarens, Montreux und Leysin war. Forels Bild hängt heute in der Städtischen Kunsthalle Mannheim.

70 Kokoschka, *Mein Leben*, S. 98 f.

71 Ebd.

72 Ebd.

73 Ebd.

74 Françoise Giroud, *Alma Mahler oder die Kunst, geliebt zu werden*, Wien-Darmstadt 1989, S. 138.

75 Kokoschka, *Mein Leben*, S. 99.

76 Im Ausstellungskatalog der Hamburger Kunsthalle 1981 (Experiment Weltuntergang, Wien um 1900) heißt es auf S. 74 (Nr. 58) »Porträt einer Unbekannten, um 1908/09 (in Wirklichkeit Januar 1910), Öl auf Leinwand 77 × 88 cm. Nach der Erinnerung Kokoschkas ist die Dargestellte Frau Baer, die Gattin eines Wiener Gelehrten.« Siehe auch Katalog der Ausstellung zu Kokoschkas 85. Geburtstag, Österreichische Galerie, Wien 1971, Kat. Nr. 3.

77 *Kegelschnitte* S. 497.

78 Ebd.

79 Ebd.

80 *Kegelschnitte* S. 498.

81 *Kegelschnitte* S. 502 f.
82 *Kegelschnitte* S. 511.
83 *Kegelschnitte* S. 503.
84 *Kegelschnitte* S. 507.
85 *Kegelschnitte* S. 506.
86 Siehe Roger Diener, Erinnerungen an meine Mutter Bertha Helene Eckstein-Diener (SIR GALAHAD). Abgedruckt in: Sibylle Mulot-Déri, *Sir Galahad, Porträt einer Verschollenen.* Frankfurt 1987, S. 259-262. Auf S. 263 ff. Abdruck einiger Briefe von Bertha Eckstein an ihren Sohn Roger. Am 2. Dezember 1936 gab sie folgende eidesstattliche Erklärung ab: »Hiermit erkläre ich, Bertha Helene Eckstein-Diener, dass ich zwar über die Personalien des Mannes, welcher der Erzeuger meines am 20. 12. 1910 geborenen Sohnes Roger ist, keine näheren Angaben zu machen gewillt bin, jedoch an Eides statt versichere, dass derselbe Arier gewesen ist.« Damit ermöglichte sie dem 26jährigen Dr. jur. Roger Diener, der erst wenige Wochen zuvor seine leibliche Mutter ausfindig gemacht und zu seinem Erstaunen dabei erfahren hatte, sie sei SIR GALAHAD, »die von mir seit frühester Jugend hochgeschätzte und bewunderte Schriftstellerin«, in Hitlerdeutschland die Eheschließung und sein Überleben – dank eines unauffälligen Ahnenpasses. Dr. Roger Diener starb im Februar 1989 in Bad Harzburg.
87 *Kegelschnitte* S. 522.
88 *Kegelschnitte* S. 523.
89 Ebd.
90 Im Roman reist die Heldin wirklich mit zwei Revolvern hin und findet das Haus leer. Tatsache ist jedenfalls die Weltreise. Sie wird vom Architekten Hugo Ehrlich bezeugt, der »in den Jahren 1912 bis 1914 ergebnislose Korrespondenz mit dem Bauherrn (Beer) führte, der in fernen Erdteilen weilte, wo und wann wir uns treffen könnten [...] (zit. nach Vera Behalova, a. a. .O. S. 48, und Anhang).
91 Diesen Ausdruck verwendet Bertha im letzten Brief an Roger vor ihrem Tod am 15. 12. 1947.
92 Arthur Schnitzler, *Tagebuch 1913-1916*, hg. von der Österreichischen Akademie der Wissenschaften, Wien 1983, vom 18. 4., 14. 10., 28. 10. 1916. Dagmar Beer konnte in der Villa Sangata bleiben, die 1929 verkauft wurde. Zwei Jahre später starb sie in St. Tropez. Ihr Sohn Ralph wanderte um 1938 aus, danach verliert sich jede Spur.
93 Brief Bertha Ecksteins an ihre Leserin Hulda Hofmiller vom Juni 1926.
94 Brief Bertha Ecksteins an Roger Diener vom 14. 7. 1943.
95 Brief von Prof. Lothar Rübelt vom 5. Okt. 1987 an die Verfasserin. »Zwei Bücher sind mir als 19jährigem unvergeßlich geblieben: ›Unfug des Sterbens‹ und ›Kegelschnitte Gottes‹ 1920, beide durch Sir Galahad. Ich kann sagen – sie haben meine Jugend geprägt.« Lothar Rübelt, geb. 1901, Roger Diener, geb. 1910, die Schriftstellerin Dorothea

Zeemann (1909-1993) gehören zu jener Generation, die von SIR GALAHAD »geprägt« wurde. Diese Prägung lief wesentlich über den Stil. Jener *alles aussprechende,* exhibitionistische, radikal persönliche Stil mußte die Jugend faszinieren, die zum Teil noch vom starren Vorkriegssystem geformt worden war. Zu Sir Galahads Werk gibt es bisher keine stilgeschichtliche oder sprachkritische Untersuchung, geschweige denn den Ansatz einer Rezeptionsforschung. Diese Lücke konnte mit der vorliegenden biograpischen Studie leider auch nicht geschlossen werden.

96 Ihrer geplanten »Kulturgeschichte Englands«. Zu Percy Eckstein s. Österreicher der Gegenwart. Er starb im März 1962 in Rom.

Literatur

(Eine Auswahlbibliographie von Sir Galahads Schriften)

Sir Galahad, *Im Palast des Minos,* München, Albert Langen 1913

Sir Galahad, *Die Kegelschnitte Gottes,* München, Albert Langen 1920

Sir Galahad, *Idiotenführer durch die Russische Literatur,* München, Albert Langen 1925

Sir Galahad, *Mütter und Amazonen.* Ein Umriß weiblicher Reiche, München, Langen-Müller-Verlag 1932

Sir Galahad, *Byzanz. Von Kaisern, Engeln und Eunuchen,* Wien-Leipzig, E. P. Tal Verlag 1936 (ab 1938 »Alfred-Ibach-Verlag«)

Sir Galahad, *Bohemund. Ein Kreuzfahrer-Roman,* Leipzig, Goten-Verlag 1938

Helen Diner, *Seide.* Eine kleine Kulturgeschichte, Leipzig, Goten-Verlag 1940

Sir Galahad, *Der glückliche Hügel.* Ein Richard-Wagner-Roman, Zürich, Atlantis-Verlag 1943

Ethan Allen Hitchcock. *Das rote Buch von Appin.* Übertragen von Sir Galahad, Leipzig, Insel-Verlag 1910

Prentice Mulford, *Der Unfug des Sterbens.* Ausgewählte Essays. Bearbeitet und aus dem Englischen übertragen von Sir Galahad, München, Albert Langen 1909

Prentice Mulford, *Der Unfug des Lebens.* Unfug des Sterbens II. Teil. Ausgewählte Essays. Bearbeitet und aus dem Englischen übertragen von Sir Galahad, München, Albert Langen 1913

Prentice Mulford, *Das Ende des Unfugs.* Ausgewählte Essays. Sehr frei bearbeitet und aus dem Englischen übertragen von Sir Galahad, München, Albert Langen 1919

»Ein Wegweiser für Heikle« von Sir Galahad. in: März, 1. Juniheft 1907
»Zur Dämonologie des Haushalts« von Sir Galahad. In: März, 1. Dezemberheft 1907
»Eheirrung bei Amsels« von Sir Galahad. In März, 2. Dezemberheft 1907
»Dramatische Modesalons« von Sir Galahad. In: März, 1. Februarheft 1908
»Ganz kleine Reiseglossen. Ägypten. Zirkus Kairo« von Sir Galahad. In: März, 2. Oktoberheft 1908. Nachgedruckt in: Neues Wiener Tagblatt vom 5. 2. 1930 und in Die Bühne
»Die ganz Weißen« von Sir Galahad. In: März, 1. Novemberheft 1908
»Die Einzige und ihr Eigenkleid« von Sir Galahad. In: März, 1. Dezemberheft 1908
»Griechische Miniaturen« von Sir Galahad. In: März, 2. Dezemberheft 1908
»Der Unfug des Sterbens« von Sir Galahad. In: März, 1. Januarheft 1909
»Das Phänomen Rachilde« von Sir Galahad. In: Der Querschnitt, Mai 1927
»Echter Schmuck – ›falscher Schmuck‹« von Sir Galahad. In: Neues Wiener Tagblatt (NWT) 19. 1. 1930
»Denen man gehorchen muß« von Sir Galahad. In: Die Dame, 2. Maiheft 1930 (nachgedruckt in: NWT vom 26. 10. 1930)
»Haben Sie nichts zu verzollen?« von Sir Galahad. In: Die Dame, 1. Augustheft 1930
»Das Loch im Seidenstrumpf« von Sir Galahad. In: NWT vom 2. 8. 1930
»Eton« von Sir Galahad. In: NWT vom 10. 12. 1930
»›Ich liebe, also bin ich‹« von Sir Galahad (Über Sibilla Aleramo). In: NWT vom 27. 8. 1934
»Europas auserwählte Insel. Substanz und politische Kultur von England.« Von Sir Galahad †. In: Die Weltkugel, Heft IX 1948

Im Besitz des Brenner-Archivs Innsbruck:
Sir Galahad, Allerlei über den Handschuh
Sir Galahad, Warum dem Apoll kein Flirt gelingt (Abschriften. Beilage zum Briefwechsel mit Fritz von Herzmanovsky-Orlando)

Im Besitz von Herrn Werner Eichinger, Wien:
S. G., Der ›sehr ehrenwerte‹ Tee. Ausschnitt aus einer deutschschweizerischen Tageszeitung 1942

Ida Bauer
1882-1945
Rebellin der Ohnmacht
Von Simone Tünnermann

Ida Bauer ist unter dem Pseudonym *Dora* in der medizinisch-psychiatrischen Fachwelt wohlbekannt. Ihre Popularität bleibt untrennbar mit Sigmund Freud verbunden: Er hat Ida Bauer von Oktober 1900 an für 11 Wochen psychoanalytisch behandelt. Bereits im Januar 1901 schreibt Freud Idas Krankengeschichte unter dem vorläufigen Titel *Traum und Hysterie* vollständig nieder. Aber erst im Oktober und November 1905 erscheint sie als *Bruchstück einer Hysterie-Analyse* in der renommierten *Monatsschrift für Psychiatrie und Neurologie.*[1] Der *Fall Dora* ist Freuds erste umfangreiche Fallstudie. Ihre historische und theoretische Bedeutung ist enorm.[2] Noch heute – nach mehr als neunzig Jahren – steht diese Klassikerin der Hysterieforschung auf den Lehrplänen von psychoanalytischen AusbildungskandidatInnen, psychiatrischen KlinikärztInnen, klinischen PsychologInnen, auch SozialarbeiterInnen.[3]

In der Geschichte der Psychoanalyse verkörpert Ida Bauer den Typus der *boshaften* Hysterikerin. Freud-Biograph Ernest Jones beschreibt Ida als »ein unangenehmes Geschöpf, das ständig die Rache vor die Liebe stellte«.[4] Felix Deutsch nennt sie »eine der widerwärtigsten Hysterikerinnen«.[5] Freud, Deutsch und Jones entwerfen von Ida Bauer das Bild einer abstoßend-unsympathischen, vor Selbstmitleid winselnden Frau: übellaunig, nörgelnd, nachtragend, herrschsüchtig, ichbezogen, frigide, grausam-sadistisch, widerborstig – kurz unausstehlich. Mit ihrer krankhaften Rach- und Eifersucht, ihrer Mißgunst und hinterhältigen Tyrannei habe sie nur Unfrieden gestiftet, sogar Menschen in die Verzweiflung getrieben.[6] Diese offene Feindseligkeit und Verachtung erschrecken.

Im persönlich erlebten Leiden Idas erkenne ich die soziokulturellen und sexuellen Widersprüche und Brüche weiblicher Rollenzuschreibungen im Patriarchat. Dieser Schritt vom individuellen zum gesellschaftlichen Leid zeigt im Detail das Ausmaß patriarchaler Macht und doppelter Sexualmoral im ersten Drittel des 20. Jahrhunderts. Die Auswirkungen auf die Lebensmöglichkeiten von Frauen sind vielfältig: die kulturelle Beschneidung ihrer intellektuellen Fähigkeiten und Berufswünsche, ihres Strebens nach Eigengestaltung und Autonomie. Aber auch die Pathologisierung sozialer Leidenserfahrungen und die medizinische Behandlung von Frauen müssen in diesem Zusammenhang eindringlich hinterfragt werden.

Ida Bauer wurde am 1. November 1882 in Wien geboren. Ihre Familie gehörte zum wohlhabenden, jüdisch-assimilierten Großbürgertum. Die Eltern Käthe Gerber-Bauer (1862-1912) und Philipp Bauer (1853-1913) kamen aus Böhmen. Beide sprachen als zweite Muttersprache Tschechisch. Idas Vater war ein Großindustrieller. Er besaß mehrere Textilfabriken, u. a. in Náchod und Warnsdorf, zwei Städte im Nordosten Böhmens. Geschäftshauptsitz war Reichenberg. Der ständig kränkelnde Philipp Bauer zog sich bald aus dem aktiven Berufsleben zurück. Er überließ die Sorge über das Familienvermögen seinem Bruder Karl, der bereits an der Leitung der Betriebe beteiligt war.[7] Die Beschreibungen Philipp Bauers lesen sich zunächst positiv: Er sei ein intelligenter, kultivierter, großzügiger Mann gewesen, Freimaurer, »fortschrittlich, charmant, lebenslustig«.[8] Diese *Lebenslust* bescherte seiner Frau Gonorrhoe und Syphilis – zwei tückische, damals weit verbreitete Geschlechtskrankheiten.[9] Als die 18jährige Käthe Gerber ihren um 9 Jahre älteren Bräutigam 1881 in Wien heiratete, ahnte sie sicher nichts von seiner Erkrankung. Die Folgen aber – lebenslange gynäkologische Beschwerden – waren für sie in den nächsten Jahren bitter fühlbar: chronische Unterleibsschmerzen, vaginaler Ausfluß, drohende Unfruchtbarkeit. Philipp Bauer wird es wenig gestört haben. Er entzog sich seiner auf vielen Ebenen sehr freudlosen Ehe durch notorische Untreue, die er mehr oder weniger geschickt zu verschleiern wußte.

Idas Mutter wird durchweg abwertend charakterisiert. Ihr übertriebener Reinlichkeitszwang an Haus und Möbeln findet immer wieder Erwähnung. Freud kannte Käthe Bauer nicht persönlich. Doch er nennt sie eine »wenig gebildete, vor allem aber unkluge Frau«, bescheinigt ihr per Ferndiagnose eine »Hausfrauenpsychose«.[10] Leichter spricht von dem »seelischen Druck, den die Mutter, ohne es böse zu meinen, ausübte«: Sie sei »niemals in der Lage« gewesen, »Mann und Kindern Freude oder gar Wärme zu geben«.[11] Käthe Bauer lebte in großer Angst und Sorge. Ihr Ehemann war nicht nur geschlechtskrank, sondern auch tuberkulös. Angesichts der stets drohenden Ansteckungsgefahr für sich und ihre Kinder verwundert mich ihr Verhalten nicht.

Ida hatte einen älteren Bruder, Otto Bauer, der am 5. September 1881 ebenfalls in Wien geboren wurde. Otto entwickelte sich später zu einem vielseitigen und einflußreichen Politiker, Theoretiker und Journalist, machte eine große politische Karriere: Er war einer der führenden Köpfe der Sozialistischen Partei Österreichs (1918-1934) und für acht Monate Außenminister in der Ersten Österreichischen Republik (1918-1919). Mittelpunkt seiner politischen Tätigkeit war die parlamentarische Arbeit als Obmann der sozialdemokratischen Nationalratsfraktion. ZeitgenossInnen schildern Otto Bauer als eine widersprüchliche Persönlichkeit: scheu, unnahbar, kontaktarm, sentimental, ungeduldig, rücksichtslos. Otto Bauer gilt als ein engagierter, besessener Arbeiter. Er verfaßte sieben große sozialistische Werke, zahlreiche kleinere Schriften, viele (Leit-)Artikel in verschiedenen sozialistischen Zeitungen. Er hielt im Plenum des Nationalrates weit mehr als hundert Reden, unterrichtete an der Arbeiterhochschule in Wien Nationalökonomie.[12] Seiner Bedeutsamkeit als Chef-Ideologie der (Internationalen) Sozialistischen Bewegung verdanken wir wenigstens einige, wenn auch spärliche biographische Details über die Familie Bauer. Anderes bleibt in eine Aura der Diskretion gehüllt. Dies betrifft z. B. Idas Ehemann und Sohn, deren Namen streng gehütet werden.

Die ersten Kindheitsjahre verbrachten Ida und Otto Bauer in Königinhof, Deutschböhmen. Kindheit und Jugend waren für Ida und ihren Bruder bedrückend und leidvoll. Davon zeugen die späteren Erinnerungen der Erwachsenen Ida und Otto, die von großer Verbitterung, Angst und Trauer bestimmt sind.[13] Im Hause Bauer herrschte dauerhaft eine Atmosphäre von *Krankheit und Sterilität*. Fröhliches Kinderlachen, unbeschwertes Herumtoben scheinen hier sehr schwer vorstellbar. 1888 erkrankte der Vater an Tuberkulose, die Familie siedelte in die klimagünstigeren Berge, nach Meran über. 1892 erzwang eine Netzhautablösung am gesunden Auge des Vaters eine mehrwöchige Dunkelkur. 1894 schließlich zeigten sich die ersten Symptome seiner Syphilis-Erkrankung: Lähmungserscheinungen, Anfälle von Verwirrtheit. Philipp Bauer konsultierte in Wien den Neurologen und Psychoanalytiker Sigmund Freud. Die Behandlung soll erfolgreich gewesen sein.

Zusätzlich belastete das gründliche Reinmachen und Reinhalten der Wohnung das familiäre Zusammenleben, ließ niemals das Gefühl häuslicher Gemütlichkeit aufkommen. Niemand durfte das Haus betreten, ohne die Schuhe auszuziehen. Freitags und an anderen Großreinigungstagen durfte kein Besuch empfangen werden. Eine Kusine traf einmal den bereits jungen Erwachsenen Otto Bauer mitten im Winter in seinem Zimmer mit Handschuhen, Mantel, Hut an – eifrig lesend. Alle Fenster waren geöffnet, seine Mutter verlangte es so. Auf ihre erstaunte Frage, warum er sie nicht schließen würde, antwortete Otto: »Aber *das* ist doch nicht so arg.«[14] Jede Nacht verriegelte Idas Mutter das Speisezimmer und somit die Verbindungstür zu Ottos Zimmer, das keinen eigenen Eingang hatte. Bestimmte Räume waren *stets* verschlossen – z. B. das sog. Herrenzimmer, ein Gesellschaftssalon, wo Philipp Bauer seine Zigarren aufbewahrte.[15] Die einzigen Schlüssel für alle Räume besaß Idas Mutter – Symbol ihrer rudimentären Macht. Die alleinige Verfügungsgewalt über alle Schlüssel ist eine radikalisierte Hinwendung auf die häusliche, *reproduktive* Sphäre – um 1900 einzig zugestandene Domäne für Frauen. Diese *Über*anpassungsreaktion auf die gesellschaftlich normierte Beschränkung weiblicher Kompetenzen lese ich als *Verweigerungsstrategie*. Dies gilt auch für Käthe Bauers allgemeine Fixierung auf die Hauswirtschaft. Immer *über*erfüllte sie die Erwartungen an die traditionelle Rolle der Frau. So demonstrierte sie zugleich ihren Widerwillen und Ekel: Käthe Bauer war zutiefst unglücklich, also sollte sich auch niemand anderer richtig wohlfühlen. Das hermetische Abriegeln aller Türen erscheint als eine ausdrucksstarke Metapher der Entfremdung, Ausgrenzung und Vereinzelung: Die Kommunikation mit und zwischen der Innen- *und* Außenwelt scheint fast vollständig abgeschnitten.

In frühen Jahren war Ida ein lebhaftes Kind. Doch schon bald wurde das »wilde Ding [...] still und sittig«.[16] Zwei Erlebnisse markieren diesen Wandel. Als Achtjährige (1890) erkrankte Ida nach einer kleinen Bergpartie an einer dauernden, anfallsweise sehr gesteigerten Atemnot. Der Hausarzt der Familie fand keine organische Verursachung. Er diagnostizierte ein nervöses Asthma und verordnete für sechs Monate Schonung und Ruhe. Ida mußte bereits zuvor mehrere Wochen ruhig liegend verbringen. Sie war ausgerutscht, als sie die Treppe hinunterging. Der rechte Fuß schwoll an, wurde bandagiert. Ruhe, Schonung, Stilliegen – ich werte diese *Maßregelungen* als Disziplinarstrafe für kindliche Aktivität und Unachtsamkeit. Ida mag als kleines Mädchen ähnlich empfunden haben.

Mit zwölf Jahren (1894) litt Ida unter migräneartigen halbseitigen Kopfschmerzen und ersten Anzeichen eines nervösen Hustens. Ihre Migräne wurde immer seltener und war im Alter von sechzehn Jahren überwunden. Aber die Hustenanfälle häuften sich. Sie erreichten eine Dauer von drei bis fünf Wochen. Manchmal hustete Ida *monatelang*. In den letzten Jahren begleitete ein besonderes Symptom diese hartnäckigen Hustenkrämpfe: Eine komplette *Stimmlosigkeit*. Immer lautete die Diagnose »Nervosität«. Anfangs wurde Ida mit Hydrotherapie und lokaler Elektrisierung behandelt.[17] Diese damals geläufigen Therapiemethoden zeigten keinen Erfolg. Später verzichteten die Eltern auf ärztliche Hilfe, denn Ida begann, »den Bemühungen der Ärzte zu spotten«.[18] Im Frühjahr 1898 begegnete Sigmund Freud Ida zum ersten Mal. Sein Rat zu einer psychischen Kur wurde nicht befolgt. Der Anfall verging spontan.

Ida Bauer war der Köder in einem monströsen sexuellen Tauschhandel zwischen Philipp Bauer und seinem Freund Hans Zellenka. Dies ist *ein* Ausgangspunkt ihrer Leiden. Die Familien Bauer und Zellenka waren schon seit einiger Zeit miteinander befreundet. Seit 1894 hatte Idas Vater ein Liebesverhältnis mit Frau Zellenka. Hans Zellenka wußte davon. In den nächsten Jahren begann Zellenka systematisch, Ida sexuell nachzustellen. Anfangs unternahm er mit ihr Spaziergänge, machte ihr kostbare Geschenke, schickte ihr ein Jahr lang Blumen. Niemanden irritierte das Balzverhalten des wesentlich älteren Mannes. Schließlich lockte Zellenka die ahnungslose Vierzehnjährige unter einem Vorwand in sein Geschäft. Im abgedunkelten Raum preßt er sie plötzlich an sich, um sie heftig zu küssen. Ida empfindet in diesem Moment einen furchtbaren Ekel, reißt sich los und läuft davon. Das stille und in sich zurückgezogene Mädchen verschwieg diesen Vorfall. Die Beziehungen zwischen den Familien dauerten unverändert an.

Ida befand sich in einem tragischen Gefühlskonflikt voller Widersprüche. Sie mochte und verehrte Frau Zellenka sehr, wurde bald deren engste Beraterin und Verbündete. Sie besprachen miteinander die persönlichsten Dinge. Ida hatte zuvor selten eine solche Intimität mit einer Frau erfahren. Das Verhältnis zu ihrer eigenen Mutter war gespannt und distanziert. Doch Frau Zellenka benutzte ihre junge Freundin selbstsüchtig. Wenn sie sich mit Philipp Bauer traf, verpflichtete sie sogar häufig Ida mit der Betreuung ihrer Kinder. Ida wurde so zur heimlichen Mitwisserin dieser Beziehung. Dies entfernte sie unweigerlich von Käthe Bauer.

In ihren Träumen benennt Ida ihre Mutter mit der intimen Anrede »Mama«.[19] Ein sehnsüchtiger Wunsch nach Nähe, Vertrautheit und Schutz scheint auf. Philipp Bauer behinderte eine gelingende Beziehung zwischen Mutter und Tochter. So muß der Vater z. B. in einem Traum erst sterben, damit Ida zu ihrer Mutter zurückkehren kann.[20]

Im Juni 1898 besuchte die sechzehnjährige Ida mit ihrem Vater die Familie Zellenka in einem Kurort an einem Alpensee. Sie sollte hier mehrere Wochen allein mit der Familie verbringen, der Vater wohnte für einige Tage in einem Hotel. Erneut war Ida Zellenkas sexuellen Übergriffen ausgesetzt. Auf einem Spaziergang nach einer Seefahrt werden seine Nötigungen konkret: Er will ein sexuelles Verhältnis mit Ida, begründet ihr dies mit dem Hinweis: »Sie wissen, ich habe nichts an meiner Frau.«[21] Empört läßt sie ihn nicht ausreden, schlägt ihm ins Gesicht und läuft davon. Freud kommentiert hier: »Ihr Benehmen schien dem zurückbleibenden Mann damals wohl ebenso unverständlich wie uns, denn er mußte längst aus unzähligen kleinen Anzeichen geschlossen haben, daß er der Neigung des Mädchens sicher sei.«[22] Am selben Nachmittag, während Ida schläft, taucht Zellenka plötzlich unaufgefordert in ihrem Zimmer auf. Sie stellt ihn zur Rede, was er hier zu suchen habe. Er antwortet, »er lasse sich nicht abhalten, in sein Schlafzimmer zu gehen, wann er wolle«.[23] Am nächsten Morgen besorgt sich Ida einen Schlüssel, um sich zur Toilette einsperren zu können. Doch bereits am Nachmittag ist der Zimmerschlüssel verschwunden. Da sie befürchtet, von Zellenka überrascht zu werden, muß sie sich jetzt stets sehr hastig ankleiden. Ida kannte Zellenkas *Herrenmoral*. Die junge Gouvernante seiner Kinder erzählte ihr kurz zuvor, er habe auch sie mit Versprechungen, Schmeicheleien zum Geschlechtsverkehr gedrängt. Nach erfolgter Lustbefriedigung war sein Interesse erloschen. Fortan ignorierte er das verzweifelte Mädchen, das bald darauf kündigte. Ida bestand darauf, gemeinsam mit dem Vater abreisen zu dürfen. Sie forderte ihn vergeblich auf, alle Beziehungen zur Familie Zellenka endgültig abzubrechen.

Im patriarchalen Netzwerk von Lüge und Unterdrückung droht Ida zu ersticken. Hustenkrämpfe wechseln mit Phasen kompletter Stimmlosigkeit. Ida kann ihre Leiden nicht verbalisieren. Der Husten fordert, aber die Stimme versagt. Sexuelle Gewalt und Ausbeutung sind *das* große, unantastbare Tabu im Patriarchat.[24] Allenfalls werden verhüllende Umschreibungen gewählt. Diese Tabuisierung kommt einem Totschweigen gleich. Dunkle Ahnungen, bittere Erfahrungen dürfen nicht ausgesprochen werden. Scheinmoralische und konventionelle Schranken bleiben unberührt. In den ersten Jahren vertraut sich Ida niemandem an. Der sprachliche Zugriff ist ihr verwehrt. Anerzogene Scheu, Scham, Schuld, Angst verhindern die Aussprache. Aber wem sollte sich Ida auch mitteilen? Erst sehr viel später (14. 7. 1898) wird sie ihrer Mutter von Zellenkas Attacke am See erzählen. Endlich bricht Ida das Schweigen. Freud bewertet diesen mutigen Schritt *aus der Isolation* als Indiz einer »krankhaften Rachsucht«: »Ein normales Mädchen wird, so sollte ich meinen, allein mit solchen Angelegenheiten fertig.«[25] Tatsächlich ist Ida in ihrem Gefühlskonflikt ganz allein. Die Beteiligten entziehen sich ihrer Verantwortung, verharmlosen Idas Qualen. Statt Nähe und Schutz erlebt Ida Unverständnis und Feindseligkeit. Vom Vater halbherzig zur Rede gestellt, leugnet Zellenka hartnäckig jede sexuelle Belästigung. Mit Nachdruck stilisiert er Ida zur *Lolita*: Alle Vorwürfe seien nur überhitzte Phantasien eines pubertierenden Mädchens. Ida sei längst kein unschuldiges Kind mehr. Sie zeige ein reges Interesse für sexuelle Dinge, habe sogar Paolo Mantegazzas *Physiologie der Liebe* und ähnliche Bücher gelesen. Eine *solche* Frau habe keinen Anspruch auf die Achtung eines Mannes.[26] Diese Informationen stammen von Frau Zellenka. Sie begeht hier einen großen Vertrauensbruch. Um den Ehemann und den Geliebten vor allen Vorwürfen zu schützen, verrät sie die vertraulichen Details ihrer Freundschaft.

Im Herbst 1900 zieht die Familie Bauer wieder nach Wien. Ida ist jetzt achtzehn Jahre alt, eine sehr intelligente, gutaussehende junge Frau. Ihr Urteilsvermögen ist selbständig und kritisch. Otto beginnt sein Universitätsstudium. Ida muß sich autodidaktisch weiterbilden. Sie besucht Vorträge (vermutlich von Frauenrechtlerinnen) und arbeitet an (uns unbekannten) Studien. Auch die

Familie Zellenka kehrt nach Wien zurück. Die scharfsinnige Ida durchschaut die Zusammenhänge. In ihrer Kindheit und frühen Jugend soll sie ein besonders zärtliches Verhältnis zum Vater gehabt haben. Selbstverständlich übernahm sie auch die anstrengende Krankenpflege. Jetzt aber scheut die wahrheitsliebende Ida keine Konfrontation mehr. Sie ist wütend über die Falschheit und Scheinmoral ihres Vaters, macht ihm heftige Vorwürfe. Ida ist unzufrieden und enttäuscht. Häufig streitet sie mit der Mutter, verweigert jede Mitarbeit an hauswirtschaftlichen Pflichten. Otto Bauer entzieht sich den Auseinandersetzungen in der Familie. Er erlaubt sich selten ein kritisches Wort, rät Ida ebenfalls dazu. Wenn er Partei nehmen muß, steht er auf der Seite der Mutter. Doch Ida gerät in die totale Opposition zu beiden Elternteilen. Sie will sich und ihre Interessen behaupten. Eines Tages finden die Eltern in Idas Schreibtisch einen Abschiedsbrief. Philipp Bauer nimmt die darin geäußerten Selbstmordabsichten nicht ernst. Vater und Tochter geraten in einen heftigen Streit miteinander. Ida fordert den Vater erneut auf, sich von Frau Zellenka zu trennen. Doch dieser ignoriert ihre Einwände. Nach diesem Wortduell fällt Ida in eine tiefe Ohnmacht. Später wird sie sich nicht mehr daran erinnern können. Jetzt erzwingt Philipp Bauer gegen Idas Willen eine Behandlung bei Sigmund Freud.

Freud diagnostiziert bei Ida eine *Kleine Hysterie* (petite hystérie) mit den uns schon bekannten Symptomen: Nervöser Husten, Atemnot, Stimmlosigkeit, Migräne, Selbstmordgedanken. Später erfährt Freud von weiteren Ereignissen in Idas Kindheit und Jugend, die er als zusätzliche hysterische Symptome deutet: ein vorübergehendes Bettnässen im 7. Lebensjahr, ein zeitweiliges Hinken des rechten Fußes, eine Scheidenentzündung mit Ausfluß, eine Blinddarmentzündung, stechende Magenschmerzen, Eßunlust und Erbrechen.

Freuds Behandlung zielt darauf, Idas Krankheits*motive* schonungslos aufzudecken. Sie soll erkennen, daß sie ihre Hysterie als zweckmäßiges, willentliches Instrument einsetzt, um unbewußte Selbstvorwürfe und sexuelle Phantasien zu beschönigen und um andere mit ihrem Kranksein zu tyrannisieren. Hier zeigt sich treffend das Macht-Ohnmacht-Gefälle zwischen Freud und Ida. In einer männlichen Wissenschaft besitzt Freud eine doppelte Macht: Als ärztliche Autorität hat er die wissenschaftliche *Definitions*- und hermeneutische *Interpretations*macht. Er kann über Gesundheit und Perversion bestimmen, von der Norm abweichendes Verhalten als krankhaft auslegen. Als Mann reinszeniert Freud in der Patientin-Arzt-Beziehung die gesellschaftliche Entrechtung und Unterdrückung von Frauen. Ida erlebt Weiblichkeit in Fremdbestimmtheit. Weibliche Passivität bedeutet Selbstverzicht und -beschränkung, Bestätigung der eigenen Wertlosigkeit. Während der Behandlung werden diese Zuweisungen immer wieder erneuert. Mit einem totalitären Unfehlbarkeitsanspruch reflektiert Freud die vom männlichen Standpunkt ausgehende Wesensbestimmung der Frau als die menschlich *allgemeingültige*. Objektivität und Wissenschaft erscheinen als etwas essentiell Männliches, das patriarchalen Denkschablonen unterworfen bleibt.[27]

Das Grundprinzip der psychoanalytischen Therapie fordert die akribische Entlarvung der intimsten Bereiche im Leben der Patientinnen.[28] Aber Ida verweigert sich allen Deutungsversuchen mittels verschiedener Widerstandsformen, die Ablehnung und Protest verraten. Häufiges Schweigen und die stereotyp verwendeten Worte »Ich weiß nicht«, »Ich erinnere mich nicht« machen es Freud unmöglich, in ihre Geheimnisse zu dringen. Doch Freud weiß damit umzugehen. Idas kritische und zweifelnde Frage »Was wollen Sie daran ändern, wenn ich's Ihnen erzählt habe?«[29] verkehrt er geschickt ins Gegenteil: Solche Gedanken würde sie nur benützen, »um andere zu verdecken, die sich der Kritik und dem Bewußtsein entziehen wollen«.[30] Hinter Idas Vorwürfen gegen den Vater vermutet Freud daher eine Reihe von *unbewußten Selbstvorwürfen*. Freud erklärt Ida zur Mitschuldigen. Sie sei in Hans Zellenka verliebt. Deshalb habe sie all die Jahre das Liebesverhältnis zwischen Philipp Bauer und Frau Zellenka gefördert. Schließlich betreute sie die Kinder, damit sich die beiden ungestört treffen konnten. Die Beschäftigung mit den Kindern sei wiederum nur ein Mittel gewesen, um oft mit Zellenka zusammenzusein. Idas *Stimmlosigkeit* deutet Freud als Ausdruck ihrer großen Verliebtheit. Wenn Zellenka auf Geschäftsreisen war, sei sie schlagartig verstummt. Die Sprache habe dann für sie jeden Wert verloren, weil sie nicht mit *ihm* sprechen konnte.

Idas heftiger Widerspruch verunsichert Freud keineswegs. Ihr bewußtes Nein verdreht Freud zum unbewußten Ja: »Das Nein, das man vom Patienten hört, nachdem man seiner bewußten Wahrnehmung zuerst den verdrängten Gedanken vorgelegt hat, konstatiert bloß die Verdrängung und deren Entschiedenheit, mißt gleichsam die Stärke derselben. Wenn man dieses Nein nicht als Ausdruck eines unparteiischen Urteils, dessen der Kranke ja nicht fähig ist, auffaßt, sondern darüber hinweggeht und die Arbeit fortsetzt, so stellen sich bald die ersten Beweise ein, daß Nein in solchem Falle das gewünschte Ja bedeutet.«[31] Dieses Zitat ist bezeichnend für den ganzen Behandlungsablauf und Freuds Geringschätzung gegenüber Ida. Niemals kann sie Freuds Vermutungen korrigieren. Ihre Einsichten – tief verankert in der Realität gemachter Erfahrungen – erhebt Freud stets in die Sphäre unbewußter Wünsche und Phantasien, *die immer sexuell motiviert sind.* Ida wird so ein eigenständiges und reflektiertes Denken aberkannt, sie wird ihrer Intellektualität *beraubt.*

Auch Idas *nervösen Husten* bewertet Freud als eine sexuelle Phantasie. Ihre Bemerkung, Frau Zellenka liebe den Vater nur, weil er ein reicher Mann sei, verkehrt Freud in die Vermutung, Philipp Bauer sei unvermögend: impotent. Ida wisse von den verschiedenen Formen sexueller Befriedigung. Mit ihrem stoßweise erfolgenden Husten *phantasiere* sie den Oralverkehr zwischen dem Vater und Frau Zellenka. Freud findet hier den unumstößlichen Beweis, daß Ida in den eigenen Vater verliebt ist. In ihrer Verliebtheit identifiziere sie sich sowohl mit der Mutter als auch mit Frau Zellenka. Idas Bekümmerung und Enttäuschung über die Untreue des Vaters entspreche nicht mehr der normalen Anteilnahme einer Tochter. Vielmehr fühle und handele sie wie eine *eifersüchtige* Ehefrau. Ida setze sich so an die Stelle der Mutter. Andererseits empfinde sie mit ihrem nervösen Husten ebenso wie Frau Zellenka, denn sie stelle sich ja unbewußt vor, wie diese gerade mit Philipp Bauer oralen Geschlechtsverkehr praktiziere. Ida will von dieser Deutung nichts wissen, gibt ihre für Freud schon »gewöhnliche Antwort: Ich erinnere mich nicht daran.«[32] Doch Freud läßt ihre Einwände nicht gelten: »Ein anderes Ja läßt sich aus dem Unbewußten nicht vernehmen; ein unbewußtes Nein gibt es überhaupt nicht.«[33] Idas neuerdings aufgefrischte Liebe zum Vater sei aber nur ein *schützendes Reaktionssymptom,* um die heftige Liebe zu Zellenka zu unterdrücken. Dieser Verdrängungsprozeß zerrütte ihre Seele. Nur aus Stolz sträube sie sich gegen ihre eigenen zärtlichen Sehnsüchte und bedaure tief, Zellenka zurückgewiesen zu haben.

Idas *Bettnässen* und ihr *Scheidenausfluß* sieht Freud als Beweise einer frühkindlichen Masturbation, eine für Hysterikerinnen angeblich typische Verhaltensweise. Mit der *Verführungsphantasie,* der Vater habe sie als Kind vergewaltigt, versuche die Hysterikerin, ihre eigene Masturbation und somit die infantile Sexualität zu verdrängen. Da Ida entschieden verneint, sich an etwas Derartiges erinnern zu können, definiert Freud jetzt auch ihre *Magenkrämpfe,* ihren *Husten mit Atemnot,* ihre *Eßunlust* und ihr *Erbrechen* zu *Ersatzfunktionen* für eine frühkindliche masturbatorische Befriedigung.

Idas *Husten mit Atemnot,* ihr *Herzklopfen* deutet Freud als losgelöste Stücke aus der Koitusaktion. Sie habe als Kind ihre Eltern beim Geschlechtsverkehr belauscht »und das Keuchen des ohnedies kurzatmigen«[34] Vaters gehört. Freud meint, daß die Ausdrucksbewegungen für sexuelle Erregung als mitgeborene Mechanismen schon bei Kindern vorhanden sind. So sei Ida einerseits durch das Belauschen ihrer Eltern miterregt worden. Andererseits habe sie ihre Sorge, ob der kranke Vater sich nicht etwa bei der Mutter überanstrenge, mit ihrer Masturbation verknüpft, denn ihr eigener sexueller Orgasmus sei wie beim Vater von Kurzatmigkeit und Atemnot begleitet gewesen.

Idas *Eßunlust* und *Erbrechen* verknüpft Freud mit Ekelgefühlen, die sich unbewußt auf die Absonderung der Scheidenschleimhaut infolge Masturbation beziehen sollen. Ida ekle sich vor ihrem vaginalen Ausfluß, weil sie als Kind masturbiert habe. Ihre lebhafte Ekelempfindung auf den erzwungenen Kuß Zellenkas sei ein *Übertragungsmechanismus*: Sie habe ihre Abscheu gegen die eigene Scheidenentzündung auf Zellenkas Berührungen projiziert. Die Erinnerung an ihre Masturbation rufe bei Ida den Wunsch hervor, die Versuchung, »sich dem Manne zum Danke für die ihr in den letzten Jahren bewiesene Liebe und Zärtlichkeit hinzugeben«,[35] ins Unbewußte zu verdrängen.

Magenschmerzen als Indiz für Masturbation begründet Freud lapidar: »Es ist bekannt, wie häufig Magenkrämpfe gerade bei Masturbanten auftreten«[36] und verweist auf einige (äußerst fragwürdige) Forschungen seines Freundes Wilhelm Fließ: Fließ hatte im vorderen Teil der linken Nasenmuschel die sogenannte »Magenschmerzstelle« gefunden, die durch Masturbation entstände und sich in neuralgischen Magenschmerzen äußere. Durch Ätzung, Kokainisierung oder chirurgische Entfernung des unteren Nasenmuschelknochens meinte er daher, sowohl Magenkrämpfe als auch Masturbation heilen zu können.[37]

Der letzte Beweis, um Ida der frühkindlichen Masturbation zu überführen, ist ein Portemonnaietäschchen. Während Ida im Liegen zu Freud spricht, spielt sie mit diesem Täschchen, indem sie es öffnet, einen Finger hineinsteckt, es wieder schließt usw. Freud meint, Ida vollziehe hier unbewußt ihre eigene Masturbation. Sie teile so ungeniert pantomimisch mit, was sie gerade lieber tun würde. Aus der therapeutischen Praxis wissen wir, daß eine solche Symbolhandlung auf ein tatsächlich erlittenes sexuelles Trauma verweisen kann.[38] Ida erinnert nur einen bruchstückhaften Teil der physischen und psychischen Verletzungen durch Zellenka. Die Einzelheiten werden von ihr verschwiegen oder sind verdrängt worden. Das tatsächliche Ausmaß der Gewalt bleibt verborgen. Das »Spiel« mit dem Täschchen kann ein verschlüsselter Hinweis auf eine versuchte oder erfolgte Vergewaltigung sein. Dies würde bedeuten, daß Freud Idas Hilferuf vollständig mißverstanden hat.

Idas *Blinddarmentzündung* und ihr zeitweiliges *Hinken* haben für Freud ebenfalls eine rein sexuelle Bedeutung. Neun Monate nach Zellenkas Attacke am See sei sie an einer Blinddarmentzündung erkrankt. Dies entspreche einer *Entbindungs-Phantasie* mit Fieber, Schmerzen, unregelmäßigen Periodenblutungen. Freud verdächtigt Ida, sie habe in einem Lexikon über Schwangerschaft, Geburt und Blinddarmentzündung gelesen und dann die verschiedenen Symptome zu *einer* Phantasie verknüpft. Ida wünsche sich unbewußt ein Kind von Zellenka, habe deshalb eine Entbindung phantasiert. Ihr Hinken symbolisiere diesen moralischen *Fehltritt*.

Idas *Ohnmachtsanfälle*, ihre *Selbstmordgedanken* deutet Freud als Erpressungsversuche gegen den Vater. Sie erhoffe sich so sein Mitleid. Wenn dies nichts nütze, wolle sie sich wenigstens an ihm *rächen*. Freud ist davon überzeugt, Ida würde sofort wieder gesunden, wenn der Vater ihr verspricht, »er bringe ihrer Gesundheit Frau K. zum Opfer«.[39] Frau Zellenka wird hier zur Märtyrerin Idas eigennütziger Forderungen. Freud deutet auch Idas zweiten Traum als eine *Rachephantasie* gegen den Vater. Sie wünsche, die Eltern zu verlassen, damit Philipp Bauer aus Sorge und Kummer sterbe.

Ida habe aber auch den Eltern von Zellenkas Belästigungen erzählt. Damit wolle sie sich an Zellenka *rächen*. Sie schlug und verriet ihn nicht aus Empörung, sondern aus *rachsüchtiger Eifersucht*. Ida sei auch in Frau Zellenka verliebt, sei deshalb *eifersüchtig* auf Philipp Bauer. Sie gönne dem Vater diese Liebe nicht. Sie lobe Frau Zellenkas »entzückend weißen Körper in einem Ton, der eher der Verliebten als der besiegten Rivalin«[40] entsprechen würde. Nur Frau Zellenka sei bisher von ihrer Rachsucht verschont geblieben. Dies ist für Freud ein verdeckter Hinweis auf Idas *latente Homosexualität.* Solidarische Frauen-Freundschaften sind ihm undenkbar, müssen sexualisiert werden.

Auf der Suche nach weiblicher Identität jenseits von Fremdbestimmtheit und sexueller Versklavung erfährt Ida einen fundamentalen Beziehungs- und Realitätsverlust. Idas Wahrheit, ihr eigenständig formuliertes *Nein* werden als Lüge gebrandmarkt. Ihre konkreten Erfahrungen werden als sexuelle Phantasien pathologisiert, ihre Suizidgedanken zur »Selbstmordkomödie«[41] herabgesetzt.

Während der Analyse wird Ida systematisch der Sprache und ihrer authentischen Gefühle *enteignet.* Idas Wort-Assoziationen werden immer im Kreis patriarchaler, sexualisierter Bilder interpretiert. Freud allein entscheidet über deren Aussagekraft. Beharrlich widersetzt sich Ida Freuds Deutungsversuchen. »Was ist denn da viel herausgekommen?«[42] fragt sie geringschätzig, als sich Freud schon fast am Ziel seiner Erkenntnis glaubt. Unnachgiebig verweigert sie jedes Zugeständnis. Aber Ida verstummt zunehmend. Ihr Schweigen ist Anklage, Protest *und* Ohnmacht, Resignation zugleich.

Obwohl Freud von Zellenkas sexuellen Nötigungen weiß, bleibt er davon überzeugt, daß Ida krank ist und seiner Behandlung bedarf. Er bewertet ihre ablehnende Haltung auf Zellenkas erzwungenen Kuß, ihr Davonlaufen als »bereits voll und ganz hysterisch«: »Jede Person, bei welcher ein Anlaß zu sexueller Erregung überwiegend oder ausschließlich Unlustgefühle hervorruft, würde ich unbedenklich oder ausschließlich für eine Hysterika halten.«[43] Ida hätte also *Lust,* nicht Ekel empfinden müssen. Freud fordert von Ida ein Paradoxon, das dem traditionellen Weiblichkeitsbild entspricht: Sie soll sich mit ihrem Objektstatus abfinden lernen, ihre eigene Versklavung masochistisch genießen.

Philipp Bauer entschuldigte sein Verhältnis mit Frau Zellenka gegenüber Freud mit der Beteuerung: »Daß ich nichts an meiner eigenen Frau habe, ist Ihnen bekannt.«[44] Auch Hans Zellenka wählte diese Formulierung bei seinen sexuellen Übergriffen auf Ida und die Gouvernante seiner Kinder. Als männerbündische Chiffre entschlüsselt, geraten diese Worte zu einer akzeptablen Ausdrucksform, um Inzest, Vergewaltigung und eheliche Untreue zu rechtfertigen. Das belastende Defizit liegt bei der Frau, die ihren Ehemann (sexuell) nicht zu befriedigen vermag. Freud billigt die doppelte Sexual- und Herrenmoral, die Philipp Bauer und Hans Zellenka selbstverständlich praktizieren. Die sexuelle Ausbeutung der Gouvernante durch Zellenka verharmlost Freud augenzwinkernd als possierliches »Abenteuer«.[45] Die kränkelnde und nervenleidende Frau Zellenka sei sogar seit dem Verhältnis mit Idas Vater »gesund und lebensfrisch«.[46] Auch Ida hätte mittels »Ehe und normalen Geschlechtsverkehr«[47] gesunden können. Diese sexistischen Mutmaßungen verkehren soziale Leidenserfahrungen in sexuelle Bedürfnisse und Phantasien. Sexuelle Befriedigung ist für Freud identisch mit Heilung: »Die Krankheitserscheinungen sind, geradezu gesagt, die Sexualbetätigung der Kranken.«[48]

Freud leugnet vehement das Ausmaß und die Folgen sexueller Gewalt und Ausbeutung. Hier bleibt eine wichtige Parallele zu seiner *eigenen* traumatischen Sexualgeschichte und deren Verdrängung unangetastet. Am 11. 2. 1897 schrieb Freud an Wilhelm Fließ: »Leider ist mein Vater einer von den Perversen gewesen und hat die Hysterie meines Bruders und einiger jüngerer Schwestern verschuldet.«[49] Freud selbst litt an funktionellen und neurotischen Störungen, die er als hysterische und phobische Symptome klassifizierte. Der Tod des Vaters (1896) veranlaßte Freuds Selbstanalyse (1897), in der er die Wurzeln seiner Neurose in der eigenen Kindheit zu rekonstruieren suchte. Die Erinnerung an frühkindliche sexuelle Traumata und an eine mögliche *eigene* Betroffenheit wurde von Freud als so belastend empfunden, daß er sie tief verdrängte.[50] Idas Leidensgeschichte konfrontierte Freud erneut unerbittlich mit dem, was er selbst nicht (mehr) zu denken und auszusprechen wagte. Einem Zerrspiegel gleich, mußte er in ihrem Mut, Täter und Schuld konkret zu benennen, sein eigenes Unvermögen und seine eigenen Ängste erblicken. Diese Verstrickung höchst ambivalenter Gefühle hat Freuds Deutungsweg entscheidend beeinflußt.

Idas tiefe Isolation und Vereinsamung, das Unverständnis und die offene Ablehnung ihrer Mitmenschen decken ein Machtprinzip auf, das die innere Teilnahme am Leiden der anderen *verdrängt*. Dieser psychisch-unbewußte Verdrängungsprozeß ist durchsetzt von patriarchalisch bestimmten Herrschafts- und Abhängigkeitsstrukturen.[51] Das (kollektive) Bewußtsein wird gegen

Denkformen und Lebensentwürfe abgeschirmt, die Gesellschaft und persönliche Identität gefährden könnten. Als Ida ihr Schweigen bricht, bricht sie zugleich ein Tabu. Mit dieser *aggressiven* Grenzverletzung klagt Ida an – sie wird zum *Subjekt der Zerstörung*. Sie verweigert sich der stets präsenten Verfügungsgewalt des Mannes über den weiblichen Körper. Radikalisiert deute ich Idas Protest als Forderung nach einer *autonomen* weiblichen Sexualität, nach eigener Lust und eigenem Begehren. Für die sexuelle Doppelmoral im bürgerlichen Patriarchat kommt dies der Entwertung des Mannes und seiner Potenzen gleich. Die männliche Kontrolle der weiblichen Sexualität und Fruchtbarkeit ist *eine* wesentliche Voraussetzung patriarchaler Vergesellschaftung.[52] Entgegen dem strikten Aggressionsverbot für Frauen besinnt sich Ida auf ihre eigene Wut und Ressourcen. Diese Kräfte bergen ein Potential an Destruktion und Veränderung, die bestehende Geschlechterrollen aufzubrechen drohen. Weibliche Aggression weckt männliche Ängste, die sich in geringschätzigen Titulierungen wie »Zankteufelin«, »Xanthippe« zu entladen suchen. Daher muß das Charakterbild der *boshaften Hysterikerin*, wie Freud, Jones und Deutsch Ida typisieren, hintergründiger gedeutet werden. Ida hat mit der bürgerlichen (Schein-)Idylle gebrochen, Verwirrung und Feindseligkeit herausgefordert und so tatsächlich Unfrieden im patriarchalen Gefüge gestiftet. Weil sie sich weigert, ein gefügiges Sexual- und Nutzungsobjekt zu sein, gilt sie als frigide und übellaunig. Weil sie die geltende Herrenmoral hinterfragt, auf ihrer Wahrheit und Autonomie beharrt, gilt sie als ichbezogen und herrschsüchtig. Weil sie Tabus zur Aussprache und Anklage bringt, gilt sie als nörgelnd, tyrannisch und widerborstig. Weil sie die Verletzungen und Demütigungen nicht vergessen will, gilt sie als nachtragend, voller Rache, Selbstmitleid und Eifersucht. Weil sie Freuds Deutungsversuchen entschieden widerspricht, gilt sie als nicht krankheitseinsichtig, verlogen, muß sie therapiert werden. Idas Persönlichkeit wird so umgreifend *pathologisiert*.

Freuds analytisches Endergebnis liest sich wie der Klappentext eines Herzromans: Es sei ursprünglich Idas ernsthafter Lebensplan gewesen, den gutaussehenden Hans Zellenka zu heiraten. Nur deshalb habe sie die Liebesbeziehung des Vaters zu Zellenkas Ehefrau unterstützt, in der Hoffnung, daß diese dann in die Scheidung einwillige. Aber die neurotische Ida sei unfähig gewesen, die reale Liebesforderung rollengerecht zu erfüllen. Idas Konflikt zwischen Phantasie und Realität habe sie daran gehindert, Zellenkas Liebesbemühungen erwartungsgemäß zu erwidern. Die Versuchungssituation am See verlief nicht so, wie es sich Ida eigentlich im Innersten gewünscht habe: Entgegen ihren Sehnsüchten schlug sie Zellenka und lief davon. Später habe sie dies unbewußt sehr bedauert und mit verschiedenen hysterischen Symptomen zu korrigieren versucht. Ihre Motive waren hier Rachsucht und Enttäuschung, da Zellenka nicht weiterhin um sie warb, sondern sie verleugnete. Freud vermutet, eine erneute leidenschaftliche Liebeswerbung wäre gewiß erfolgreich gewesen: Ida hätte Zellenka geheiratet, und alle Beteiligten wären angesichts dieser glatten Lösung zufrieden und glücklich gewesen.

Ida reagierte auf Freuds Schlußfolgerungen schweigsam, »ohne wie sonst zu widersprechen«: »Sie schien ergriffen, nahm auf die liebenswürdigste Weise mit warmen Wünschen zum Jahreswechsel Abschied und – *kam nicht wieder.*«[53] Nach nur 11 Wochen beendete Ida somit *eigenständig* die Analyse, die für sie alles andere als befriedigend verlaufen war. Mit dieser mutigen Leistung hinterfragte sie grundlegend die Logik der Freudschen Behandlungs- und Deutungsversuche. Ihre Konsequenz kam für Freud einer Ehrenkränkung gleich, die ihn als Mann und Wissenschaftler tief berührte.[54] Sie hatte Freud quittiert, aber Freud hatte mit Ida noch nicht abgeschlossen. Davon zeugen seine düsteren Prognosen, die er in seiner Fallstudie formulierte: Mit ihrer Entscheidung habe Ida alle Hoffnungen auf eine Heilung *vernichtet.*

Am 1. April 1902 besuchte Ida Freud nach fast 1½ Jahren. Vordergründig wollte sie ihn wegen einer rechtsseitigen Gesichtsneuralgie konsultieren. Freud deutete dieses Symptom als Ausdruck einer *Selbstbestrafung.* Ida bereue unbewußt, Zellenka geohrfeigt und ihre Rachephantasie auf Freud übertragen zu haben. Doch Idas innerer Beweggrund war, Freud über ihr selbständiges Verhalten nach Behandlungsende zu informieren. Während eines Kondolenzbesuches im Mai 1901 veranlaßte sie Frau Zellenka, das Verhältnis mit dem Vater zuzugeben. Auch Hans Zellenka mußte die damals von ihm bestrittene Belästigung am See eingestehen. Diese Nachricht überbrachte sie dann Philipp Bauer. Ida brach den Kontakt zur Familie Zellenka ab, ignorierte fortan das Liebesleben ihres Vaters.

Die Möglichkeiten und Grenzen weiblicher Widerstandsformen bleiben eng mit dem System kultureller Werte und Normen verknüpft, das die Handlungsressourcen der einzelnen nachhaltig beschneidet. Weiblicher Widerstand beinhaltet nicht nur den kollektiv artikulierten und sozialen Protest. Individuelle Leistungsverweigerung, nonkonformes und *über*angepaßtes Verhalten, subversive Ausbruchsversuche und -phantasien sind Strategien, die für die bürgerliche Frau des frühen 20. Jahrhunderts in ihrem eingeschränkten Handlungsspielraum *lebbar* waren.[55]

Ich deute Idas Hustenkrämpfe, ihre Migräneanfälle, ihre Stimmlosigkeit als *Symbole* ihrer unerträglichen Lebenssituation. Nur in einer verschlüsselten Form kann Ida ihre Leidenserfahrungen zur Aussprache und Anklage bringen. Die vereinzelte Zuflucht in Krankheit ist eine individualistische, selbstzerstörerische und spezifisch weibliche Konfliktverarbeitung. Auch die Frauen *um* Ida wählten diese Bewältigungsstrategie. Käthe Bauer plagte sich immer wieder mit massiven Verdauungsproblemen. Frau Zellenka war für einige Monate in einer Nervenheilanstalt, weil sie wegen Lähmungserscheinungen in den Beinen nicht gehen konnte. Die Gegenwart ihres Mannes wirkte auf sie *krankmachend*. Wenn Zellenka von seinen Geschäftsreisen zurückkehrte, wurde seine Ehefrau regelmäßig nervenleidend. Während seiner Abwesenheit war sie gesund und aktiv. Frau Zellenka nutzte ihre psychosomatischen Leiden als Instrument, um sich der sexuellen Versklavung gezielt zu verweigern. Idas Lieblingstante Malwina, Mutter zweier Töchter, litt an einer »schweren Form von Psychoneurose ohne charakteristisch-hysterische Symptome«.[56] Welches Verhalten diese Krankheit auslöste, bleibt ungeklärt. 1899 verstarb Malwina unerwartet, die Todesursache ist mysteriös. Im Widerspruch zu ihrem *plötzlichen* Tod steht Freuds Aussage, Malwinas Lebenskräfte wären *zunehmend* verfallen: Sie siechte dahin.[57] Waren alle Beteiligten blind für Malwinas Leiden? Idas Kusine, Malwinas älteste Tochter, wurde angeblich immer dann krank, wenn sie etwas erreichen wollte. Als ihre Schwester heiratete, klagte sie über stechende Magenschmerzen. Sie konnte deshalb nicht an der Hochzeit teilnehmen, wurde zur Therapie in einen eleganten Gebirgskurort geschickt. Freud nennt als Gründe Neid und Eifersucht. Ich verbinde diese Schmerzen mit dem tragischen Tod ihrer unglücklich verheirateten Mutter. Vielleicht befürchtete Idas Kusine einen ähnlichen Käfig für ihre jüngere Schwester?[58]

Frau Zellenka, Ida Bauer, ihre Mutter, Tante und Kusine wollen alltägliche Rollenerwartungen nicht mehr *normgerecht* erfüllen.

Sie verweigern sich dem Gehorsam in Fremdbestimmtheit. In der Sprache des Körpers artikulieren sie bislang gedrosselte und tabuisierte seelische Konflikte. Der weibliche Körper erscheint hier als ein kulturell zulässiges Ausdrucksmittel für Frauen, um widersprüchliche Erfahrungen und Traumatisierungen zu verarbeiten und auszuleben.[59] Symptomatisch für diesen Widerstandsakt ist die ergreifende *Vereinzelung* aller Frauen. Die Individualisierung ihrer sozialen Leidenserfahrungen nimmt einen selbstzerstörerischen Charakter an, der nur selten Solidarität mit anderen Frauen zuläßt. Ida und ihre Geschlechtsgenossinnen bleiben in den soziokulturellen und sexuellen Widersprüchen ihrer Zeit gefangen. Stets bewegen sie sich in einem Spannungsverhältnis zwischen Protest *und* Rezeption gegenüber den Weiblichkeitsbestimmungen im Patriarchat. Im leidvollen Wechsel zwischen Widerstand *und* Unterwerfung treten ihre inneren Spannungen zwischen Wunsch *und* Verbot, zwischen Selbstentfaltung *und* -zwang offen zutage.

Durch die Klassifizierung als Krankheit ist das nonkonforme Verhalten der einzelnen nicht mehr Kritik an der Gesellschaft und an der Verarbeitung von Konflikten – nicht mehr Infragestellung patriarchaler Herrschaft und ihrer Auswirkungen auf die weibliche Sozialisation. Ein abweichendes und provokantes Verhalten wird als »krankhaft« pathologisiert, psychologisch erklärbar und sozial kontrollierbar. Ausgrenzungsmechanismen, Zwangshospitalisierung, rigide therapeutische Maßnahmen dienen der gezielten Kontrolle, um normative und konkrete Macht über Frauen weiterhin ausüben zu können. Wahnsinn von Frauen legitimiert unmittelbar ihren *Ausschluß* von jeder öffentlichen Arbeit in Politik, Wirtschaft, Wissenschaft und Kultur.

Im Dezember 1904 heiratete die bereits schwangere Ida, im April 1905 wurde ihr einziger Sohn geboren. Idas Ehemann soll ein erfolgloser Komponist gewesen sein, der in Philipp Bauers Textilfabrik beschäftigt war. Idas Vater habe ihm wenigstens *einmal* ein Orchester gemietet, damit er seine eigenen Kompositionen hören konnte.[60] Leichter berichtet, die Familie Bauer sei gegen diese Heirat gewesen. Ida sei durch ihren Ehemann in einen Kreis von Snobs und Neureichen geraten. Oberflächliche Gesellschaften und ein Bridge-Club im Wien der Zwischenkriegszeit seien fortan der Mittelpunkt ihres Lebens gewesen.[61]

1912 verstarb Idas Mutter, 1913 ihr Vater – beide wahrscheinlich an Tuberkulose. 1914 wurde Otto Bauer zum Kriegsdienst verpflichtet, geriet bald in russische Gefangenschaft und kehrte erst 1917 nach Wien zurück. Der Erste Weltkrieg brachte auch für die Familie Bauer einschneidende Veränderungen. Nach Kriegsende lagen die Textilfabriken in der von Österreich abgetrennten Tschechoslowakei, das Familienkapital ging dadurch weitgehend verloren. Idas Ehemann kehrte von der Front invalide zurück, war bis zu seinem Tod 1932 ständig kränkelnd: eine Kopf- und Ohrverletzung beeinträchtigte seinen Gleichgewichtssinn und sein Erinnerungsvermögen. In den folgenden Jahren war Idas große Leidenschaft, das *Bridge,* von existentieller Notwendigkeit: Als Bridge-Lehrerin sicherte sie den Lebensunterhalt für sich und ihre Familie.

1957 enthüllte der Psychoanalytiker Felix Deutsch in einem kurzen Aufsatz, daß er 1922 Freuds *Dora* behandelt habe. Ida litt an dem sogenannten *Ménière-Symptomenkomplex* mit unerträglichen Geräuschen im rechten Ohr, anfallsweise auftretendem Drehschwindel, Übelkeit, Erbrechen und Schlaflosigkeit. Auf Empfehlung eines Hals-Nasen-Ohren-Arztes, der keine organisch bedingte Ursache finden konnte, konsultierte Ida Felix Deutsch. Deutsch entdeckte, daß sich bei Ida die von Freud beschriebenen *hysterischen Symptome* (periodische Migräne- und Hustenanfälle, Heiser- und Stimmlosigkeit, vaginaler Ausfluß und das Nachziehen des rechten Fußes) konstant *manifestiert* hatten. Die tragische Fortdauer dieser Leiden ist für Deutsch ein Grund, Freuds prognostischen Weitblick zu loben: Ohne Behandlung habe Ida eben »ihrem Schicksal nicht entfliehen können«.[62] Es war keine punktuelle Erfahrung, die Idas inneres Gleichgewicht vollständig aus der Balance geraten ließ. In einem steten *Prozeß* der Enteignung und Selbstentfremdung haben ihre Leiden einen biographischen Sinn, der nicht über die Addition von Befunden und wissenschaftlichen Prophezeiungen ermittelt werden kann.

Ida Bauers körperliche und seelische Integrität wurde erniedrigt, verletzt – *zerstört.* Diese Traumatisierung bestimmte ihr späteres Leben, schlug ihrer Selbstachtung unheilbare Wunden. Gemäß der patriarchalen Ideologie der Unterwerfung identifizierte sich Ida mit der Rolle des *Opfers.* Ihr enormer Leidensdruck, in vielfältigen Symptomen verschlüsselt, zeigt, wie stark ihr Selbstwertgefühl gebrochen war. MedizinerInnen kategorisieren dies mit dem Etikett: *Dauerpatientin.* Deutsch erwähnt mehrere gynäkologische Operationen, verschiedene Stoffwechsel- und Herzbeschwerden. Wie ihre Mutter auf die Hausreinigung, konzentrierte sich Ida jetzt zwanghaft auf ihre Körperhygiene: Sie fühlte sich permanent beschmutzt, kasteite sich mittels ritualisierter Waschungen schuldbewußt. Der scheinbare Boykott gegen die weibliche Rolle gerät hier zur traurigen Karikatur einer körper- und genußfeindlichen Kultur, die dogmatisch Frauen zur Entsagung und Scham verpflichtet. Ida rauchte wie ihr Bruder übermäßig stark. Sie hatte Todesängste und andere massive Angstzustände. Jede Angst verweist auf einen mißlungenen Wunsch. Idas Todesangst zeigt mir, daß sie mit ihrem Leben nicht zufrieden war, ihre eigenen Bedürfnisse, Wünsche und Hoffnungen als gescheitert ansah. Ursprünglich wollte sie in ihren Studien leben, niemals heiraten. Während ihrer analytischen Behandlung soll sie einmal ganz offen erklärt haben: »Die Männer sind alle so widerlich, daß ich lieber nicht heiraten würde.«[63] Diese begabte und intelligente Frau kompensierte ihre kognitiven Fähigkeiten im Bridge!

Ida hinkte lebenslang. Ich vermute, daß Idas Vergangenheit für sie bedrohlich unbewältigt blieb, sich nicht abschütteln ließ. Die zu tragenden Verletzungen, die niemals verarbeitet, sondern verinnerlicht wurden, lasteten schwer. Verzweiflung und Schuldgefühle beschwerten jeden zuversichtlichen Schritt in die Zukunft.

Bereits im Februar 1934 mußte Otto Bauer Österreich aus politischen Gründen verlassen. Er lebte zunächst in Brünn, Tschechoslowakei. 1938 steuerte der virulente Antisemitismus vieler ÖsterreicherInnen durch die Machtübernahme der NationalsozialistInnen in die unaufhaltsame Katastrophe. Otto Bauer floh im April nach Paris, verstarb hier wenige Monate später an einem Herzinfarkt. Im selben Jahr emigrierte Idas Sohn in die USA, wurde dort ein bekannter Musiker. Obwohl sie seit Jahren konvertiert war, war auch für Ida Bauer die Gefahr zu groß. Nur unter Mühen gelangte sie im Mai 1939 über Frankreich nach New York. Hier starb sie 1945 an Dickdarmkrebs, der zu spät diagnostiziert wurde, um erfolgreich operiert werden zu können.

Ida Bauers Sieg lag im fortwährenden Kranksein, eine wütende Entscheidung gegen das reibungslose Funktionieren von Frauenkörper und Frauenpsyche.

Anmerkungen

1 Freud, Sigmund: »Bruchstück einer Hysterie-Analyse«, in: *Monatsschrift für Psychiatrie und Neurologie,* 18, 1905, S. 283-310, S. 408-467. Die Motive für die sehr späte Veröffentlichung sind umstritten.

2 Idas Krankengeschichte ist Freuds Präzedenzfall für die Entwicklung der psychoanalytischen Theorie und Praxis. Sie zeigt die Technik der Traumanalyse und Freien Assoziation und die therapeutische Anwendung psychoanalytisch-klinischer *Entdeckungen* wie z. B.: Unbewußtes, Symbolik, Symptomhandlungen, (negative) Übertragung, Verschiebung, Verdrängung, Wort-Vertauschungen und Deckerinnerungen. Sie markiert Freuds wesentlichen Theoriewechsel von der *Verführungstheorie* zum Modell des *Ödipuskomplexes* (1896-1905), ist wichtige Verbindung zwischen *Traumdeutung* (1899) und den *Drei Abhandlungen zur Sexualtheorie* (1904/05). Vgl. Krüll, Marianne, 1979; Masson, Jeffrey M., 1986; Tünnermann, Simone.

3 Vgl. Jennings, Jerry L.: »Die ›Dora-Renaissance‹: Fortschritte in psychoanalytischer Theorie und Praxis«, in: *Psyche,* 44, 1990, S. 386f.

4 Jones, Ernest: *Sigmund Freud: Leben und Werk* (1953), Bd. 1, München 1986, S. 306.

5 Deutsch, Felix: »A Footnote to Freud's ›Fragment of an Analysis of a Case of Hysteria‹« (1957), in: Bernheimer, Charles; Kahane, Claire (ed.), *In Dora's Case. Freud – Hysteria – Feminism,* New York, London 1985, S. 43. Deutsch bezieht sich hier auf die Worte eines Informanten.

6 Deutsch urteilt pauschal nach einer Mitteilung Otto Bauers, interessante Details bleiben leider ausgespart, vgl. Deutsch: a. a. O., S. 39.

7 Freud kannte Karl Bauer flüchtig; er nannte ihn einen »hypochondrischen Junggesellen«, vgl. Freud, Sigmund: »Bruchstück einer Hysterie-Analyse« (1901/05), in: ders., Studienausgabe, Bd. VI, *Hysterie und Angst,* Frankfurt/M. 1982, S. 98.

8 Leichter, Otto: *Otto Bauer. Tragödie oder Triumph,* Wien, Frankfurt/M., Zürich 1970, S. 22. Leichter war ein Freund und politischer Weggefährte Otto Bauers.

9 1903 resümiert die Feministin Anna Pappritz (1861-1938) in ihrem Vortrag »Herrenmoral«: »Von den Männern, die über 30 Jahre alt in die Ehe treten, hat jeder zweimal Gonorrhoe gehabt und jeder 4.-5. ist syphilitisch«, in: Janssen-Jurreit, Marielouise (Hg.), *Frauen und Sexualmoral,* Frankfurt/M. 1986, S. 84.

10 Freud: a. a. O., 1982, S. 98.

11 Leichter: a. a. O., S. 363.

12 Vgl. die ausführliche Bibliographie in der politischen und ideologi-

schen Bauer-Biographie von Leichter: a. a. O., S. 381-392. Die meisten Schriften Otto Bauers finden sich eher in New Yorks Public Library als in Wien oder anderen europäischen Bibliotheken.

13 Vgl. Deutsch: a. a. O., S. 39. Otto Bauer erwähnt in Briefen an Karl Kautsky wiederholt die Sorge um den Vater und »Unglücksfälle« in der Familie, von denen er »geradezu verfolgt« sei; Brief an Karl Kautsky vom 19. 2. 1913, vgl. Leichter: a. a. O., S. 23. Die Korrespondenz Bauers mit Kautsky befindet sich im Institut für Sozialforschung in Amsterdam.

14 Leichter: a. a. O., S. 23 (Kursivsetzung von S. T.).

15 Vgl. Leichter: a. a. O., S. 363; vgl. Freud: a. a. O., 1982, S. 137.

16 Freud: a. a. O., 1982, S. 151.

17 Um 1900 gründete die Therapie von psychischen Erregungszuständen auf physikalische, diätetische, medikamentöse und psychische Behandlungsmethoden. Die beeindruckende Vielfalt der u. U. kontraindizierten Maßnahmen kann als Ausdruck medizinischer Insuffizienz gedeutet werden. Hydrotherapie (Hydriatik) und Elektrotherapie zählen neben der Klimato-Aerotherapie (Veränderung der Luft- und Klimaverhältnisse durch Bade-, Land- und Gebirgsreisen) und der Mechanotherapie (Massagen und Heilgymnastik) zu der *physikalischen* Behandlung. Die Elektrotherapie ist eine (nicht nur lokale) Reizstrombehandlung mit hochfrequenten, ungedämpften Wechsel- oder Gleichströmen. Ihre Anwendungsformen sind die elektrischen Massagen, das elektrische Bad und die elektrischen (Kopf-)Duschen. Die Hydrotherapie umfaßt zahlreiche Anwendungsweisen von Wasser, wie z. B. die partielle oder Ganzkörper-Einpackung in nasse Leinentücher und Wolldecken, die Abklatschung und Abreibung mit nassen Laken, die kalte oder warme Berieselung und Begießung mit Regen-, Strahl- und Kopfduschen und eine Vielzahl verschiedener Bäder: das Kalt-, Warm- und Wechselbad, das Dauer- und Sturzbad, das lokale Sitz-, Hand-, Fuß- und Hinterhauptbad, das Schlamm- und Moorbad, das sol- und kohlensäurehaltige Bad, das Dampf- und römisch-irische Bad. Besonders brutal waren das mehrstündige Dauerbad (u. U. bis sich die Haut vom Körper löste) und das Sturzbad, bei dem die Patientin unvorhergesehen mit sehr kaltem Wasser übergossen wurde. Vgl. Krafft-Ebing, Richard von: *Nervosität und neurasthenische Zustände*, Wien 1900², S. 124 ff., 138 ff.

18 Freud: a. a. O., 1982, S. 100.

19 Vgl. ebd., S. 136 und S. 162.

20 Vgl. ebd., S. 162. Idas Traum ist ein *Angst*traum. Dies verweist auf die massiven Tabus und Denkverbote, die den Wunsch nach schützender Nähe zur Mutter und Abkehr vom Vater reglementieren.

21 Freud: a. a. O., 1982, S. 166.

22 Ebd., S. 121.
23 Ebd., S. 138.
24 Vgl. Arbeitsgemeinschaft von Einrichtungen für Familienbildung (Hg.); Enders, Ursula (Hg.); Janshen, Doris (Hg.); Pro Juventute (Hg.); Rush, Florence; Russel, Diana E. H.
25 Freud: a. a. O., 1982, S. 163.
26 Vgl. ebd., S. 135. Zellenkas Argumentation ist repräsentativ für die sexuelle Doppelmoral im bürgerlichen Patriarchat. Der *Lolita-Mythos* entlastet den realen Vergewaltiger, verharmlost die sexuelle Gewalt.
27 Zur Feministischen Wissenschaftskritik vgl. z. B. Krüll, Marianne (Hg.), 1990; List, Elisabeth und Studer, Herlinde (Hg.); Schaeffer-Hegel, Barbara und Watson-Franke, Barbara (Hg.); – siehe Literaturliste.
28 Widersprüchlich bleibt, daß dieses Prinzip für Freud selbst *nicht* galt! Er verweigerte stets jeden Einblick in seine Privatsphäre, verbat sich darüber jede öffentliche Diskussion, vernichtete viele Briefe usw.
29 Freud: a. a. O., 1982, S. 111.
30 Ebd.
31 Ebd., S. 132.
32 Ebd., S. 130.
33 Ebd., S. 131.
34 Ebd., S. 148.
35 Ebd., S. 154.
36 Ebd., S. 148.
37 Die dramatischen Folgen dieser irrwitzigen Theorie sind durch die von Wilhelm Fließ 1895 durchgeführte Operation an Freuds Patientin Emma Eckstein (1865-1924) erschreckend belegt. Fließ vergaß bei dem Eingriff versehentlich einen halbmeterlangen Streifen Jodoformgaze in dem Hohlraum, den er durch die Entfernung des unteren Nasenmuschelknochens und die Eröffnung einer Nebenhöhle gemeißelt hatte. Durch diesen Kunstfehler konnte die Wunde nicht heilen, Emma Eckstein drohte zu verbluten, blieb für immer mißgestaltet; vgl. Masson, Jeffrey M.: *Was hat man dir, du armes Kind, getan? Sigmund Freuds Unterdrückung der Verführungstheorie,* Reinbek bei Hamburg 1986, S. 76-100.
38 Vgl. Anmerkung 23; Steinhage, Rosemarie.
39 Freud: a. a. O., 1982, S. 118.
40 Ebd., S. 134.
41 Ebd., S. 110.
42 Ebd., S. 171.
43 Ebd., S. 106.
44 Ebd., S. 104.
45 Freud: a. a. O., 1982, S. 172. Hier zeigt sich treffend Freuds fehlende Einsicht in die soziale Problematik der sexuellen Doppelmoral: Für den Arbeitgeber ein »Abenteuer«, bedeutete eine ledige Mutterschaft für

die Arbeitnehmerin fristlose Kündigung, finanzielle Not und gesellschaftliche Stigmatisierung!

46 Freud: a. a. O., 1982, S. 110.

47 Ebd., S. 149.

48 Ebd., S. 179.

49 Freud, Sigmund: *Briefe an Wilhelm Fließ 1887-1904*, Frankfurt/M. 1986, S. 245.

50 Vgl. Höfer, Renate: *Die Hiobsbotschaft C. G. Jungs. Folgen sexuellen Mißbrauchs*, Lüneburg 1993, S. 23 ff.; Krüll, Marianne: *Freud und sein Vater. Die Entstehung der Psychoanalyse und Freuds ungelöste Vaterbindung*, München 1979, S. 56 ff.

51 Aus der Perspektive einer feministischen Wissenschaftskritik basiert der tabuisierende, kulturelle Konsens auf einer patriarchalisch bestimmten Kultur- und Sozialstruktur. Das Unbewußte beinhaltet somit die Verbote und Tabus entgegen den Normen und Werten des Patriarchats. Diese im Patriarchat verankerten Denkverbote blockieren den Eintritt der im Zuge der weiblichen Sozialisation ausgegrenzten, abgewerteten, als bedrohlich empfundenen Wünsche und Lebensentwürfe der einzelnen ins (kollektive) Bewußtsein; vgl. Rohde-Dachser, Christa: *Expedition in den dunklen Kontinent. Weiblichkeit im Diskurs der Psychoanalyse*, Berlin, Heidelberg 1991, S. 38 ff.

52 Vgl. Janssen-Jurreit, Marielouise: »Die Grundlagen des Patriarchats – Thesen zu einer Theorie des Sexismus«, in: Schaeffer-Hegel, Barbara; Wartmann, Brigitte (Hg.), *Mythos Frau. Projektionen und Inszenierungen im Patriarchat*, Berlin 1984, S. 104-127.

53 Freud: a. a. O., 1982, S. 174 (Kursivsetzung von S. T.).

54 Vgl. Decker, Hannah S., 1982; Glenn, Jules.

55 Vgl. Honegger, Claudia; Heintz, Bettina: »Zum Strukturwandel weiblicher Widerstandsformen im 19. Jahrhundert«, in: dies. (Hg.), *Listen der Ohnmacht. Zur Sozialgeschichte weiblicher Widerstandsformen*, Frankfurt/M. 1981, S. 7-68.

56 Freud: a. a. O., 1982, S. 98.

57 Leichter erwähnt Malwina nicht, allerdings einen angeheirateten Onkel, den Otto Bauer regelmäßig besuchte, »um mit ihm anregende Gespräche zu führen«; Leichter: a. a. O., S. 23. Vielleicht wird Malwina übergangen, weil sie sehr früh stirbt oder nähere Zusammenhänge der Todes*ursache* aus Diskretionsgründen verschwiegen werden sollen.

58 Vgl. Freud: a. a. O., 1982, S. 114. Freuds Urteil entspringt einer patriarchalen Sichtweise, die Frauen voneinander entfremdet, Solidarität leugnet: Frauen sind zueinander mißgünstig, neidisch und eifersüchtig. Aber Idas Kusine hatte selbst eine unglückliche Liebesaffäre erlebt, kannte die Tragik ihrer und Idas Mutter, war also durchaus sensibilisiert für die einfühlende Teilnahme am Leid der anderen.

59 Vgl. Duda, Sibylle: »Bertha Pappenheim (1859-1936) – Erkundungen zur Geschichte der Hysterie oder ›Der Fall Anna O.‹«, in: dies.; Pusch, Luise F. (Hg.), *WahnsinnsFrauen*, Frankfurt/M. 1992, S. 123-145.
60 Vgl. Rogow, Arnold A.: »A Further Footnote to Freud's ›Fragment of an Analysis of a Case of Hysteria‹«, in: *Journal of the American Psychoanalytic Association*, 26, 1978, S. 341. Die Boshaftigkeit dieser »Anekdote« ist symptomatisch für den wissenschaftlichen Umgang mit Ida Bauers Lebensgeschichte.
61 In seiner fast 400 Seiten umfassenden Otto Bauer-Biographie erwähnt Leichter Ida in fünf (!) Sätzen, die Informationen bleiben vage; vgl. Leichter: a. a. O., S. 23-24.
62 Deutsch: a. a. O., S. 41.
63 Ebd., S. 43; vgl. Freud: a. a. O., 1982, S. 185. Ida habe angeblich hinzugefügt: »Dies ist meine Rache«, gemeint ist wohl: »Dies ist die bittere Erkenntnis aus meinen Erfahrungen.«

Literatur

Arbeitsgemeinschaft von Einrichtungen für Familienbildung e. V. (Hg.): *Sexueller Mißbrauch von Kindern – Das Schweigen brechen*, Bonn 1986

Adamaszek, Rainer und Monika: »›Nicht als Therapie möchte ich Ihnen die Psychoanalyse empfehlen, sondern wegen ihres Wahrheitsgehaltes ...‹ Kritisches zu Freuds erstem psychoanalytischen Fall ›Dora‹«, in: *Psychologie & Gesellschaftskritik*, 2, 1986, S. 63-78

Bernheimer, Charles; Kahane, Claire (ed.): *In Dora's Case. Freud – Hysteria – Feminism*, London 1985

Decker, Hannah S.: »Freud and Dora: Constraints on Medical Progress«, in: *Journal of Social History*, 14, 1981, S. 445-465

–: »The Choice of Name: Dora and Freud's Relationship to Breuer«, in: *Journal of the American Psychoanalytic Association*, 30, 1982, S. 113-136

Deutsch, Felix: »A Footnote to Freud's ›Fragment of an Analysis of a Case of Hysteria‹« (1957), in: Bernheimer, Charles; Kahane, Claire (ed.), a. a. O., S. 35-43

Duda, Sibylle; Pusch, Luise F. (Hg.): *WahnsinnsFrauen*, Frankfurt/M. 1992

Enders, Ursula (Hg.): *Zart war ich, bitter war's. Sexueller Mißbrauch an Mädchen und Jungen*, Köln 1990

Freud, Sigmund: »Bruchstück einer Hysterie-Analyse«, in: ders., Studienausgabe, Bd. VI, *Hysterie und Angst*, Frankfurt/M. 1982, S. 87-186

–: *Briefe an Wilhelm Fließ 1887-1904*, Frankfurt/M. 1986

–: *Drei Abhandlungen zur Sexualtheorie und verwandte Schriften,* Frankfurt/M. 1989
–: *Die Traumdeutung,* Frankfurt/M. 1992
Glenn, Jules: »Freud, Dora und das Kindermädchen. Eine Untersuchung der Gegenübertragung«, in: *Psyche,* 43, 1989, S. 522-533
Höfer, Renate: *Die Hiobsbotschaft C. G. Jungs. Folgen sexuellen Mißbrauchs,* Lüneburg 1993
Honegger, Claudia; Heintz, Bettina (Hg.): *Listen der Ohnmacht. Zur Sozialgeschichte weiblicher Widerstandsformen,* Frankfurt/M. 1981
Janshen, Doris (Hg.): *Sexuelle Gewalt. Die allgegenwärtige Menschenverletzung,* Frankfurt/M. 1991
Janssen-Jurreit, Marielouise (Hg.): *Frauen und Sexualmoral,* Frankfurt/M. 1986
Jennings, Jerry L.: »Die ›Dora-Renaissance‹: Fortschritte in psychoanalytischer Theorie und Praxis«, in: *Psyche,* 44, 1990, S. 385-411
Jones, Ernest: *Sigmund Freud: Leben und Werk,* Bd. 1, München 1986
Kanzer, Mark; Glenn, Jules (ed.): *Freud and His Patients,* New York 1980
Krafft-Ebing, Richard von: *Nervosität und neurasthenische Zustände,* Wien 1900[2]
Krüll, Marianne: *Freud und sein Vater. Die Entstehung der Psychoanalyse und Freuds ungelöste Vaterbindung,* München 1979
– (Hg.): *Wege aus der männlichen Wissenschaft. Perspektiven feministischer Erkenntnistheorie,* Pfaffenweiler 1990
Leichter, Otto: *Otto Bauer. Tragödie oder Triumph,* Wien, Frankfurt/M., Zürich 1970
List, Elisabeth; Studer, Herlinde (Hg.): *Denkverhältnisse. Feminismus und Kritik,* Frankfurt/M. 1989
Marcus, Steven: »Freud und Dora. Roman, Geschichte, Krankengeschichte«, in: *Psyche,* 28, 1974, S. 32-79
Marty, Pierre; Fain, Michel; M'Uzan, Michel de; David, Christian: »Der Fall Dora und der psychosomatische Gesichtspunkt«, in: *Psyche,* 33, 1979, S. 888-925
Masson, Jeffrey M.: *Was hat man dir, du armes Kind getan? Sigmund Freuds Unterdrückung der Verführungstheorie,* Reinbek bei Hamburg 1986
–: »Freud und Dora«, in: ders., *Die Abschaffung der Psychotherapie. Ein Plädoyer,* München 1991, S. 71-102
Pro Juventute (Hg.): *Sexuelle Ausbeutung von Kindern und Jugendlichen,* Zürich 1988
Rogow, Arnold A.: »A Further Footnote to Freud's ›Fragment of an Analysis of a Case of Hysteria‹«, in: *Journal of the American Psychoanalytic Association,* 26, 1978, S. 331-356
–: »Dora's Brother«, in: *International Review of Psychoanalysis,* 6, 1979, S. 239-259

Rohde-Dachser, Christa: *Expedition in den dunklen Kontinent. Weiblichkeit im Diskurs der Psychoanalyse,* Berlin, Heidelberg 1991

Rush, Florence: *Das bestgehütete Geheimnis: Sexueller Kindesmißbrauch,* Berlin 1982

Russel, Diana E. H.: *The Secret Trauma: Incest in the Lives of Girls and Women,* New York 1986

Schaeffer-Hegel, Barbara; Wartmann, Brigitte (Hg.): *Mythos Frau. Projektionen und Inszenierungen im Patriarchat,* Berlin 1984

–; Watson-Franke, Barbara (Hg.): *Männer Mythos Wissenschaft. Grundlagentexte zur feministischen Wissenschaftskritik,* Pfaffenweiler 1989

Schaps, Regina: *Hysterie und Weiblichkeit. Wissenschaftsmythen über die Frau,* Frankfurt/M., New York 1982

Slipp, Samuel: »Interpersonelle Faktoren der Hysterie: Freuds Verführungstheorie und der Fall Dora«, in: *Familiendynamik,* 3, 1978, S. 130-147

Spiegel, Rose: »Freud and the Women in his World«, in: *Journal of the American Academy of Psychoanalysis,* 5, 1977, S. 377-402

Steinhage, Rosemarie: *Sexueller Mißbrauch an Mädchen. Ein Handbuch für Beratung und Therapie,* Reinbek bei Hamburg 1989

Stroeken, Harry: »Dora«, in: ders., *Freud und seine Patienten,* Frankfurt/M. 1992, S. 47-63

Tünnermann, Simone: *Das Weiblichkeitsbild in klassischen Krankengeschichten. Eine sozialhistorische Analyse und Interpretation weiblicher Sozialisation,* Diplomarbeit, Hannover 1992

Winnett, Susan: »Sich krank schreiben lassen: Dora und Ottilie in den Handlungen der Meister«, in: Berger, Renate u. a. (Hg.), *Frauen – Weiblichkeit – Schrift,* Berlin 1985, S. 35-51

Sabina Spielrein
1885-1941

Von Renate Höfer

Sabina Spielreins Name wird fast immer mit dem Namen Carl Gustav Jungs in Verbindung gebracht. Ihre Person scheint unauflöslich an die Person Jungs gekettet. Am 7. November 1885 kam sie in Rostow am Don (Rußland) in einer jüdischen Familie als älteste von fünf Geschwistern – drei Brüdern und einer Schwester, die mit sechs Jahren an Typhus starb – zur Welt. Sie wuchs in großbürgerlich vermögenden Verhältnissen auf, in sogenannten geordneten: die Mutter war als Zahnärztin tätig – aus Vergnügen, wie immer wieder betont wird –, der Vater war Kaufmann.

Sabina Spielreins Kindheit und Jugend müssen als äußerst bedrückend bezeichnet werden, wie aus veröffentlichtem klinischen Material gefolgert werden kann. Sie war realer körperlicher Gewalt durch den Vater ausgeliefert. Ferner muß davon ausgegangen werden, daß das Kind sexueller Gewalt durch Erwachsene ausgesetzt war.

Ihr Leiden manifestierte sich schon in sehr jungen Jahren. Bereits mit 3-4 Jahren litt das Kind an schweren körperlichen und seelischen Störungen. Z. B. gelangen ihr Darmentleerungen nur mit großem Schmerz nach tagelang, sogar bis zu zwei Wochen, eingehaltenem Stuhl. Sie hatte ungewöhnliche manipulierende Techniken entwickelt. Mit sieben Jahren habe sie dann dieses große Qualen verursachende Verhalten aufgegeben und durch exzessive Onanie abgelöst. Diese »Verlagerung« sei ausgelöst worden durch heftige Schläge ihres Vaters auf die nackten nates (Gesäßbacken) und andererseits auch durch dieselbe Praktik ihres Vaters auf den nackten Hintern des jüngeren Bruders.

Mit ca. 13 Jahren hatte sie beim Essen zwanghafte Defäkationsphantasien, die von Zwangslachen, Pfuirufen, Herausstrecken der Zunge begleitet waren. Des Vaters rechte Hand konnte sie nicht mehr berühren, auch nicht mehr ansehen, ohne sexuell erregt zu sein. Mit 15 Jahren verliebte sie sich in einen ihrer Lehrer. Das Gefühl der Zuneigung wurde aber sogleich mit Ekel begleitet. Sie begann sich zu isolieren, verbarg ihren Kopf und entwickelte weitere bedenkliche Verhaltensweisen. Ihr Zustand verschlimmerte sich.

Sabina Spielrein nach ihrer Rückkehr in die Sowjetunion (um 1925)

Mit 18 Jahren wechselten Lach- und Weinkrämpfe mit Schreikrämpfen und darauf folgenden tiefen Depressionen. Am 17. August 1904 wurde sie in die psychiatrische Klinik Burghölzli/Zürich eingeliefert. Der sie behandelnde Arzt war Dr. Carl Gustav Jung, Sekundararzt der Klinik. Sabina Spielrein war 18 Jahre alt.

Das spezielle Interesse an Sabina Spielrein als einer ungewöhnlichen und bedeutenden Frau ist von dieser pathologischen Genese im Kontext ihres Lebens in der vorliegenden Literatur wenig berührt. Ein umfassendes Verständnis von Leben und beruflicher Leistung ergibt sich jedoch erst durch Einbezug der Vorgeschichte und der in dieser verursachten tiefen Brüche und Spaltungen.

Das intime Material hat zuerst C.G. Jung, ihr Arzt und Therapeut, für wissenschaftliche Zwecke zusammengestellt für einen Vortrag im September 1907 beim 1. Internationalen Kongreß für Psychiatrie und Neurologie in Amsterdam. Sein Referat hatte den Titel »Über die Freudsche Hysterietheorie«. Darin ist das vorbezeichnete Material enthalten, also Auszüge aus der frühen Lebensgeschichte Sabina Spielreins, ferner die Diagnose Jungs: »psychotische Hysterie bei einer intelligenten jungen Dame von zwanzig Jahren« bei Beweisführung der Ursache nach dem Freudschen Konzept.

Eine schriftliche Fassung des Vortrags wurde ein Jahr später, 1908, veröffentlicht und ist in die Gesammelten Werke Jungs aufgenommen.[1]

Sabina Spielrein war Jungs erster psychoanalytischer Schulfall. Von Belang ist in diesem Zusammenhang insbesondere, daß Jungs Darstellung als massive Indiskretion gelten muß, da davon auszugehen ist, daß er zu dieser Zeit – 1907 – bereits ein intimes Verhältnis mit seiner Patientin unterhielt.

Im Jahre 1977 wurden im Keller des ehemaligen Psychologischen Instituts in Genf Briefe von Sabina Spielrein und an sie sowie Auszüge aus ihrem Tagebuch aus den Jahren 1909-1912 gefunden. Es handelte sich dabei um Briefe bzw. Briefauszüge von ihr an Sigmund Freud 1909-1914, ferner an Carl Gustav Jung 1911-1918; ferner Freud an Spielrein 1909-1923 und Jung an Spielrein 1908-1919. Es sollen noch weitere unveröffentlichte Briefe vorhanden sein.

Dieser Fund eröffnete erstmalig einen besonderen Einblick in die Psychodynamik des Verhältnisses der Protagonisten der Tiefenpsychologie Freud und Jung im Beziehungsgefüge der psychotherapeutischen Behandlung einer Patientin und späteren Kollegin, denn Sabina Spielrein hatte sich als Ärztin und Psychoanalytikerin etabliert und in Fachkreisen Anerkennung verschafft.

Bezogen auf die beiden Männer offenbarte sich dabei ein eigennütziger Karrierefleiß, der in eklatantem Widerspruch stand zum Anspruch der jungen russischen Patientin Jungs auf Respektierung ihrer Würde. Tagebucheintragungen und Briefe geben Einblick in das Wechselspiel von Realgeschehen, Sehnsüchten und Hoffnungen auf dem Hintergrund spezifischer Abhängigkeiten, speziell der jungen Frau als Patientin und später auf ihrem Weg zur Psychoanalytikerin und Wissenschaftlerin.

Schon bald nach ihrer Einlieferung in die Klinik stellte sich eine persönliche Vertrautheit her zwischen ihr und ihrem Arzt und Psychotherapeuten Jung. Diese Vertrautheit wurde öffentlich bekannt – nach dem Fund der Dokumente auch in ihrem besonderen Verlauf. Trotz einer Vielzahl von Stellungnahmen und Bewertungen sind m. E. die Motive der schnellen und intimen Annäherung bisher nicht hinreichend erklärt.

So scheint mir nicht ausreichend, eine sogenannte Professionsverwirrung Jungs aufgrund mangelhafter beruflicher Erfahrung geltend zu machen oder von einer spezifischen Macht-Ohnmacht-Konstellation in der therapeutischen Beziehung zu sprechen, die einzig die Grenzüberschreitungen Jungs erklären soll.

Die Beziehung war brisant, exzessiv, sie dauerte nach dem ersten Feuer in verwandelter Leidenschaft noch lange an, jedenfalls für Sabina Spielrein. Und konnte ihrerseits nicht wirklich aufgelöst, respektive abgelöst werden; während Jung sich als der Mächtigere frühzeitig zu distanzieren versuchte, sich berechnend zwielichtig verhielt und Verantwortung zu vermeiden trachtete.

Sabina Spielrein kam als 18jährige junge Frau, geschunden an Körper, Geist und Seele nach mehreren stationären Kurzaufenthalten in die Obhut C.G. Jungs, der seinerseits in seiner Kindheit/Jugend Opfer sexueller Gewalt gewesen war und sich als 12jähriger durch Spaltung in eine 1. und 2. Persönlichkeit aus dem Schmerz und den Qualen zu retten versucht hatte. Es trafen somit zwei Menschen aufeinander, die in ihrer Kindheit und Jugend schneidendes Unrecht erfahren hatten, deren Anspruch auf Unversehrtheit brutal verletzt worden war, die zügellosen sexuellen Begierden ausgeliefert gewesen waren. Es hatte dies auf beide Menschen zerstörerisch gewirkt und zugleich die Hoffnung wachgehalten, im Glück eines absoluten Vertrauensverhältnisses entlastet, sogar erlöst werden zu können von der »Schande« des Mißbrauchtseins.

Bereits im Alter von 3-4 Jahren sind beide Kinder gezeichnet. Es gibt über diesen Lebensabschnitt beider, über Erlebnisse und Verhaltensweisen einige Auskünfte: über das Mädchen in Rußland, das in einer patriarchal jüdischen Familie aufwächst, und über den Jungen aus dem Schweizer Pfarrhaus, der in die Mechanismen von Calvinismus und Sexualität geriet.

Auffällige Symptome bei dem Kind Sabina waren: Stuhlverhalten – sie setzt sich auf die Ferse, um den Anus zu verriegeln und dabei doch zu defäkieren – Zwangsgefühl, dem Vater auf die Hand defäkieren zu müssen; Erregtheit, wenn der Vater sie auf den nackten Hintern schlug, ebenso beim Zusehen, wenn der Bruder genauso »behandelt« wurde. Exzessive Onanie als Ablösung des Stuhlverhaltens. Bei dem Kind Carl Gustav kam es ebenfalls zu einer Vermischung von Erleben, Trieb und Ängsten, z. B.: kommt im Alter von 3-4 Jahren ein riesiger Phallus in einem Alptraum auf ihn zu; mit 11 Jahren hat er die Zwangsvorstellung, daß Gott ein riesiges Exkrement auf das Basler Münster fallen läßt: unter dem die Kirche zerbirst, was nach meiner Analyse mit Onaniepraktiken einhergeht; das heimliche Verstecken des »Männchens« etc. Dazu kamen vorgetäuschte Ohnmachtsanfälle und exzessive Phantasien, ein Urenkel Goethes zu sein usw.[2]

Beide Kinder haben verzweifelt Wege gesucht, die erlebte Erniedrigung zu überwinden, indem sie sich ein Leben neben dem Leben kreierten. Für den Jungen Carl Gustav gab es den gesellschaftlich eher positiv vorgebahnten Weg. Er wählte den der genialischen Auserwähltheit und Macht/Allmacht – wenn auch auf einem Hintergrund weiterhin empfundener Not, z. B. des Umtriebs in Ambivalenzen und existentiellen Zweifeln.

Für Sabina, deren Rollenanforderung Zurückhaltung und Unterwerfung gebot, kamen eher sogenannte Verhaltungen und hysterische Ausbrüche in Frage, freilich ebenso mit Gegenimpulsen. Völlig aus der Rolle fiel sie mit ihrem Lachen, Weinen und Schreien, mit dem sie ihre Eltern und ihre Umgebung zu tyrannisieren wußte. So erzwang sie Aufmerksamkeit, erregte Aufsehen, wurde unbotmäßig. Ihre Onaniepraktiken hatte sie offensichtlich ungeniert betrieben.

Zugleich war sie ein wiß- und lernbegieriges Kind, das z. B. Löcher in die Erde grub, um in der Tiefe auf der anderen Seite der

Erde Amerikaner zu finden, die sie glaubte an den Beinen herausziehen zu können. Sie stilisierte sich in ihren Aufführungen auch zu einer Göttin, die lebende Menschen aus Lehm und Erde kneten konnte. Dabei erschreckte sie den jüngeren Bruder des öfteren sehr heftig. Ihre schulischen Leistungen waren gut, so lernte sie spielend Sprachen und war auch den anderen Anforderungen des gymnasialen Bildungswegs gewachsen. Die psychotischen Züge ihrer emotionalen Entwicklung beeinträchtigten ihre intellektuelle Entwicklung nicht. Auch hier gibt es Parallelen zu dem Kind Carl Gustav. Er rationalisierte nach tiefen Zweifeln an seiner Existenz mit ca. 11 Jahren seine Verzweiflung und Not und wurde zu einem strebsamen Schüler, der bereits um 5 Uhr nachts aufsteht, um sich gründlichst auf den Schulalltag vorzubereiten.

Es scheint, als hätten die von beiden erlebten Gewalterfahrungen zu tiefen Brüchen in ihrer Psyche geführt. Beider Wunden verheilten nicht, die Verletzungen brachen sich Bahn. Sabinas hervorragende schulische Leistungen waren keine wirklichen Äquivalente, sie bewirkten keine Stabilisierung der Person der jungen heranwachsenden Frau. Mit 18/19 Jahren war sie psychisch schwer krank.

Es kann davon ausgegangen werden, daß C.G. Jung, als ihr behandelnder Arzt, ein weitgehendes, sensibles Verständnis für sie hatte, daß er die Verursachung der Leiden ahnte, wußte.

Zur Zeit ihrer Einlieferung in die Klinik hatte Jung noch keinen persönlichen Kontakt mit Freud, hatte er Freuds Einsichten in die Ätiologie der Hysterie, dessen unwiderrufliche Vorgaben der Bedeutung von kindlichen sexuellen Traumen und ihren Auswirkungen – als Theorie mit dem Gebot zur Unterdrückung von Wahrheit – noch nicht assimiliert. Zudem bewegte er sich noch heftig in den Strudeln der unverarbeiteten Erinnerungen eigener traumatischer Sexualerfahrungen und versuchte verzweifelt, seine eigenen Leiden zu kompensieren.[3].

Erst 1907 vertraute sich der 32jährige Jung seinem Freund und Mentor Sigmund Freud an und suchte bei ihm Rat und Hilfe für das Problem seines fortdauernden Sexualtraumas. Im Brief an Freud bekannte er, er sei »als Knabe einem homosexuellen Attentat« eines von ihm »früher verehrten Menschen« unterlegen gewesen und leide immer noch an den Folgen.[4] Freud wies ihn brüsk zurück und riet ihm, sich in das Unvermeidliche zu schicken und die Angelegenheit mit Humor zu nehmen. Das war eine eklatante

Mißachtung der Gefühle Jungs und ein Mißbrauch des Vertrauens. Der Abgewiesene suchte sich aus der Erneuerung, Verdoppelung des Traumas zu retten, indem er – der Abweisung Freuds folgend – erneut Kopf und Gefühle trennte, d. h. zu trennen versuchte: wie bisher. Von beiden Männern, den Wegbereitern der Tiefenpsychologie, wurde alsdann die Aussicht ihrer Karriere als ein gemeinsames höheres Ziel gepriesen. Das hieß u. a., sich der Erforschung und Definition der Hysterie in bewährter Weise zu widmen. Freud hatte bereits vorgesehen – nach seinem Widerruf von 1896 – den *realen* sexuellen Traumen keine entscheidende Bedeutung in der Verursachung der Hysterie und im Psychoanalyse-Konzept generell mehr zuzuschreiben, d. h. die von ihm früher erkannte und ausgewiesene Verursachung zu leugnen. Jung, der zu dieser Zeit ein folgsamer Schüler Freuds war, gehorchte diesem Programm. Es war dies eine beiderseits folgenschwere Entscheidung, die bis heute als Bedingung eines Aspektes der Theoriebildung im Freudschen Konzept der Psychoanalyse festgelegt ist. Absurderweise vollzog es sich mit Hilfe von Verdrängung und Verleugnung, die ansonsten als Begriffe der Patho-Logik in der Tiefenpsychologie fungieren.

Im Schnittpunkt dieser Entwicklung stand Sabina Spielrein, zwar eine Nebenfigur; dennoch zugleich latent im Fokus der Geschehnisse.

Sie fand, nach mehreren gescheiterten Versuchen in anderen Kliniken, schließlich Aufnahme im Burghölzli und dort auch Annahme beim behandelnden Arzt Dr. Jung. Es scheint, als habe er ihre Verzweiflung hinter den Symptomen wahrgenommen und als Signale erkannt. Es kann davon ausgegangen werden, daß sie, die »als ganz naives Kindchen« zu Jung in die Behandlung kam, wie sie später in ihrem Tagebuch bemerkte, sich nach und nach vertrauensvoll öffnete und ihren Arzt als möglichen Helfer nach relativ kurzer Zeit akzeptieren konnte.[5]

Bereits nach drei- bis viermonatiger stationärer Behandlung hatte sich Sabina Spielreins Zustand erheblich gebessert; und nach neuneinhalb Monaten konnte sie – quasi als geheilt – entlassen werden. Im April 1905 begann sie ein Medizinstudium in Zürich, das sie 1910 abschloß. Sie begann an einer Dissertation mit einem medizinisch-psychologischen Thema zu arbeiten. Ein Jahr später, 1911, war sie promoviert.

Damit stellt sich erneut die Frage nach den Motiven der sich anbahnenden und sich schnell intensivierenden Beziehung, aus der sich eine quasi schicksalhafte Verkettung der Lebenswege ergab. Es verwirrten sich die Anteile von Arzt/Patientin und Mann/Frau.

Sabina Spielrein trug wiederholt Wendungen in ihr Tagebuch ein, die die seelische Verwandtschaft zwischen ihr und Jung betonten. Dies beteuerte sie auch Freud gegenüber: Daß das Entstehen der Liebesbeziehung »auf dem Boden tiefen seelischen Verständnisses und gemeinsamer geistiger Interessen« beruhe, womit sie zweifellos den Anspruch auf Gleichwertigkeit beider in der Beziehung erhob.[6]

Es muß zunächst verwundern, wie schnell und nachhaltig der Arzt C.G. Jung den Heilungsprozeß bei seiner Patientin bewirkte und sicherte. Unter dem Gesichtspunkt der empfundenen und gelebten Seelenverwandtschaft bzw. Leidensgemeinschaft ist die Brisanz des Heilungserfolges nicht so verwunderlich. Insbesondere dann nicht, wenn man hinzunimmt, daß die entstehende intime Beziehung für Sabina Spielrein ein ersehntes Glück war, sowohl emotional wie mental und auch physisch. Jungs Empathie war wirksam. Der Arzt erlebte zudem die Kraft und den Aussichtsreichtum einer neuen Verstehens- und Behandlungsweise, die sich optimal verband mit seinen Aufstiegswünschen. Er war sich sicher, seine Patientin aus ihren Fixierungen befreien zu können und, wie sich dann erwies, eine begeisterte Schülerin, Anhängerin und Mitarbeiterin auf dem Weg des Entwurfs und des Ausbaus seiner neuen Seelen- und Heilungslehre zu haben.

In der Klinik war die zu Beginn 18jährige junge Frau von dem zehn Jahre älteren Arzt Jung nach der Freudschen Methode behandelt worden, was u. a. hieß, daß sie frei und unzensiert über ihre Erlebnisse, Erinnerungen, Gefühle und Ängste sprechen konnte. Es waren insbesondere ihre Kindheitserlebnisse, eben auch in sexueller Hinsicht, von Interesse: gerade dies forderte ja die neue Methode. Die Patientin antwortete auf Stichwörter/Reizwörter des Arztes. Die Antworten, das Nichtverstehen von Vorgaben, die Reaktionszeiten usw. waren für den Arzt von Bedeutung. Jung arbeitete zu dieser Zeit wissenschaftlich an der Assoziationsthematik und bekam reichlich Material.

Schon während des neunmonatigen Klinikaufenthaltes wurde Sabina Spielrein von ihm mit wissenschaftlichen Teilaufgaben betraut. Sie nahm an seinen Assoziationsexperimenten teil, sowohl als Patientin wie als Mitarbeiterin und stellte – wie auch Jungs Frau, Emma Jung – Materialien zusammen für seine Habilitationsschrift.

Nach der Entlassung aus der Klinik, während ihres Studiums, wohnte sie in Zürich und ging bis 1909 zu Jung in ambulante therapeutische Behandlung.

Über Sabina Spielreins Privatleben in dieser Zeit, von den Kontakten mit Jung abgesehen, ist kaum etwas bekannt. Es scheint, als habe die enge Beziehung zu ihm, die Arbeit mit ihm – sowie ihre Studientätigkeit in einer Art Isolation mit obigem Fokus – ihr Leben weitgehend oder sogar vollständig bestimmt. Es scheint auch, als habe sie in dieser Zeit – von ihrem 20. bis 25. Lebensjahr – keine engeren Freundschaften gehabt. In ihren Aufzeichnungen ist oft von Einsamkeit die Rede. Sie erwähnt kurz zwei Freundinnen und daß die Beziehung mit ihnen in die Brüche ging, und spricht wiederholt von Kolleginnen, mit denen sie sich auch privat austauschte.

Wie die meisten Patientinnen, die in psychotherapeutischer Behandlung sind, idealisierte auch Sabina Spielrein ihren Therapeuten. Ehrliches Bemühen um sie, Interesse an ihrer Genesung, Interesse an ihr als einer jungen Frau, die »ganz einfach gekleidet« und mit einem hängenden Zopf herumlief, waren völlig neue Erfahrungen in ihrem Leben, die sie ganz sicher tief beeindruckten.[7] Sie führte schon während des Klinikaufenthaltes um Theoriefragen orientierte Gespräche mit Jung, der ihre Intelligenz lobte und prognostizierte: »Solche Köpfe bewegen die Wissenschaft vorwärts. Sie müssen Psychiater werden.«[8]

Die Übereinstimmung und Anerkennung bezog sich jedoch nicht nur auf die Sphäre des Geistes, auch emotional bestand gegenseitiges Interesse. Sabina Spielrein wurde neugierig: Sie wollte Jungs Solidarität ihr gegenüber überprüfen. Eines Tages ließ sie ihn wissen, daß sich Emma Jung in einem Traum bei ihr über das Zusammenleben mit ihrem Mann beklagt habe. Als verliebte Patientin war es ihr wichtig, ihres Therapeuten Reaktion/Stellungnahme zu erfahren. Dieser stellte Konkurrenz her, schürte Rivalität, wobei er die »Ausnahmefrau« Sabina Spielrein der »gewöhnlichen Frau« Emma Jung gegenüberstellte.[9] Bei der sich auf dem Heilungsweg befindenden Patientin, deren Selbstwertgefühl schon fast völlig erloschen gewesen war, mußte solche Wertschätzung die Bereitschaft zur bedingungslosen Hingabe und Anbetung fördern.

In ihrer Jugend hatte die Anpassung an Leistungsanforderungen ihr dazu gedient, in einer Art Wertetausch ihr Überleben zu sichern. Zwar war sie in psychotische Wirbel und Abseitigkeiten geraten, hatte aber ihren wachen Intellekt gerettet und dergestalt auf ihrer »Einzigartigkeit« bestanden. Diese Orientierung behielt sie in der späteren Beziehung mit Jung bei: »Der Gedanke, ich könnte eine von den vielen sein, meine Leistungen gingen nicht über das Durchschnittsniveau hinaus und die ›Höhere Bestimmung‹ wäre ein unsinniger Traum«, das brach wie ein verzweifelter Aufschrei aus ihr heraus, als sie befürchtete, in der Beziehung mit Jung wegen eines in ihr liegenden Unvermögens zu scheitern.[10]

In der Zeit nach ihrer Entlassung aus der Klinik, also in der Zeit ihres Studiums und ihrer Beziehung zu Jung als Patientin, Mitarbeiterin und Geliebte, verfestigte sich jenes fatale Wechselspiel von Abhängigkeiten, worin die in der Kindheit verletzten Gefühle und das psychische Trauma ihrer Sexualgeschichte sich verstrickten mit Jungs dramatischem sexuellen Weg und seinem unbändigen Aufstiegsstreben.

In diesem Prozeß wurde Sabina Spielrein in Intimitäten aus Jungs Leben eingeweiht und ins Vertrauen gezogen. Sie bekam sein geheimes Tagebuch zu lesen, was bis dahin seiner Ehefrau vorbehalten war.

Sie erlebte 22/23jährig eine Zeit seelischer und geistiger Verschmelzung mit ihrem Idol, ihrem Carl Gustav Jung. Sie wurde von ihm zu Bootsfahrten auf dem Zürichsee eingeladen. Es gab Verabredungen in ihrer Wohnung und auch außerhalb Zürichs. Sie wurde von ihm umschwärmt, gelobt für ihre ihm zuliebe veränderte Garderobe, denn »häßliche Kleider beleidigten« ihn.[11] Sein Geschmack wurde Maßstab. Sie wurde von Jung angebetet, er gab ihr das Bewußtsein, die Einzige für ihn zu sein.

Sie saugte seine Schwärmereien begierig auf, ließ sich nur zu gerne vergöttern und war überglücklich, wenn Jung ihr vorschwelgte: daß es ihn sehr glücklich mache zu wissen, daß sie ihm ähnlich geworden, daß ihr Denken und Fühlen wie bei ihm selbst sei, daß sie Eines seien – und daß sie wie er die Freiheit liebe, statt Fesseln zu ersinnen. Beteuernd fügte er hinzu: »Sie glauben nicht, wie viel mir die Hoffnung bedeutet, einen Menschen lieben zu dürfen, den ich nicht verdammen muß und der sich nicht verdammt dazu, an der Alltäglichkeit der Gewöhnung zu ersticken.«[12]

Die 23jährige Sabina Spielrein war dem Liebes- und Selbstwertrausch ihres Therapeuten erlegen, der »Polygamie predigte«, der seine Frau Emma um Zustimmung zu einer Dreierbeziehung ersucht hatte, der die junge Frau mit seinen Versprechungen und Lobeshymnen betörte: »Wie groß wäre mein Glück, in Ihnen den Menschen zu finden, der nie in Sentimentalität versandet, sondern dessen eigentliche und innerste Lebensbedingung die eigene Freiheit und Unabhängigkeit ist.«[13]

In Wahrheit steckten egozentrische Projektionen und auch berufliches Kalkül hinter der Absicht, sich das Objekt seiner Begierden zu sichern und sich mit ihrer Hilfe aufzuschwingen über die niedere Welt des gewöhnlichen Lebens. Genialer Flug war angesagt, Nutzung aller Wünsche und Energien – totale Begeisterung und totale Rücksichtslosigkeit. Aber die Wahl der Wörter, das Unlautere der Gedanken signalisieren die Unreife, den trügerischen Geist Jungs, gegen den Sabina Spielrein hilflos schien in ihrer bedenkenlosen Eingenommenheit für den Lehrmeister und Liebhaber.

Sabina Spielrein und Jung – sie brauchten und gebrauchten sich wechselseitig. Beide regredierten im Anspruch an die andere Person in eine Phantasie- und Wunschwelt, die dennoch geprägt blieb vom Diktat der Geschlechterrollengesetze. Jung nutzte dabei die Abhängigkeit seiner Patientin, er mißbrauchte die um Selbständigkeit und Autonomie ringende Frau für seine Zwecke. Sabina Spielrein ist meines Wissens der erste dokumentierte Fall einer mißbrauchten Patientin in der Geschichte der psychoanalytischen Therapie!

Jung vergaß seine ärztliche Verantwortung und folgte ungehemmt seinen Triebwünschen. Er klärte sie darüber auf, daß für die Frauen das schmerzliche Erwachen vorprogrammiert sei bei ihren Träumen »von ewiger Treue und anderen Unmöglichkeiten«. Er ließ keinen Zweifel daran, daß er an seiner Frau Emma als der von ihm bereits Betrogenen festhalten werde. Und dieses Schicksal, ein unausweichliches Frauen-Schicksal, wolle er nun nicht auch noch ihr, der Geliebten, zumuten.

Sabina Spielrein erlebte erneut – wie in ihrer Kindheit und Jugend – männliche Dominanz und die Respektlosigkeit gegenüber ihrem Leben und ihrer Identität als Mädchen und Frau. Sie war zunächst nicht imstande zu erkennen, was ihr und mit ihr geschah. Den Zwang zur Flucht, in ein Teil-Leben einer Meta-Realität, setzte sie, sozusagen in gewandelter Form, fort in ihr drittes Lebensjahrzehnt.

Ihrem Idealpartner Jung wurde sie zur wichtigsten Gesprächspartnerin neben, möglicherweise noch vor Freud, mit dem Jung ab 1906 in einen Briefwechsel über fachliche und auch private Fragen eintrat.

Jung war immer wieder beeindruckt von der Klugheit Sabina Spielreins, »diese intelligenten Augen«, habe er geseufzt und beständig ausgerufen, »diese Intelligenz!«[14 15]

Als Geliebte erschien Sabina Spielrein ambivalent in ihren Wünschen nach Sicherheit und Beständigkeit und der Selbstverordnung von Unterwerfung und Selbstlosigkeit. Konfrontiert war sie mit den fordernden Ansprüchen eines mit eigenen Kindheitserinnerungen ringenden und nach Erlösung süchtigen Mannes, der noch gerade zuvor ihr souveräner Retter war, der die Dynamik ihrer Zerstörung anhalten und sie von ihrem Martyrium erlösen konnte. Es kann davon ausgegangen werden, daß Sabina Spielrein über das an Jung begangene homosexuelle Attentat im Detail informiert war. Auch die Nöte Jungs im Gefolge der sexuellen Gewalttat an ihm waren ihr mit Sicherheit bekannt.

Während der Zeit der innigsten Beziehung Jungs zu seiner Geliebten wandte er sich mit seinem schmerzlichsten Problem an Freud (1907). Ein Grund dafür, daß er gerade jetzt das ihn beunruhigende Geheimnis preisgab, lag gewiß auch darin, daß es erneut und schärfer aktualisiert wurde in der erregten Situation mit seiner Patientin/Geliebten. In der Verworrenheit der zwanghaften Verkettung der beiden Lebensgeschichten stieg das alte Unheil drängender auf. Jung suchte aus dem alten Übel – und in der Vorahnung eines neuen – Hilfe, er ersehnte Aufhebung der Bürde. Aber die gewünschte Absolution durch Freud blieb aus (wie oben ausgeführt). Dagegen konnte der weitere Zugriff auf Sabina Spielreins Verständnis, auf ihr Mitgefühl, mögliche Rettung bringen, jedenfalls erhebliche Entlastung. Eines Tages bestürmte er sie: Nun wolle er alles von sich erzählen.

Sabina Spielrein, die selbst wegen tiefgehender Störungen in ihrer frühen psychosexuellen Entwicklung bei dem Therapeuten Hilfe gesucht hatte, nahm jetzt den von seiner Kindheit her verwundeten Carl Gustav, der durch Freuds rigide Abweisung erneut gepeinigt war, in ihre Obhut. Das nährte ihr Selbstbewußtsein, ihre Unentbehrlichkeit war vorerst gesichert. Ihre Rettungsphantasien, die sie als Jugendliche gehabt hatte: Göttinnen ähnlich und für Besonderes auserwählt zu sein – wurde hier bestätigt und gesteigert.

Ihre Wünsche erfüllten sich, wenn sie beide »stundenlang in sprachloser Seligkeit verweilen« konnten, wenn er bei ihr war und weinte, wenn er kundtat, »es könne ihn niemand so verstehen wie« sie.[16].

Beider Leidenschaft wurde beseelt von der Vorstellung, einen gemeinsamen Sohn zu haben. Das imaginäre Kind, das sie Siegfried nannten, würde, nach Sabina Spielreins Vorstellung das größte Genie werden, weil es von Jung, dem »Götterabkömmling« abstammte. Das Kind sollte sicher dann auch sie, als die Mutter dieses neuen Genies, mit der ehemals geringgeschätzten Weiblichkeit, versöhnen.

In Tagebuch und Briefen spielte dies Hoffnungskind Siegfried eine dominante Rolle. In der Beschreibung verschiedenster Lebenslagen ist es zu finden: Sie führte Selbstgespräche mit dem Siegfried-Sohn, nutzte ihn als Phantom im Kampf um ihre Ziele und Rechte. Dieses imaginierte Kind diente ihr in der Strategie ihrer Rechtfertigung einer nicht legalisierten Beziehung – sie nutzte, wie Jung, wenn auch in anderer Weise, die Überhöhung der Realität in eine mythische Ebene. Dieser Siegfried galt ihr als Götterkind.

In den Spekulationen um das Intimleben von Spielrein und Jung geht es immer auch um die Frage, ob sie sexuelle Kontakte hatten. FreudianerInnen stimmen diesem Verdacht eher zu; JungianerInnen legen hier eher ein Veto ein; wobei ich betonen möchte, daß Siegfried in der gesamten vorliegenden Literatur zu Spielrein/Jung *ausschließlich* als ein Wunsch-/Phantasie-Kind gesehen und »angenommen« wird. Ich hingegen gehe davon aus, daß es in der Siegfried-Imagination nur zunächst um eine emotionale Verbindung und Projektion beider ging und daß es als Folge der Bedingtheit von Sexualität zu einer Schwangerschaft Sabina Spielreins kam. Ich erneuere hier meine früher geäußerte Vermutung (siehe meine Ausführungen in *Die Hiobsbotschaft*...), daß die junge Frau von ihrem Therapeuten Jung schwanger wurde und daß in der Folge ein Schwangerschaftsabbruch stattfand, den Jung selber vornahm oder organisierte. Meine Vermutung findet sich begründet und ist gerechtfertigt aufgrund der Gesamtheit von Äußerungen und Beschreibungen Sabina Spielreins und Jungs aus in Frage kommenden Zeiten. Die Auswertung der aufeinander zu beziehenden Daten und die Dechiffrierung der verbergenden – und dennoch die Situation und die Vorgänge charakterisierenden –

Äußerungen läßt für mich in meiner psychoanalytisch-feministischen Analyse und Deutungsarbeit keinen anderen Schluß zu.[17]

Es wäre – bei der Heftigkeit der Beziehung und der Intensität der Kundgaben – ja nur natürlich, wenn sich diese Entwicklung ergeben hätte bzw. daß sich diese Entwicklung ergeben hat. Es ist davon auszugehen, daß Schwangerschaft und Abbruch sich Ende des Jahres 1908/Anfang 1909 ereigneten. Zu diesem Zeitpunkt eskalierten die inneren und äußeren Turbulenzen der Beziehung. Sabina Spielrein hatte zu dieser Zeit eine sehr heftige Szene gemacht, die offensichtlich den Rang einer existentiellen Auseinandersetzung hatte. Von da an wollte Jung ihr nicht mehr trauen bezüglich ihrer Verschwiegenheit. Er suchte sie umgehend in ihrer Wohnung auf. Es brachen ungewöhnliche Äußerungen durch: Er bereue vieles, er bereue seine Schwächen und verdamme das Schicksal, das ihm drohe. Er flehte um Vergebung für seine Übergriffe als ihr Arzt und setzte Prioritäten: seine Karriere sei »ihm wichtiger als die momentanen Probleme und Leiden der Gegenwart«. Er äußerte tiefe Befürchtung, daß er verlieren werde, was das Lebensziel, »all die hohen Bestimmungen« ihm in Aussicht stellten.

Jung war sich jedoch auch gewiß, daß seine Macht über sie nicht erschöpft war. Er wußte um die Dienstbarkeit der Abhängigen, er wußte, daß er sich erlauben konnte, sie mit scheinbarer Unterwürfigkeit, Zerknirschung und Kalkül zu erpressen.

Er setzte nun unlauter und bewußt ihr Wissen um seine sexuelle Traumatisierung in der Kindheit ein: sie wisse doch, wie sehr ihn gerade jetzt seine Kindheitserinnerungen plagten. Jetzt sei er krank und er bedürfe ihrer Liebe und Geduld und Uneigennützigkeit. Und dies in jener Weise, wie sie einst Zuwendung von ihm erfuhr, als er sie aus der Krankheit befreit habe.[18]

Bei Sabina Spielrein müssen Jungs Selbstmitleid, seine moralischen Appelle und die Egozentrik eine heftige Welle der Empörung ausgelöst haben. Nach seinen Vorwürfen, ihn sexuell bedrängt zu haben, und seiner Drohung, nun gehe es um die Konsequenzen, muß sich die Spannung ins Unerträgliche gesteigert haben. Ihre ideelle Persönlichkeit sei völlig vernichtet gewesen, schreibt sie Freud ein halbes Jahr später, Achtung habe sie in diesem Moment weder für sich noch für Jung gehabt. Sie griff zum Messer und verletzte den sie verratenden Liebhaber am Kopf. Als er »plötzlich ganz blaß wurde« und sich an der Schläfe hielt, rannte sie, blutbedeckt an Hand und Unterarm, in Panik, ihn ermordet zu haben, aus dem Haus.[19] Aus diesem lebensgefährlichen Angriff auf Jung machte sie in späteren Äußerungen erstaunlicherweise eine »Ohrfeige«.

Sabina Spielreins Hoffnungen und Illusionen, als Geliebte, Mutter und Wissenschaftlerin mit Jung leben zu können, waren jäh zunichte gemacht. Mutter des Kindes ihres Therapeuten zu sein, des inzwischen über die Grenzen der Schweiz hinaus bekannten Analytikers, hätte ihr eine lebenslange Bindung gesichert, wäre eine Machtposition für sie gewesen, hätte eine gesellschaftliche Position an seiner Seite garantieren können. Dagegen wären Jungs ehrgeizige berufliche Pläne zunichte gemacht, jedenfalls in Frage gestellt worden, wenn er sich als Vater des Kindes einer Patientin bekannt hätte; insbesondere dieser Frau, die – voraussehbar – im Kampf um ihren Platz an seiner Seite nicht weichen würde.

Mit ihren 23 Jahren mußte sie erfahren, daß sich ihr Liebhaber, der potentielle Vater ihres Kindes, zum Opfer der Verhältnisse stilisierte und rücksichtslos gegen sie vorging: sie war erneut mit einer spezifischen Feigheit und Berechnung konfrontiert.

Die Zeit lief weiter, Sabina Spielrein absolvierte ihr Medizinstudium mit Interesse und war nun als Unterärztin an einer Züricher Klinik tätig, erlebte Phasen der Labilität und Resignation, blieb dennoch beruflich erfolgreich. Sie überstand die schwere Krise mit Jung, mutmaßlich auch des Abbruchs der Schwangerschaft.

Jedoch einige Zeit später geriet sie in neue psychische Turbulenzen, die durchaus in einer Katastrophe hätten enden können.

Dieser Leidensabschnitt begann Anfang des Jahres 1909: das gemeinsame Liebesleben wurde öffentlich. Die Ereignisse um die Aufdeckung der illegalen privaten Beziehung schlugen über ihr zusammen. Der abrupte Verstoß aus der Therapie war die Folge. Von nun an folgte der Verrat all der hehren Ideen, die vorher galten bzw. imaginiert waren im Höhepunkt der Gemeinsamkeiten während der Liebeszeit – als das Kind Siegfried die Hoffnungen trug.

Drei Frauen wurden nun in den Versuch der Entwirrung verstrickt: Sabina Spielrein selbst und ihre Mutter in Rußland. Beide bemühten sich um Klärung und Rehabilitation der betroffenen jungen Frau und ihrer Familie. Jungs Ehefrau Emma unternahm ihrerseits einen Rettungsversuch: Sie soll einen anonymen Brief an Frau Spielrein in Rostow geschrieben haben, in dem letztere über die Gefährdung ihrer Tochter durch Herrn Jung informiert wurde. Jedenfalls wandte sich Frau Spielrein besorgt an Jung und bat um Aufklärung. Kurze Zeit darauf schrieb Sabina Spielrein einen Brief an Freud in Wien, ersuchte um Hilfe und erbat eine Audienz.

Damit wurde eine eigentümliche Dreiecksbeziehung Spielrein-Jung-Freud eröffnet, in der Sabina Spielrein zunächst die Position einer unglaubwürdigen Patientin zugeschoben bekam. Sie wurde als die Verführerin ihres Analytikers hingestellt und als solche verunglimpft. So in der Kumpanei der beiden Männer, die in der sich entwickelnden Psychoanalyse/Tiefenpsychologie bereits eine »Instanz« waren, Aufsehen erregt und Anerkennung gefunden hatten. »Die Kleine«, so die entlarvende Zuordnung, hatte zunächst und unter diesen Aspekten nichts zu erwarten.

In der Ungewißheit über Freuds Antwort muß Sabina Spielrein sich sehr verlassen und tief beunruhigt gefühlt haben. Als dessen abwiegelnde Antwort eintraf, die Respektlosigkeit und Vorbehalte enthielt, wäre völlige Resignation bei der erneut diskriminierten Frau eine nur allzu verständliche Reaktion gewesen. Sie aber bäumte sich auf, kämpfte um ihr Recht und ihre Würde und zwang Freud schließlich, eine Weile später, sowohl sein Urteil wie sein Verhalten zu revidieren. Mit den Abschriften der Briefe Jungs an ihre Mutter in Rußland und mit Jungs dann erfolgendem Bekenntnis seiner »Schufterei« sah sich Freud gezwungen, den erkorenen »Sohn und Erben« Jung in einem anderen Licht zu sehen. Jungs Ausflüchte und Gemeinheiten gegenüber der Mutter bezüglich seines Verhältnisses mit ihrer Tochter beurteilte letztere als unüberbietbar: U. a. hatte er seine Übergriffe damit gerechtfertigt, daß er ja kein Honorar für seine ärztlichen Leistungen genommen habe und sich daher alle Freiheiten habe nehmen können.

Trotz der Kenntnis solcher Details blieb Freud Jung gegenüber zunächst loyal. Erst als dieser ihn selbst in seiner Lehre attackierte, kam es zum Bruch. Der Verrat an der Patientin reichte vorerst nicht aus; zu viel Eigeninteresse an Jung war zu jener Zeit noch im Spiel.

Sabina Spielrein war nun – gewiß unvorhergesehen – veranlaßt, sich nach dem Debakel privat und beruflich neu zu orientieren. Sie schloß ihr Medizinstudium, wie beabsichtigt, Ende 1910 ab und entschied, im deutschsprachigen Raum zu leben und zu arbeiten.

Diese Entscheidung war auch gekoppelt an die Hoffnung, Illusion, die Liebe Jungs zu ihr möge erneut »glühen«; dankbar wollte sie ihm dafür »uneigennützige mütterliche Gefühle« entgegenbringen.[20] Trotz des eingetretenen Bruchs begann sie Jung erneut hartnäckig zu umwerben. So schwor sie, ihm die Treue zu halten. Es galt, die gemeinsamen Aktivitäten in der Gegenwart und für die Zukunft zu nutzen: Auf dem Hintergrund der Leidenschaften der Vergangenheit, die sozusagen nicht als Anspruch, sondern als Reserve neuer Möglichkeiten gelten sollten.

Jung verhielt sich jedoch abwartend, auch abweisend und versuchte die Machtposition seiner Weigerungen und Schuldzuweisungen zu nutzen. Das stürzte Sabina Spielrein in immer neue Krisen. Überbewertung von Höflichkeiten Jungs und angedeutete, hernach eindeutige Liebesbeweise führten sie in die Irre. Sie verstieg sich zu neuen fanatischen Beziehungsangeboten. Eine Art Süchtigkeit nach seiner Nähe beherrschte sie. Sie verzehrte sich nach Anerkennung ihrer Leistungen und verpflichtete sich, niemals als »dummes Gänschen« vor ihm dazustehen.

Einige Monate zuvor war sie von der Hoffnung einer lebenslangen Liebesbeziehung besessen gewesen – jetzt setzte sie alles daran, im Vertrauen auf Jungs vermeintlich ungebrochene Zuneigung zu ihr, sich die Stellung einer ersten und einzigen Mitarbeiterin zu sichern. Die Götter sollten Jung gnädig stimmen, er möge ihr weiterhin die erste Option gewähren, so flehte sie. Beruflich war sie erfolgreich, sie promovierte 1911 mit dem Thema »Über den psychologischen Inhalt eines Falles von Schizophrenie (dementia praecox)«. Sie wählte für ihre Untersuchung als Probandin eine gebildete Patientin mit paranoiden Zügen, die sich in stationärer Behandlung in der Klinik Burghölzli befand. Mit ihr führte sie Gespräche, die von ihr vorbereitete thematische Vorgaben als Schwerpunkt hatten. Dazu konnte die Patientin frei assoziieren, ganz im Sinne der Techniken von Freud und Jung. Erst nach Beendigung dieser Explorationsphase nahm sie Akteneinsicht und verglich ihre Interpretationen und Deutungen mit der vorhandenen Krankengeschichte. Ihre Untersuchung wollte sie als – wie sie in ihrer Einleitung ausführte – einen empirischen Grundlagenbeitrag zur Erforschung der Schizophrenie im Verständnis der Freudschen Schule in Wien und der Jungschen Version in Zürich verstanden wissen.

Ihre Einschätzung der eigenen Leistung war kritisch; es handele sich, trotz einiger interessanter Aspekte, nicht um eine außerordentliche Leistung. Das eigentliche Ziel sah sie nun darin, daß die Arbeit veröffentlicht werden würde, einerseits, um damit den Stolz der Eltern zu befriedigen und andererseits dadurch Kontakte mit interessanten Menschen einzuleiten. Allerdings war sie dann auch wieder selbst stolz auf das Werk und den Abdruck in einer renommierten Zeitschrift, nämlich dem Jahrbuch der Psychoanalyse, noch im selben Jahr.

Die Veröffentlichung hatte sie insbesondere dem Engagement Jungs zu verdanken. Er war Herausgeber des Jahrbuchs und lud sie zur als notwendig erachteten Überarbeitung in sein Haus ein. Dort erlagen sie beide – Ende 1910 – erneut ihren Leidenschaften und erneuerten so die gegenseitige Abhängigkeit, was Sabina Spielrein mit Genugtuung erfüllte. Sie erlebte erfreut, daß Jung vom Parallelismus des gemeinsamen Denkens und Fühlens ganz ergriffen war, was für sie die Bestätigung war, »auch in der Trennung doch durch das gemeinsame Werk vereint« zu sein.[21]

Die Folgen der Jungschen Indifferenz, besonders seine Beziehungsunstetigkeit, trafen sie dann erneut und wiederum mit existentieller Schärfe: Anfang des Jahres 1911 hatte Jung bereits eine neue enge Beziehung zu einer anderen Frau – Toni Wolff, die bei ihm im Jahre 1909 wegen Depressionen aufgrund des Todes ihres Vaters in psychotherapeutischer Behandlung war. Im September 1911 stellte Jung sie offiziell der Öffentlichkeit als seine Mitarbeiterin vor. Seitdem lebte sie ca. 40 Jahre an seiner Seite als Analytikerin und als Geliebte – von Emma Jung geduldet.[22]

In dieser Zeit der grundlegenden Veränderungen ihrer Situation, ihrer Hoffnungen und ihrer Möglichkeiten war Sabina Spielrein extrem in Glücksflüge und Verzweiflungstiefen getrieben. Zuweilen war sie so glücklich, daß sie »die ganze Welt umarmen« wollte, bald wollte sie »brüllen aus Verzweiflung«.[23] Sie hatte auch öfters erwogen, sich in Gegenwart ihres Freundes Jung mit Cyankali zu vergiften, wenn die Aussichten auf eine, auch noch so dünnfädige, Liebes- und Geistesbeziehung schwinden sollten. Denn sie mußte zur Kenntnis nehmen, daß Toni Wolff im Gegensatz zu ihr den Vorzug genoß, öffentlich an Jungs Seite Geliebte und Mitarbeiterin sein zu dürfen. Erst einige Monate zuvor hatte sie sich wieder in Hoffnung auf diese Position gewiegt – durch Jungs Beurteilung, daß sie »zu der Kategorie der Frauen« gehöre, die »für die freie Liebe geschaffen« seien.[24] Einerseits war sie beschämt gewesen – allein bei der Erinnerung trat ihr noch die Röte ins Gesicht –, andererseits hätte sein Statement auch wegweisend sein können in eine ideale Gemeinschaft zu dritt.

Jetzt geriet sie in einen besorgniserregenden Zustand: Jung hatte sie nicht einmal für »würdig« befunden, ihrer »Vorbestimmung« entsprechend als Frau an seiner Seite leben zu dürfen.

Wie schon in Zeiten tiefster Demütigung zuvor rief sie den Schutzgeist zu Hilfe und flehte: »Laß mich nicht zugrunde gehen!« Ihrem Tagebuch vertraute sie an, sie schwanke in diesem »Kampf auf Leben oder Tod« zwischen Extremen: dem Willen zur Eigenständigkeit als eine Überlebensentscheidung und dem Weg einer Zuordnung zu patriarchalen Instanzen. So rief sie ihre Größenphantasien auf und stabilisierte ihren ausweglos scheinenden Zustand durch den Aufruf der Erfüllungspflichten »ihrer heiligen Bestimmung«: daß sie »was Edles und Großes zu schaffen habe und nicht für die Alltäglichkeit geschaffen« sei.[25]

Es scheint, als hätten sich zwei Tendenzen vermischt, als hätte sie nun dem Wunsch nach Überleben und Erfolg, egal mit welchen Mitteln, Vorrang gegeben. So entschloß sie sich, sich den Forderungen der Produktionsgesetzmäßigkeiten der bürgerlichen Gesellschaft zum Erreichen von Höchstleistungen zu unterwerfen: nämlich den Intellekt gegen Gefühle/Empfindungen/Seele durchzusetzen. Sie schwor in diesem Zusammenhang, es solle »wie in einem festen grauen Felsen« in sie »eingeritzt« sein: »Jetzt gibt es keine Angst mehr, weil die Angst des Siegers nicht wert ist, der Schmerz wird nicht mehr empfunden, es wird gegessen, geschlafen, gearbeitet.«[26] Sie verordnete sich ferner, nicht mehr sie selbst zu sein, und betonte, das sei ihr letztes Wort.

Aber wie schon zuvor war sie zugleich von anderen Impulsen bewegt, es rebellierten Sehnsüchte in ihr: Wünsche nach Ganzheit wurden wieder wach. Sie begann neue Fragen nach den Bedingungen ihrer schöpferischen Arbeit zu stellen: es waren Fragen zur weiblichen Kreativität. Für die notwendigen sofortigen kraftvollen Handlungen benötige sie im Grunde der Seele »ruhige Überlegenheit, mit ›heißer Spannung‹ versehen«. Dieses notierte sie sich noch am gleichen Tage, an dem sie sich der Versteinerung verschreiben wollte, und sie wehrte den Verzicht, den sie sich auferlegen wollte, wieder ab. Sie wünschte sich ein Ende der Qual und sehnte den Tag herbei, an dem sie »einheitlich glücklich« sein könnte. Inzwischen schien aber die räumliche Nähe zu Jung unerträglich geworden zu sein.

Sie verließ fluchtartig, noch im Frühjahr 1911, Zürich, war vorübergehend in Rostow/Rußland, ihrer Geburtsstadt, wo sie ihren ersten Vortrag über Psychoanalyse hielt. Sie wechselte nach München, wo sie zeitweise Kunstgeschichte studierte. Dort beendete sie unter großen psychischen Entbehrungen ihre zweite wissenschaftliche Arbeit: »Die Destruktion als Ursache des Werdens«, die 1912 im Jahrbuch der Psychoanalyse veröffentlicht wurde und als ihre wichtigste und kreativste Ausarbeitung mit Impulsen zur Weiterentwicklung der Psychoanalyse gelten kann.

Aufgrund ihrer Dissertation, die inzwischen Beachtung gefunden hatte, wurde sie am 11. Oktober 1911 in Wien als Mitglied in die Psychoanalytische Vereinigung aufgenommen, wo sie vorübergehend lebte. Zu Freud hatte sich inzwischen ein fast vertrautes Verhältnis hergestellt. Sie hatte seine beruflich-fachliche Anerkennung gefunden und schien auch privat rehabilitiert. Sie nahm an den Sitzungen der Mittwochgesellschaft teil (einem wöchentlichen Treffen, bei dem Theorie- und Praxisfragen der Psychoanalyse unter dem Vorsitz von Freud erörtert wurden) und trug dort Ende November ein Kapitel aus ihrer zweiten Arbeit vor.

In dieser Zeit wählte sie sich auch einen Ehegatten, Dr. Pawel Scheftel, einen russischen jüdischen Arzt. Anfang des Jahres 1912 fand die Heirat in Zürich statt, 1913 gebar sie eine Tochter, die den Namen Renata bekam. Zehn Jahre später ging sie mit ihrem Mann und ihrer Tochter nach Rußland zurück.

Die neuen privaten Entscheidungen und Veränderungen würden den Schluß nahelegen, daß die Zerreißprobe beendet war beim Start in diesen neuen Lebensabschnitt.

Zwar hatten sich ihre Wünsche nicht erfüllt, den höchsten Triumph hatte sie nicht für sich verbuchen können. Aber aus der Qual der Abhängigkeit, aus den ständigen Spaltungen ihres Lebens hätte sie sich befreien können, wäre nicht ihr Lebensproblem – manifestiert in der Verfolgung durch Siegfried und ihre Verfolgung mit Siegfried – präsent gewesen. Das alte Lebensproblem brodelte in ihr weiter. Unter der Oberfläche brannten noch die Schmerzen der Verletzungen und die Feuer der Sucht.

In den Jahren bis zu ihrer Rückkehr nach Rußland war sie immer wieder auf der Suche nach einem sie befriedigenden beruflichen Betätigungsfeld. Sie lebte und arbeitete eine Weile in Genf, dann in Berlin, von wo sie in die Schweiz zurückkehrte. Zeitweilig hielt sie sich in Lausanne auf, bevor sie, bis zu ihrer endgültigen Heimkehr nach Rußland, wieder in Genf lebte. Das vermittelt den Eindruck von zwanghafter Flucht, von tiefer Unruhe, von Umgetriebensein, zumal es für die Aufenthalte an den unterschiedlichen Orten sehr divergente Motive gab.

Während dieser Zeit hatte sie sich in ihrer therapeutischen und wissenschaftlichen Arbeit den Auffassungen Freuds verschrieben. Aus Berlin beklagte sie sich bei ihm, daß sie auch von ihm nicht genug empfohlen würde und daß ihr die Patienten ausblieben. Nach der Rückkehr in die Schweiz wandte sie sich an den Direktor der Klinik Burghölzli, Bleuler; die von ihr gewünschte Zusammenarbeit kam aber nicht zustande, sie wurde formal abschlägig beschieden.

Inzwischen hatte sie »von der Psychoanalyse erst einmal genug« und entschied sich, mit der Absicht und dem Anspruch, »etwas Brauchbares leisten zu wollen«, vorübergehend für eine Arbeit in einer chirurgischen Klinik. Nachdem sie sich dort dem Zwang eine Weile gebeugt hatte und die Arbeit auf Kosten ihrer »Persönlichkeit gegangen« war, »brach die eigentliche Natur durch«, und sie studierte wiederum Musik – wie schon früher eine kurze Zeit – und komponierte ihre eigenen Stücke.[27] Nun gab es auch Überlegungen, sich ganz der Kunst zu widmen. Auch das wurde wieder verworfen: Im Jahre 1919 wandte sie sich erneut der Psychoanalyse zu. Ihre Anfrage und Bestätigung einer weiteren Mitgliedschaft in der Psychoanalytischen Vereinigung Wiens wurde von Freud bejaht und wohlwollend kommentiert.

Trotz oder auch wegen der vielen Ortswechsel blieb Sabina Spielrein – »die Frau in Bewegung« – geistig wendig und produktiv. Bis zum Jahre 1923, ihrer Reise nach Rußland, hatte sie außer den beiden genannten längeren Arbeiten an die 30 Aufsätze veröffentlicht.[28]

Für fast alle Arbeiten gilt, daß sie versuchte, berufliche Erfahrungen und Erlebnisse zu theoretischen Einsichten zu verbinden. Zwischenzeitlich therapierte sie immer wieder Kinder mit dem Interesse, auch von dieser Seite Erkenntnisse für die Tiefendimension der Psyche zu gewinnen und zu formulieren. In dieser Phase entstand eine Arbeit mit ausgeprägten autobiographischen Anteilen. Erstaunlicherweise blieben in ihren veröffentlichten autobiographischen Selbstbeobachtungen erlittene – auch sexuelle – Gewalterfahrungen aus ihrer Kindheit unberücksichtigt. Ebenso befremdet, daß auch in den von ihr aufgezeichneten Kinderanalysen von Mädchen und Jungen die Thematik erlittener sexueller Gewalt nicht vorkommt. Das Kinder nur allzu oft ereilende Verbrechen der sexuellen Mißhandlung oder Überwältigung wurde von Sabina Spielrein in ihren Veröffentlichungen, respektive Therapien bewußt und wider besseres Wissen ausgeklammert.

Anlässe, sich dem Problem der sexuellen Traumatisierung von Mädchen und Jungen in der Kindheit zuzuwenden, hatte es mit Sicherheit gegeben. Aber das Thema blieb tabu und wurde durch Sabina Spielreins Option für die Freudsche Psychoanalyse, die das von Freud errichtete Phantasie-Dogma einschloß, dispensiert, d. h. verdrängt und geleugnet. In dieser Hinsicht schloß sie sich – wider die eigenen Erfahrungen und Beschädigungen – den Tiefenpsychologen Freud und Jung an und verriet die Kinder in der Klammer der Gewalt unter dem Diktat der gewalttätigen Erwachsenen, d. h. insbesondere der herrschenden Männer.

Es hatte für sie auf ihrem Leidensweg keine Hilfe gegeben zur Verarbeitung der Wahrheit – ganz im Gegenteil. Das Gebot des Schweigens und der Verleugnung bestimmte hier wie da die Szene. Die Anfänge beider Theorien, der Psychoanalyse Freuds und der Analytischen Theorie Jungs, letztere insbesondere, führen zum Fall und zur Person Sabina Spielreins – jedenfalls in diesem Sektor der Grundorientierungen, in dem diese Patientin, Schülerin und Mitarbeiterin auch ihre Beiträge lieferte. Sabina Spielrein trug auf ihre Weise bei zum Sieg der Transformationen, der Mythologisierungen, der Rationalisierungen: der Verdrängung der Realität der herrschenden Macht und ihrer Anwendung. Sie wurde und blieb bewußte Stütze der Systeme.

Im Jahre 1921 führte Sabina Spielreins Weg wieder nach Genf. Es war ganz im Sinne Freuds, daß sie als Pionierin der Psychoanalyse dem der Universität angeschlossenen Institut Jean-Jacques-Rousseau beitrat. Berühmte Zeitgenossen und später bedeutende Wissenschaftler waren dort tätig oder befanden sich in Ausbildung.

Der damals 25jährige Piaget, später ein führender Entwicklungspsychologe, war zum Beispiel bei ihr über acht Monate mit täglich einer Stunde in Analyse. Im Jahre 1979 erklärte er im Rückblick auf sein Leben, daß seine Analytikerin, eine direkte Schülerin von Freud (er nannte ihren Namen nicht), die Analyse mit der Begründung abgebrochen habe, »daß es nicht der Mühe wert sei, jeden Tag eine Stunde Zeit mit einem Kerl zu vertuen, der sich weigerte, die Theorie zu schlucken«.[29]

Nach diesen Bemühungen um die Psychoanalyse, die mit der

Wahrnehmung von linguistischen Entwicklungen in Genf einhergingen, folgte die wohl einschneidendste Veränderung: die Übersiedlung nach Rußland, in die UdSSR, mit ihrem Mann und der inzwischen zehnjährigen Tochter Renata.

In Moskau wurde sie Mitglied der Russischen Psychoanalytischen Vereinigung. Sie arbeitete zuerst hier, ein Jahr später in Rostow als Analytikerin und Dozentin. Ein Jahr nach der Rückkehr bringt sie die zweite Tochter, die den Namen Eva bekommt, zur Welt. Beide Töchter studieren später Musik.

1931 erscheint der in jener Zeit verfaßte Aufsatz »Kinderzeichnungen bei offenen und geschlossenen Augen« (Zeitschrift *Imago*). Es ist zugleich ihr letzter veröffentlichter Beitrag, soweit bisher aus dem spärlichen Material aus dieser Zeit in der UdSSR bekannt ist. Über ihr Leben als Ehefrau und Mutter erfahren wir aus dieser Zeit so gut wie nichts.

Früher, in drei ihrer Publikationen aus dem Jahre 1920, erwähnt sie ihre Tochter Renatchen, wie sie sie nannte. Ihre Beobachtungen an dem Kind arbeitete sie unter psychoanalytischem Verständnis aus. Einer der Aufsätze war mit »Renatchens Menschenentstehungstheorie« betitelt. Sie stellt das Kind im Alter von viereinhalb Jahren als lebhaft und wißbegierig vor. An seinen Phantasien zu mannigfaltigen Verdoppelungen seiner Person, z.B. beim Hinfallen und bei anderen Phantasien, sieht sie die wichtigste ihrer Grundthesen bestätigt: vom Tod als Rückkehr zum Ursprung: »als einer Wiedergeburt – gleichwohl lust- wie unlustbetont«. Das ist die These, die sie in ihrer berühmten Arbeit von 1912: »Destruktion als Ursache des Werdens«, vertritt. Aus dem Anhang dort ist übrigens ersichtlich, daß ihre Tochter in Lausanne aufwuchs. Aus ihrem Briefwechsel mit Jung geht hervor, daß sie die Entwicklung ihrer Tochter wissenschaftlicher Betrachtung unterzog. Dabei taucht in den Briefen ein zweiter Name auf: Siegfried, der ehemals ersehnte Sohn, der offensichtlich über bzw. angesichts der Existenz des realen Kindes Renata nicht vergessen ist, sondern in der Imagination fortlebt. Er, der ersehnte Siegfried, blieb wesenhafter Inhalt der Korrespondenz mit Jung all die Jahre hindurch bis 1919, als Jung die Verbindung abbrach. Diese Imaginationsfigur war für sie das Mittel und der Garant der Verbindung mit Jung und einer Schuldverpflichtung ihr gegenüber. Sabina Spielrein bekundete über die Jahre, daß von Siegfried eine rätselhafte Macht ausgehe, die auch die Existenz ihrer kleinen Tochter bedrohe.

Sie konfrontierte Jung mehrmals mit der traumatischen Erfahrung einer sie beinahe ereilenden Fehlgeburt, ausgelöst durch einen sie extrem aufwühlenden Siegfried-Traum. Ihr »Schuldbewußtsein infolge der nicht erfolgten«, nicht eingelösten »Lebensaufgabe« sei so groß gewesen, daß sie ihm, Jung, sagen müsse, »daß der Siegfried fast meinem Töchterchen das Leben genommen hat«.[30] Der Name Renata, die Wiedergeborene, habe sich aus dieser Erfahrung ergeben.

Bereits vor der Geburt Renatas verpflichtete Sabina Spielrein Jung darauf, ihre begründeten Ängste anzuerkennen. Als sie im sechsten Monat schwanger war, hatte er nämlich abgewiegelt: Wenn sie ihr Kindchen nur recht lieben werde, seien ihre Sorgen grundlos. Gegenüber ihren Befürchtungen äußerte er Unverständnis, was sie ihm aber nicht gestattete. Statt dessen verwarf sie seine vermeintliche Unkenntnis und nahm ihn in die Verantwortung.

Die Wunde des Abschieds von Siegfried (1908/1909) schwelte weiter, insbesondere seit der Zusendung des Manuskriptes ihrer Arbeit »Die Destruktion als Ursache des Werdens« an Jung. Bis zur Beendigung der Beziehung durch Jung 1919 konfrontierte sie ihn immer wieder mit Siegfried. Sie nimmt in ihrem Werk Freuds Idee zum Todestrieb (in »Jenseits des Lustprinzips«, 1920) vorweg, wie J. Cremerius und andere urteilen. Aufgrund ihrer schmerzhaft existentiellen privaten Erfahrungen geht sie davon aus, daß im Triebleben zwei entgegengesetzte Komponenten wirksam sind: der Trieb zum Leben und der Trieb zum Tod, daß sie sich nicht ausschließen, sondern vermischen bzw. komplementär verhalten. Freud hatte diese ihre These anfangs abgewiesen, später sich zu eigen gemacht, noch später seine Verwunderung über das eigene anfängliche Unverständnis zum Ausdruck gebracht und im übrigen im Gebrauch der Idee »scheinbar vergessen«, von wem sie stammte bzw. versäumt, die Urheberin zu nennen. Ohne Zweifel war Sabina Spielrein jedoch die erste, die diese Idee in der Entwicklung der Psychoanalyse vortrug, wobei ihr Freud negativ anrechnete, daß sie gewisse mythologische Theorien Jungs anklingen ließ. Ihr Destruktionstrieb sei ihm »nicht sehr sympathisch«, er halte ihn für persönlich bedingt, äußerte er sich gegenüber Jung im Brief vom 21. 3. 1917. Jung pflichtete ihm bei: Sabina Spielreins Arbeit sei »enorm komplexbedingt«.[31]

Die Entstehungsgeschichte dieses Werkes ist von Interesse: Sabina Spielrein hatte Jung ihre Arbeit, an der sie besonders auch im intimen Austausch mit ihm mehrere Jahre gearbeitet hatte, zugeschickt mit der Anrede: »Liebes! Empfangen Sie nun das Produkt unserer Liebe, die Arbeit Ihres Söhnchens, Siegfried.» Sie beide hätten in der Zeit des Werdens dieser Arbeit viele Tage und auch Nächte gemeinsam verbracht: zu dritt, immer in Gegenwart Siegfrieds. Das Werk gehe weit über ihr Leben, ließ sie ihn wissen und beteuerte ihre große Angst vor seiner Kritik.[32] Ihre Befürchtungen waren nicht unbegründet. Es gab alsbald Vorwürfe Jungs wegen des »geistigen Pumpens« bei ihm. In einem Brief an Freud wertete er hinter ihrem Rücken ihre Arbeit ab und disqualifizierte große Teile in sexistischer Manier: die Arbeit ende »in einem Fisch, was oben ein wohlgestaltetes Weib« sei.[33] Sabina Spielrein, die Autorin, hatte die Vermutung, daß er, Jung, sich wie »ein kleiner schlauer Rivale« verhalten könnte anstatt wie ein Freund. In der Befürchtung, daß er ihr die Gedanken stehlen könnte, bestand sie jetzt darauf, daß das Werk mit ausschließlich ihrem Namen, d. h. mit ihrer eigenen Leistung in Verbindung gebracht würde. Das war eine ungewöhnliche und bemerkenswerte Forderung für eine Frau, die sich in extremer Abhängigkeit befand: diese Leistung und ihr Geistesgut für sich selbst zu reklamieren und dies nicht nur gegen die allgemeinen Ansichten vom Unvermögen der Frau, sondern auch gegen den persönlich und publizistisch übermächtigen Freund.

Ihre Arbeit war zweifellos ein persönlicher Bewältigungs- und Rechtfertigungsversuch der immer noch verwundeten und zutiefst beunruhigten 26jährigen Frau, worin sie eine sich selbst auferlegte Schuld abzutragen versuchte. Erst nach der Drucklegung, so entschied sie vorab, habe sie ihre Pflichten gegenüber Jung und ihrem Söhnchen Siegfried erfüllt. »Dann erst bin ich frei«, stellte sie sich in Aussicht und täuschte sich über sich selbst.

Ihre private Entscheidung zur Heirat mit Pawel Scheftel muß als »Flucht ins Glück« gewertet werden. Ihr Maßstab von Liebe dagegen blieb die Beziehung zu Jung, nach dem sie sich auch noch »in Sehnsucht verzehrte«, als sie von ihrem Mann schwanger war.

Wie oben erwähnt, hatte sie Jung von der Schwangerschaft unterrichtet, ihn ins Vertrauen gezogen, ihn als Lebensretter verpflichtet: nun bezüglich des zu erwartenden neuen Lebens. In ihrem Selbstverständnis, in ihrer Identität, war und blieb sie im Bekenntnis von Sehnsucht und Schuld an Siegfried gekettet, an das ihr entwendete Idol, das in der Wunsch-Phantasie von ihr gewollt und gezeugt worden war von ihrem »Götterabkömmling« Jung.

In ihren langen Briefen aus den Jahren 1917/18 – sie war inzwischen 32/33 Jahre alt – legte sie ihm erneut ihre frühere und aktuelle Bindung an Siegfried dar. Abgeleitet aus theoretischen Fragestellungen, hoffend auf Jungs Interesse, zwang sie ihn zu Stellungnahmen bezüglich der fortdauernden Siegfried-Präsenz. Siegfried erschien in seiner Bedeutung in ihrer Korrespondenz zum einen als Symbol, dann wiederum als Symptom im Kontext methodischer Fragen im Unbewußten, zur Unterbewußtheit und zum Bewußtsein. Auf diese Weise forderte sie Jung immer wieder heraus, sich mit ihrer gemeinsamen Vergangenheit, mit ihr zu beschäftigen. Sie bedrängte ihn mit ihren Schuldgefühlen und klagte ihn an, daß er Siegfried als den »›realen Siegfried‹«, wie er ihr selbst eröffnet hatte, getötet habe. Sie forderte ferner von Jung Bekundung der Wahrheit anstelle von Verleugnung und Verleumdung.

Traurig erinnert sie Jung mit einem selbst geschriebenen – Jahre später auch vertonten – Gedicht aus »frühester Jugend« an frühere Zeiten:

»Pfarrer, laß das Glockenläuten. Gib dem Dörflein seine Ruh. Lös mir eine bange Frage – mein Kind, es lebte, sag mir – wozu? Ob es lebte, um zu sterben? Und brach mit ihm das Mutterherz – was kann das Leben Gutes erben an diesem großen Weltenschmerz? Doch die Glocken läuten weiter und das Geheimnis, es besteht. Kannst Du mir sagen, grauer Weiser, ob man entsteht, damit man geht?«

Sie ergänzt, »Den Knaben hat nun eine andere gekriegt, ich habe ein Mädchen«.[34] Eine zusätzliche Belastung in der Zeit ihres Schwangerschaftsabbruchs muß die Geburt eines Sohnes, des dritten Kindes, von Emma und C.G. Jung gewesen sein.

Nach Jahren des Hin und Her im Streit schien Jung der Dynamik und Penetranz der Verfolgung durch die einstige Geliebte nicht mehr gewachsen. Sabina Spielrein hatte über sechs Jahre in manischer Leidenschaft die Siegfried-Problematik mit ihm diskutiert, sowohl argumentativ wie mit dem Versuch des Reglements.

Jung war zum Zeitpunkt der erneuten, nunmehr der nächsten Schwangerschaft Sabina Spielreins – nach dem Abbruch – in eine schwere Krise geraten. Er fiel in psychotische Zustände, wurde von Erinnerungen aus seiner frühen Kindheit heimgesucht und wurde zeitweise arbeitsunfähig.

In seinen Briefen an sie wies er ihre Vorwürfe aufs schärfste zurück: ihre Argumente seien verworren, ihre Definitionen einseitig, ihre innere Welt sei völlig chaotisch. Er kündigte an, sie werde eine totale Umwandlung durchmachen. Vermutlich versuchte er sie auf diese Weise von ihren Attacken abzubringen. Er wehrte sich verzweifelt, stachelte aber nur um so mehr ihren Bekehrungseifer an, der geschürt war von der Angst des endgültigen Verlustes.

Am Ende dieser zerstörerischen Phase, im Jahre 1919, wand sich Jung aus dem Chaos heraus, nachdem er Sabina Spielrein samt dem »sonderbaren Wesen«, das sie Siegfried nenne, verabschiedete. Er verband dies mit neuerlicher Belehrung und mit Maßnahmen: er habe ehemals in tiefster Finsternis ein neues Licht in ihr angezündet, wovon ein Funke Siegfried sei, sie solle verflucht sein, wenn sie den Funken zum Erlöschen bringe oder ihn verrate »nach außen und um äußerer Argumente willen«. Bezogen auf ihr Privatleben und auf ihr Wirken in der Öffentlichkeit, fuhr er autoritär fort: sie habe das innere Licht mit Andacht zu umgeben, nur so würde es keine Gefahr für die kleine Tochter sein, die inzwischen fünfeinhalb Jahre alt war. Ein Verrat dieses Lichtes »an Macht oder Klugheit« würde sie, Sabina Spielrein, zum »Schädling« mit »bösen Wirkungen« werden lassen.[35]

Die Furcht vor Öffentlichkeit, vor Öffentlichwerden der ehedem vorgenommenen Abtreibung schien Jung als äußerst bedrohlich zu erleben. Er schien dieser Angst mit äußersten Drohungen entgegenwirken zu müssen. Profilierungssucht, maßlose Angst vor Prestigeverlust können seinen jahrelangen Aufwand der Bemühungen um Verständigung erklären. Es ging ihm darum, einer Eskalation vorzubeugen. Das Mittel der Wahl führte im Kampf um »Erledigung« zur Denunzierung und Pathologisierung von Weiblichkeit: von Geschlecht und Geist.

Seinerseits war Jung eingebettet in die Solidarität und emotionale Wärme von zwei Frauen, seiner Ehefrau Emma und seiner Geliebten Toni Wolff, so daß er durchaus nicht ins Leere fiel. Vielmehr nutzte er für sein Werk die Produktivität des Schriftverkehrs mit Sabina Spielrein und damit auch ausdrücklich ihre primären Ideen und Reflexionen.

Reichlich mit Material und Impulsen versehen, begann er – ab 1919 – mit der Kreation entscheidender Aspekte seiner Theorie sowie deren Gesamtstrukturierung.

Sabina Spielrein lieferte ihm im wechselhaften Verlauf ihrer

Beziehung und ihres Austausches, insbesondere dann im Jungschen Versuch der Überwindung dieser Beziehung, entscheidenden Stoff für sein System. Dieses Material ging hervor aus ihren privaten persönlichen Erfahrungen, aus ihren quälenden Erinnerungen, aus ihren Ängsten um sich selber und um das Leben ihrer Tochter Renata und – ganz entscheidend – aus den Projektionen, Hoffnungen, Materialisierungen des ersehnten Siegfried. Darin bündelten sich kreative und zerstörerische Kräfte, Tod und Verzicht, erhofftes Geistesleben und magische Aufladung. Diese psychophysische und geistige Produktivität, die Jung durch Abstraktion, abstrakte Konfiguration energetisch zu fassen und für sich zu nutzen suchte, mündete in die Kreation der Anima, eines zentralen Archetyps seiner Lehre.

Die so kreierte Anima galt Jung als die Seele: eine archetypische Gestalt im Unbewußten des Mannes. Jung verleibte sich – und allen Männern – das Leben und die Person Sabina Spielreins, seine eigene Männererfahrung mit dieser Frau, als Abstraktion ein. Er »versetzte« Sabina Spielrein in seine Theorie, wo sie zur bleibenden und beherrschbaren Größe wurde. Mit der Auflösung der Beziehung mit ihr machte er Sabina Spielrein – die wohl wichtigste Person in seinem Leben – zu einem Phänomen in seinem Werk: als ein Bekenntnis von Liebe und Schuld.

Nachweislich hat Sabina Spielrein Schriften von Jung ins Russische übersetzt. Sie war sein erster analytischer Schulfall und war seine Wegbegleiterin, Wegbereiterin über 15 Jahre. In seiner Autobiographie, im Rückblick der Erinnerungen, geschrieben 1958/59, kommt Sabina Spielrein, die reale Person, nicht vor. Jung hat sie eliminiert. Das System hat sie verschluckt.

In seinem vorletzten Brief an sie (dem vorletzten veröffentlichten) aus dem Jahr 1919 legte Jung bereits dar: »Die Liebe von S. zu J.« habe »›sublimiert‹« werden müssen, »weil sie sonst in die Verblendung und in die Verrücktheit geführt hätte«. Dieses war Jungs Schlußfolgerung aus der Vereinnahmung von Körper, Seele und Geist der Frau, deren Verfügbarkeit ihren Ursprung in der Ursache der erlittenen sexuellen Gewalt in ihrer Kindheit/Jugend hatte, die in der Begegnung mit ihm, dem ebenfalls von sexueller Gewalt früh gezeichneten Mann, ihrem Therapeuten und Geliebten, eine dramatische Fortsetzung fand.

Als Sabina Spielrein 56 Jahre alt war, im Jahre 1941, wurde ihr Leben gewaltsam beendet. Mit ihren beiden Töchtern, 28 und 17

Jahre alt, ihr Mann war bereits in den 30er Jahren gestorben, wurde sie aufgrund ihres jüdischen Glaubens zusammen mit anderen Jüdinnen und Juden von den Nazis durch Rostow getrieben und anschließend in der Synagoge erschossen.

Es blieb bis heute ungeklärt, ob sie dem von Jung auferlegten Vermächtnis, der Verpflichtung des Schweigens, mit der Drohung der Verdammnis bei Übertretung, entsprochen hat. Der allgemeinen gesellschaftlichen Verpflichtung zur Geheimhaltung des Geheimnisses, der Geheimhaltung der früh erlittenen sexuellen Gewalt, hat sie entsprochen und Rechnung getragen. In ihrem Werk liegt der Beweis des Gehorsams, offen – wie verborgen.

Ihr Leben, ein jahrzehntelanger Kampf ums Überleben, ein Aufbegehren gegen die Zerstörung von außen und gegen die selbstzerstörerischen Kräfte, ihre Bereitschaft zur Unterordnung bei gleichzeitigen Autonomieansprüchen, dies alles: Ursache und Ursprung des Begehrens, Fortwirken der sich einen wollenden Spaltungen, verlangen nach dem ihr zustehenden Recht, nach der Rückgabe der ihr gebührenden Authentizität. Das ist heute: die Forderung nach der so notwendigen Herausgabe der unter Verschluß gehaltenen Dokumente.

Warum? Sabina Spielrein gibt die Antwort: »Weil ich kein ›Daneben‹ sein kann.«[36]

Anmerkungen

1 Jung: *Freud und die Psychoanalyse*, GW Bd. 4, Olten 1985.

2 Einzelheiten dazu habe ich in meinem Buch »Die Hiobsbotschaft C.G. Jungs – Folgen sexuellen Mißbrauchs« ausgeführt, wo die Pathologie des Trieblebens Jungs thematisiert und von mir analysiert ist.

3 Höfer: *Die Hiobsbotschaft C.G. Jungs, Folgen sexuellen Mißbrauchs*, Kap. 1, Struktur und Bedeutung der Jungschen Erlebniswelt.

4 McGuire, Sauerländer (Hg.): Sigmund Freud – C.G. Jung, *Briefwechsel*, Frankfurt/M. 1974, 28. 10. 1907, S. 105, (künftig zitiert als Briefwechsel Freud – Jung).

5 Carotenuto (Hg): *Tagebuch einer heimlichen Symmetrie, Sabina Spielrein zwischen Jung und Freud*, S. 91, Freiburg i. Br. 1986, Brief Sp/Fr, 10. 6. 1909, S. 91 (künftig zitiert als Tagebuch/Brief Sp/Ju, Brief Ju/Sp, Brief Sp/Fr, Brief Fr/Sp).

6 Tagebuch, 11. 9. 1910, S. 49f.

7 Brief Sp/Fr, 13. 6. 1909, S. 100.
8 Brief, a. a. O.
9 Brief, a. a. O.
10 Tagebuch, 18. 10. 1910, S. 60.
11 Brief Ju/Sp, 12. 8. 1908, S. 192.
12 Brief Ju/Sp, 30. 6. 1908, S. 190.
13 Brief Ju/Sp, a. a. O.
14 Tagebuch, 11. 9. 1910, S. 49.
15 Brief Sp/Fr, 20. 6. 1909, S. 106.
16 Brief Sp/Fr, 11. 6. 1909, S. 94.
17 Noch vorenthaltene Dokumente, die endgültige Beweise enthalten könnten, liegen, laut Aldo Carotenuto, im Safe einer Bank. Ein Jung-Enkel, Dr. jur. W. Baumann, tätig in einer Baseler Bank, der sich sehr negativ und irreführend zur ausführlichen Rezension meines Buches in der Baseler Zeitung (16. 7. 1993) geäußert hat, wies meine Bitte um Einsicht in Dokumente ab: er wisse von nichts. (Briefwechsel Höfer-Baumann, 3. 6. 1994).
18 Brief Ju/Sp, 4. 12. 1908, S. 196.
19 Brief Sp/Fr, 10. 6. 1908, S. 95.
20 Tagebuch, 26. 11. 1910, S. 76.
21 Tagebuch, Sept. 1910 (Tagesdatum fehlt), S. 59.
22 Zur Lebenssituation von Emma Jung, Toni Wolff und Sabina Spielrein siehe die Ausführungen in meinem Buch *Die Hiobsbotschaft*...
23 A. a. O., S. 56f.
24 Tagebuch, 21. 12. 1910, S. 79.
25 Tagebuch, Febr. 1911 (Tagesdatum fehlt), S. 80f.
26 Tagebuch, a. a. O.
27 Brief Sp/Ju, 27./28. 1. 1918, S. 183.
28 Die Aufsätze erschienen in renommierten Zeitschriften wie *Zentralblatt für Psychoanalyse und Psychotherapie, Internationale Zeitschrift für ärztliche Psychoanalyse, Imago etc.*
29 Carotenuto, a. a. O., S. 271.
30 Brief Sp/Ju, 28. 1. 1918, S. 182f.
31 Briefwechsel Freud–Jung, 1. 4. 1912, S. 552.
32 Brief Sp/Ju, »wahrscheinlich Anf. Aug. 1911« (Dat. fehlt), S. 138f.
33 Briefwechsel Freud–Jung, 1. 4. 1912, S. 552.
34 Brief Sp/Ju, 6. 1. 1918, S. 167f.
35 Brief Ju/Sp, 3. 4. 1919, S. 221f.
36 Tagebuch, 26. 11. 1910, S. 77.

Carotenuto, Aldo (Hg.): *Tagebuch einer heimlichen Symmetrie, Sabina Spielrein zwischen Jung und Freud*, Freiburg i. Br. 1986, erschienen in Italien 1980, Frankreich 1981, Amerika 1982

Spielrein, Sabina: *Sämtliche Schriften*, Freiburg i.Br. 1987

Höfer, Renate: *Die Hiobsbotschaft C.G. Jungs – Folgen sexuellen Mißbrauchs*, Lüneburg 1993

Höfer, Renate: »Feministische Therapie«, in: Seifert, T./Waiblinger, A. (Hg.): *Therapie und Selbsterfahrung*, Stuttgart 1986, Sonderausgabe: *Die 50 wichtigsten Methoden*, Stuttgart 1993

Jaffé, Aniela (Hg): *Erinnerungen, Träume, Gedanken von C.G. Jung*, Zürich/Stuttgart 1961

Jung, Carl-Gustav: »Die Freudsche Hysterietheorie« (1908) in: *Freud und die Psychoanalyse*, GW Bd. 4, Olten 1985

McGuire, William, Sauerländer, Wolfgang (Hg): *Sigmund Freud – C.G. Jung, Briefwechsel*, Frankfurt/M. 1974.

Moser, Tilmann: »Verdrängung, Widerstand, Lebensverhüllung – Renate Höfers Studie über das ›mißbrauchte Kind‹ C.G. Jung«, in: *Politik und seelischer Untergrund*, Frankfurt/M. 1993

Adalgisa Conti
1887-1983
»Ich habe immer ein stolzes Wesen gehabt und mich wenig unterwürfig und ergeben gezeigt [...]«[1]

Von Sylke Niemann

»Manchmal, da glaube ich Garibaldi[2] zu sein, oder dessen Frau (was natürlich ein großer Unterschied ist), einmal halte ich mich für eine ganz unnütze Person, dann wieder meine ich, doch zu etwas gut zu sein, bald halte ich mich für eine große Persönlichkeit, bald wieder für ein Nichts; ich möchte kämpfen und bin doch so schlapp; ich möchte etwas unternehmen und bin doch so erschöpft, ich möchte auf alles und jeden pfeifen (aber ich werde nur ausgelacht), ich möchte gern lieben und kann es nicht [...]«[3]

Diese Zeilen stammen aus der Autobiographie Adalgisa Contis, die sie 1914 im Irrenhaus schrieb. Adalgisa Conti wurde am 17. November 1913 im Alter von sechsundzwanzig Jahren in die psychiatrische Heilanstalt von Arezzo zwangseingewiesen. In ihrer Krankenkartei befinden sich neben den eher lakonisch anmutenden ärztlichen Eintragungen einige Briefe Adalgisas. In ihrem letzten, vermutlich im November 1914 geschriebenen und an ihren damaligen Arzt, Doktor Viviani gerichteten Brief erzählt sie die Geschichte ihres Lebens. Conti hat diesen Lebensbericht auf Veranlassung Doktor Vivianis verfaßt, der sich, auf die ungewöhnlich intelligente und scharfsinnige Adalgisa Conti aufmerksam geworden, wahrscheinlich die Veröffentlichung eines interessanten klinischen Falles erhoffte. Was Adalgisa bewogen haben mag, sich auf die Aufforderung ihres Arztes einzulassen und ihre Lebensgeschichte niederzuschreiben, ist nur zu vermuten. Sie war verzweifelt, verwirrt, völlig isoliert und wußte nicht, warum man sie ins Irrenhaus gebracht hatte. Hat sie geschrieben, um sich zu orientieren, um einen Halt zu finden, um diese grausame Entscheidung, die von ihrem Ehemann und vermutlich dessen Familie getroffen wurde, überhaupt ertragen zu können? War mit der Niederschrift ihrer Autobiographie – die sich durch eine ungewöhnliche Offenheit und Klarheit auch hinsichtlich tabuisierter

Themen auszeichnet – vielleicht auch die Hoffnung verbunden, dem Irrenhaus zu entkommen? Es bleibt die letzte schriftliche Äußerung Adalgisa Contis, danach schweigt sie für immer. Auch Doktor Vivianis anfangs großes Interesse an dieser Frau scheint plötzlich verloschen. Es folgen siebzig Jahre Irrenhaus!

Wer war nun eigentlich diese Frau? Adalgisa Conti wurde am 18. Mai 1887 in Pieve Santo Stefano, einem kleinen Dorf in Oberitalien, geboren. Sie war die Zweitgeborene und hatte siebzehn Geschwister, wovon jedoch nur sieben überlebten. Ihre Mutter erlitt drei Fehlgeburten, und fünf ihrer Geschwister starben schon im Kleinkindalter. Adalgisas Mutter hatte folglich einen großen Haushalt mit vielen Kindern zu versorgen. Neben dieser ohnehin schon großen Belastung unterrichtete sie die unteren Klassen der Volksschule, und zwar in der Wohnküche, die gleichzeitig als Schulraum diente. Diese Tätigkeit war für eine Frau in einem kleinen, katholischen Dorf Italiens Ende des 19./Anfang des 20. Jahrhunderts sicher eher ungewöhnlich. Adalgisas Mutter war auf diesen Zuverdienst wahrscheinlich angewiesen, da ihr Mann, Adalgisas Vater, ein Trinker war. Adalgisa wurde aufgrund der erheblichen Belastung ihrer Mutter bereits sehr früh im Haushalt eingespannt und mit der Betreuung der jüngeren Geschwister beauftragt. Sie schreibt: »Als kleines Mädchen half ich beim Geschirrspülen, ging die schmutzige Wäsche der Kinder waschen, hütete die Geschwister, obwohl mir dies gar nicht gefiel.«[4] Kindlichen Spielen konnte sie nur selten nachgehen: »Sonntags spielte ich mit meinen Freundinnen gern Verstecken oder ähnliches, denn aus Puppen machte ich mir nicht viel.«[5] Durch die spezifisch weibliche Sozialisation wurde Adalgisa schon als Kind in die Rolle der »kleinen Mama«[6] gedrängt, was ihr, wie sie retrospektiv schreibt, mißfiel und sicherlich eine völlige Überforderung darstellte. So schreibt sie an anderer Stelle: »Durch das Herumschleppen meiner Geschwister, das Wasserschöpfen aus dem Brunnen, Holztragen und andere kleine Verrichtungen, erkrankte ich am Magen [...]«[7] Nach Adalgisas Erstkommunion, 1900, sie ist zu diesem Zeitpunkt dreizehn Jahre, übersiedelt die Familie Conti nach Anghiari, einem damals vorwiegend von Landwirtschaft und Handwerk geprägten Ort. Adalgisas Vater ist dort an der Musikschule tätig. Ihre schulische Ausbildung ist, wie zu dieser Zeit für Mädchen kleinbürgerlicher Herkunft üblich, auf vier Klassen Volksschulunterricht beschränkt: »[...] also da hatte

Adalgisa Conti im Alter von 26 Jahren,
aufgenommen für die Krankenkartei zum Zeitpunkt ihrer Einweisung
in die psychiatrische Heilanstalt von Arezzo (1913)

ich die vierte Klasse beendet und saß wieder zu Hause und hütete meine Schwester Lucia, die von der Amme zurückgebracht worden war.«[8] 1903 stirbt Adalgisas Vater aufgrund eines Irrtums des Apothekers an einer Vergiftung und hinterläßt eine große Familie. Adalgisa, die inzwischen sechzehn Jahre ist, trägt vermutlich durch ihre außerhäuslichen Tätigkeiten – sie führt nun den Haushalt einer Schneiderin namens Rosa Dragoni und arbeitet einige Monate darauf in einer Stickerei – mit zum Unterhalt der Familie bei.

Ungefähr zu dieser Zeit nimmt auch die Beziehung zu Probo Palombini ihren Anfang, den Adalgisa als einen »schönen jungen Mann mit einem goldenen Wesen«[9] beschreibt und dem sie vermutlich zunächst sehr zugetan war. Erst 1911, Adalgisa ist nun bereits vierundzwanzig Jahre alt, kommt es zur Heirat, der einzig möglichen, gesellschaftlich gebilligten Lebensperspektive für eine Frau damals. Adalgisa schreibt: »Nach unzähligen Widrigkeiten heiratete ich, nachdem das Aufgebot ohne Wissen unserer Familien und des Dorfes ausgehängt worden war.«[10] Die Heirat, deren Beschreibung Adalgisa in ihrer Autobiographie viel Raum widmet, findet unter recht merkwürdigen Umständen statt. Niemand wird informiert, und es findet nur eine standesamtliche Trauung statt, was für eine katholische Kleinstadt in Italien sicherlich sehr ungewöhnlich war. Probos Antrag wird von Adalgisa folgendermaßen geschildert: »Ich war gerade beim Geschirrspülen, da kam Probo herein und sagte, zieh dich schnell um, im Rathaus wartet schon der Bürgermeister, und es wäre eine Schande, ihn noch länger warten zu lassen.«[11] Adalgisa kommt diesem ausgesprochen lieblosen Antrag mangels möglicher anderer Perspektiven nach. Sie äußert sich ca. sechsundsechzig Jahre später in der Psychiatrie, von einer Pflegerin befragt, ob sie denn froh sei, Probo geheiratet zu haben: »Habe ich ihn geheiratet? Nein! Er hat mich geheiratet.«[12] Als möglichen Grund für diese eher heimlich anmutende Trauung erwähnt Adalgisa ein Verhältnis Probos zu einem Mädchen im Dorf. Probo Palombini war bekannt für seine Frauengeschichten. Vermutlich hatte dieses »Verhältnis« Folgen für Probo, denen er sich durch die vorteilhafte Heirat mit Adalgisa Conti, deren Familie im Dorf anerkannt und angesehen war, zu entziehen versuchte. Sowohl Probos als auch Adalgisas Familie waren im Vergleich zum Lebensstandard der übrigen Landbevölkerung eher wohlhabend. Probos Vater, Filippo Palombini, gehörte die Druckerei des Ortes, in der die gesamte Familie, so auch Adalgisa nach ihrer Heirat, mitarbeitete, die Frauen der Familie selbstverständlich neben ihren umfangreichen hausfraulichen Tätigkeiten und ohne Bezahlung.

Am Abend der Trauung wird Adalgisa von Probo aus dem Hause ihrer Mutter abgeholt, um fortan mit ihm im Hause der Schwiegereltern Palombini zu leben. Sie schreibt rückblickend auf den Tag ihrer Hochzeit und den Einzug in das Elternhaus ihres Ehemannes: »Während ich die Stufen hinaufging, wurden mir die Knie ganz weich. Es war mir so, als ging ich immer eine Stufe hinauf und zwei wieder zurück.«[13] Die hier vage anklingende Vorahnung, daß sich ihre Lebenssituation durch die Ehe mit Probo nicht gerade verbessern sollte, bestätigte sich dann auf tragische Weise, denn nach zwei Jahren Eheleben sollte die unbequeme, nicht (mehr) funktionierende Adalgisa von ihrem Mann ins Irrenhaus verbannt werden.

Adalgisa führt im Hause Palombini ein eintöniges Leben, sie schildert ihren Tagesablauf als Hausfrau wie folgt: »Ich blieb morgens zu Hause, kochte das Essen und erledigte die paar Hausarbeiten; nachmittags richtete ich mich sauber her und ging in die Werkstatt, um dort kleine Arbeiten zu verrichten; am Abend kehrte ich dann wieder zurück und bereitete das Abendessen zu.«[14] Adalgisa war entgegen dieser eher verharmlosenden Aussage vermutlich eine schwer arbeitende Frau, die im immer gleichen Ablauf die von ihr erwarteten Aufgaben erledigte. Innerhalb dieses trostlos-monotonen Hausfrauendaseins bekam ihr überaus wacher Verstand keinerlei Anregung.

Ihre Position in der streng patriarchalisch strukturierten Familie Palombini kommt in den folgenden Zeilen Adalgisas recht gut zum Ausdruck: »Bei Tisch fühlte ich mich oft von meinem Schwiegervater unterdrückt; Probo fand nie ein freundliches Wort oder Kompliment für mich, und Pippo (ihr Schwiegervater, S.N.) war recht schwierig mit dem Essen. Mal bereitete ich die Speisen zu fade zu, mal waren sie versalzen, mal zu weich gekocht, mal zu hart, dann wieder fluchte er, weil das Essen nicht genau in dem Augenblick fertig war, in dem er es wollte, also, er war wirklich schwer zufriedenzustellen. Aber er wandte sich nie an mich, sondern immer nur an Carlotta (Adalgisas Schwiegermutter, S.N.), die alles ungerührt über sich ergehen ließ, dabei wäre es mir lieber gewesen, sie hätte zu mir gesagt: das ist verkocht oder das ist noch nicht gar, das hast du gut zubereitet oder schlecht [...], so ganz im Vertrauen, wie es sein müßte, wenn alle harmonisch zusammenleben.«[15] Aus dieser Beschreibung geht klar hervor, welche Stellung Frauen in der Familie Palombini hatten, und darüber hinaus, wie isoliert Adalgisa war, wie einsam und verzweifelt sie gewesen sein muß.

Probo geht auch nach der Heirat seine eigenen Wege und kümmert sich nicht weiter um Adalgisa. Er frönt seiner Jagdleidenschaft, trifft in Cafés seine Freunde und vergnügt sich mit anderen Frauen, wie aus dem im Buch der Conti angeführten Interview mit einem ehemaligen Bürgermeister Anghiaris über das Leben Adalgisa Contis hervorgeht.[16]

Das Bild Probo Palombinis, das in diesem Interview aufgezeigt wird, steht im krassen Gegensatz zur Beschreibung Probos durch Adalgisa. Durch die fast zwanghafte Abwertung ihrer eigenen Person, die sich durch ihren gesamten Lebensbericht zieht, wertet sie ihren Mann Probo immer wieder auf. So spricht sie permanent von ihrem »schlechten Charakter«, beklagt ihre »Verkommenheit«, ja, geht soweit, sich selbst im Vergleich zu Probo als eine »Mißgeburt«[17] zu bezeichnen. Sie nimmt jegliche Verantwortung für das Nicht-Funktionieren dieser Ehe auf sich und fühlt sich schuldig in bezug auf das (für sie!) wenig befriedigende Sexualleben. Hierfür macht sie die Tatsache, daß sie schon als Kind masturbierte, verantwortlich.

Aus dem Interview geht ferner hervor, daß die Leute Anghiaris sich damals erzählten, daß Probo Adalgisa mißhandelte, »[...] daß er sich ihr gegenüber nicht anständig verhielt, daß er andere Frauen hatte, usw. Auch noch anderes.« Im Dorf dagegen erzählte er, daß seine Frau verrückt sei. Des weiteren wird erwähnt, daß Probo später Faschist wurde, »[...] und zwar einer der schlimmsten und gewalttätigsten«.[18] Diese Beschreibung Probos läßt erahnen, welcher Grausamkeit und Brutalität Adalgisa Conti während ihrer Ehe ausgesetzt war. Ihre Lage war aussichtslos, denn an eine Trennung von diesem gewalttätigen Ehemann war schon allein aufgrund der katholischen Religion nicht zu denken. Die Frage, warum Adalgisa die Mißhandlungen ihres Mannes in ihrem Lebensbericht nicht einmal erwähnt, ja, ihn geradezu idealisiert und sich selbst auf so bedrückende Weise abwertet, wird an späterer Stelle zu klären sein.

Adalgisa kommt auch der primären Aufgabe einer katholischen

Ehefrau, nämlich Nachkommen hervorzubringen, nicht nach. Die Ehe bleibt kinderlos, weshalb sie von ihrer Familie und ihrer Umgebung unter einen entsetzlichen Druck gesetzt wird: »Seit einigen Monaten fühle ich eine Schwere im Kopf; bald überfiel mich Schüttelfrost, bald ein großes Hitzegefühl; wenn man mich nur auf Kinder ansprach (sie sagten dann: o Adalgisa, was ist denn los, daß man noch immer nichts sieht?), lief ich nicht nur rot an, sondern wurde auch ganz verwirrt [...]«[19]

Im November 1913 wird Adalgisa Conti, »[...] da sie Anzeichen von geistiger Verwirrung gezeigt und von einem Selbstmordversuch gesprochen hatte«,[20] in die psychiatrische Heilanstalt von Arezzo zwangseingewiesen. Aus der bei ihrer Einlieferung angelegten Kartei geht hervor, daß sie seit drei Monaten an *Kopfschmerzen, Schlaflosigkeit, Melancholie* leidet; daß sie häufig *Weinkrämpfe* hat; und daß sie *Anzeichen von Verfolgungswahn* zeigt, der sich dahingehend äußert, daß sie fürchtet das Haus zu verlassen, weil angeblich alle sie auslachten und sie schief ansahen.[21] Adalgisa verschwindet also als sechsundzwanzigjährige(!) Frau hinter den Anstaltsmauern von Arezzo und stirbt hinter denselben 1983[22] im hohen Alter von sechsundneunzig Jahren nach siebzig(!) Jahren Psychiatrie.

Adalgisa Conti nimmt in diesem Band eine Sonderstellung ein. Sie ist keine bekannte, berühmte Frau, die Gelegenheit hatte, sich durch besondere Taten oder Werke hervorzutun; wenngleich die Tatsache, daß diese Frau siebzig Jahre Psychiatrie überlebt hat, schon als eine außergewöhnliche Leistung zu bezeichnen ist. Durch feministisch-historische Forschung sind mittlerweile viele Frauenbiographien der Öffentlichkeit zugänglich gemacht worden, die allerdings spektakuläre Fälle behandeln, von bekannten Frauen erzählen, die offensichtlich gegen das weibliche Rollenleitbild verstoßen haben, folglich Aufmerksamkeit erregen mußten und mit dem Etikett »verrückt«, »wahnsinnig« versehen wurden.

Mit Adalgisa Conti möchte ich auf die Unzahl namenloser Frauen aufmerksam machen, deren Schicksal uns unbekannt ist. Frauen, die an der Enge des weiblichen Rollenleitbildes erkranken, an ihrer Isolation verzweifeln, deren Leben von einem ewigen Mangel geprägt ist und die aufgrund des daraus resultierenden Leidens nicht (mehr) so funktionieren, wie man(n) es von ihnen erwartet. Anhand der Geschichte Adalgisa Contis wird deutlich, daß ein ganz »normales« Leben als Frau allemal ausreicht, um innerhalb patriarchaler Strukturen pathologisiert zu werden, also für »verrückt« erklärt und/oder »verrückt« gemacht zu werden.

Diese Tatsache verwundert nicht weiter, denn wir wissen heute aus Studien zu geschlechtsspezifischen Gesundheitskonzepten[23], daß sich das Konzept seelischer Gesundheit am männlichen Rollenstereotyp orientiert, dessen markante und gesellschaftlich erwünschte Attribute Aktivität, Rationalität und Durchsetzungsvermögen sind. Die Vorstellung einer psychisch gesunden Frau weicht hingegen erheblich vom Konzept eines psychisch gesunden Erwachsenen ab. Die für eine psychisch gesunde Frau angeblich typischen Eigenschaften wie Passivität, Emotionalität, Subjektivität, Abhängigkeit, Schwäche etc., auf die die spezifisch weibliche Sozialisation abzielt, sind zum einen gesellschaftlich nicht anerkannt, zum anderen liegt die Vorstellung der psychisch gesunden Frau nahe an der Vorstellung von psychischer Störung. Frauen sind somit per Rollendefinition das »kranke Geschlecht« und dementsprechend gefährdet, mit einer klinischen Diagnose behaftet zu werden.[24]

Die Geschichte der Adalgisa Conti steht auch stellvertretend für das Heer namenloser Frauen, die hinter Anstaltsmauern als sogenannte »Langzeitpatientinnen« verschwinden und so in Vergessenheit geraten; Frauen, deren Geschichte niemand kennt, weil sie nie Geschichte gemacht haben. Auch Adalgisa war eine von diesen vielen in Vergessenheit geratenen Langzeitpatientinnen, bis zur Wiederentdeckung ihrer Autobiographie, die den neuen Entwicklungstendenzen der »Demokratischen Psychiatrie«[25] in Italien während der sechziger und siebziger Jahre zu verdanken ist. Ein Ziel innerhalb dieser neuen Richtung in der Psychiatrie war die »Rehistorisierung« von LangzeitpatientInnen. Durch Herausgabe des Archivmaterials und Aufarbeitung desselben sollte LangzeitpatientInnen ihre Geschichte zurückgegeben werden. Die dokumentierte Autobiographie Adalgisa Contis war ein erstes Ergebnis dieses Forschungszweiges in Arezzo. Die wesentlichen Aspekte und Entwicklungsschritte der demokratischen Psychiatrie Italiens sollen an dieser Stelle kurz erläutert werden, da durch sie das Buch der Adalgisa Conti überhaupt erst möglich wurde.

Die Entstehung der demokratischen Psychiatriebewegung ist vor dem Hintergrund der Arbeiter- und Studentenbewegung in Italien zu Beginn der sechziger Jahre zu sehen. Ausgelöst durch die Kritik an den bürgerlichen Wissenschaften durch Italiens Linke, wurde auch die traditionelle Psychiatrie angegriffen. Es ging jedoch nicht nur darum, herkömmliche psychiatrische Techniken zu kritisieren und durch neue zu ersetzen, sondern darum, die traditionelle Verwahrungspsychiatrie überhaupt radikal in Frage zu stellen, sie als Ideologie mit systemerhaltender Funktion zu entlarven. Ausgangspunkt der »Demokratischen Psychiatrie« war, »die Krankheit in den Zusammenhang eines über die empirisch-tatsächliche und auch psychologisch feststellbare Realität hinausgehenden gesellschaftlichen Ganzen zu stellen [...]« Dieser Ansatz einer »Entpsychiatrisierung des seelischen Leidens« stand im krassen Gegensatz zur traditionellen Psychiatrie.[26] *Franco Basaglia*, der auch als Vater der Neuen Italienischen Psychiatrie bezeichnet wurde, sagte dazu: »Nicht die Krankheit gibt es, nur das Leiden. Und für das Leiden gilt es, neue Antworten zu finden.«[27] Damit ist gemeint, daß der Ursachenkette von Krankheit nachgegangen werden muß, daß die krankheitsfördernden Strukturen des sozialen Umfeldes (Familie, Schule, Beruf etc.) aufgedeckt werden müssen. Den VertreterInnen der demokratischen Psychiatrie war daran gelegen, die PsychiatrieinsassInnen nicht wie bisher als Objekte behandelt zu wissen, sondern zu versuchen, ihnen die verlorene Geschichte wiederzueröffnen, d. h. ihnen wieder ein Bewußtsein für die eigene Situation und für die Krankheitsursachen zu geben, um somit überhaupt so etwas wie Selbstbewußtsein zu ermöglichen.

Die Anfänge der demokratischen Psychiatrie Italiens gehen auf das Kollektiv der Heilanstalt Görz zurück. Hier wurde Anfang der sechziger Jahre unter der Direktion von Franco Basaglia die Öffnung der Heilanstalt versucht. Dieses Vorhaben wurde jedoch von der konservativen christdemokratisch geführten Provinzverwaltung blockiert. Einige Ärzte, so auch *Agostino Pirella*, ein weiterer Hauptvertreter der Demokratischen Psychiatrie, gingen daraufhin nach Arezzo, wo es durch Unterstützung einer linksgerichteten Provinzverwaltung 1971 gelang, die Anstalt zu öffnen und umzustrukturieren.[28] Adalgisa Conti ist zu diesem Zeitpunkt bereits vierundachtzig Jahre alt und seit achtundfünfzig Jahren in der Anstalt. In den nachfolgenden Jahren wurden immer mehr Anstalten in ganz Italien geöffnet, so in Triest (F. Basaglia), Reggio Emilia (G. Jervis), Mailand und anderswo.

Wesentliche Momente der Veränderung innerhalb der italienischen Anstaltskliniken waren eine »Demokratisierung« des Verhältnisses Ärztin/Arzt und Patient/in; die offene Diskussion aller auftauchenden Probleme in den Abteilungs- und Vollversammlungen, die von PatientInnen geleitet wurden und als Therapie angewandtes Verfahren galten; ein anderer Umgang mit Psychopharmaka; die Öffnung der geschlossenen Abteilungen; und nicht zuletzt die Öffnung der Kliniken nach außen. Zudem wurde eine »Dezentralisierung der psychiatrischen Versorgung«, also eine »Verlagerung auf alternative Einrichtungen« außerhalb der großen Anstalten angestrebt. Ziel war, über die außerklinischen Einrichtungen eine Einweisung in die Klinik nach Möglichkeit zu vermeiden.[29]

Als größter Erfolg der demokratischen Psychiatrie kann das im Mai 1978 in Kraft getretene Gesetz Nr. 180 (»legge centottanta«) gewertet werden. Wesentliche Aussage dieses Gesetzes ist, daß in Italien keine psychiatrischen Anstalten mehr gebaut werden dürfen und die bestehenden langsam aufgelöst werden sollen, indem nämlich deren InsassInnen nach einer Übergangsperiode in die Gesellschaft wiedereingegliedert werden sollten.[30] Als nächster Schritt zeichnete sich eine praxisbezogene Auseinandersetzung mit der Wissenschaft ab. Seit ca. 1978/79 wurde innerhalb der demokratischen Psychiatrie in verschiedenen Projekten epidemiologische Forschung betrieben, in Arezzo das schon genannte Projekt der »Rehistorisierung« von LangzeitpatientInnen, dessen erstes Ergebnis das Buch der Adalgisa Conti war.[31]

Eine italienische Schule der demokratischen Psychiatrie ist bisher nicht entstanden. So wird denn auch von KritikerInnen der Bewegung die »spärliche Theorieproduktion« beklagt.[32] Gerade auch deutsche PsychiaterInnen sehen den Mangel der demokratischen Psychiatrie im Fehlen »fundierter Krankheitsbegriffe«. Franco Basaglia sah hierin eher einen Vorteil, er betonte, »daß es gerade in einem Umdenkungsprozeß erforderlich sei, keine neuen Kategorisierungen zu schaffen, nicht die alten Normen durch neue Normen zu ersetzen, sondern absichtlich nicht-festgelegt, offen zu bleiben.«[33] Nach 1976 verlor die demokratische Psychiatrie ihre politische Brisanz, was »mit dem Ende der allgemeinen politischen Militanz, dem Rückgang des politischen Enthusiasmus und dem Verschwinden des politischen Engagements [...]« zusammenhing.[34] Nichtsdestotrotz ging die anti-institutionelle Arbeit weiter. Das Gesetz Nr. 180 ist auch heute noch gültig, und wenn es auch zu keiner vollkommenen Auflösung der Institution Psychiatrie gekommen ist, so ist doch vielerorts eine erhebliche Reduzierung der PatientInnen-Zahlen gelungen. Auch ist eine allgemeine Sensibilisierung für das Problem psychischen Leidens hinsichtlich der gesellschaftlichen Verantwortlichkeit entstanden. Die Entwicklung in Italien ist heute allerdings nicht mehr Gegenstand einer breiten, öffentlichen Diskussion.

Die Lebensgeschichte der Adalgisa Conti ist als exemplarischer Fall besonders geeignet, da sie auf tragische Weise eine Vielzahl von Gewaltformen gegen Frauen im Patriarchat beinhaltet. Auch wenn sie ihre Autobiographie vor achtzig Jahren geschrieben hat, so ist dieses Fallbeispiel heute keineswegs veraltet, denn Gewalt in vielfältigster Form gegen Frauen und die Pathologisierung des daraus resultierenden Leidens sind auch in der heutigen Zeit leider nach wie vor hochaktuell.

Da ist zunächst Gewalt in Form der geschlechtsspezifischen Sozialisation zu nennen, die Mädchen und Frauen in einer patriarchalen Kultur eine stereotype Rolle aufzwingt, die kaum Handlungsspielräume offenläßt. Des weiteren ist Adalgisa Conti in besonders tragischer Weise von der im Patriarchat weit verbreiteten sexuellen Gewalt gegen Frauen betroffen. Sie wurde schon als Kind/Heranwachsende von ihrem Vater und anderen Männern ihres sozialen Umfeldes sexuell mißbraucht. In der Ehe wird sie dann von ihrem Mann körperlich mißhandelt und wahrscheinlich auch vergewaltigt. Eine weitere Form von Gewalt erfährt sie in der repressiven, frauenfeindlichen Sexualmoral der katholischen Religion, die das sexuelle Verlangen der Frau als Sünde deklariert. Sexualität wird der Frau als notwendiges Übel allein zum Fortpflanzungszweck zugestanden. Adalgisa erfährt auch Gewalt in Form einer medizinischen Diagnose: Eine Blutung aus dem Mund, die sie als Zwölfjährige erlitt,wird als »vikariierende Menstruation«[35] diagnostiziert, was ihr das Stigma der sexuellen Anormalität einbrachte. Die Zwangsheterosexualität, durch die erotische Gefühle zwischen Frauen pathologisiert werden, ist eine Form von Gewalt, von der Adalgisa wahrscheinlich auch betroffen war. Massiven Formen von Gewalt ist Adalgisa Conti auch nach ihrer Zwangsinternierung in der ebenfalls patriarchalisch strukturierten Psychiatrie ausgesetzt.

Ich möchte im folgenden einzelne Stationen des Lebens- und Leidensweges der Adalgisa Conti, der als eine Summierung von Gewalt gegen diese Frau gesehen werden muß, genauer nachzeichnen.

Adalgisas Kindheit und Jugend sind geprägt durch eine spezifisch weibliche katholische Sozialisation innerhalb einer streng patriarchalisch-autoritär strukturierten Familie. Sie wurde als Kind/Heranwachsende (das genaue Alter geht aus ihrem Lebensbericht nicht hervor) mehrfach sexuell mißbraucht. Durch die seit etwa zehn Jahren durch Feministinnen angeregte Forschung zum sexuellen Mißbrauch wird allmählich deutlich, welche tiefgreifenden, langwierigen Auswirkungen sexuell traumatisierende Erfahrungen auf das weitere Leben von Mädchen und Frauen haben. So ist im Fall Adalgisa Conti die Erfahrung des mehrfachen sexuellen Mißbrauchs, gepaart mit den sexualfeindlichen Normen der katholischen Religion, wahrscheinlich die Ursache für die sich durch ihren gesamten Lebensbericht ziehende Selbstanklage, für die immer wieder zum Ausdruck kommende unendliche Scham und für ihr permanentes Gefühl, andersartig und damit ausgestoßen zu sein.

1914 im Irrenhaus bricht Adalgisa, vielleicht in der Erkenntnis nichts mehr zu verlieren zu haben und nun endgültig verstoßen worden zu sein, ihr Schweigen hinsichtlich der eigenen Mißbrauchserfahrungen. Sexueller Mißbrauch ist heute zwar ein öffentliches Thema, von einer Enttabuisierung der Thematik kann jedoch auch heute noch keine Rede sein. Um so erstaunlicher ist es, daß diese ungewöhnliche Frau bereits 1914, und dazu im katholischen Italien, einen solchen Mut und eine solche Offenheit aufbrachte. In einem im März 1914 an Doktor Viviani gerichteten Brief schreibt sie zunächst: »[...] und dann gibt es da so viele schmachvolle Dinge, die zu erklären und zu entwirren ich einfach nicht den Mut habe. Doch ist mein ganzes Leben so damit verstrickt, Herr Doktor, daß sie mit mir machen können, was sie wollen [...]«[36] Diese zunächst eher zögerlichen Andeutungen konkretisieren sich in ihrer im November desselben Jahres geschriebenen Autobiographie, also ihrer letzten schriftlichen Äußerung. Hier heißt es: »Ein Mann trieb Schweinereien mit mir, aber ich wußte ganz genau, was er da tat.«[37] In diesen Zeilen klingt eine Art von scheinbarem Einverständnis oder Mitschuld am Mißbrauch durch, ein aus der Mißbrauchforschung bekanntes Phänomen bei Opfern sexueller Übergriffe. Interessant ist auch der Zusammenhang, in den dieser einzelne Satz Adalgisas eingebettet ist. So berichtet sie zuvor, daß sie als schmächtiges Mädchen heranwuchs, da sie so lasterhaft war, ja sogar die Freundinnen aus der

Nachbarschaft masturbierte und in der freien Natur einen Hund und eine Ente mißbrauchte. Dann berichtet sie von verschiedenen Leiden, die sie befielen. Darauf folgt die zitierte Schilderung des Mißbrauchserlebnisses. Danach berichtet sie, daß sie »Obst und allerhand Kram« stahl.[38] Sie führt also zunächst ihre »Lasterhaftigkeit« an, die ich als völlig gesunde sexuell-kindliche Entwicklung beurteile, zumal Adalgisa auf dem Lande aufwuchs, wo Kinder schon früh mit Sexualität konfrontiert werden. Ihre »Verdorbenheit« ist aus ihrer Sicht auch der Grund für ihre »Schmächtigkeit« und die von ihr genannten Krankheiten, wie Darmblutungen, Muskelschwäche, Bindehautentzündung, Nieren- und Kopfschmerzen u. a. Auf diese Weise »entschärft« Adalgisa das Trauma des sexuellen Mißbrauchs: denn aufgrund ihrer »Lasterhaftigkeit« wußte sie ja, was dieser Mann da tat. Durch das Bekenntnis, daß sie Obst stahl, bekräftigt sie noch einmal ihre Schlechtigkeit. Diese Fehlinterpretation Adalgisas ist sicherlich auch das fatale Ergebnis ihrer katholischen Erziehung, deren zentrales Element das Keuschheitsgebot und damit Masturbationsverbot ist, was zwangsläufig Schuld- und Schamgefühle zur Folge hat. So sind die von ihr beschriebenen körperlichen Leiden natürlich nicht, wie sie tragischerweise annimmt, die Bestrafung für ihre Lasterhaftigkeit, sondern vermutlich eher Folgeerscheinungen der sexuellen Übergriffe. So könnten beispielsweise die Blutungen aus dem Mund, die als »vikariierende Menstruation« diagnostiziert wurden, aus einer Verletzung infolge Oralverkehrs resultieren. Es wäre auch denkbar, daß Adalgisa sich während des sexuellen Übergriffs selbst Schmerz zugefügt hat, sich in die Wange, auf die Zunge, in die Lippen biß, und deshalb blutete. Dieses Erzeugen von Schmerz ist eine aus der Mißbrauchforschung bekannte Variante des Abwehrmechanismus der »Dissoziation«, der Abspaltung von Gefühlen und einzelnen Körperteile.[39]

Die Textstelle, die den sexuellen Mißbrauch Adalgisas durch ihren Vater beschreibt, wurde von ihr erst im nachhinein eingefügt. Von diesem traumatisierenden Erlebnis zu sprechen wird sie aufgrund der bei ihr besonders stark ausgeprägten Schuld- und Schamgefühle eine große Überwindung gekostet haben. Auch hier ist der Zusammenhang, in dem die Mißbrauchserfahrung geschildert wird, von Bedeutung. Wieder berichtet sie von verschiedenen körperlichen Leiden und spricht von »Arzneien und allem möglichen Kram«, den sie geschluckt hat. »Ich nahm Zitrone und

Alaun[40] als Schrumpfmittel, nachdem ich Schweinereien getrieben hatte«.[41] In der Hoffnung, ihre »verlorene Reinheit« wiederherzustellen, benutzte Adalgisa »kleine phenolgetränkte«[42] Wattebäusche und benetzte wieder und wieder dieselbe Stelle, damit sie sich zusammenziehen sollte [...]« Sie schreibt weiter: »Eines Tages, als ich auf den Abort ging, benutzte ich den Griff des Deckels, der dick war wie mein kleiner Finger, ohne den Riegel etwa dreißig Zentimeter lang, wofür, erinnere ich mich nicht mehr, und dann, Herr Doktor, drehte ich ihn von beiden Seiten hinein.«[43] Sie berichtet also zunächst, daß sie versuchte, ihre Jungfräulichkeit – innerhalb des katholischen Glaubens die weibliche Tugend schlechthin – wiederherzustellen, welche sie durch die »Schweinereien«, die sie glaubte getrieben zu haben, verloren hatte. Faktisch wurde Adalgisa wahrscheinlich schon als Mädchen durch einen sexuellen Übergriff des Vaters oder eines anderen Mannes defloriert. In der sich anschließenden Selbstbefriedigungsdarstellung mit Penetrationsnachahmung vermute ich eine Nachstellung und damit indirekte Beschreibung eines sexuellen Mißbrauchserlebnisses, zumal sich unmittelbar die Beschreibung des Mißbrauchs durch den Vater anschließt: »Auch mein Vater verführte mich eines Abends, als niemand zu Hause war, vor dem Feuer und blickte mich mit großen Augen an, aber er tat mir nichts zuleide.«[44] Es folgt wieder die Schilderung einer Selbstbefriedigung: »Mit Messingkugeln gleich jenen an diesen Türen, Türen eines Klosters, das ich für mich das Haus des Leidens nenne, rieb ich mich in der unteren Gegend [...] und während ich darüberstrich, erlebte ich jenes Gefühl, das einen ganz außer sich geraten läßt und nachher so matt und erschöpft macht wie den armen Soldat nach einem Kampf oder einem langen Marsch.«[45] Sie betont also noch einmal ihr »Verdorbensein« und ihre »Schuld«, da sie, obwohl dies der katholische Glaube verbietet, masturbiert und Lust dabei empfindet.

Der sexuelle Übergriff des Vaters wird von Adalgisa verharmlosend als »Verführung« beschrieben, was ein vermeintliches Einverständnis ihrerseits impliziert. Sie betont, daß er ihr »nichts zuleide« tat. Eine solche »Bagatellisierung« ist als Abwehrmechanismus bekannt, »diese Form selektiver Wahrnehmung, Verleugnung eigener Gefühle und Umdeutung« können für das betroffene Mädchen eine seelische Notwendigkeit sein, um zu überleben.[46] Adalgisa bagatellisiert die sexuelle Ausbeutung durch ihren Vater. Sie leugnet also nicht das Ereignis als solches, sondern die Bedeutung, die es für sie hat. Das Bagatellisieren der traumatisierenden Erfahrung »garantiert eine gewisse Kontrolle, indem bedrohliche Affekte erfolgreich abgetrennt werden. Dadurch wird die Erkenntnis des Ausmaßes der Traumatisierung dem Bewußtsein verwehrt.«[47]

Wenngleich das Erleben einer sexuellen Mißbrauchserfahrung vom individuellen Entwicklungsstand und der Persönlichkeit eines Mädchens (oder auch Jungens) als auch von der Intensität der Beziehung zum Täter abhängen, so finden sich bestimmte Grundgefühle mißbrauchter Kinder immer wieder.[48] Schuld- und Schamgefühle sind, insbesondere wenn der sexuelle Mißbrauch nie aufgedeckt wurde, von zentraler Bedeutung, so auch besonders im Fall Adalgisa Conti.

Eine weitere Überlebensstrategie der Opfer sexuellen Mißbrauchs ist die »Identifikation mit dem Aggressor«. Dieser Mechanismus wurde schon 1932 in einem Vortrag des Analytikers Sándor Ferenczi als »Introjektion des Angreifers« beschrieben. Von sexuellem Mißbrauch betroffene Kinder sind völlig machtlos und haben ohne Hilfe von außen kaum Möglichkeiten, sich aus der oft jahrelang andauernden Mißbrauchsituation zu befreien. Da sie zudem den meist aus dem sozialen Nahbereich stammenden Täter mögen oder lieben und sich dessen Verhalten nicht erklären können, suchen sie nach entschuldigenden und rationalisierenden Erklärungen für den Mißbrauch. »Sie versuchen im Sinne des Täters zu interpretieren, indem sie sich einreden, es sei ja ›nicht so schlimm‹ gewesen, oder es habe ihnen selbst sogar ›Spaß gemacht‹, oder es sei nicht ›böse gemeint‹ gewesen, sondern als Zeichen der besonderen Zuneigung des Täters zu werten.«[49] Durch die Identifikation mit dem Aggressor hört der sexuelle Übergriff »als starre äußere Realität zu existieren auf«, die massive Gewalt in den Handlungen des Täters schwindet scheinbar, und so schafft sich das Opfer ein ungebrochenes Bild der meist geliebten Bezugsperson zurück. Eine schwerwiegende Folge dieser Identifikation mit dem Aggressor ist die »Introjektion des Schuldgefühls des Erwachsenen«.[50]

Im Fall Adalgisa Conti kann von einer noch weiterreichenden Entschuldung des Täters/der Täter durch die Verlagerung auf ihre angebliche Lasterhaftigkeit, Unanständigkeit und Verdorbenheit gesprochen werden, insbesondere genährt durch die katholische Religion, die den weiblichen Körper von Natur aus für sündig erklärt, Masturbation als Unkeuschheit und Sünde betrachtet und die sexuelle Lust der Frau unterdrückt. Zur Veranschaulichung möchte ich die Psychoanalytikerin Ursula Wirtz zitieren, die vom Religionsunterricht ihrer Schulzeit berichtet: Über Heiligenlegenden wurde den Mädchen vermittelt, »daß es besser sei zu sterben, als vergewaltigt zu werden. Keuschheit ist der höchste Wert, und das Opfer stirbt lieber, als daß es mit der Befleckung der sündigen Sexualität leben könnte.« Sie erinnert sich an die Legende der »Maria Goretti, einer zwölfjährigen Märtyrerin, die von der Kirche heiliggesprochen wurde, weil sie starb, um ihre Keuschheit zu retten. 1890 in Italien geboren, Tochter einer armen, frommen Familie wird sie eines Tages von einem brutalen Mann überfallen, der sie vergewaltigen will. Sie wehrt sich standhaft, worauf der Angreifer sie tötet.«[51] Adalgisa, die 1887 ebenfalls in Italien geboren wurde, ist von keinem »fremden, brutalen Mann« überfallen worden; sie war den sexuellen Übergriffen ihres Vaters und anderer Männer ihres sozialen Nahbereichs wehrlos ausgesetzt, die dieses Verbrechen im übrigen recht gut mit ihrem katholischen Glauben vereinbaren konnten.

Von sexuellem Mißbrauch betroffene Mädchen fühlen sich meist verantwortlich und schuldig für das, was ihnen angetan wurde. Sie glauben, sie seien schlecht, verdorben und schmutzig. Dieses Gefühl, am eigenen Unglück selbst schuld zu sein, beschränkt sich leider nicht nur auf die Mißbrauchserfahrung/en, sondern kann sich wie ein roter Faden durch das weitere Leben ziehen. Dies führt dann dazu, daß auch in anderen Situationen gesunde Empörung, Protest, Gegenwehr und damit Selbstbewußtsein nicht entstehen können. Diese tragische Entwicklung entspricht wiederum dem weiblichen Rollenstereotyp und stabilisiert somit patriarchale Strukturen.

Adalgisa ist von diesem Prozeß in besonderem Maße betroffen. Sie bezeichnet sich in ihrer Autobiographie als »lasterhaft, unanständig, unaufrichtig, verdorben, gemein, niederträchtig, heuchlerisch, verlogen, durchtrieben«; sie hält sich für »mürrisch, unhöflich, launisch und faul«; sie glaubt, sie habe einen »schlechten Charakter«, sei nicht intelligent und betont immer wieder, nicht normal entwickelt, anders als andere zu sein. Sie schreibt: »Glauben Sie mir, Herr Doktor, ich bin eine erbärmliche Frau, die keine Achtung verdient, und Probo hat ganz recht getan, es mir heimzuzahlen und mich ins Loch zu stecken.«[52] Ihr Sich-Beschmutzt-

Fühlen kommt immer wieder zum Ausdruck: »Eine anständige Frau verhält sich nicht wie ich, die ich mir ehrlich gesagt wie eine Prostituierte vorkomme, oder wie eine Ausgehaltene, was dasselbe ist, dabei weiß ich nicht von wem und zu welchem Zweck.« Auch das durch den mehrfachen Mißbrauch tief verletzte Schamgefühl Adalgisas ist in ihren Aussagen nachfühlbar, so sagt sie: »[...] ich spüre ein Verlangen zu umarmen, zu küssen, und ich schäme mich wie ein kleines Mädchen, das vom Weg des Heils abgekommen ist.«[53] »[...] und wenn ich mich von den Männern, die hier drinnen als Gespenster oder Geister erscheinen, umarmen lasse, dann meine ich, sie zu küssen und zu umarmen wie einen Ehemann, einen Bruder, Verwandten oder Sohn, und das gibt mir ein wenig Befriedigung; aber gleichzeitig empfinde ich Scham, weil ich das Gefühl habe, tief gefallen zu sein und von niemandem mehr geachtet werden zu können [...]«[54]

In ihrer Beziehung zu Probo, die kurz nach dem Tode ihres Vaters beginnt, wiederholt sich das Autoritäts- und Machtverhältnis Täter/Opfer und die sich daraus ergebende sexuelle und ökonomische Ausbeutung Adalgisas auf bedrückende Art. Das Sexualleben mit ihrem Mann war für Adalgisa alles andere als befriedigend. Sie schreibt mit einer bemerkenswerten Offenheit über Sexualität, aber auch ihr Gespaltensein wird hier offensichtlich: Auf der einen Seite ist sie eine sexuell sehr bewußte Frau, die sich, sich über den katholischen Glauben hinwegsetzend, lustvoll befriedigt. Andrerseits fühlt sie sich schuldig für das wenig befriedigende Sexualleben mit ihrem Mann, dessen Sexualpraktiken wahrscheinlich nicht gerade geeignet waren, eine für Adalgisa lustvolle Sexualität zu ermöglichen. Die sexuellen Attacken ihres Mannes widern sie an: »Er war kalt und gleichgültig, küßte mich nicht mit jener Wollust, die ich ersehnte, küßte er mich doch einmal, so glaube ich eher aus Mitleid oder um seine Ruhe zu haben. Nachts kam er spät nach Hause, und oft weinte ich unter meiner Decke verborgen, und da ich die Befriedigung nicht fand, die Eheleute, die sich wirklich lieben, einander geben, machte ich es mir oft selbst mit dem Finger, um jenes ich weiß nicht was zu fühlen, das mir Lust bereitete. Diese Lust hatte ich mit Probo in all den Jahren nur ein- oder zweimal gefühlt, ansonsten war es für mich ein einziges Leiden [...] Ich lag da, murmelte irgend etwas und wartete auf den Höhepunkt, den es aber für mich nicht gab [...] Wenn Probo mich nachher fragte, wie es war, das heißt, ob ich befriedigt wäre, so bejahte ich stets, denn ich wollte mir von ihm nicht sagen lassen: Was ist, bist du aus Stein, daß du nichts fühlst? Um ihm dies Mißvergnügen zu ersparen, spielte ich ihm etwas vor und litt für mich.«[55] Auch von anderen Frauen des Dorfes erfährt Adalgisa, daß diese ihren Männern einen Orgasmus vortäuschen, da diese sonst »schlechte Laune«(!) bekämen. Trotzdem sieht Adalgisa die Ursache nicht in der Unfähigkeit ihres Mannes, sondern macht ihr regelmäßiges Masturbieren für die unbefriedigende Sexualität verantwortlich: »Ich versuche es am Ende sogar mit Rotz, Speichel, Schleim, aber umsonst, ich spürte nichts mehr. Zuviele, allzuviele Male hatte ich es gemacht und jede Grenze überschritten. Ich heuchelte bis zum Schluß, und Probo kann mir meine Gemeinheit, Verdorbenheit und Niedertracht und schließlich die Schande, die ich ihm durch soviel Lug und Trug antun wollte, niemals verzeihen. Niemals kann ich von ihm Vergebung erhoffen, denn ich, ich selbst war die Verbrecherin.«[56] Die Tatsache, daß seine Frau keine sexuelle Lust empfunden hat, zumal sie ihn dies ja nicht merken ließ, dürfte Probo nicht allzu sehr belastet haben. Enervierender war da schon, daß Adalgisa sich vermutlich sooft als möglich seinen sexuellen Übergriffen entzog, da sie sich körperlich oft sehr schlecht fühlte. Diese Verweigerung beantwortete er wahrscheinlich mit Gewalt. So schildert Adalgisa Probos Reaktion, nachdem sie, durch einen Arztbesuch besorgt, zu ihm geht, wie folgt: »Er schien mir unbesorgt um meine Gesundheit, herrschte mich grob an, bog mit geballter Faust den Unterarm zurück und sagte, was du brauchst, um geheilt zu werden, ist eben ein Mann [...]«[57]

Adalgisa war anämisch, litt oft an Erkältungen, fühlte eine »Schwere im Kopf« und »viele andere Übel«. Sie befürchtete immer wieder, an einer unheilbaren Krankheit zu leiden. Diese physischen Leiden sind vermutlich eine psychosomatische Reaktion auf ihre unerträgliche Lebenssituation gewesen. Da ist ihr trostloses Hausfrauendasein zu nennen und die völlige Isolation Adalgisas im Hause ihrer Schwiegereltern; ihre Schwiegermutter behandelt sie distanziert; ihr Schwiegervater scheint sie zu ignorieren, ja sie zu verachten; ihr Mann ist meist abwesend, vor seinen Eltern behandelt er sie wie Luft, zudem wird Adalgisa von ihm mißhandelt. Auch Solidarität durch andere Frauen erfährt sie kaum, obwohl diese ein ähnliches Schicksal wie Adalgisa zu tragen haben, aber, anders als Adalgisa, die aufgrund ihres ausgesprochen hohen Bewußtseinsstands ihre mißliche Lage realisiert und auf symbolische Art, nämlich indem sie ständig kränkelt, rebelliert, angemessen »funktionieren«.

Die Tragik der Adalgisa Conti liegt darin begründet, daß sie neben der schon schwerwiegenden äußeren Repression, bedingt durch die streng patriarchalen, frauenfeindlichen Strukturen, in denen sie lebte, auch an einer inneren Repression litt, und zwar in Form der mittlerweile schon zu einer Instanz gewordenen verinnerlichten Schuldgefühle.

Trotz dieser ungeheuren Bürde war sie dennoch aufgrund ihres scharfen Verstands in der Lage, sowohl die perspektivlose Situation von Frauen ihrer Umgebung als auch ihre eigene Situation zu erkennen und ansatzweise zu kritisieren. So spricht sie beispielsweise bewundernd von ihrer Schwiegermutter Carlotta, die sehr schön war, Tag und Nacht entweder im Haushalt oder an der Stickerei arbeitete, der alles, was sie anfing, gelang. Adalgisa kommt aber auch zu einer kritischen Reflexion dieses »Idealbilds« einer Frau: »Von ihr kann man wirklich sagen, daß sie sich von jung an hat aufopfern müssen, um die Familie zu versorgen, dem Ehemann als Sklavin zu dienen, der von etwas strenger Natur war [...]«[58] Adalgisa weiß in ihrer Autobiographie immer wieder von Frauen ihres Dorfes zu berichten, die in übler Weise von Männern belogen und betrogen worden sind.

Auch wagte sie es, ihre Unzufriedenheit innerhalb ihrer Ehe, die durchaus nachvollziehbar ist, ihrem Mann gegenüber zu äußern, nämlich indem sie »unentwegt schimpfte« und zu ihm sagte: »Ich arbeite von morgens bis abends, und du vernachlässigst mich, und es ist kein Pfennig Geld da [...], den ganzen Tag hört man hier nur Geschrei [...]« Des weiteren äußerte sie: »Dieses ewige Gezeter gefiel mir gar nicht, und da ich noch jung war und keine Kinder hatte, sagte ich immer wieder zu ihm, paß auf, ich setz dir bald Hörner auf.«[59] Um sich vorzustellen, wie ihr Mann auf diese Drohung, die sie nie in die Tat umsetzte, reagierte, bedarf es nicht viel Phantasie. An anderer Stelle schreibt sie: »Verbot er mir etwas, zum Beispiel das Tanzen oder Schminken, oder daß ich mit Freundinnen aus der Nachbarschaft ging, so tat ich es aus Trotz erst recht. Mit der Zeit allerdings hat er mir alles heimgezahlt!«[60] (Dem Bedürfnis, sich zu schmücken und zu tanzen, kommt Adalgisa dann später im Irrenhaus nach.)

Adalgisa Conti verstieß auch insofern gegen das weibliche Rollenleitbild, als sie nicht schwanger wurde, also ihre primäre Aufgabe als Ehefrau nicht erfüllte.

Des weiteren entsprach Adalgisa nicht dem Zwangsdiktat der Heterosexualität, denn sie fühlte sich vermutlich (auch) zu Frauen hingezogen. Die Beschreibungen von Freundinnen und Frauen ihres Dorfes sind sehr liebevoll, ja, haben oft einen erotischen Anklang. In einem 1914 an Doktor Viviani gerichteten Brief schreibt sie: »auch hatte ich von klein auf Gefühle, die sich von denen der anderen unterscheiden. Aus Eifersucht haben sich bei mir jene guten Gefühle entwickelt, die eine brave Hausfrau haben muß.«[61] Offen zutage tritt Adalgisas Zuneigung zu einer Frau in einer von ihr beschriebenen Cafészene. Sie besucht mit Probo und ihren Schwiegereltern ein neues Café, um Bekannte zu treffen. Adalgisa schreibt: »Es war auch ein ganz hübsches Mädchen dabei (Giuseppa Fancelli), ein fröhliches, lustiges Ding, und Probo saß auf einer Bank und beobachtete mich streng, denn er hatte genau wie alle anderen bemerkt, daß ich vor leidenschaftlicher Liebe schon ganz verrückt geworden war.«[62] Jahrzehnte später hat Adalgisa dann eine sehr innige Beziehung zu einer Mitpatientin.

Eine katholische Frau mit sexuellem Selbstbewußtsein, die keine Kinder bekam und womöglich homosexuelle Tendenzen hatte, war natürlich untragbar. So hatte denn Adalgisa Conti für diese »Vergehen« ein Leben lang zu büßen. Nach zwei Jahren Ehe ist sie verzweifelt, sie schreibt: »Ich war unausstehlich, nervös, mein Gesicht war immer aufgedunsen, ich weinte, ja, ich weinte zwanzig Tage lang. Ich hatte keine Lust mehr, auch nur das Geringste zu tun, denn in meinem Kopf stimmte es nicht mehr, ich war aus dem Gleichgewicht geraten. [...] Ich trat nicht mehr ans Fenster der Druckerei, weil alle mich spöttisch ansahen, und das empfand ich als Schande. Nur spät abends guckte ich ein wenig hinaus, aber auch da verspotteten sie mich noch, sie hatten angefangen, mich zu verfolgen. Und wenn einer einmal verfolgt wird, das ist das schlimmste.«[63]

Im November 1913 wird Adalgisa in die psychiatrische Heilanstalt von Arezzo zwangseingewiesen. Im Einweisungsgutachten vom 17. November 1913, das von einem gewissen Doktor Oscar Ugo Mani aus Arezzo erstellt wurde, heißt es: »Frau Adalgisa Conti, verehelichte Palombini, leidet unter Verfolgungswahn mit Tendenz zum Selbstmord. Nachdem sie eine Gefährdung für sich selbst und andere darstellt, ist ihre dringende Einlieferung in die örtliche Provinzheilanstalt geboten.«[64] Aus der bei ihrer Einweisung angelegten Kartei geht hervor, daß sie seit drei Monaten an Kopfschmerzen, Schlaflosigkeit, Melancholie leidet; daß sie häufig Weinkrämpfe hat; und daß sie Anzeichen von Verfolgungswahn zeigt, der sich dahingehend äußert, daß sie fürchtet, das Haus zu verlassen, weil angeblich alle sie auslachten und sie schief ansahen.[65] Ihr Mann hatte schon lange vorher im Dorf vorsorglich das Gerücht verbreitet, seine Frau sei »verrückt«, und konnte sich nun mit der Zwangseinweisung seiner unbequemen Frau entledigen. Dieser Weg, eine nicht (mehr) genehme Ehefrau loszuwerden, hat eine lange Tradition. »Schon im 16. Jahrhundert wurden Frauen von ihren Ehemännern in Irrenhäuser (oder Schloßtürme) gesperrt und so zum Schweigen gebracht.«[66]

Adalgisa Conti war jedoch keineswegs »verrückt«. »Was man gemeinhin als ›psychische Krankheit‹ oder ›Geisteskrankheit‹ versteht, ist im wesentlichen eine vielschichtige Reaktion auf oft unerträgliche Lebenssituationen, früh erfahrene Kränkungen, auf Hoffnungslosigkeit, öden Alltagstrott, sich wiederholende Demütigungen, Vereinsamung [...]«[67] Dies trifft insbesondere auf Adalgisa Conti zu. Ihre Verzweiflung, ihr Ausgehungertsein nach Zuwendung und Liebe, ihre Trauer, ihre Perspektivlosigkeit und ihre berechtigte Auflehnung, die sich, bis auf zaghaften Protest, nur symbolisch in Form von körperlichen Symptomen und massiven Schuldgefühlen ausdrückte, wurden zur Krankheit deklariert und mit einem psychiatrischen Etikett versehen.

Wie der »Verfolgungswahn« zustande kam, ist leicht nachvollziehbar. Zum einen wurde Adalgisa nicht schwanger und war folglich immer wieder den penetranten Nachfragen und dem Spott der Familie und der Dorfbewohner ausgesetzt. Zum anderen wird auch das von ihrem Mann verbreitete Gerücht, sie sei verrückt, seine Wirkung nicht verfehlt haben. Ihre Angst, verspottet zu werden, die ihren Rückzug bewirkte, ist also durchaus nachvollziehbar.

Auch die »Tendenz zum Selbstmord« ist nachempfindbar. In Anbetracht dessen, was diese Frau an massiver patriarchaler Gewalt zu erdulden hatte, ihrem Ausgeliefertsein und der Ausweglosigkeit ihrer Situation ist es nicht verwunderlich, daß sie mit Selbstmordgedanken spielte. Ein tatsächlicher Suizidversuch war jedoch nicht Auslöser für ihre Zwangseinweisung. Aus der Einlieferungskartei geht hervor, daß sie erst auf dem Weg in die Anstalt versuchte sich unter einen Zug zu werfen; und in einem Hotel, sich aus dem Fenster zu stürzen. Nach vier Tagen Psychiatrie versuchte sie, sich mit einem um den Hals gewickelten Taschentuch zu erwürgen. Fortan hat sie keinen Suizidversuch mehr unternommen, spricht jedoch während der ersten Zeit in der Anstalt ständig davon, lieber sterben zu wollen. Sie schreibt: »Wenn mein Leben nämlich nur noch aus Kummer und Leid bestehen soll, so möchte ich, obwohl noch jung an Jahren, lieber sterben als weitermachen.«[68] Während einer ersten von Doktor Viviani vorgenommenen Untersuchung äußert Adalgisa ihre Überzeugung, »[...] keine vollwertige Frau zu sein, sondern verflucht, zum Untergang verurteilt zu sein; sie sagte, daß sie für große Sünden büßen müsse und keine Kinder bekommen könne, weil sie nie menstruiert habe, daß sie beim Koitus mit dem Ehemann nichts fühle, aber – obwohl die Religion das verbiete – onaniere, um sich sexuell zu befriedigen usw., sie liebe ihren Mann, aber sie glaube, daß sie ihn sexuell nicht befriedigen könne, weil sie schon von klein auf der Onanie verfallen sei [...]«[69] Aus diesen Worten Adalgisas geht klar hervor, daß sie den Objektstatus der Frau im Patriarchat vollkommen verinnerlicht hatte. Sie wird ihre Einweisung zunächst als gerechtfertigte Bestrafung und Buße empfunden haben, als Bestätigung ihrer Unwürdigkeit, was ihrem Selbstbezichtigungskomplex noch einmal Vorschub leistete. Durch Psychiatrisierung werden Frauen in ihrem permanent schlechten Gewissen, ihrer Scham und dem Gefühl, versagt zu haben, bestätigt. Sie werden aus dem gesellschaftlich patriarchalen Zusammenhang aussortiert und ausgeschlossen, um innerhalb des ebenfalls patriarchalisch strukturierten Systems der Psychiatrie zum Schweigen gebracht zu werden.

Das Gefühl des Ausgeliefertseins an die männliche Herrschaft, das Adalgisa schon vor ihrer Einweisung in extremer Form erfahren hat, setzt sich in der Psychiatrie fort. Der Überlebensmechanismus der Anpassung an patriarchale Herrschaftsformen, den sie schon als kleines Mädchen gelernt hat, zeigt sich auch im Irrenhaus. Dies wird in den Briefen an ihren Arzt deutlich. Sie erkennt in ihm die oberste Machtinstanz innerhalb der Anstaltshierarchie. In ihrer Verwirrung vermutet sie zunächst, wie aus einem Brief an ihre Mutter vom 20. November 1913 (der nie abgeschickt wurde!) hervorgeht, »[...] daß Herr Viviani Probo ist, der sich durch die Gnade unseres Herrgotts verwandeln kann, wie er will.«[70] Sie unterwirft sich dieser Machtfigur demütig: »Verfügen Sie ruhig über mich als Dienstmädchen, Kinderfrau, Köchin und Spülmagd, denn Sie sind für mich ein Gott und wenn Sie nur wollen, können Sie alles.«[71] Sie bietet sich ihm auch als Sexualobjekt an: »Noch einmal, ich begebe mich ganz in Ihre Hände, töten Sie mich oder machen Sie mich glücklich. Ich fühle mich von Ihnen angezogen [...]«[72] Einen anderen Brief an Doktor Viviani unterschreibt sie mit »Ihre sehr ergebene Dienerin, Adalgisa«. Sie versucht also nun, was ihr in ihrer Ehe nicht gänzlich gelungen ist, nämlich sich der neuen Machtinstanz Doktor Viviani vollkommen zu unterwerfen. Vielleicht hatte sie die Hoffnung, sie würde durch ihr nun angepaßtes Verhalten dem Irrenhaus entkommen.

Die Situation in den Irrenhäusern Anfang des 20. Jahrhunderts war gekennzeichnet durch Überfüllung, unvorstellbar miserable hygienische Verhältnisse, unzureichende und schlechte Ernährung, unqualifiziertes Personal, fast vollkommenes Fehlen elementarster Pflege, von Therapie ganz zu schweigen.[73] Die klassischen Behandlungsmethoden der psychischen Krankheit bestanden bis in die zwanziger Jahre des 20. Jahrhunderts in erster Linie in Diätvorschriften, Methoden zur Beruhigung der PatientInnen (Formen von Zwangsanwendungen wie Festbinden, Zwangsjacke etc.), Wassertherapie und Anwendung pflanzlicher Arzneien. Anfang der zwanziger Jahre kam es zu einer Veränderung der Behandlungsmethoden durch die Entdeckung der Chemo-Therapie, die im Auslösen von Schock- und Krampfzuständen durch pharmakologische Behandlung bestand. Schnelle Verbreitung fand der 1939 in Rom von Ugo Cerletti entdeckte Elektroschock.[74] Auch wurde Anfang des 20. Jahrhunderts mit Drogen experimentiert, obwohl die Folgen dieser äußerst fragwürdigen und gefährlichen Experimente nicht absehbar waren. Auch Adalgisa Conti wurde im Dezember 1913, kurz nach ihrer Einweisung, einer Opiumbehandlung unterzogen, was sehr ernste Vergiftungserscheinungen zur Folge hatte.

Über Adalgisas Empfindungen während ihrer ersten Zeit im Irrenhaus wissen wir nur über die wenigen, in die Ärztekartei eingeklebten und folglich nie abgeschickten Briefe an die Familie und die Briefe an Doktor Viviani. Am 21. November 1913 schreibt sie an ihre Mutter: »Liebste Mama, mehrere Tage befinde ich mich nun schon hier, und ehrlich gesagt, es kommt mir vor, als sei ich schon unendlich lange von euch fort. Ich kann Dir weder berichten, wo ich bin, noch wie ich mich befinde. Ich habe das Gefühl, in einem verwünschten Haus zu sein, ich sehe Dinge vor mir erscheinen und wieder verschwinden, alle tragen einen Schlüsselbund, der magische Kräfte zu haben scheint. [...] Aber ich bin von allem so verwirrt, daß ich über das, was ich sehe und höre, nicht einmal sprechen kann. [...] Ich bitte euch inständig, kommt mich bald besuchen, denn ich sehne mich so sehr danach, euch zu umarmen. [...] Ich würde gern aufstehen und etwas tun, aber sie zwingen mich, im Bett zu bleiben, warum, kann ich mir nicht erklären.«[75] Im November/Dezember 1913 schreibt Adalgisa verzweifelt an Doktor Viviani: »[...] wenn Sie mich noch länger einsperren, drehe ich durch und kann nie mehr gesund werden. Was soll ich dem noch hinzufügen? Wenn Gebete helfen könnten, würde ich gern von morgens bis abends beten; aber leider ist alles, was ich unternehme, ganz nutzlos. Ich grüße Sie und drücke Ihnen fest die Hand.«[76] In einem weiteren Brief vom März 1914 fleht sie ihn geradezu an: »[...] Auf die Knie würde ich vor Ihnen fallen, wenn Sie mir nur für ein paar Tage ein Zimmerchen gäben, wo ich diesen Lärm nicht hören muß und von diesen merkwürdigen Dingen befreit werde. [...] Und was das Essen betrifft, ist mir alles recht, was Sie mir vorschreiben.«[77] In einem Brief vom 19. März 1914 an ihren Schwiegervater heißt es: »[...] Ich sehe, wie die anderen lachen und scherzen, soll ich mein Leben hier drinnen allein, ohne die Zuneigung eines lieben Menschen verbringen? Wenn ich manchmal mit diesen Damen spazierengehe, betrachte ich die endlose Ausdehnung der Heilanstalt, es heißt, von ferne wirke sie wie eine der größten Städte Italiens; sie ist herrlich gelegen, aber ich fühle mich ständig wie benommen. Meine körperlichen Kräfte nehmen ab [...]«[78] Die letzte schriftliche Äußerung Adalgisa Contis, ihre Autobiographie, wird am 25. März 1914, also ca. vier Monate nach ihrer Zwangseinweisung, registriert. Von diesem Zeitpunkt an erfahren wir nur noch über die sehr spärlichen Eintragungen in den Ärztetagebüchern von dieser Frau.

Offensichtlichstes Merkmal der Realität einer Insassin/eines Insassen der traditionellen Psychiatrie ist das Fehlen von Freiheit, und zwar der physischen Freiheit und der Freiheit der Selbstbestimmung. Ferner sind die Armseligkeit des Anstaltsmilieus und die damit verbundenen katastrophalen Lebensbedingungen zu nennen. Die in der Anstalt entstehenden Beziehungen sind meist eher unverbindlich, die Sprache verarmt oft bis zur kommunikativen Bedeutungslosigkeit. Isolation und Verlassenheit sind kennzeichnend für das Leben in der traditionellen Psychiatrie.[79] Ein Patient beschreibt die verheerenden Zustände im »Irrenhaus« von Arezzo um 1960 (Adalgisa hat zu diesem Zeitpunkt bereits siebenundvierzig Jahre unter diesen unzumutbaren Bedingungen gelebt!) wie folgt: »Ich schreibe im Stehen, das Blatt an die Wand haltend, weil mir keine andere bequemere Haltung möglich ist, wenigstens, wenn ich mich nicht auf den Boden legen will, auf den dreckigen, vollgespuckten Boden; wir sind um die 45 Personen, eingeschlossen in einen Raum von 25 qm, mit 6 Bänken für je drei Leute und 8 lackierten Eisenschemeln, am Fußboden festgeschraubt, also gibt es genau 26 Sitzplätze. Die anderen bewegen sich wie blinde Fliegen durch das Zimmer, mit schmutzigen Kleidern, einige ohne Strümpfe, in schlimmster seelischer und körperlicher Verfassung. In einem Ende des Zimmers, ohne Tür und ohne jede Abschirmung, ist die Toilette, von der den ganzen Tag ein übelriechender Geruch ausgeht [...]«[80] [81] In dieser Beschreibung zeigt sich, neben der Schilderung der entwürdigenden Lebensbedingungen, auch eine Veränderung im Psychiatriealltag an, hervorgerufen durch die Entdeckung und Anwendung von Psychopharmaka in den fünfziger Jahren. PatientInnen konnten nun »ruhiggestellt« werden, was das Bild der Anstalt erheblich veränderte.

Adalgisa Conti wurde im Laufe von siebzig Jahren Irrenhaus mit folgenden psychiatrischen Etiketten versehen: Von November 1913 bis Dezember 1914 lautete die Diagnose »melancholisches Syndrom begleitet von Wahnvorstellungen über die eigene Unwürdigkeit und Schuld«. Am 24. Dezember 1913 wurde ihre endgültige Hospitalisierung beschlossen. Adalgisa wurde 1943 im Zuge von Evakuierungsmaßnahmen nach Siena verlegt. Als sie im Dezember 1946 in die Heilanstalt von Arezzo zurückverlegt wird, lautet die Diagnose »Dementia praecox«, in einem Schriftstück vom Vortag heißt es »Schizophrenie«. »Schizophrenie» steht nun als endgültige Diagnose fest, Adalgisa wird als »schwachsinnig« und als »ständiger Pflegefall« eingestuft.[82]

Den Ärztetagebüchern sind, wie in der traditionellen Psychiatrie üblich, nur spärliche Informationen zu entnehmen. Es handelt sich hierbei primär um Werturteile und stereotype Floskeln, die kaum etwas über die Frau Adalgisa Conti aussagen. Jahrzehnte Irrenhaus sind hier auf ein paar Zeilen reduziert. Aus den ersten Jahren Psychiatrieaufenthalts Adalgisas erfahren wir, daß sie meist stumm ist, gelegentlich die Nahrung verweigert, an einem »Unwürdigkeitsdelirium« mit Tendenz zum Suizid leidet, daß ihre »psychische Verfassung« sich zusehends verschlechtere, es ihr aber körperlich sehr gute gehe(!). Am 17. November 1917 heißt es: »Noch immer dasselbe Verhalten; unreinlich, erotisch, impulsiv, lärmend.«[83] Mit »erotisch« ist hier wohl gemeint, daß Adalgisa vor Pflegerinnen und anderen Insassinnen onanierte. Angesichts der Tatsache, daß sie überhaupt keinen Raum für sich, keinerlei Intimsphäre hatte, verwundert es nicht weiter, daß sie beim Onanieren entdeckt wurde. Es verhält sich jedoch so, daß die Institution Psychiatrie die Sexualität der Frau, die nicht mehr Lustobjekt eines Mannes sein kann, vollkommen negiert und verdrängt. Jede sexuelle Betätigung wird als ein Symptom der Krankheit gewertet. Onanie und Homosexualität wird in den Männerabteilungen toleriert, in den Frauenabteilungen jedoch verurteilt.[84] Es folgen in Jahresintervallen monotone Floskeln wie »unverändert«, »gleichbleibend« und »gewohnter Zustand«. Am 10. März 1923, nach fast zehn Jahren Irrenhaus, heißt es: »Körperlich gute Verfassung. Geistig völliger Zusammenbruch. Redet vollkommen zusammenhanglos; kann sich nicht mehr zurechtfinden [...]; befindet sich seit Jahren in der Unruhigen-Abteilung. Gegenwärtig wird sie vormittags zum Auskehren des Saales und zum Bettenmachen eingesetzt, aber danach tut sie nichts mehr. Sie sitzt den ganzen Tag herum und singt in bester Laune. Hin und wieder tanzt sie fröhlich mit den anderen Kranken. Zeigt keine Neigung zum Selbstmord mehr. Ist periodenweise unreinlich: gewöhnlich uriniert sie in ihre Schuhe und zieht diese dann an; sie nimmt das Essen und schmiert es sich auf die Haare. Vor kurzem ging sie zur Latrine und strich sich Gesicht, Unterarme und Füße mit Kot ein. [...] Meist unordentlich gekleidet [...]«[85]

Vor dem Hintergrund der Lebensbedingungen in einer psychiatrischen Anstalt zu dieser Zeit müssen die aufgezählten angeblichen Symptome der Geisteskrankheit Adalgisas, wie das Sich-Beschmieren oder das Hantieren mit Kot und Urin, meiner Ansicht nach eher als Folgen der »Behandlung« durch den Psychiatriealltag, als Auswirkungen des »Irrenhaus-Milieus« gesehen werden. Adalgisa war jahrzehntelang in der »Unruhigen-Abteilung« wie auch in der »Krankenabteilung« für Frauen. Die »Krankenabteilung« wurde bezeichnenderweise auch »der Bodensatz« genannt. »Die Krankenabteilung ist in der traditionellen institutionellen Karriere des Anstaltsinsassen Endstation seiner psycho-physischen Zerstörung. [...] Hierher wurden Patientinnen mit starken Regressionserscheinungen oder bei physischer Erkrankung während ihres Aufenthalts in einer der ›Unruhigen‹-Stationen verlegt, und der einzige Weg hinaus war der Tod. Denn für eine Heilung gab es aus mehreren Gründen keine Chance. In riesigen Schlafsälen standen die Betten so dicht nebeneinander, daß nicht einmal für einen Nachttisch Platz war; riesige Tagesräume, in denen sich all die Patientinnen drängten, deren einziger Ausweg nur in einer immer noch stärkeren Regression bestand, die durch Stereotypie der Bewegungen, Mutismus, chronisches Delirium, Bewegungslosigkeit [...] Inkontinenz der Schließmuskeln, gewalttätige Verteidigung des eigenen kleinsten Raumes gekennzeichnet war. Die häufig vorkommenden Schlägereien endeten oft genug mit Knochenbrüchen [...]«[86]

Adalgisa hatte den Ärztetagebüchern zufolge auch die Angewohnheit, sich alles mögliche, z. B. Spaghettisauce, in die Haare zu schmieren. Dieses Verhalten kann als Folgeerscheinung der öden Monotonie, der Reizarmut des Psychiatriealltags interpretiert werden. Sie beschmiert sich ihre Haare (ihren Körper), um überhaupt etwas zu tun. Der Körper, ihr einziger Besitz, ist ihr Ausdrucksmittel. Sie benutzt Nahrungsmittel und anderes, um diesen zu gestalten, denn schöne Kleider oder andere Mittel stehen ihr ja nicht zur Verfügung. Darüber hinaus erhofft sie sich vermutlich, beachtet zu werden, in irgendeiner Form Aufmerksamkeit zu finden. So schreibt sie bereits 1914 in ihrer Autobiographie: »Es gibt Augenblicke, da kommt es mir in den Sinn, mit meinen Haaren allerhand dummes Zeug zu treiben oder Steine und Papier aus dem Abortfenster oder über die Dächer oder in den Graben zu werfen [...] All diese Dinge mache ich mit Absicht und sage mir, mal sehen, was geschieht!«[87]

Auch das wiederholt genannte Symptom des »Sich-Beschmierens« mit Kot und Urin, das in psychiatrischen Fallgeschichten immer wieder auftaucht, bekommt vor dem Hintergrund der Anstaltsrealität eine andere Bedeutung. Es kann als eine Art Protest gegen die entwürdigenden unmenschlichen Lebensbedingungen und die permanente Verletzung des Schamgefühls gedeutet werden, ist möglicherweise aber auch ganz konkret auf die fatalen sanitären Verhältnisse zurückzuführen. So hat Adalgisa sich vielleicht mit Kot beschmiert in der Hoffnung, auf diese Art zu einem Bad zu kommen. Rosanna, eine andere Langzeitpatientin, die

1965 im Alter von fünfzehn Jahren in die psychiatrische Klinik von Triest zwangseingewiesen wurde, schreibt hierzu: »[...] Man muß es [...] vor allen anderen machen. Einmal habe ich mich von Kopf bis Fuß [mit Kot, S.N.] verschmiert, auch die Mauern und die Scheibe. Dann sind sie gekommen und haben mich geholt und gebadet.«[88]

Am 9. Februar 1933, Adalgisa ist zu diesem Zeitpunkt fünfundvierzig Jahre alt und befindet sich bereits fast zwanzig Jahre im Irrenhaus, heißt es im Ärztetagebuch: »Sauber; knetet jedoch hin und wieder den eigenen Kot und macht sich daraus Strümpfe oder Handschuhe. Sie arbeitet als Putzhilfe, oft jedoch hockt sie sich hin, nachdem sie den ganzen Schlafsaal saubergeputzt hat, mitten hinein und verrichtet ihre Bedürfnisse mitten auf dem Boden. Körperlich geht es ihr gut: sie ist dicker geworden. Manchmal sagt sie, daß sie ins Theater gehen müsse: dann reißt sie Kleider in Fetzen, um sich daraus einen Hut zu machen, zieht Strümpfe auf, um sich daraus Ringe oder Armbänder herzustellen. Sie ist ruhig, singt jedoch oft laut grölend.«[89] Es folgen wieder unbedeutende Eintragungen in Jahresintervallen.

Adalgisa arbeitete während der siebzig Jahre in der Psychiatrie als »Quartigliere«, so wurden in den psychiatrischen Heilanstalten Italiens die Patientinnen genannt, die in der Anstalt alle möglichen Hilfsarbeiten, meist Reinigungsarbeiten, verrichteten. Manchmal dehnte sich das Arbeitsgebiet dieser Frauen so weit aus, daß ihnen die Aufgaben einer Pflegerin, einschließlich der Betreuung anderer Mitpatientinnen, übertragen wurden. Diese Arbeit der »verrückten« Insassinnen wurde natürlich nicht bezahlt, sie trug jedoch erheblich zum Funktionieren der Institution bei.[90] Auch heute arbeiten PsychiatriepatientInnen, besonders aus dem Langzeitbereich, bei minimaler Bezahlung.[91]

Adalgisas öffentliches Urinieren mitten in den Schlafsaal, nachdem sie diesen gezwungenermaßen gereinigt hatte, könnte als Auflehnung gegen diese »typisch weiblichen«, erniedrigenden Putzarbeiten interpretiert werden. Wie aus den Ärztetagebüchern hervorgeht, weigert sie sich oft zu arbeiten und zieht es statt dessen vor, zu tanzen, »laut grölend« zu singen und sich zu schmücken. Adalgisa drückt sich in der Anstalt nicht mehr über Sprache aus, vermutlich weil niemand zuhörte; niemand dem, was sie zu sagen hatte, Bedeutung beimaß. Ihre Ausdrucksmittel sind das Singen und das Tanzen. Im »Sich-Schmücken« entwickelt

Adalgisa eine nahezu unglaubliche Kreativität, so macht sie sich beispielsweise aus Kleiderfetzen einen Hut oder aus alten Strümpfen oder Bonbonpapierchen Ringe und Armbänder. Adalgisa benutzt also nun den ihr attestierten »Wahnsinn«, um all das zu tun, was ihr vorher verboten war, so z. B. das »Sich-Schmücken« (Schminken), das Tanzen und Singen durch ihren Mann.

Die Eintragungen in den Ärztetagebüchern werden mit der Zeit immer spärlicher, am 3. Dezember 1942, Adalgisa ist nun bereits fünfundfünfzig Jahre alt und seit neunundzwanzig Jahren in der Psychiatrie, heißt es: »A. Conti gleichbleibend; d. h. immer unordentlich und hochgradig schwachsinnig. Sie bietet sich noch zu Putzarbeiten an. Körperlich starker Verfall!«[92] Adalgisa ist also nach Ansicht der Ärzte gerade noch zu Putzarbeiten zu gebrauchen. Am 7. Januar 1947 heißt es: »Starker geistiger Verfall. Schmutzig, hängt sich alle möglichen Dinge an die Kleider. Hin und wieder hilft sie beim Putzen. Vollkommen gleichgültig allen gegenüber. Sie ißt, schläft ohne Schlafmittel. Allgemeines Befinden nicht schlecht. [...]«[93] 10. Juli 1958: »Gewöhnlich ruhig, ordentlich, aktiv. Hilft bei den Reinigungsarbeiten in der Abteilung und kümmert sich um schwächere Patientinnen. Gelegentlich protestiert sie laut, weil man ihr immer wieder ›Pülverchen‹ auf den Kopf werfe. Schläft gewöhnlich ohne Schlafmittel.«[94] Die »Pülverchen« sind wahrscheinlich eine Metapher für die Psychopharmaka, die mittlerweile Einzug in die psychiatrischen Heilanstalten gehalten hatten und das Gesamtbild sehr veränderten. So wird auch Adalgisa fortan als »ruhig«, »ordentlich« und angepaßt beschrieben.

Die gravierenden Veränderungen durch die demokratische Psychiatrie während der siebziger Jahre in den Anstalten Italiens wirkten sich auch auf Adalgisa Conti positiv aus, wenngleich aufgrund ihres inzwischen hohen Alters und ihrer fast völligen Taubheit eingeschränkt. Eine Pflegerin sagt 1977/78 über sie: »Heute sieht sie sehr nett aus, sie ist liebenswürdig in allem; bringt man ihr Essen, ist sie immer freundlich, bedankt sich; was man tut, ist ihr recht; sie sagt uns [den Pflegerinnen, S.N.], daß wir schön sind, daß wir tüchtig sind, sie ist in allem sehr zartfühlend.«[95] Es bleibt jedoch festzustellen, daß es nicht Adalgisa ist, die sich verändert hat, sondern ihre Umgebung. Dies entspricht der Konzeption der demokratischen Psychiatrie, die davon ausgeht, daß die Krankheit im negativen Sinne vor allem die Krankheit der traditionellen Anstalts- und Verwahrungspsychiatrie ist, »die dem Wahnsinn erst zu seinem Ausbruch verhilft«.[96]

Sehr positiv dürfte sich auf Adalgisa auch die langjährige Beziehung zu einer Mitpatientin namens T. ausgewirkt haben, die wahrscheinlich Ende der fünfziger/Anfang der sechziger Jahre ihren Anfang nahm. Adalgisa und T. waren vor Öffnung der Anstalt jahrzehntelang zusammen in der Krankenabteilung. Ich möchte einen Auszug aus der im Buch der Adalgisa Conti angeführten Diskussion von 1977/78 wiedergeben, in der die Pflegerin Margherita Giorgeschi, befragt vom damaligen Stationsarzt Adalgisas, Piero Jozzia, begeistert von der Beziehung dieser beiden Frauen erzählt: »Jozzia: Und ihre Freundschaft mit T.? Giorgeschi: Die besteht seit eh und je, ich habe die beiden immer nur zusammen gesehen. [M. Giorgeschi ist zu diesem Zeitpunkt bereits vierzehn Jahre Pflegerin in Arezzo, S.N.] Jozzia: Glaubt ihr, daß diese Zuneigung gegenseitig ist? Giorgeschi: Ja, haben Sie noch nie beobachtet, wie T. Adalgisa den Hof macht? Jozzia: Was sagt sie dann zu ihr? Giorgeschi: Sie fängt an zu singen und zu sprechen, dann nimmt sie sie in den Arm, umschwärmt sie, überschüttet sie mit Küssen, danach fängt Adalgisa an, nun ihrerseits T. zu streicheln und sie zu küssen [...] Jozzia: Es ist aber seltsam, daß Adalgisa sie im Arm hält [...] Giorgeschi: Und morgens, wenn sie sich waschen, sich anziehen und darauf warten, daß man hinuntergeht, sitzt T. auf dem Boden, und die andere, Adalgisa, geht dann zu ihr hin, hilft ihr aufzustehen, und dann gehen beide gemeinsam hinunter. Danach kommt es vor, daß jede von ihnen eigene Wege geht, aber bald schon suchen sie einander wieder. T. geht zu Adalgisa, läßt sich umarmen, streicheln, macht ihr den Hof. Oh, gewiß, auch T. empfindet besondere Sympathie für Adalgisa. Schon auf der Krankenstation sah man sie immer zusammen, solange ich mich erinnern kann, war das so.«[97] Nach Jahrzehnten der Gewalt, Demütigung und Lieblosigkeit, die Adalgisa Conti sowohl vor ihrer Zwangsinternierung als auch in der Psychiatrie erfahren hat, scheint sich ihre Sehnsucht nach Wärme und Zuneigung in der Beziehung zu einer Frau, einer Leidensschwester in der Anstalt, nun endlich erfüllt zu haben.

Geschichten wie die der Adalgisa Conti kommen wahrscheinlich sehr häufig vor, ohne daß sie, wie in ihrem Fall, eine derartige Konzentration patriarchaler Gewalt beinhalten und zwangsweise in der Psychiatrie enden.

Frauen leiden und erkranken an der Enge, die ihnen das weibliche Rollenstereotyp aufzwingt; an den weitreichenden Folgen von sexuellem Mißbrauch und Vergewaltigung, die im Patriarchat weit verbreitet sind; aber auch an der »ganz alltäglichen« Gewalt gegen Frauen, wie sie sich in den Medien, in der Werbung und im herrschenden Schönheits- und Schlankheitsterror zeigt.

Die Tragik liegt in der Reaktion von Frauen auf diese Formen von Gewalt begründet. Frauen drücken ihr Leid, ihre Trauer, ihre Wut in »Bewältigungsformen» wie Tabletten- und Alkoholabhängigkeit, Eßstörungen, Depressionen, Suizidversuchen u. a. aus, die immer gegen sie selbst gerichtet sind. Die zwangsläufig folgende »Pathologisierung weiblicher Leiden ist eine Strategie des Patriarchats, Frauen einander zu entfremden, eigentlich Verbündete zu vereinzeln und zu isolieren, um sie desto besser unter Kontrolle zu haben«.[98] Mögliche Solidarität zwischen Frauen und daraus resultierender Protest und Auflehnung gegen die sie krankmachenden Strukturen werden auf diese Art verhindert. Frauen verbleiben so in Isolation, ohne konstruktive Handlungsmöglichkeiten, und glauben an ihr Anders-Sein, ihr Abweichen und ihr Ausgeschlossen-Sein. Ihr Protest bleibt symbolischer Natur und wird als solcher nicht erkannt.

Anmerkungen

1 Conti, Adalgisa: *Im Irrenhaus. Sehr geehrter Herr Doktor. Dies ist mein Leben,* hg. von Luciano Della Mea, Frankfurt/M. 1979, Autobiographie, S. 18. Die italienische Originalausgabe erschien 1978 unter dem Titel »Manicomio«. Das Buch besteht aus insgesamt sechs Abschnitten, für die im folgenden Kürzel verwendet werden: Einer Einleitung der Gruppe der im psychiatrischen Dienst der Provinz Arezzo beschäftigten Frauen (A); der Autobiographie der Adalgisa Conti (B); der Chronologie des Anstaltsaufenthalts Adalgisa Contis, rekonstruiert aus der Krankenkartei von 1913 bis 1977 (C); einem Interview mit dem ehemaligen Bürgermeister von Anghiari über die Geschichte Adalgisa Contis (D); einer Diskussion zwischen Pflegerinnen, dem Stationsarzt Piero Jozzia und dem Herausgeber des Buches Luciano Della Mea mit dem Titel »Die negierte Interpretation« (E) und einem Nachwort von Dieter Schlesak (F).

2 Giuseppe Garibaldi (1807-1882) ist der italienische Nationalheld.

3 Conti, A.: B, a. a. O., S. 37.
4 Ebd., S. 15.
5 Ebd., S. 16.
6 Conti, A.: A, a. a. O., S. 9.
7 Conti, A.: B, a. a. O., S. 16.
8 Ebd., S. 31.
9 Ebd., S. 34.
10 Ebd., S. 21.
11 Ebd., S. 23.
12 Conti, A.: E, a. a. O., S. 106.
13 Conti, A.: B, a. a. O., S. 28.
14 Ebd., S. 33.
15 Ebd.
16 Dieses Interview wurde am 26. Oktober 1977 von Enzo Gradassi in der Bar Garibaldi von Anghiari (Provinz Arezzo) geführt.
17 Conti, A.: B, a. a. O., S. 34.
18 Conti, A.: D, a. a. O., S. 77.
19 Conti, A.: B, a. a. O., S. 40 f.
20 Conti, A.: C, a. a. O., S. 51.
21 Vgl. ebd., S. 50 f.
22 Das Todesdatum habe ich durch Privatrecherche beim Standesamt Arezzo ermittelt.
23 Die bekannteste und immer wieder zitierte Studie ist die Untersuchung von Inge K. Broverman et al. (1970), siehe Literaturliste.
24 Böhm, Nicola: Frauen – Das Kranke Geschlecht?, in: Rommelspacher, Birgit (Hg.): *Weibliche Beziehungsmuster, Psychologie und Therapie von Frauen,* Frankfurt/M., New York 1987, S. 71-102, S. 90 f.
25 Andere Bezeichnungen lauten: »Neue Psychiatrie«, »Antiinstitutionelle Psychiatrie«, »nuova linea« (Neue Linie).
26 Vgl. Conti, A.: F, a. a. O., S. 124 f.
27 Zit. nach Schmid, Sil: *Freiheit heilt. Bericht über die demokratische Psychiatrie in Italien*, Berlin 1977, S. 42.
28 Vgl. Conti, A.: F, a. a. O., S. 122.
29 Vgl. Schmid, Sil: a. a. O., S. 63 f.
30 Vgl. Conti, A.: F, a. a. O., S. 124 f.
31 Vgl. Weber-Unger, Steffi: *Wahnsinn und Politik – Zur Neuen Psychiatrie in Italien*, Frankfurt/M., New York 1984, S. 155 f.
32 Vgl. Grubitzsch, S./Rexilius, G. (Hg): *Psychologische Grundbegriffe*, Reinbek b. Hamburg 1990, S. 79 f.
33 Zit. nach Zehentbauer, Josef: *Die Auflösung der Irrenhäuser oder: Die neue Psychiatrie in Italien,* Frankfurt/M. 1990, S. 13 f.
34 Vgl. Weber-Unger, Steffi: a. a. O., S. 150.
35 »Neuropathische Blutung (Recklinghausen): syn. vikariierende = komplementäre Blutung, die nach dem physiologischen Vorbild der

Menstruation bei sehr nervösen Personen von selbst aus Nase, Zahnfleisch, Atmungsorganen, Wunden, Haut, Harnorganen und Verdauungskanal erfolgen kann.« Nachgeschlagen in: *Pschyrembel Klinisches Wörterbuch mit klinischen Syndromen und Nomina Anatomica.* 254., neubearbeitete Auflage mit 2843 Abbildungen, Berlin, New York 1982.

36 Conti, A.: C, a. a. O., S. 54.

37 Conti, A.: B, a. a. O., S. 16.

38 Vgl. ebd.

39 Vgl. Wirtz, Ursula: *Seelenmord. Inzest und Therapie,* Zürich 1989, S. 142.

40 Alaun ist ein Doppelsalz der Schwefelsäure, wirkt blutstillend, zusammenziehend und entzündungshemmend. Nachgeschlagen in: *Pschyrembel Klinisches Wörterbuch*, a. a. O.

41 Conti, A.: B, a. a. O., S. 19.

42 Phenol ist ein Desinfektionsmittel, das zur antiseptischen Wundbehandlung verwendet wird. Nachgeschlagen in: *Pschyrembel Klinisches Wörterbuch*, a. a. O.

43 Conti, A.: B, a. a. O., S. 20f.

44 Ebd., S. 21.

45 Ebd.

46 Vgl. Wirtz, Ursula: a. a. O., S. 149.

47 Ebd.

48 Vgl. Enders, Ursula (Hg): *Zart war ich, bitter war's. Sexueller Mißbrauch an Mädchen und Jungen,* Köln 1990, S. 39.

49 Vgl. ebd., S. 59f.

50 Ferenczi, Sándor: »Sprachverwirrung zwischen dem Erwachsenen und dem Kind« (Anhang C, S. 315-330), in: Masson, Jeffrey M.: *Was hat man dir, du armes Kind getan? Sigmund Freuds Unterdrückung der Verführungstheorie,* Reinbek b. Hamburg 1984, S. 324.

51 Wirtz, Ursula: a. a. O., S. 49.

52 Conti, A.: B, a. a. O., S. 18.

53 Conti, A.: C, a. a. O., S. 52f.

54 Conti, A.: B, a. a. O., S. 37.

55 Ebd., S. 31f.

56 Ebd., S. 21.

57 Ebd., S. 43.

58 Ebd., S. 34f.

59 Ebd., S. 34.

60 Ebd., S. 18.

61 Conti, A.: C, a. a. O., S. 54.

62 Conti, A.: B, a. a. O., S. 47.

63 Ebd., S. 44f.

64 Conti, A.: C, S. 63.

65 Vgl. ebd., S. 50 f.
66 Chesler, Phyllis (1972): *Frauen – das verrückte Geschlecht?*, Reinbek b. Hamburg 1977 (1974), S. 32.
67 Zehentbauer, Josef: a. a. O., S. 13.
68 Conti, A.: C, a. a. O., S. 52.
69 Ebd., S. 51.
70 Ebd., S. 64.
71 Conti, A.: B, a. a. O., S. 36.
72 Conti, A.: C, a. a. O., S. 52.
73 Vgl. Weber-Unger, Steffi: a. a. O., S. 20.
74 Vgl. ebd., S. 24.
75 Conti, A.: C, a. a. O., S. 64 f.
76 Ebd., S. 53.
77 Ebd., S. 55.
78 Ebd., S. 56.
79 Vgl. Schmid, Sil: a. a. O., S. 32.
80 Zit. nach: Amministrazione provinciale di Arezzo: »I tetti rossi«, Arezzo 1975, in: Zehentbauer, Josef: a. a. O., S. 177.
81 Die Lebensbedingungen für PsychiatriepatientInnen, insbesondere im Langzeitbereich, sind auch heute noch überwiegend menschenunwürdig. Als Beleg hierfür möchte ich die Beschreibung einer Station für Langzeitpatientinnen (Dezember 1984) von der Psychiaterin, Neurologin und feministischen Psychotherapeutin Dagmar Bielstein anführen. Bielstein arbeitete einige Jahre als Stationsärztin auf besagter Station: »Innerhalb der Klinik ist der Bereich mit den chronisch Kranken nicht besonders angesehen. Die Räume sind unerträglich. Ein düsterer Flur ohne Tageslicht ist das Zentrum der Station. Rechts liegen zwei Schlafräume, in denen jeweils zehn bis zwölf Betten und die dazugehörigen Nachtschränke stehen. Links führt ein Gang zum Eßzimmer, zu dem riesigen Wohnraum und einem weiteren großen Schlafbereich, in dem einzelne Ecken durch halbhohe Sperrholzwände abgetrennt sind. Körperlich kranken Menschen werden solche Räume nicht mehr zugemutet, wohl aber psychisch kranken, die über Jahrzehnte so leben müssen – nicht nur in dieser Klinik.« In: Bielstein, Dagmar: *Von verrückten Frauen. Notizen aus der Psychiatrie*, Frankfurt/M. 1991, S. 14.
82 Vgl. Conti, A.: C, a. a. O., S. 62.
83 Ebd., S. 69.
84 Vgl. Conti, A.: A, a. a. O., S. 12.
85 Conti, A.: C, a. a. O., S. 69 f.
86 Affatati, Onofrio: Die Negation des »Bodensatzes« in: Pirella, Agostino (Hg.): *Sozialisation der Ausgeschlossenen. Praxis einer neuen Psychiatrie*, Reinbek b. Hamburg 1975, S. 172.
87 Conti, A.: B, a. a. O., S. 37.

88 Zit. nach Schmid, Sil: a. a. O., 1981, S. 72.
89 Conti, A.: C, a. a. O., S. 70f.
90 Vgl. Conti, A.: E, a. a. O., S. 93, Fußnote (1).
91 Zu diesem Punkt äußert sich Dagmar Bielstein im Dezember 1984 wie folgt: »Viele PatientInnen, insbesondere die aus dem Langzeitbereich, arbeiten regelmäßig – und gut – in den Werkstätten der Klinik wie Tischlerei, Schneiderei, Gärtnerei, der Küche oder in einem Raum, wo Schraubenzieher und Wäscheklammern zusammengesetzt werden. Zum Teil tragen sie erheblich zum Funktionieren des Großkrankenhauses bei. Ausgebildete Arbeitstherapeuten gibt es nicht. Der Ausdruck Arbeitstherapie erscheint mir ohnehin absurd, wenn eine Patientin seit 20 Jahren in der Küche Kartoffeln schält.« In: Bielstein, Dagmar: a. a. O., S. 15.
92 Conti, A.: C, a. a. O., S. 71.
93 Ebd., S. 72.
94 Ebd., S. 74.
95 Conti, A.: E, a. a. O., S. 107.
96 Vgl. Conti, A.: F, a. a. O., S. 126.
97 Conti, A.: E, a. a. O., S. 112f.
98 Duda, Sibylle: Vorwort, in: Duda, Sibylle/Pusch, Luise (Hg.): *WahnsinnsFrauen*, Frankfurt/M. 1992, S. 10.

Literatur

Bielstein, Dagmar: *Von verrückten Frauen. Notizen aus der Psychiatrie*, Frankfurt/M. 1991
Broverman, Inge K. u. a.: »Sex-Role Stereotypes and Clinical Judgments of Mental Health«, in: *Journal of Consulting and Clinical Psychology* 34 (1970), S. 1–7
Burgard, Roswitha: *Wie Frauen »verrückt« gemacht werden*, Berlin 1988
– /Rommelspacher, Birgit (Hg.): *Leiden macht keine Lust. Der Mythos vom weiblichen Masochismus*, Frankfurt/M. 1992, die Originalausgabe erschien 1989 unter dem Titel »Leideunlust« im Orlanda Frauenverlag, Berlin
Chesler, Phyllis (1972): *Frauen – das verrückte Geschlecht?*, Reinbek b. Hamburg 1977 (1974)
Conti, Adalgisa: *Im Irrenhaus. Sehr geehrter Herr Doktor. Dies ist mein Leben*, herausgegeben von Luciano Della Mea, Frankfurt 1979, die italienische Originalausgabe erschien 1978 unter dem Titel »Manicomio«.
Duda, Sibylle/Pusch, Luise F. (Hg.): *WahnsinnsFrauen*, Frankfurt/M. 1992
Enders, Ursula (Hg.): *Zart war ich, bitter war's. Sexueller Mißbrauch an Mädchen und Jungen*, Köln 1990

Hoffmann, Dagmar (Hg.): *Frauen in der Psychiatrie – oder wie männlich ist die Psychiatrie?* DGSP-Schriftenreihe im Psychiatrie-Verlag Bonn 1991

Kavemann, Barbara/Lohstöter, Ingrid: *Väter als Täter. Sexuelle Gewalt gegen Mädchen,* Reinbek b. Hamburg 1984

Masson, Jeffrey M.: *Was hat man dir, du armes Kind getan? Sigmund Freuds Unterdrückung der Verführungstheorie,* Reinbek b. Hamburg 1984, die Originalausgabe erschien 1984 unter dem Titel »The Assault of Truth. Freud's Suppression of Seduction Theory« im Verlag Farrar, Straus and Giroux, New York

Millett, Kate: *Der Klapsmühlentrip,* Köln 1993, die Originalausgabe erschien 1990 unter dem Titel »The Loony Bin Trip«

Pirella, Agostino (Hg.): *Sozialisation der Ausgeschlossenen. Praxis einer neuen Psychiatrie,* Reinbek b. Hamburg 1975

Pschyrembel Klinisches Wörterbuch mit klinischen Syndromen und Nomina Anatomica. 254., neubearbeitete Auflage mit 2843 Abbildungen, Berlin, New York 1982

Rommelspacher, Birgit (Hg.): *Weibliche Beziehungsmuster. Psychologie und Therapie von Frauen,* Frankfurt/M. 1987

Schmid, Sil: *Freiheit heilt. Bericht über die demokratische Psychiatrie in Italien,* Berlin 1977

Weber-Unger, Steffi: *Wahnsinn und Politik. Zur Neuen Psychiatrie in Italien,* Frankfurt/M., New York 1984

Wirtz, Ursula: *Seelenmord. Inzest und Therapie,* Zürich 1989

Zehentbauer, Josef: *Die Auflösung der Irrenhäuser oder: Die Neue Psychiatrie in Italien,* Frankfurt/M. 1990

NELLY SACHS
1891-1970

Gedichte aus dem Irrenhaus[1]

Von Ruth Dinesen

Vorgeschichte

Am 10. 12. 1891 wurde Nelly Sachs in Berlin als einziges Kind wohlhabender jüdischer Eltern geboren. Wie damals in den Kreisen des gehobenen Bürgertums üblich, verlief im täglichen Leben alles nach dem Wunsch des Vaters, des Fabrikanten William Sachs. Niemand brauchte nach seiner Meinung zu fragen; es waren vorgegebene Erwartungen, die eifrigst erfüllt wurden – von der Ehefrau, von den Bediensteten und, so gut es ging, auch von der Tochter. Die Rollenverteilung in der Familie ergab sich durch die gesellschaftlichen Normen: eine Mutter konnte sich der Tochter gegenüber nicht anders verstehen denn als »Deine innigliebende Mutter«, ein Vater nur als »Dein treuer Vater«, wie es in den Eintragungen in das Poesiealbum von Nelly Sachs heißt.

Sie war anscheinend kein Kind so recht nach seinen Vorstellungen. Natürlich wäre ihm ein Sohn lieber gewesen, aber auch eine Tochter hätte anders sein können – nicht so verträumt, keine so scheue und schlecht lernende Schülerin, nicht so leicht in Tränen aufgelöst. Vergeblich versuchte er sie in einem Landschulheim unterzubringen, damit sie sich in der Natur, mit anderen Kindern zusammen, abhärten möge – er mußte sie wieder mit nach Hause nehmen, weil sie doch zu unglücklich war.

Die unerfüllbaren Erwartungen des Vaters riefen Angst- und Schuldgefühle hervor. Um so unverdienter und wunderbarer erschienen dem Mädchen die gemeinsam verbrachten Stunden, wenn es zum Klavierspiel des Vaters tanzen durfte, oder wenn der Vater seiner kranken Tochter im Winter frische Birnen brachte. Härte und Milde, das Böse und das Gute, ergänzen sich in dieser im Grunde fernen und unerreichbaren Vaterfigur.

»So war es ganz natürlich, daß meine Mutter der heißgeliebte Stern meiner Jugend war«, schrieb Nelly Sachs einmal.[2] Mit 19 Jahren bekam Margarete Sachs, geborene Karger, ihr einziges

Kind – selbst noch ein Kind, die verwöhnte Tochter wohlhabender Eltern. Eine solche Mutter bot dem Kinde keinen richtigen Halt gegenüber der väterlichen Strenge; sie griff zu kleinen Wiegenliedern, die sie der Tochter vorsang, nicht nur beim Schlafengehen und Kranksein, sondern überhaupt, wenn es zu trösten galt. Nelly Sachs bewunderte sie wegen ihrer Schönheit, der hübschen Kleider, wenn sie den Gatten zu Abendgesellschaften begleitete, wegen ihrer leichten Gemütsart, der eigenen so unähnlich.

Ob sich schon bei dem Kind die später stark hervortretende Neigung zu Schwermut und das mitfühlende Interesse für alles, was Schmerz und Leid zu ertragen hat, zeigten, ist kaum feststellbar. Rückblickend stellt Nelly Sachs es so dar, als hätte dies schon von Kind auf ihrem Charakter entsprochen. In der privaten Töchterschule von Helene Aubert erwählte sie unter allen Flügeladjutanten- und Beamtentöchtern eine arme Schuhmacherstochter zur Herzensfreundin und erduldete mit ihr die bösen Späße der Mitschülerinnen.

Die Schulzeit endete im Frühjahr 1908, und die Sechzehnjährige wurde von den Eltern zu einem sogenannten Kuraufenthalt mitgenommen: die Ferien wurden in einem Badeort der eleganten Welt verbracht, mit Promenaden, Kurkonzerten und ähnlichem Zeitvertreib. Hier wurde die junge Dame von einem Mann, der mit einiger Wahrscheinlichkeit verheiratet oder schon geschieden war, umworben – und Nelly Sachs erlebte den Schmerz unglücklicher Liebe zu dem »Verführer«, an den sie sich zeitlebens gebunden fühlen sollte.

Dem Geschlecht und dem Alter gemäß verfügte die Halberwachsene über keine andere Art des Protestes als die Aggression gegen sich selbst: sie suchte den Tod durch Nahrungsverweigerung. Vor dem Sterben aber rettete sie das Wort. Ihre ersten Dichtungen entstanden aus Liebeskummer. Erzählungen, Puppenspiele und Gedichte enthalten Mosaiksteine zu einem Bild des verbotenen Geliebten, das ganz nach dem schablonenhaften Vaterbild entworfen scheint: Wie der Vater ist der Geliebte mild und gütig, um sich im nächsten Moment eiskalt und abweisend zu zeigen. Gutes und Böses vereinen sich im Bilde eines Liebhabers, dem sich das liebende Mädchen unterwirft, um die Erfüllung ihrer Liebe in aufopfernder Entsagung zu suchen.

Das ist keine schwache Persönlichkeit, die hier ihrem Frauenideal nacheifert. Die ungeheure innere Kraft der Dichterin zeigt

Nelly Sachs im Alter von 16 Jahren zur Zeit der großen Krise (1908)

sich nicht nur in der Überschwenglichkeit der Gefühle, die keine kleinere Entsprechung als den Tod finden. Das verlassene Mädchen sucht sich große Vorbilder und schreibt ihre Liebesgedichte[3] nach dem Muster der *Vierundzwanzig Sonette der Louïze Labé*, übersetzt von Rainer Maria Rilke. Das glühende Verlangen nach Liebe und die entsprechende Todessehnsucht werden hier kaum von der Resignation gedämpft, die Nelly Sachs für ihr Leben wählen mußte. »Laßt ab, mir einen andern Herrn zu wählen«, heißt es hier. Innerhalb des kleinen Familienkreises sucht sie sich die Rolle der unverheirateten Tochter, die zeitweise allein die volle Verantwortung für den elterlichen Haushalt übernimmt.

Wohin sich nun mit dem starken Verlangen nach einer gefühlsgetragenen Beziehung wenden? Eines Tages, als Mutter und Tochter Sachs im Tiergarten spazierengingen, begegnete ihnen Liese Jablonski, eine Schulfreundin der Mutter, auch sie von einer Tochter begleitet. Am nächsten Tag bei Schokolade im Salon der Jablonskis begann für Nelly Sachs und Dora Jablonski eine enge Freundschaft, die in vielen Hinsichten die verbotene Liebe ersetzen mußte. Die beiden jungen Frauen gingen gemeinsam aus, wurden gemeinsam eingeladen, am häufigsten aber gingen sie beieinander ein und aus. Nelly schrieb Gedichte, Dora malte – beide engagierten sich für alles, was mit Literatur und Kunst zu tun hatte. Wenn eine gehen mußte, begleitete sie die andere bis an die Haustür, dann ging die erste wieder mit zurück, und so gingen sie von einer Haustür zur anderen, die ganze Zeit eifrig redend – erinnert sich ein jüngerer Bruder Doras, der des öfteren in die Sachssche Wohnung in Siegmundshof mitgenommen wurde. Nach Doras Heirat 1929 übernahm Gudrun Harlan die Rolle des begleitenden Kavaliers.

Bis ins vierzigste Lebensjahr fristete Nelly Sachs dies solcherart behütete, zugleich aber künstlich eingezäunte Jungmädchen-Dasein einer höheren Tochter, für die eine Berufsausbildung und -ausübung außerhalb des gesellschaftlich Erlaubten lag. Der Tod des Vaters 1930 setzte sie frei für Selbstverantwortung und gleichzeitig für die Verwaltung des väterlichen Erbes einschließlich der Versorgung einer kränklichen, lebensentfremdeten Mutter. In den wenigen noch verbleibenden Jahren, bis die nationalsozialistischen Maßnahmen das tägliche Leben zu beeinflussen begannen, wanderte Nelly Sachs mit ihren Freundinnen in der Mark Brandenburg, unternahm Dampfer- und Ruderfahrten auf den Berliner

Seen, besuchte mal eine Universitätsvorlesung, mal einen Auftritt der umjubelten Ausdruckstänzerin Niddy Impekoven. Einige wenige Publikationen ihrer Gedichte erlebte sie, dann war alles vorbei.

Eine kurze Zeit normalen Erwachsenenlebens, dann setzten die Perversionen der Naziherrschaft der Normalität ein jähes Ende. Es folgten Demütigungen, Auspowerung, Terror, Todesängste. Warum blieb Nelly Sachs so lange in Berlin? Hatte sie doch aus nächster Nähe die ersten Massenverhaftungen von Juden 1934 erlebt, mußte die Kristallnacht vom 9.-10. November 1938 und die Plünderung ihrer Wohnung durch SA-Leute, deren Frauen sich aus dem Familienbesitz mitnahmen, was ihnen gefiel, am eigenen Leibe erfahren, ehe sie ernsthaft Vorkehrungen zu treffen begann, Deutschland zu verlassen: Nach dem Tod des Vaters hatte sie den Geliebten ihrer frühen Jugend wiedergesehen! Die Begegnung wurde geheimgehalten, nicht einmal die Herzensfreundin Gudrun Harlan wußte von ihm. Erst nachdem er von der Gestapo verhaftet worden war, sah sich Nelly Sachs nach Möglichkeiten um, das Leben ihrer Mutter zu retten.

Seit 1919 hatte Nelly Sachs Briefe und Gedichte an Selma Lagerlöf geschickt und freundliche Antwort erhalten. Nach der Kristallnacht wandte sie sich, noch zitternd vor Schreck, an die schwedische Dichterin, um bei den schwedischen Einwanderungsbehörden Fürsprache zu erlangen – die Eintragung der Sekretärin auf dem Brief in der Lagerlöf-Sammlung: »inresetillstånd negativt besvarat« (Einreiseerlaubnis negativ beantwortet) – bestätigt Lagerlöfs Vermutung, daß es nicht möglich war!

Gudrun Harlan, bis dahin an das Sterbebett ihrer Großmutter gebunden, wollte nach deren Tod nach Schweden reisen, um an Ort und Stelle eine Einreisegenehmigung für ihre Freundin zu erwirken. Gleich nach Weihnachten sollte es sein – wir schreiben jetzt Januar 1939 – in ihrer Aufregung ist sie beim Überqueren einer großen Straße unaufmerksam, wird von einem Auto angefahren und wacht in einem Krankenhaus auf, wo das Personal die Besuchenden – darunter Nelly Sachs – mit ›Heil Hitler‹ begrüßt. Mit Gehgips und Krückstock kann Gudrun endlich im Juli 1939 nach Sunne reisen, wird in Mårbacka von der schon todkranken schwedischen Erzählerin empfangen, die ihr tatsächlich ein kleines Zettelchen mitgibt, darauf die Worte, daß »ihr daran liege, daß Nelly Sachs und ihre Mutter in Schweden Aufnahme finden«.

Mit diesem Zettel erlangt Gudrun Audienz bei Prinz Eugen, dem Bruder des Königs, der sie an die zuständigen Behörden und an die jüdische Gemeinde weiterreicht. Nachdem sie einige private Garantien für den Unterhalt der Flüchtlinge Sachs gesammelt hat, kehrt sie mit 2 Öre in der Tasche nach Berlin zurück.

Hier beginnt eine quälende Wartezeit: der Krieg bricht aus, Dänemark und Norwegen sind besetzt, Selma Lagerlöf ist gestorben, bevor Nelly Sachs an ein und demselben Tag den Gestellungsbefehl zur Zwangsarbeit und die Einreisegenehmigung nach Schweden in der Hand hält. Am 16. Mai 1940 entkommen sie und ihre Mutter mit dem letzten zivilen Flugzeug nach Stockholm.

Nelly Sachs faßte später ihre Erfahrungen aus den sieben Berliner Jahren unter dem Hitler-Regime in einem kurzen Prosatext mit dem Titel »Leben unter Bedrohung«[4] zusammen. In der psychiatrischen Literatur werden die Streßfaktoren eines solchen Zustandes als Auslöser des sogenannten »Überlebenden-Syndroms« (survivor syndrom) angenommen.[5] Allen Unterschieden zwischen Nelly Sachs' lyrischer Prosa und der psychiatrischen Fachsprache zum Trotz stimmen die sechs Punkte dieser lakonischen Beschreibung krankheitserregender Faktoren mit ihren Erfahrungen weitgehend überein: »1. Leben in einer Atmosphäre der ständigen Bedrohung und eines anfänglich unverstandenen, namenlosen, dann immer näher rückenden Verhängnisses; 2. hiermit einhergehende leiblich-seelische Zermürbung des Personganzen; 3. häufige akute Todesgefahr und Todesangst; 4. Verunsicherung aller mitmenschlichen Bezüge und Kontakte; 5. schutzloses Dasein in einem Dauerzustand völliger oder nahezu völliger Rechtlosigkeit; 6. Überflutung des geistigen Ich-Gefüges durch den unaufhörlichen Ansturm von öffentlichen und persönlichen Beschimpfungen, Verdächtigungen, Verleumdungen und Anschuldigungen, wiederum ohne Möglichkeit einer Zufluchtnahme zum behördlichen Rechtsschutz.« Dem ist hinzuzufügen, »daß diese destruktiven Faktoren sowohl innerhalb als auch außerhalb der Konzentrationslager wirksam waren«.[6] Innerhalb der psychiatrischen Literatur zu den solcherart verfolgungsbedingten Dauerschäden wird das Exil als eine Fortsetzung der Verfolgung, als die endgültige Ausscheidung des Opfers aus seiner Gesellschaft, als Isolation und Identitätsverlust[7] geschildert.

Für Nelly Sachs hörte bei der Ankunft in Stockholm zunächst

die ständige Bedrohung durch die nationalsozialistische Gewalt auf. Die neue Situation erforderte aber nicht nur ein angestrengtes, unaufhörliches Suchen nach Wohn- und Verdienstmöglichkeiten, sondern zugleich ein Äußerstes an Aufmerksamkeit und Anpassungsfähigkeit.

Bald fünfzigjährig hatte Nelly Sachs zum zweiten Mal die Liebe als Entsagung und Verlust erlebt, dieses Mal noch endgültiger und furchtbarer als damals: die Nachricht vom Tod des Geliebten erreichte sie im Exil. Nun fand sie sich auf engstem Raum mit der schon von beginnender Altersschwäche geprägten Mutter im fremden Land und mußte allein für alles sorgen. Dabei war ihre Aufmerksamkeit von den Ereignissen in Berlin gefesselt. Die Nachricht vom Abtransport und Tod ihrer Familienangehörigen und Bekannten versuchte sie, so gut es ging, vor der Mutter zu verheimlichen, ebenso die ökonomische Notlage, in der sie sich befanden.

Am Tage mit Übersetzerarbeit, mit Haushalt und Pflege der Mutter voll beschäftigt, fand Nelly Sachs in der Nacht den Freiraum, das Erlebte und Erfahrene aufzunehmen. Es kam über sie wie Alpträume oder Visionen – sie schaute den Untergang der europäischen Judenheit, wie die alttestamentlichen Propheten den Untergang Israels geschaut hatten – und versuchte das Geschaute in Worte zu fassen. Ein *Frauenleben* mit Einkaufen, Kartoffelschälen, Putzen und Waschen – mit Visionen und Sendungsbewußtsein unvermittelt nebeneinander. Ihre seelische Kraft scheint ihr über die Gefahren der ersten Exilzeit hinweggeholfen zu haben, nach und nach kann sie mit der Aufarbeitung und Bearbeitung ihrer Erfahrungen in den Dichtungen der mittvierziger Jahre beginnen.

Erneut dient ihr das Wort als Atemhilfe. Hinzu kommt etwas anderes, was als Erklärung für die erstaunliche psychische Kraft der Exilierten eine große Rolle spielt. Sie ist nicht allein, sie bringt ihre Familie in Gestalt der Mutter mit. Da sie seit dem Tod des Vaters die Verantwortung für die Versorgung der Mutter getragen hat, heißt dies einerseits, daß sie verhältnismäßig schnell lernt, sich in der neuen Umgebung zu orientieren und zielgerichtet zu handeln, wie man dies bei Vätern emigrierter Familien beobachten kann.[8] War die Mutter in den letzten Berliner Jahren vor Hitler für Nelly Sachs wie eine Schwester geworden, der sie alle Freuden und Sorgen anvertraute, so wurde sie in diesen ersten Flüchtlingsjahren zunehmend zum Kind der eigenen Tochter – mußte sie doch wie ein solches umhegt und versorgt werden. Das kleine Babybild der Mutter, das Nelly Sachs nach deren Tod als ihr liebstes aufbewahrte, zeigt ihre Rolle deutlicher als Worte. Der schwedische Lyriker Johannes Edfelt beschrieb einmal das Verhältnis von Mutter und Tochter Sachs – halb bewundernd, halb befremdet – als eine vollkommene Symbiose und Nelly Sachs' Trauer nach dem Tod der Mutter am 7. Februar 1950 als erschütternd. Mit der Mutter hatte sie alles, was das Leben noch begehrenswert erscheinen ließ, verloren – am liebsten hätte sie sich in den »weißen Schnee«[9] der Mutterarme gelegt und wäre ihr gefolgt. Nach einem Nervenzusammenbruch erholte sie sich nur langsam, blieb jahrelang innerlich an diesem Sterbebett sitzen und schrieb ihre Trauer in Prosa und Gedichte ein.

Aber noch ist sie nicht am Ende ihrer Kraft. Sie sucht und bekommt ärztliche Hilfe, erlebt ohne eigenen Willen die kreatürliche Überlebensstrategie des Körpers und findet wieder zur Dichtung als Lebensrettung. Vielleicht spielt wie früher, nach der Ankunft im Exilland Schweden, auch dieses Mal die Härte des täglichen Lebens als Ablenkung von der übergroßen Einsamkeit eine Rolle. 18 lange Exiljahre hindurch, fast ein ganzes Jahrzehnt nach dem Tod der Mutter, lebte Nelly Sachs an der untersten Grenze des Existenzminimums. Obwohl sie sich selten beklagte und sich nur um das Schicksal ihrer Dichtung sorgte, wirkt die demütigende und ungesicherte ökonomische Situation belastend – vielleicht aber hält die durch diese Situation verursachte ständige Angespanntheit die Spätwirkungen von Verfolgung und Emigration noch in Schranken.

Vom 1. April 1958 an erhält Nelly Sachs von der Bundesrepublik eine Entschädigungsrente. Endlich ist sie im alltäglichen Leben von »mildtätigen Gaben und Almosen« unabhängig,[10] kein Wunder, daß sie es »herrlich« findet, wieder auf eigenen Füßen zu stehen. Die Gefahren, die dadurch entstehen, daß die Exilierte sich jetzt erlauben kann, ihre psychische Abwehrhaltung teilweise aufzugeben, der verspäteten Wirkung überstandener Streßfaktoren offene Türen zu bieten, melden sich nur allzu schnell.[11] Die Emigration, das Leben im Exil, der Tod der Mutter waren Voraussetzungen für eine »riesengroße Einsamkeit«,[12] deren Folgen so lange aufgehalten werden konnten, bis der Kampf um die Existenz nicht mehr nötig war und die ungeheure seelische Anspannung nachlassen durfte. Ohne Widerstand bläht die Einsamkeit sich auf, dehnt sich immer mehr aus, ein Einsamer befindet sich ständig unter Bedrohung, die Einsamkeit wird angstbesetzt, und das Gehirn sucht sich Bilder für die Angst. Aus der Angst entsteht eine Interpretation der Außenwelt, die reale äußere Vorkommnisse zu einer perfiden Struktur aus Terror und Verfolgungen, zu einem »schwarzen Netz« verknüpft, durch das Nelly Sachs sich zuletzt in einer Hölle von Bosch-Breughelschen Dimensionen gefangen sieht. Die Erfahrungen der Berliner Jahre unter Hitler, die gesammelten Informationen über Nazi-Verfolgungen und Berichte aus den Konzentrationslagern werden mit Lärmphänomenen, Eichmannprozeß und vereinzelten antisemitischen Ausschreitungen zu einer gegen sie persönlich, als »Dichterin des jüdischen Volkes«[13] gerichteten Hetze montiert. Sie konstruiert eine schwarze Dichtung der Krankheit, in der sie die Hauptrolle als das einsame, gehetzte Opfer eines brutalen Terrors übernimmt.

Am 8. August 1960 bricht sie unter den verspäteten Verfolgungsängsten zusammen und wird drei Monate lang einer intensiven psychiatrischen Behandlung u. a. mit Elektroschocks unterworfen.[14] Auch wird sie für unzurechnungsfähig erklärt und unter Vormundschaft gestellt.[15]

Wahnsinn als Auszeichnung

Nelly Sachs' frühe Prosa und Gedichte fanden keinen Verleger, bis 1921 eine Sammlung *Legenden und Erzählungen*[16] in einem sonst unbekannten Verlag in Berlin erschien. Schon in diesem Buch bekundete Nelly Sachs mit einer Art neuromantischer Heiligengeschichte ihre Auffassung von Wahnsinn als Auszeichnung. *Die Närrin von Siena* erzählt von einer armen, törichten Frau, die sich und ihre Kinder durch harte Arbeit ernährt. Gegen jeden freundlich, wird sie von allen verhöhnt. Als sie zuletzt nichts mehr zum Leben hat, zieht sie mit ihrem Esel sonderbar geputzt nach Siena, um dem Fest der heiligen Catharina beizuwohnen. Auf dem Kirchanger erscheint die Heilige und tröstet vor den Augen der Festgemeinde die sterbende Greisin, die anschließend feierlich beigesetzt wird.

Die Frau der Legende war eben nicht nur einfältig, sie wurde von Gesichten heimgesucht – mal angenehmen, mal erschreckenden.

Der solchermaßen Wahnsinnigen erschienen verschiedene Heilige, unter ihnen die heilige Catharina, die ihre Kammer mit lieblichen Blumengerüchen erfüllt, es öffnet sich aber auch vor ihren Füßen ein Grab voll modernder Gebeine als Prophezeiung einer künftigen Seuche. Was sie schaut, besitzt eine tiefe, religiös begründete Wahrheit. So wurde der »selige Tod« der alten Frau von der heiligen Catharina in einer Vision vorausgesagt. Ihre ungetrübte Güte rührte von der religiösen Erleuchtung des Wahnsinns her – und erfuhr die entsprechende, religiöse Belohnung. Die Dichterin stuft ihre Geschichte unter die »Legenden« ein und markiert schon mit dieser Bezeichnung ihre hohe Einschätzung von Einfalt und Wahnsinn. Die geschilderte »Wahnsinnsfrau« ist ihr eine verehrungswürdige Heilige.

Fast sieht es so aus, als ob Nelly Sachs in ihrem Stockholmer Exil das Schicksal dieser Figur ihrer frühen Imagination wiederholen müßte. In äußerster Armut, mit der altersschwachen Mutter eine kalte und dunkle Einzimmerwohnung teilend, wird sie von Visionen heimgesucht, die sie in größtenteils ungedruckten Gedichten festhält. In einigen Texten des Bandes *In den Wohnungen des Todes*, 1947, ist die erschreckende Überwältigung durch die Gesichte noch erkennbar. »Ich sah eine Stelle«[17] heißt es in einem Gedicht auf den toten Bräutigam als Zeugnis für das Geschaute, die visionäre Kraft der Aussagen manifestiert sich im expressionistischen Stil der ersten Exilwerke. Und der chassidische Schuhmachergeselle Michael, der Protagonist des Mysterienspiels *Eli*, 1950, wird von Visionen zu Eli's Mörder geführt.

Die Arbeit an einem großangelegten, unpublizierten Drama, »Das Haar«, wurde nach dem Tod der Mutter am 7. Februar 1950 intensiviert.[18] Nelly Sachs suchte in verzweifelter Trauer nach einem neuen Verständnis vom Tod, nach einem Punkt, wo sich Leben und Tod überschneiden. Einige Arbeitsnotizen schlagen das Wahnsinnsthema erneut an:

> Sehr viele Wahnsinnige hinter ihren Grimassen besuchen. Versteckte hinter Vorhängen suchen Geburts- u. Sterbestunden (sic!)[19]

Die Wahnsinnigen sollen aufgesucht werden, weil sie für Nelly Sachs eine Einsicht in das Rätsel von Sterben und Geburt besitzen, hinter Vorhängen »versteckt«, suchen sie die Wahrheit, die – den Lebenden unzugänglich – dem Menschen in der Stunde der Geburt und des Sterbens offenbart wird.

Den Besuch bei den Wahnsinnigen hat Nelly Sachs teuer erkaufen müssen. Die ergreifende Beschreibung dieses qualvollen persönlichen Erlebnisses findet sich in verschiedenen Variationen in ihren Briefen:

> Hilde, es ist so entsetzlich, was man getan hat gegen mich, daß ich alle Bosch- und Breughel-Höllen durchschritt und schließlich zusammenbrach.[20]
>
> Lieber Johannes und liebe Brita, aufgetaucht aus tiefstem Nachtdunkel [...] sehe ich, wie gut für mich dieser strenge Weg aus einem Labyrinth ist – der mich sachte und mit vielen Rückfällen aus tiefster Verzweiflung wieder hinaufführen soll, wo der erste Lichtstrahl schimmert.[21]

Sonderbar objektiv und ICH-los sind dagegen die Gedichte, die sie, kaum daß sie Licht sieht, unter der Überschrift: *Dieser Zyklus ist im November 1960 in Beckomberga entstanden* an die Redaktion der Neuen Zürcher Zeitung schickt.[22] Der Beckomberga-Zyklus wird, um 32 neu hinzugekommene Gedichte erweitert, unter dem Titel *Noch feiert Tod das Leben* in der ersten Gesamtausgabe ihrer Werke 1961 erscheinen. Dieser Zyklus enthält mehrere Gedichte, in denen die Dichterin Mitpatientinnen porträtiert.[23] Um die hier vertretene Auffassung von Wahnsinn zu analysieren, habe ich aus den im November 1960 entstandenen Gedichten drei Porträts von Mitpatientinnen ausgewählt: »Der versteinerte Engel«, »Sehr leise im Kreislauf gleitet« und »Diese Schneeblume«. Die Interpretationen werden von der Analyse des wenig später entstandenen Gedichts *Überall Jerusalem* zusammenfassend komplettiert.

Der versteinerte Engel

Der versteinerte Engel
noch von Erinnerung träufend
von einem früheren Weltall
ohne Zeit
in der Frauenstation wandernd
im Bernsteinlicht
eingeschlossen mit dem Besuch einer Stimme
vorweltlich ohne Apfelbiß
singend im Morgenrot
vor Wahrheit –

Und die anderen kämmen die Haare vor Unglück
und weinen
wenn die Raben draußen
ihre Schwärze entfalten zur Mitternacht.
(*Ged. I*, S. 345)

Ohne lyrisches Ich verzichtet das Gedicht auf jeden Hinweis auf die Beschaffenheit einer beobachtenden Instanz und vermittelt damit den Eindruck einer objektiven Wahrnehmung. Wahrgenommen wird eine Geisteskranke »in der Frauenstation« (V. 5), weltabgewandt und von der Umwelt nicht erreichbar, nur mit ihrem geheimnisvollen Innenleben, »dem Besuch einer Stimme« (V. 7) beschäftigt. Abgesetzt von der Beschreibung dieser Frau, und damit ihre Einsamkeit inmitten der »anderen« (V. 11) schon graphisch betonend, steht das Tableau der übrigen Patientinnen, deren gemeinsames Unglück in Haarekämmen und Weinen kollektiven Ausdruck findet.

Dieses allgemeine und damit irgendwie normale Unglück wird in normalen vollständigen Sätzen mit finiten präsentischen Verbformen und einer im hypotaktischen Wenn-Satz untergebrachten Zeitangabe dargestellt. Demgegenüber mutet das einleitende »Und« (V. 11) statt verbindend eher adversativ an.[24] Die Beschreibung der Einsamen verhält sich zum Allgemeinen wie das Bild zum Rahmen. Die erste Versgruppe bleibt unabgeschlossen, der Gedankenstrich setzt zwar der Wortfolge, nicht aber dem Gedankengang ein Ende, ohne finites Verb entsteht kein Satz.

Beschreibend sind der Engelsgestalt eine Reihe infiniter Verbalformen[25] zugeordnet: »versteinerte« (V. 1) und »eingeschlossen« (V. 7), »träufend« (V. 2), »wandernd« (V. 5) und »singend« (V. 9). Solche Partizipien aber bewahren wohl den Tätigkeitsgehalt des Verbs, sind jedoch in zeitlicher Hinsicht unbestimmt,[26] »ohne Zeit« (V. 4), wie es im Gedicht heißt. Es gleicht der aus dem filmischen Medium bekannten Technik, eine Bewegung einzufrieren: ein Sportler mitten im Sprung, ein Auto kurz vor dem Sturz in den Abgrund. Das sprachliche Medium aber vermag es, in der Versteinerung die Bewegung festzuhalten: nicht der Stillstand, sondern die Tätigkeit, die Bewegung wird gezeigt. Die grammatische Form erscheint als Ebenbild zur Darstellung eines von normalen äußeren Zeit- und Begebenheitsverläufen isolierten Menschen.

Mit Hilfe weniger Einzelheiten entsteht ein präziser Eindruck von der Existenz in der Heilanstalt. Die zweite Versgruppe, die den Hintergrund für das Porträt in der ersten bildet, schildert durch die scheinbare Dauerbeschäftigung des Haarekämmens[27] das unruhegetriebene Leben der Kranken. Die schwarzen Vögel im Krankenhauspark spiegeln das Weinen innerhalb der Mauern. Dieses konkrete, an Zeit und Raum gebundene Leben erhält durch die mehrfach vertiefte Farbe Schwarz einen Hinweis auf das Maß des Leidens. In der schwärzesten Stunde des Tagesverlaufs zeigen die Unglücksvögel ihr ganzes Potential an Schwarz, die Rabenschwärze gilt der Beschreibung von innerem und äußerem Unglück.

Gegen den tiefschwarzen Hintergrund des ruhelosen Treibens der sich ihres Unglücks bewußten Mitpatientinnen wird die einsame Gestalt der in sich verschlossenen, den Auditionen verfallenen Frau abgehoben. Ihr gilt das Interesse des Gedichts, in ihrer Figur findet es Worte für die Ausdeutung einer individuellen Gestaltung des Wahnsinns. Die erschreckende Erfahrung, kein Zeitgefühl mehr zu besitzen, und das zutiefst verwirrende Erlebnis, von ortlosen Stimmen angesprochen zu werden, erfahren hier eine Umdeutung ins Positive, erkennbar schon am bernsteinfarbenen Licht (V. 6), das die Figur im scharfen Gegensatz zum rabenschwarzen Hintergrund umgibt.

In der Ver*stein*erungsform (V. 1) des Bern*stein*(-licht)s (V. 6) ist die Figur *ein*geschlossen (V. 7); schon die Assonanzen stellen den Zusammenhang deutlich her. Petrifiziert, der lebendigen Umgebung enthoben, erscheint sie wie ein vom Harz gefangenes Insekt, das an ein vorgeschichtliches Dasein erinnert. Vom Bernstein springt die Assoziation zum Meer, aus dem Gedanken an das nasse Element als dem Ursprungsort irdischen Lebens entsteht das Bild der Wassertropfen an der Gestalt (V. 2) für eine Erinnerung, die als Ursprungserinnern allerdings weiter zurückreicht, in ein »früheres Weltall«, einen Zustand vor der Entstehung dieser zeitgebundenen Erde. »Engel« muß sie genannt werden, weil sie als ein Überbleibsel des noch ungestalteten Kosmos vor der Erschaffung des Menschen erscheint.

Von der Beschreibung der äußeren Gestalt wird die Aufmerksamkeit auf deren Sprache gelenkt. Nach der Zäsur der Ortsbestimmung »in der Frauenstation« (V. 5) erfährt die Engelsgestalt durch die sie besuchende Stimme eine Art Verdoppelung, als gehöre die Stimme nicht ganz zu ihr. Die Apposition der Verse 8 bis 10 gilt sowohl der fremden »Stimme« als auch der kranken Frau. Das durch die Auditionen gespaltene Bewußtsein spricht sich in einer als fremd empfundenen Stimme singend aus,[28] ebenso wie die Bezeichnung »vorweltlich« (V. 8) dem »früheren Weltall« (V. 3) entspricht. Somit verweisen auch die beiden Satzglieder »ohne Zeit« und »ohne Apfelbiß« auf eine Daseinsform vor der Unterscheidung von Gut und Böse, ohne Sündenfall, in den zeitlosen Zustand vor der Schöpfung zurückreichend – so darf man es wohl nach der Einführung der biblischen Vorstellung vom »Apfelbiß« nennen.

Die »Stimme« wird durch die Assoziation auf den »(Apfel-)Biß« wieder körperhaft konkret, mit dem Singen (V. 9) verbunden, vermitteln die scharfen i-Assonanzen den Sinneseindruck eines schrillen Singsangs, wie man dies bei Kranken tatsächlich erlebt. Dieser besondere Gesang aber erhält im Gedicht die vornehme Ausdeutung, »vor Wahrheit« (V. 10) zu sein. Durch die Zeitbestimmung »im Morgenrot« als Gegensatz zur »Mitternacht« der zweiten Versgruppe wird das Singen dem Weinen, die »Wahrheit« dem »Unglück« gegenübergestellt. In dieser Gegenüberstellung erhält auch das (»Bernstein-)Licht« der ersten Versgruppe seine Bedeutung als Gegensatz zur »Schwärze« der zweiten.

Inmitten des vorherrschenden schwarzen Unglücks dieser »Frauenstation« in der Nervenheilanstalt Beckomberga entsteht durch die Darstellung einer kranken Frau eine Interpretation der Geisteskrankheit, die das Bewußtsein von den höllischen Qualen der Kranken aufrechterhält, während gleichzeitig die in der versteinerten Form aufgehobene Erinnerung als Lichterinnerung und Morgenwahrheit prophetisches Ausmaß erhält. Daß die »Stimme« also ebenfalls als Berufung verstanden werden sollte – ob prophetische oder dichterische, für Nelly Sachs gleichbedeutend – verbindet den »versteinerten Engel« innerlich mit der Selbstauffassung ihrer Bildnerin. Es darf nicht übersehen werden, daß die Zeitbestimmung »im Morgenrot« nicht nur eine – angenommen – glücklichere Zukunft beinhaltet, sondern durch die bei Nelly Sachs immer unheimliche Farbe »Rot« auch die Stunde des Verrats ansagt. Die erhabene Berufung geschieht einem Menschen nur als Verwundung.

Die Melancholikerin

Sehr leise im Kreislauf gleitet
die vom Saturn mit Melancholie Gekrönte
durch Milchstraßen der Fremdheit
wenn im Mund der übers Kreuz gesegneten
die Buchstaben in kriegerischer Strategie
einander umbringen –

da hängt sie zwischen vergitterten Kranken
an einem Goldhaar des Sonnensystems
das weinende Lächeln im Schlafsaal der Nacht.

(*Ged. I,* S. 352)

Das Gedicht zeichnet in drei Schritten von je drei Versen die Gestalt einer Kranken:

Der erste Schritt (V. 1-3) versetzt die Kranke in eine kosmisch eingebundene Fremdheit, es wird kein Vergleich angestellt, sondern sie erscheint als Ebenbild zum Planeten Saturn; wie dieser durch die Sternenwelt kreist, so kreist sie gegängelt durch eine ihr fremde Menschenwelt.

Der zweite Schritt führt durch den untergeordneten Wenn-Satz (V. 4-6) eine ganz neue, von der vorherigen unabhängige Interpretation der Gestalt ein. Die kosmische Abhängigkeit erscheint hier durch eine sprachliche ersetzt. Zu Buchstaben fragmentiert, verweigert die Sprache den normalen Gebrauch, die Kranke verstummt. Dieses Verstummen entspricht nicht der Utopie ihrer Dichterin von einer »schweigenden Sprache«,[29] sondern geschieht als raffiniert ausgedachter »kriegerischer« (V. 5) Übergriff »im Mund« (V. 4) der zum Sprechen bereiten Kranken, wodurch die Verständigung mit anderen Menschen unmöglich gemacht wird. Die in »wenn« enthaltene Zeitbestimmung setzt die sprachliche Verwirrung als Voraussetzung für die gleitende Bewegung im Hauptsatz.

Wie im ersten Gedicht erfolgt auch hier die Einordnung der porträtierten Frau in ihre Umwelt im letzten, vom ersten Teil des Gedichts abgesetzten Abschnitt. Die Mitpatientinnen werden hier als »vergittert« bezeichnet, äußerlich betrachtet wohl deshalb, weil sie in der Frauenstation durch Fenstergitter geschützt rsp. eingesperrt sind, jedoch auch so, daß jede Kranke in sich selbst eingesperrt ist, sich von der Außenwelt abgegrenzt hat. Die Gesamtsituation wird als »Nacht« bezeichnet, als Finsternis, was durch die Apposition der Genitivmetapher als Ort eines kollektiven Schlafs beschrieben wird. Wer schläft, ist in seinem Schlaf versteckt, für andere nicht erreichbar. Nicht nur dunkel ist die Krankenhauswelt, sondern auch einsam. Die hier dargestellte Kranke ist einsam unter vielen, wie eine Wachende unter Schlafenden.

Diese Beschreibung benutzt keine abnormen Satzbildungen. Eher wird eine Reaktionskette dargestellt, vom »WENN« über den einleitenden Hauptsatz zum »DA«, ein unheimliches Geschehen, das sich zu wiederholen scheint. Die Sprachlosigkeit bringt die Kranke ins Kreisen, bis sie »hängt«, ausgespannt zwischen den zusammengebrachten Gegensätzen von Weinen und Lächeln. Keine begehrenswerte Erfahrung, sondern ein Leiden an verhängter Isoliertheit. Gleichzeitig aber erfährt das Leiden dieser Melancholikerin eine Überhöhung, als eine Erwählte wird sie gesehen: »gekrönt« (V. 2) und »gesegnet« (V. 4), »an einem Goldhaar des Sonnensystems« (V. 8) hängt sie. Dreimal ausgezeichnet: im ersten Teil des Gedichtes von »Saturn« als kosmischem Repräsentanten, im zweiten von einer sprachlichen Instanz, die durch die Analogie ihres Leidens mit dem des Gekreuzigten, dem »Wort Gottes«, als Transzendenz angezeigt wird, im dritten zusammenfassend von beiden Sphären in einem Ausdruck.

»Nun löst die Sonne ihr blondes Haar« beginnt eines der vielen von Nelly Sachs aus dem Schwedischen übersetzten Gedichte.[30] Das blonde Haar der Sonne ist ein einprägsames und verständliches Bild für die Sonnenstrahlen. Während aber jenes Naturgedicht von Pär Lagerkvist die überwältigende Schönheit des späten schwedischen Frühlings feiert, benutzt Nelly Sachs das »Goldhaar« als Prädikat für die königliche Erhabenheit einer Instanz, die über den Kosmos hinausreicht. Hier ist von mehr die Rede als von einem Sonnenstrahl, so wie das Sonnensystem, parallel zu den »Milchstraßen«, den Galaxien des ersten Teils, mehr ist als eine einzige Sonne, so schwingt hier eine kaum benannte Transzendenz mit. Auch bezeichnet das Goldhaar den ebenfalls im ersten Gedicht konstatierten Abstand der Porträtierten zu ihren Mitpatientinnen, die in Nacht verweilen.

1528-1532 entstand von der Hand Lucas Cranach d. Ä. bzw. in seiner Malschule eine ganze Serie von verschiedentlich abgewandelten Darstellungen der populären humanistischen Allegorie der Melancholie. Cranach baute auf einer bekannten Ätzung von Dürer auf, die ihrerseits einen philosophischen Gedankengang der Zeit bildlich darstellt: Melancholie wurde als ein von Saturnus regierter, höherer, genialischer Zustand angesehen, die Kinder des Planeten aber wurden von magischen, dem Zauber verwandten Gesichten heimgesucht. Dürers allegorische Frau hat Engelsschwingen und trägt einen Kranz auf dem Kopf, zu ihren Füßen sieht man eine Kugel, die Erde versinnbildlichend,[31] und einen schlafenden Windhund, im Hintergrund neben dem Titel »Melancolia« (sic!) leuchtet ein Planet (Saturnus) mit vielen Strahlen auf den Himmelsbogen.[32] Auf der in Berlin befindlichen Version der *Melancholia* von Cranach, 1532,[33] füllt die Figur einer sitzenden Frau das untere rechte Viertel der Bildfläche aus. Mit festverschlossenem Mund schnitzt sie an einer Gerte und zeigt dem Beschauer einen unergründlichen Gesichtsausdruck, der z. B. als »weinendes Lächeln« beschrieben werden könnte. Sie ist mit einem dünnen, schiefsitzenden (Dornen?-)Kränzlein »gekrönt«. Um sie im Zimmer finden sich verschiedene symbolische Gegenstände, u. a. ein schlafender Windhund, ein Ball (des Schicksals?) oder eine (Erd-)Kugel, ein Demut anzeigendes Rebhuhnpärchen. Von der übrigen Bildfläche durch einen Rahmen getrennt, wird der Blick auf eine Landschaft mit einer Festung gezeigt – wahrscheinlich eben jene, in der die leidende Frau eingeschlossen ist – darüber in einer schwarzen Wolke ein Hexensabbat. Den Hexen voran ein geharnischter Reiter in »kriegerischer« Aufmachung, hinter ihm ein Wildschwein, darüber zwei Gestalten, die man für Zwillinge halten könnte, wäre nicht die eine als schwarzer Teufel, die andere als nacktes, hell leuchtendes Mädchen gemalt, die Figur der *coincidentia oppositorum* (Zusammenfall der Gegensätze), im Spätmittelalter und in der Lyrik der Moderne gleichermaßen beliebt. An einem Seil von der schwarzen, unheimlich belebten Wolke hinunter »hängt« eine Putte, deren himmlische Schaukel von drei Spielkameraden in Bewegung gehalten wird.

Nelly Sachs scheint das in Berlin ausgestellte Gemälde gesehen und in Erinnerung behalten zu haben. Für das Porträt ihrer Mitpatientin verwendet sie verschiedene Elemente aus dieser Erinnerung, versetzt jedoch die symbolischen Bilder in einen realistischen

Zusammenhang, an dem der konkrete Ort und die konkrete Person erkennbar werden. Die Krankenhauswelt ist durch den »Schlafsaal« und die »vergitterten Kranken« in unangenehmer Weise präsent, die kranke Frau durch ihren wiederholt verlorenen Kampf um sprachlichen Ausdruck und ihre körperliche Ersatzbewegung, die am Ende in der »Nacht« der Frauenstation zur (Schlafmittel?-)Ruhe gebracht wird. Wo das Gemälde ein Symbol darstellt, setzt das Gedicht ein Porträt, verwendet aber für die Ausdeutung des Wahnsinns der Porträtierten den Symbolgehalt des alten Vorbildes. Daraus entsteht der kosmische Zusammenhang, vielleicht auch die schwache Andeutung einer Analogie zum Gekreuzigten, die Nelly Sachs als Ausdruck für ihr Verständnis von Wahnsinn als göttliche Erwählung dient.

Die Schneeblume

Diese Schneeblume gestützt am Stab
der vor Heimweh mit ihr wandern muß
So schön entfaltete
achtundneunzig Jahre
saugend mit Schnalzen schon
Muttermilch Nacht

Blindsehend mit jenseitsblauem Blick
umwallt von der Minuten Schar
die noch ein- und auszuatmen sind
ein leichter Sterbefall um die verschleierte
ausgangbereite Braut –

(*Ged. I*, S. 349)

Das dritte Gedicht unterscheidet sich von den beiden ersten dadurch, daß keine Umwelt beschrieben und der Sprache keine Funktion zugeschrieben wird. Dafür tritt die hier porträtierte Frau körperlich noch konkreter hervor, und ihre Gestalt erfährt eine vertiefte, weitreichende Ausdeutung.

Die achtundneunzigjährige Frau, die sich mit ihrem weißen Blindenstab herumtastet, produziert schmatzende Laute, die an die Saugelaute eines an der Mutterbrust gestillten Kindes erinnern. Schon der Gedichteingang introduziert sie durch das Demonstrativ-Pronomen »diese« als besonders beachtenswert. Der deiktische Gestus hebt sie aus der Anonymität und lenkt den Blick auf sie.

Die metaphorische Bezeichnung »Schneeblume« enthält mehrere Bedeutungen. Als »Blume« bezeichneten die Dichter seit Urzeiten ihre Geliebte und meinten damit die schönste unter den Mädchen, die höchste Entfaltung weiblicher Tugenden. Das Blumen-Prädikat zeichnet die dargestellte Frau vor anderen Frauen aus. Die Zusammensetzung mit Schnee könnte mindestens zweierlei anzeigen. Erstens: die Blume ist weiß, wie eine alte weißhaarige und weißhäutige Frau, oder zweitens: diese Blume blüht im Schnee, was den leichten »Sterbefall« (V. 10) zu einem leichten Schneefall in Bezug setzen würde. Wenn dieser Bezug angenommen wird, erhält der Schnee schon textintern die Bedeutungsnähe zu Tod, wie er in anderen Nelly Sachs-Gedichten vorkommt.[34]

Endlich ist die Weißheit des Schnees eine Überführung der weißen Farbe des Blindenstocks auf seine Trägerin. Diese Überführung des Prädikats hilft zum Verständnis des 2. Verses, in dem die menschliche, als »Heimweh« bezeichnete Sehnsucht nach einem Ursprungszustand auf den Stab übertragen wird. Die Frau hat Heimweh und der Stab hat Heimweh, beide befinden sich auf der Pilgerschaft unterwegs »nach Hause«, ein Wortgebrauch, wie er nicht nur von Novalis her, sondern auch aus der geschichtlich weit zurückreichenden pietistischen und mystischen Tradition bekannt ist, und der die Aussage des Gedichts in romantische und religiöse Richtung lenkt. Die Parallelisierung von menschlicher und dinglicher Erwartung ist fester Bestandteil in Nelly Sachs' Weltanschauung. Nicht nur der Mensch, sondern alles Lebendige und die ganze immaterielle Natur strebt dynamisch nach Transzendenz. Wie im frühen Grabschriften-Zyklus »die Eiche aus dem Ahnenschrein«[35] seufzt, so hat in diesem Gedicht der Blindenstock religiöse Sehnsucht nach Erlösung.

Der dritte Vers mit großem Anfangsbuchstaben leitet eine zweite Stufe der Betrachtung ein. Unter »Blume«. scheint hier das Alter verstanden zu werden, wie eine Blume »schön entfaltet«, und doch ist die konkrete Frau an dem saugenden Schnalzen unter der Blumenmetaphorik erkennbar. Wie ein Kind Muttermilch saugt, so saugt die alte Frau »schon [...] Nacht«. Diese nächtliche Milch kann also keine Nahrung für das Leben sein, die stärkt »schon« für eine andere Existenzform.

Die zweite Versgruppe ist parallel zur ersten gebaut. In der ersten Zeile tritt die konkrete Gestalt der Frau noch einmal eindeutig hervor in ihrer Blindheit, die die Augen mit einer seltsamen blauen Farbe überzieht. Und sofort wird die Erscheinung metaphorisch ausgedeutet – wie dies auch in der Schneeblumen-Metapher der Fall war. Das Oxymoron blind-sehend greift dem prophetischen Charakter des blauen Blickes vor, der ins Jenseits schaut. Die Doppelheit von blind und sehend, von blau und jenseits ist im früheren »schon« und dem nun folgenden »noch« (V. 9) enthalten. Die »schon« greifbare Zukunft ist durchsetzt von der noch bevorstehenden Lebensspanne, obwohl diese nur noch in »Minuten« (V. 8) gerechnet wird.

Im Brautbild des letzten Gedichtabschnitts erfährt die Gestalt der alten Frau eine letzte Ausdeutung. Umwallt vom Brautschleier, dessen leichter Fall das Vertropfen der Minuten versinnbildlicht, befindet sich die Frau in der Sterbeübung, die Nelly Sachs mit dem lebenslangen Ein- und Ausatmen verbindet. Die verschiedenen Bild- und Vorstellungsbereiche werden miteinander vermengt, ineinander geschoben; wie ein Kristall, das im Licht gedreht wird, verschiedenfarbige Strahlen verbreitet, so enthüllen sich die unterschiedlichen Vorstellungen im Drehen der abschließenden Zeilen des Gedichtes.

Die verstorbene Braut wurde für Novalis die himmlische Braut seiner Poesie, der verstorbene Bräutigam für Nelly Sachs ihr himmlischer Bräutigam. Die romantische Tradition und die höchst persönliche Biographie arbeiten zusammen an dem Bild der mit einer lebensfüllenden Aufgabe betrauten hinterlassenen Braut.[36] Die Überwindung der Grenze zwischen »diesseits« und »jenseits« – um das Wort des Gedichts zu benutzen (V. 7) –, die ihr aufgetragen ist, erfordert eine schmerzerfüllte Sehnsucht, die in diesem Gedicht in der Formulierung »Heimweh« (V. 2) verborgen liegt. Die Sehnsucht einer diesseitigen Braut nach ihrem jenseitigen Bräutigam ähnelt dem heißen Verlangen der Braut des Hoheliedes nach ihrem Bräutigam, dem christlichen Bild für die Sehnsucht der gläubigen Seele nach Christus, dem himmlischen Bräutigam. So münden in das Brautbild – wie in der Bezeichnung »Heimweh« – romantische und religiös-mystische Traditionen. Auffallend an diesem Gedicht ist die Überführung dieses persönlichsten Ich-Prädikats der Dichterin auf die greise Mitpatientin in Beckomberga,[37] die von Ehrfurcht vor dem »schön entfalteten« Alter zeugt. Diese »Braut« wird ihre Aufgabe bald erfüllt haben, der blinde Blick schaut über die Todesgrenze ins Jenseits; was von der lebenslangen Sterbeübung übrigbleibt, ist für sie nur noch »leicht« (V. 10), sie ist schon »verschleiert« und »ausgangbereit«.

»Verschleiert« und »blindsehend« könnte aber ebensogut auf den Zustand der Greisin als Wahnsinnsfrau verweisen, vergleicht man sie mit dem versteinerten Engel, der »vor Wahrheit« singt. Der vor Wahnsinn »verschleierte« Blick ist »blindsehend« und »jenseits«-hell. Abgetrennt und verborgen reift die prophetische oder dichterische Einsicht, wie es in einem berühmten Zitat von Platon heißt, das Nelly Sachs sich mehrmals abschrieb:

> Wer ohne den Wahnsinn der Musen und der Toren der Dichtkunst sich naht in der Einbildung, seine Fertigkeit werde hinreichen, ihn zum Dichter zu machen, der bleibt ein Stümper, und seine verstandesmäßige Kunst wird völlig verdunkelt von der des in Wahnsinn Verzückten.[38]

Wahnsinn als Prophetie

Die Gestalt der »Schneeblume« begegnet uns noch zweimal in Gedichten aus Beckomberga. Bei Nelly Sachs' erneuter Einlieferung Ende März 1961 erteilt ihr diese Kranke den Eingangssegen, dichterisch entfaltet in dem Gedicht »Rückwärts / über alle neunzig Jahre hinweg [...]« (*Ged. I*, S. 376), und am Tag des Prozeßanfangs gegen Josef Eichmann in Jerusalem, einem Schreckenstag der Aufdeckung von Verbrechen und Leiden, faßt die Dichterin in dem Gedicht *Überall Jerusalem* ihre Einsicht in die Natur des Leidens und des Wahnsinns in der Gestalt der blinden Prophetin zusammen:

Am 11. April 1961
In der Trauer

Überall Jerusalem

Verborgen ist es im Köcher
und nicht abgeschossen mit dem Pfeil
und die Sonne immer schwarz um das Geheimnis
und gebückt die Sechsunddreißig im Leidenswerk

Aber hier
augenblicklich
ist das Ende –
Alles gespart für das reißende Feuer
Seiner Abwesenheit –

Da
in der Krankheit
gegoren zur Hellsicht
die Prophetin mit dem Stab stößt
auf den Reichtum der Seele

Da ist in der Irre Gold versteckt –

(*Ged. I*, S. 381)

Die erste Versgruppe spricht vom Messias-Geheimnis, vom verborgenen »Knecht Gottes, [dem] Heil Israels und [dem] Licht der Heiden« – so die Überschrift zu Jes. 49,1-2. Der alttestamentarische Text lautet:

> Hört mir zu, ihr Inseln, und ihr Völker in der Ferne, merket auf! Der HERR hat mich berufen von Mutterleibe an; er hat meines Namens gedacht, als ich noch im Schoß der Mutter war. Er hat meinen Mund wie ein scharfes Schwert gemacht, mit dem Schatten seiner Hand hat er mich bedeckt. Er hat mich zum spitzen Pfeil gemacht und mich in seinem Köcher verwahrt.

In den Anmerkungen zu *Eli* findet sich Nelly Sachs' Auslegung des Jesaja-Textes:

> Nach dem Propheten Jesaja legt der Herr den Pfeil, den er benutzt hat, wieder in den Köcher zurück, damit er im Dunkel verbleibe. So [...] Michael[39]

Im Mysterienspiel ist Michael einer der »Sechsunddreißig«, nach der chassidischen Lehre jene Heiligen, die durch ihr gerechtes und leidvolles Leben in der Verborgenheit die Welt aufrechterhalten.[40] Nach Nelly Sachs jedoch abgewandelt: »das unsichtbare Universum tragen«. (*Zeichen im Sand*, S. 344)

Dem Gedicht nach ist die entscheidende Einsicht »verborgen« (V. 1), ein »Geheimnis« (V. 4), das verhüllt ist von einer Dunkelheit, deren schwarze Farbe dadurch in die höchstmögliche Form eines Superlativs gesetzt wird, daß die Sonne, die Quelle des Lichtes, als »schwarz« bezeichnet wird. Dem Charakter des Geheimnisses entsprechend müssen die Träger unerkannt sein, deshalb »gebückt« (V. 5). Also gleich dreimal verhüllt ist die Einsicht: verborgen, Geheimnis, gebückt.

Nach der ruhigen Gestaltung des Dauernden in der ersten Versgruppe setzt die zweite mit dem »Aber« antithetisch ein. Schon die Kürze der Verse 6-7-8 markiert rhythmisch den Umschlag: hier und jetzt, nah und plötzlich, geschieht der Umbruch. »Hier« bedeutet, autobiographisch, hier in Beckomberga, im Irrenhaus, wie es dann auch logisch heißt: »in der Krankheit« (V. 12), »in der Irre« (V. 16).

Mit »augenblicklich« (V. 7) werden hier die gottlosen Zeitalter umfaßt, eine, menschlich gesehen, unendliche Zeitspanne des Leidens, die – so Nelly Sachs' chassidisch gefärbte Sehnsuchtsvorstellung – eines Tages durch den unbekannten Messias beendet und durch einen neuen Äon des Geistes abgelöst werden wird. In diesem Punkt, der das Ende signalisiert, läuft *alles* zusammen. Im Gedicht jedoch erscheint nicht das in *Eli* ersehnte Ende des »Augenblicks, den Er uns verlassen«,[41] nicht die Wiederkehr Gottes und die damit verbundene neue Weltordnung, sondern ein Schrekken der durch »Seine« d. i. Gottes Abwesenheit, als »reißendes Feuer« erlebt wird. Mit der gleichen Logik, mit der vorher die Sonne als schwarz bezeichnet wurde, wird das »Feuer«, das sonst als Emblem für die Anwesenheit des göttlichen Geistes benutzt wird, hier als Prädikat für »Seine Abwesenheit« verwendet, und die Gottes-Ferne als unüberbrückbar und unaufhebbar vorgestellt.

Nur Wahnsinn reagiert sinngemäß auf das gottlose Ende. Das »reißende Feuer« ist zugleich ein Bild für die erschreckenden Visionen der Geisteskranken. Nach der erneuten Einweisung in die Frauenstation von Beckomberga im März 1961 verwendete Nelly Sachs in ihren Briefen ähnliche Wörter:

> Es ist anders – weil ich selbst nun nicht mehr mit ihnen [den Kranken] im gleichen schwarzen Flammentopf der Gesichte stehe – sondern in einem anderen Leiden – so sind sie mißtrauisch. Von denen, die damals schon hier waren, erkannte mich nur die fast blinde »Schneeblume«, die mit ihrem weißen Heimwehstab wandert.[42]

Auch im Gedicht erscheint jetzt die »Schneeblume«. Die dritte Versgruppe setzt noch kurzgefaßter, und wieder antithetisch, ein: »Da« an exponierter Stelle, dann als Einleitungswort des Schlußverses wiederholt, bildet den Gegensatz zu »hier« (V. 6). »Hier«

erscheint die Position des lyrischen Ich, »da« als ein Ort, an dem sich das Ich eben nicht befindet, sondern auf den deiktisch verwiesen wird. »Da [...] die Prophetin mit dem Stab«, die »Schneeblume« am Blindenstock, deren »Krankheit« (V. 12) durch das Wort »gegoren« (V. 13) mit Wein verglichen wird, wodurch die assoziative Beziehung zum prophetischen Rausch der Orakel-Priesterinnen ermöglicht wird. So wird die Kranke als »Prophetin« (V. 14) gesehen, als Führerin in »der Seele wunderlichem Bergwerk«,[43] darin ihr Stab die versteckten Goldadern bezeichnet.

Körperlichkeit und Ekstase

Wenn wir uns nach dieser Analyse einen Begriff von Nelly Sachs' Einschätzung des Wahnsinns machen wollen, müssen wir zuallererst die Konkretheit ihrer Wahrnehmungen hervorheben. Weder gehen die Gedichte von einer abstrakten Idee aus, noch reden sie von einer bestimmten Gattung des Menschen. Der Ort des Geschehens ist unverwechselbar: in den Fluren und Schlafsälen der Nervenheilanstalt Beckomberga befinden sich unterscheidbare Persönlichkeiten, die in ihrer Individualität voll bestimmbar sind. Aus einer Gesellschaft vor Unglück weinender, sich ständig die Haare kämmender Frauen wurden die versteinerte Frau mit der ganzen Aufmerksamkeit nach innen gekehrt, die von Unruhe getriebene Melancholikerin, die blinde Greisin vorgestellt. Letztere meinen wir am besten zu kennen, ihr weißes Haar und ihre weiße Haut, die schnalzenden Laute, die sie hervorbringt, das Tappen ihrer Füße und des Blindenstocks. Aber auch das unsichere Lächeln der Melancholikerin, ihr sonderbar schreitender oder gleitender Gang und der schrille Singsang des »Engels« sind körperhafte Erscheinungen, die sich dem Leser räumlich, konkret mitteilen.

Es sind leidende Frauen, zu Tod erschreckte, tödlich verwundete. Jede für sich tragen sie an Erinnerungen und Visionen, so furchtbare wie die Zeugnisse der KZ-Überlebenden in Jerusalem. Wie das lebende Insekt vom fließenden, klebrigen Harz gefangen, so erstarrten sie unter Ängsten höllischen Ausmaßes. Das Leiden wird nicht mit Worten abgemildert, der Schmerz nicht verleugnet. Im wiederholten Erschrecken vor den schwarzen Unglücksvögeln, einer kriegerischen Strategie unaufhörlich ausgesetzt, befinden sich die Frauen umstrickt von Verfolgung und Sterben. Ein innerer Zustand wird in die Außenwelt transponiert, die erschreckenden Ahnungen finden Bestätigung durch konkrete Wahrnehmungen.

Das Leiden ist gepaart mit Einsamkeit. Wer einsam ist, ist schutzlos – den äußeren und inneren Verfolgern anheimgegeben. Keiner schaut hin, es ist ein Verlassensein, ein »reißendes Feuer«. Die Einsame versucht sich zu verstecken, verhüllt sich, versteinert, erblindet. Die Einsamkeit ist erschreckend, jede Abwehr verstärkt sie, die Kruste, die keinen Schutz gewährt, schmerzt. Die Sehnsucht nach Gemeinschaft orientiert sich an verstorbenen Geliebten, an einem unerreichbaren Jenseits, bis die Einsame am schmerzenden Sehnsuchtsstrang zwischen Himmel und Erde ausgespannt hängt.

Sprachnot gehört wesensgemäß zur Einsamkeit. Die Sprache der Leidenden zerbröckelt in unverständliche Buchstaben, in vorsprachliches Singen, in reine Schmatzlaute. Die Kommunikationsfunktion geht verloren, keiner hört zu, und wer es dennoch tut, versteht nichts. Die beängstigenden Erinnerungen, die zerreißenden Schmerzen können nicht mitgeteilt werden, ohne Sprache ist jede Gemeinschaft aufgehoben, jeder Trost ausgeschlossen, auch der einer Gemeinschaft der Leidenden.

Nelly Sachs entfaltet aus eigener Erfahrung diesen Schmerz der Angst, der Einsamkeit und der Sprachnot in ihren Gedichten:

Verzeiht ihr meine Schwestern
ich habe euer Schweigen in mein Herz genommen
Dort wohnt es und leidet die Perlen eures Leides[44]

Wie die Perle das schmerzende Sandkorn im weichen Inneren der Muschel voraussetzt, so bilden Angst, Einsamkeit und Sprachnot die Voraussetzungen für die dichterische Überhöhung der »Schwestern« im Leid. Man darf sich die dichterische Aufgabe jedoch nicht so vorstellen, als ob Nelly Sachs während der Arbeit an den Gedichten nur zurückzugreifen braucht auf schon vorhandene Einsichten oder auf eine irgendwie übergeordnete Weltsicht oder Glaubensgewißheit, wie dies manchmal behauptet wurde. Am Geländer der Sprache tastet sie sich in die Felder des Schweigens hinein, sucht Worte für Erlebtes, Namen für Erahntes.

Die erlebte Einsamkeit, das erfahrene Verlassensein war immer schon lebensgefährlich für Nelly Sachs. Dieser Schmerz, dem sie in der Jugend mit Nahrungsverweigerung begegnete, mußte, um ein Weiterleben zu ermöglichen, als Auszeichnung gedeutet, die Einsamkeit in den frühen Sonetten als »Krone« getragen werden. In unseren Gedichten wurde die Melancholikerin als eine »vom Saturn Gekrönte« bezeichnet, um die gegenseitige Abhängigkeit von menschlichem Leiden und Kosmos in Worte zu fassen. Der Kosmos nimmt Anteil am menschlichen Leidenswerk. In den frühen Exil-Gedichten beweinen Sterne die geschundene Erde, bildet das Blut der Verfolgten und Ermordeten neue Sternbilder. In der späten Schaffensperiode formuliert die Dichterin die Beziehung härter. Das Schicksal der Leidenden erscheint als vom Kosmos verhängt, die schmerzende Krone zeichnet sich für einen Auftrag im Interesse des Universums aus. Das Leiden erscheint nicht zufällig, sondern entspricht einer inneren Sehnsucht nach dem Ursprungsort, nach einem wahrhaftigen Leben. Dieses reißende Verlangen nach einem anderen Seinszustand erkennt die Dichterin nicht nur bei sich, bei KZ-Opfern und Mitpatientinnen, sondern findet es überall in den Elementen der vorhandenen Welt. Ein Vulkanausbruch zeugt ebensogut von dieser dynamischen Sehnsucht wie das Ausbruchsverlangen einer depressiven Kranken.

»Sehnsucht sprengt Berge. Der Seele Dynamit« heißt es in den oben zitierten Notizen zu »Das Haar« (siehe Anm. 19) und meint die Sehnsucht der menschlichen wie der als lebendige Natur verstandenen Umwelt – »des Sonnensystems« so gut wie des Blindenstabs. Das körperliche Leiden des zertretenen Wurms, des Fisches an der Angel und die schmerzliche Sehnsucht der Einsamen werden auf einen Haufen geworfen, bis dieser einmal groß und schwer genug ist, den Eingang in eine andere Existenz zu ermöglichen. Als Teilhabe am Werk der Erlösung ist das Leiden an der Sehnsucht ein kosmischer Auftrag, eine königliche Auszeichnung.

Sprache ist das Element des Lebens in der Welt und in der Gemeinschaft der Menschen. Sprachlosigkeit gehört wesensgemäß zum Leiden der Einsamen, wie es die drei Beckomberga-Frauen erfahren. Schweigen ist schon Todeszeichen. In ihren ersten Exil-Gedichten übernahm Nelly Sachs die Aufgabe, den im Tod Verstummten Sprache und damit einen Raum unter den Lebenden zu verleihen. Das Verstummen der ermordeten deutschen Juden, denen die ersten Exilgedichte gewidmet waren, ist »schrecklich«, von einem solchen Ausmaß, daß die Natur, in einem Gedicht aus *In den Wohnungen des Todes* 1947 durch die Nachtigall repräsentiert, daran teilnehmen muß:

O ihr Nachtigallen [...]
Schluchzet es aus, schluchzet es aus
Der Kehle schreckliches Schweigen vor dem Tod.
(*Ged. I*, S. 21)

In Gedichten aus *Und niemand weiß weiter* 1957 versetzt das Verstummen der geliebten Mutter im Tod der Tochter einen unüberwindbaren Schrecken:

Nachdem du aufbrachst
Loch des Schweigens gähnt
Grab [...] (*Ged. I*, S. 226)

Verflochten mit dieser negativen Bestimmung des Schweigens als Kennzeichen von Sterben und Tod findet sich der Versuch, das Verstummen am Ende der sprachlichen Möglichkeiten als Grenze, als Ort des Übergangs zu einer neuen, andersartigen Existenz zu deuten. Die »Fahrt ins Staublose« (so der Titel des ersten Bandes der gesammelten Gedichte) führt in eine Art dogmatisch nicht bestimmbare Transzendenz; befreit von der Erdenschwere, bleibt nur der Duft, die Essenz des Lebens erhalten. Diese Utopie eines unsichtbaren Universums verbindet Nelly Sachs mit der Vorstellung von einer neuen, wortlosen Sprache.

Nur in der Sehnsucht, im Leidenswerk, nähert sich der Mensch der Grenze zu diesem anderen Zustand. Der dichterische Versuch, diese Grenze zu überschreiten, bedeutet für die Dichterin eine wiederholte Annäherung an das Schweigen. Mehrmals formuliert sie den Wunsch, den sprachlichen Ausdruck durch Mimus, Gestus und Musik zu ergänzen.[45] In unseren Gedichten berühren die an der Sprache geschädigten Frauen durch ihre sprechende Körperlichkeit, durch die stumme Gestik ihrer Bewegungen die Grenze der neuen Existenz. Sie verkörpern den ekstatischen Aufstieg der Welt in eine neue Schöpfung.

So reichen die Wahnsinnsfrauen der Beckomberga-Gedichte schon in eine göttliche Sphäre hinüber. Durch das unvorstellbare Leiden an Einsamkeit, Sehnsucht und Sprachnot haben sie Gemeinschaft mit dem Kosmos, nehmen sie teil am Erlöserwerk, haben sie Zugang zu den geheimen Botschaften der Prophetie:

Da ist in der Irre Gold versteckt –

1 »Hier in Beckomberga [...] sind sie alle, Arzt und Schwestern, so freundlich und gut zu mir, daß man ganz vergißt in einem *Irrenhaus* zu sein.« Am 4. 11. 1960 an Paul, Gisèle und Eric Celan. In: *Paul Celan/Nelly Sachs Briefwechsel.* Hg. von Barbara Wiedemann. Frankfurt a. M. (Suhrkamp) 1993, S. 65, meine Hervorhebung. Weitere Verweise auf diese Ausgabe: *Briefwechsel.*

2 Am 22. 1. 1959 an Walter A. Berendsohn. In: *Briefe der Nelly Sachs.* Hg. von Ruth Dinesen und Helmut Müssener. Frankfurt a. M. (Suhrkamp) 1984 f., S. 199. Weitere Verweise auf diese Ausgabe: *Briefe.*

3 Typoskript der unpublizierten »Sonette« im Selma Lagerlöf-Nachlaß der Königlichen Bibliothek, Stockholm.

4 Abgedruckt in Walter A. Berendsohn, *Nelly Sachs. Einführung in das Werk der Dichterin jüdischen Schicksals.* Darmstadt (Agora Verlag) 1974, S. 9-12.

5 Siehe Ruth Dinesen, *Spätfolgen der Verfolgung* in: Michael Kessler und Jürgen Wertheimer (Hg.), *Nelly Sachs. Neue Interpretationen.* Tübingen (Stauffenburg Verlag) 1994 (= Stauffenburg Colloquium Bd. 30), S. 283-297.

6 Niederland, William G., *Folgen der Verfolgung: Das Überlebenden-Syndrom. Seelenmord.* Frankfurt a. M. (edition suhrkamp 1015 = NF 15) 1980, S. 10.

7 Julio G. Arenas, Viviana Jacobsen, Pia Steen og Ulla Søgaard Thomsen, *Flygtninges psykiske kriser – introduktion til eksilpsykologi.* (Psychische Krisen der Flüchtlinge – Einführung in die Exilpsychologie) København 1987.

8 Leo Eitinger, »›Feeling at home‹: Immigrants' psychological problems.« In: Leo Eitinger and David Schwarz (ed.), *Strangers in the World.* Bern 1982, S. 84-106.

9 *Fahrt ins Staublose. Die Gedichte der Nelly Sachs.* Frankfurt a. M. (Suhrkamp) 1961, S. 136. Weitere Verweise auf diese Ausgabe: *Ged. I.*

10 Allerdings erst im April 1965, nach der Zuerkennung eines Schadensersatzes, sieht sich Nelly Sachs dazu imstande, für die Wohnung, die ihr und ihrer Mutter nach der Ankunft in Stockholm unentgeltlich zur Verfügung gestellt wurde, die Miete zu bezahlen (Brief vom 3. 4. 1965 an die Warburg-Stiftung, Stockholm).

11 Arenas et alii 1987, S. 43 (siehe Anm. 5).

12 Ruth Dinesen, *Nelly Sachs. Eine Biographie.* Frankfurt a. M. (Suhrkamp) 1992, S. 203. Weitere Verweise auf diese Ausgabe: *Biographie* 1992.

13 Brief vom 21. 5. 1964 an Moses Pergament in *Biographie* 1992, S. 252.

14 »Seit 8 Tagen ist der Doktor zufrieden, da ich wieder essen kann und die schlimmste Qual aufgehört hat. So gebrauche ich keine Elektroschock-Behandlung (sic!) mehr.« Am 4. 11. 1960 an Paul, Gisèle und Eric Celan. In: *Briefwechsel*, S. 64.

15 »Meine Unterschrift gilt wieder. Vom Arzt bezeugt.« Am 5. 12. 1960 an Paul Celan. In: *Briefwechsel*, S. 66.

16 Nachdruck in: Ruth Dinesen, *»Und Leben hat immer wie Abschied geschmeckt«. Frühe Gedichte und Prosa der Nelly Sachs.* Stuttgart (Verlag Hans-Dieter Heinz/Akademischer Verlag) 1987, Anhang S. 137-148. Weitere Verweise auf diese Ausgabe: *Frühveröffentlichungen*, Anhang.

17 *Ged. I*, S. 29.

18 Vgl. *Biographie* 1992, S. 176-179, den Abschnitt »Die Mutter und die Abraham-Dichtung«.

19 Manuskript in der Königlichen Bibliothek, Stockholm, unter der Sigle L90:5:7.

20 Am 3. 10. 1960 an Hilde Domin. In: *Briefe*, S. 255.

21 Am 16. 10. 1960 an Brita und Johannes Edfelt. In: *Briefe*, S. 257.

22 Die Neue Zürcher Zeitung vom 29. 1. 1961 enthält folgende Gedichte: *Der versteinerte Engel, Vor meinem Fenster, Wunder der Begegnungen, Hinter der Tür, Diese Schneeblume, Sehr leise im Kreislauf gleitet, Auf der äußersten Spitze, Niemand unter den Zuschauenden.* Der Zeitungsabdruck ist, bis auf den Zeilensprung zwischen »wenn die Raben / draußen« *(Der versteinerte Engel)* und den Druckfehler »geleitet« für »gleitet« *(Sehr leise im Kreislauf gleitet)*, identisch mit der Wiedergabe in *Ged. I*, S. 345-349 und 351-354.

23 Die Form des Porträt-Gedichtes findet sich schon in der frühen Exildichtung in den sogenannten *Grabschriften.*

24 Hugo Friedrich rechnet diese Form unter die Aspekte der neuen Sprache der Moderne: »Abnorm kann der Gebrauch der Kopula ›und‹ sein, indem sie nicht einer Abfolge der Inhalte dient, sondern einer unerwarteten Wendung des Sprechens.« In: Hugo Friedrich, *Die Struktur der modernen Lyrik*. Hamburg (rororo 980) [1]1956, 8. Auflage der erweiterten Neuausgabe 1977, S. 157. Weitere Verweise auf diese Ausgabe: Friedrich 1977.

25 »Man kann angesichts moderner Lyrik geradezu von einer Satzfeindschaft sprechen [...] Der verbreitetste [Typus] zeigt sich in Gedichten, die mehrere Verse hindurch nur nominale Aussagen haben [...] Gedichte mit einer größeren Anzahl von Verben neigen dazu, diese in infinitivischer Form ohne Subjekt zu bringen [...] Die Satzfeindschaft der modernen Lyrik mit ihrer Entmachtung des Verbums bedeutet wohl, daß die nominal gesagten Inhalte der Anschauung oder der Abstraktion ganz sie selber sein sollen, *nicht in einen Geschehnisfluß noch in irgendeine Zeitlichkeit eingebettet* [...] Die Abtrennung von

den Verben steigert nicht allein formal-syntaktisch den Fragmentarismus dieses Dichtens, sondern sie *verstärkt auch die Isolierung des nominal Gezeigten* und damit dessen Hochspannung.« Friedrich 1977, S. 153 ff. (meine Hervorhebungen RD).

26 Peter Jørgensen, *Tysk grammatik*. København (Gad) 2. reviderede udgave 1962, Bd. III, S. 19 ff.

27 Die ständig nachwachsenden Haare, die mehrmals in Nelly Sachs' Gedichten vorkommen, stehen hier beispielhaft für die schmerzhafte Unentrinnbarkeit der Zeit.

28 Schon »Die Närrin von Siena« wurde durch die »ihr eigene[n] hellklingende[n] Stimme« charakterisiert (*Frühveröffentlichungen*, Anhang S. 138).

29 Siehe z. B. die letzte Zeile des Gedichts *Es springt dieses Jahrhundert* aus dem Band *Flucht und Verwandlung* 1959: »Und Schweigen ist ein neues Land –« (*Ged. I*, S. 297).

30 *Von Welle und Granit*. Berlin (Aufbau-Verlag) 1947, S. 77.

31 *Erde* war das niedrigste und schwerste der vier mystischen Elemente und wurde von den vier Temperamenten des Hippokrates mit der Schwermut verknüpft.

32 Görel Cavalli-Björkman, *Hovkonst, allegori och myt*, in: *Cranach och den tyska renässansen*. Stockholm (Nationalmusei utställningskatalog nr. 510) 1988, S. 73.

33 Der Lektüre von Christa Wolf, *Auf dem Weg nach Tabou. Texte 1990-1994*. Berlin (Kiepenheuer & Witsch) 1994, verdanke ich die Entdekkung dieses Gemäldes (S. 167 f.).

34 Zwei Beispiele: »immer hinter dem Rücken / des *Schnee*läufers *Tod*« (*Ged. I*, S. 173) und »wenn schwarz geheizte Rache / vom *Todesengel* magnetisch / angezogen / an seinem *Schnee*rock / kalt und still verendet« (*Ged. I*, S. 256). Meine Hervorhebungen, RD.

35 *Der Spinozaforscher [H. H.]* in: *Ged. I*, S. 36.

36 Das Brautbild wird in Gedichten aus verschiedenen Schaffensperioden benutzt. Hier genügen zwei Beispiele aus *Flucht und Verwandlung* 1959: »So muß ich denn aufstehen / und diesen Felsen durchschmerzen / bis ich Staubgeworfene / *bräutlich Verschleierte* / den Seeleneingang fand / wo das immer knospende Samenkorn / die erste Wunde / ins Geheimnis schlägt.« (*Ged. I*, S. 273), »und werde fein gesiebt / *eine Braut* / in den durstenden Sand –« (*Ged. I*, S. 314). Meine Hervorhebungen, RD.

37 Nicht nur die Greisin wird als »Braut« bezeichnet, auch andere Patientinnen werden als »Liebende« apostrophiert, siehe z. B. das Gedicht »Wortlos spielt sie mit einem Aquamarin« *Ged. I*, S. 358.

38 Zitiert nach Ehrhard Bahr, *Nelly Sachs*. München (Beck-Verlag Edition Text & Kritik) 1980 (= Autorenbücher 16), unpag. (= S. 6).

39 *Zeichen im Sand. Die szenischen Dichtungen der Nelly Sachs*. Frank-

furt a. M. (Suhrkamp) 1962, S. 344. Weitere Verweise auf diese Ausgabe: *Zeichen im Sand.*

40 »In jeder Generation, so ging eine alte Überlieferung aus talmudischer Zeit, gibt es sechsunddreißig Gerechte, auf denen der Bestand der Welt beruht. In der mystischen Wendung dieses Satzes werden sie nun zu ›verborgenen Gerechten‹, das heißt zu solchen, die wesensmäßig ihren Mitmenschen (und vielleicht manchmal auch sich selbst) verborgen sind. Niemand weiß, niemand kann wissen, wer diese eigentlichen Heiligen sind, auf denen die Welt steht [...] Einer von ihnen ist vielleicht der Messias, und nur weil das Zeitalter seiner nicht würdig ist, bleibt er verborgen. Unermüdlich war die spätjüdische Legende, besonders des chassidischen Ostens, in der Ausmalung dieser verborgensten aller Mitmenschen.« Gershom Scholem, *Zur Kabbala und ihrer Symbolik.* Frankfurt a. M. (suhrkamp taschenbuch wissenschaft 13) 1973, S. 13-14.

41 In Nelly Sachs' frühem Mysterienspiel *Eli* meditiert die Bäckerin über den Tod des ermordeten Hirtenjungen: »Und wäre vielleicht mit ihm zu Ende gewesen, / der Augenblick, / den Er uns verlassen?« *Zeichen im Sand,* S. 10.

42 31. 3. 1961 an Dagrun und Hans Magnus Enzensberger. In: *Briefe,* S. 263.

43 In der Traditionslinie des Grabens in ›der Seele wunderlichem Bergwerk‹ von Novalis über Brentano, E.T.A. Hoffmann, Eichendorff, Nietzsche und Rilke zu Paul Celan, die Joachim Schulze aufzeichnet, steht also auch Nelly Sachs. Siehe JS, *Celan und die Mystiker.* Bonn (Bouvier Verlag Herbert Grundmann) 1976, S. 81-97.

44 Aus: *Glühende Rätsel I* 1963. Zitiert nach: *Suche nach Lebenden. Die Gedichte der Nelly Sachs.* Bd. II. Frankfurt a. M. (Suhrkamp) 1971, S. 27.

45 Siehe z. B. die Anmerkungen zu den szenischen Dichtungen, *Sze.,* S. 343-354.

Literatur

Fahrt ins Staublose. Die Gedichte der Nelly Sachs, Frankfurt a. M. 1961. Auch als suhrkamp taschenbuch 1485, 1988

Zeichen im Sand. Die szenischen Dichtungen der Nelly Sachs, Frankfurt a. M. 1962. Eine Auswahl in: *Verzauberung. Späte szenische Dichtungen.* Bibliothek Suhrkamp Bd. 276, 1970 ff.

Suche nach Lebenden. Die Gedichte der Nelly Sachs. Bd. 2. Hg. von Margaretha und Bengt Holmqvist, Frankfurt a. M. 1971

Briefe der Nelly Sachs. Hg. von Ruth Dinesen und Helmut Müssener, Frankfurt a. M. 1984

Paul Celan/Nelly Sachs Briefwechsel. Hg. von Barbara Wiedemann, Frankfurt a. M. 1993

Das Buch der Nelly Sachs. Hg. von Bengt Holmqvist, Frankfurt a. M. 1968. Auch als suhrkamp taschenbuch 398, 1977 ff. (Enthält ausgewählte Gedichte, Dramen und Aufsätze zu Leben und Werk.)

Bahr, Ehrhard, *Nelly Sachs,* München 1980

Dinesen, Ruth, *Nelly Sachs. Eine Biographie.* Aus dem Dänischen von Gabriele Gerecke, Frankfurt a. M. 1992. Auch als suhrkamp taschenbuch 2270, 1994

Fritsch-Vivié, Gabriele, *Nelly Sachs. Mit Selbstzeugnissen und Bilddokumenten,* Reinbek bei Hamburg 1993

Kessler, Michael, und Jürgen Wertheimer (Hg.), *Nelly Sachs. Neue Interpretationen.* Tübingen 1994

Milena Jesenská
1896-1944

Von Sibylle Duda

Ist Milena Jesenská eine Wahnsinnsfrau? Die schmerzliche Seite dieses doppelsinnigen Wortes trifft auf den ersten Blick nicht auf sie zu. Milena war eine starke, emanzipierte Frau, eine berühmte und anerkannte Journalistin. In Prag war sie »die Jesenská«. Als Franz Kafka noch nicht sehr bekannt war, entdeckte sie seine Bedeutung und übersetzte Werke von ihm ins Tschechische. Sie war eine hoch gebildete Intellektuelle, eine Intellektuelle im aufklärerischen Sinne.[1] Es ist immer der Mensch, der im Mittelpunkt ihrer journalistischen Arbeit steht. Menschsein verkörperte für sie einen universellen Wert. Sie beschrieb und analysierte von dieser Position aus eine Situation oder Lage und folgerte, was getan werden müsse, damit Menschen sich verwirklichen könnten. Sie trat für Toleranz und Frieden ein. In ihrem politischen Journalismus und in ihren Essays über Alltagsprobleme vertrat sie die Meinung, daß durch Ausweitung der öffentlichen Erziehung die menschliche Freiheit gestärkt, Unverträglichkeiten beseitigt und Kriege verhindert werden könnten. Milena verabscheute jede Form von Gewalt. Sie wollte Kultur vermitteln, Kenntnisse und guten Geschmack. Milena war eine gefühlvolle und leidenschaftliche Frau. Wenn sie handelte, so handelte sie bedacht und impulsiv zugleich, sie verstieß genauso gegen Normen und Konventionen, wie sie sie gleichzeitig einforderte. Sie war gleichermaßen streng wie großzügig, exzentrisch wie natürlich. In biographischen und zeitgenössischen Berichten[2] und in Briefen[3] bekommen wir Einblick in Milenas Persönlichkeit und Charaktereigenschaften, die einen tiefen Eindruck auf Menschen gemacht haben. Alle, die über sie berichten, zeichnen ein Bild einer faszinierenden Persönlichkeit. Milena war vital und aufbrausend, witzig, lebhaft, sensibel und sehr mitfühlend. Ging es ihr finanziell gut, so kleidete sie sich sehr elegant. Ging es ihr schlecht, konnte sie fast bedürfnislos leben. Sie machte gerne Geschenke, linderte wie selbstverständlich die Not anderer. Ihre Exzentrik war stadtbekannt, so stahl sie z. B. in öffentlichen Parkanlagen Blumen, um ihre Wohnung damit zu schmücken, oder sie schwamm durch die Moldau, um ein Rendezvous rechtzeitig zu erreichen. Alle kannten sie, sie wurde verehrt, bewundert oder abgelehnt. Gleichgültig war sie niemandem.

Milena war ein verwöhntes Kind aus einem reichen Prager Haus. Sie wuchs unter den besten Voraussetzungen auf, eine starke Persönlichkeit zu entwickeln. Doch auch Stärke kann für Frauen im Patriarchat zum Verhängnis werden. Milenas Lebensweg führte durch drei Wahnsinnsinstitutionen. Aber zwei Aufenthalte in Irrenhäusern und die letzten vier Jahre ihres Lebens im Konzentrationslager haben diese starke Persönlichkeit nicht brechen können. Sie stirbt, schwer krank, in ihrem achtundvierzigsten Lebensjahr in Ravensbrück.

Kindheit und Jugend in Prag

Milena Jesenská wurde am 10. August 1896 in Prag geboren. Von der Mutter Milenas, Milena Hejzlarová, ist nur wenig bekannt. Sie soll schön und zart gewesen sein und künstlerisch begabt, doch »den Rahmen der bürgerlichen Konventionen und Rollenzuweisungen hat sie nicht durchbrochen«.[4] Die Mutter Milenas erfährt das typische Schicksal einer reichen Tochter aus bürgerlichem Haus. Sie wurde mit dem jungen, aufstrebenden Mediziner Jan Jesenský verheiratet, mit ihrer Mitgift richtete er sich eine Zahnarztpraxis ein, habilitierte sich und war bald nicht nur ein hochgeschätzter Zahnarzt, sondern auch ein sehr geachteter Universitätsprofessor. Jana Černá, Milenas Tochter, beschreibt ihren Großvater als »empfindlich, stolz, jähzornig, sentimental, raubtierhaft gesund und äußerst zäh«.[5] Er verlor beim Kartenspiel unglaubliche Geldsummen, und seine zahlreichen Liebesaffairen waren bekannt.[6] Milena hatte zu ihrer Mutter ein sehr liebevolles Verhältnis. »Im Unterschied zu vielen anderen Frauen ihrer sozialen Schicht hatte sich Frau Jesenská um ihre Tochter selbst gekümmert und ihre Erziehung keiner Amme, Köchin oder Kinderfrau anvertraut.«[7] Milenas später häufig gerühmte Eleganz, ihre Freude an schönen Dingen sind sicherlich auf den Einfluß der Mutter zurückzuführen. Die Mutter läßt das Kind nie allein, nimmt es zu allen Besorgungen mit, beantwortet Fragen, bezieht das Kind in ihre Aufgaben mit ein, die daraus erwachsen, ein großes Haus zu führen. So erfährt Milena früh Geborgenheit und Vertrauen. Doch die Mutter erkrankte schwer, kurz nachdem

Milena Jesenská im Alter von 18 Jahren, ein Jahr vor dem Abitur (1914)

Milena aufs Gymnasium kam. Der Vater verlangte ganz selbstverständlich von Milena, daß sie nachmittags nach der Schule ihre Zeit am Bett der Mutter verbrachte und die Pflege übernahm. Es besteht keine Klarheit darüber, was der Mutter fehlte. Vielleicht handelte es sich um eine perniziöse Anämie,[8] vielleicht um ein »Rückenmarksleiden«,[9] ein diskreter Begriff für eine Krankheit, die für viele bürgerliche Frauen Ende des 19. Jahrhunderts, der Zeit, in der die bürgerliche Doppelmoral ihren Höhepunkt erreicht hatte, zum ehelichen Schicksal wurde. Auch Milenas Mutter war mit einem vitalen Lebemann verheiratet, dessen außereheliche Affairen nicht einmal der Tochter verborgen blieben. Bis zu ihrem Tod, also fast sechs Jahre, war die Mutter an Rollstuhl und Bett gefesselt, und Milena, das Kind, das heranwachsende Mädchen, saß Nachmittag für Nachmittag, manchmal auch nachts bei der Mutter und erlebte in der Stille des Krankenzimmers ein langsames Sterben.

Was mag in der kleinen Milena vorgegangen sein in diesen sechs Jahren, in einer Atmosphäre des Leidens, der Stille, des Flüsterns. Wie diszipliniert mußte sie lernen, ihre eigene Impulsivität, ihren Bewegungsdrang, ihr Bedürfnis nach Sorglosigkeit und Spiel zurückzunehmen. Wie genau mag sie das Gesicht der Mutter betrachtet haben und darin allmählich die leidvollen und wehrlosen Linien erkannt, nachgedacht und Gefühle wie Mitleid, Trauer, Ungeduld und Verantwortlichkeit entwickelt haben, die später einen wichtigen Teil ihrer Persönlichkeit ausmachten. Jana Černá, Milenas Tochter, berichtet über ihre Mutter, daß sich immer »viele Menschen um sie drängten, um von ihrer Lebenskraft zu schöpfen«,[10] »Milena zog problembeladene Menschen an, sie half immer«,[11] »es gehörte zu ihr, sich für andere Menschen verantwortlich zu fühlen«,[12] »es machte ihr Spaß, anderen Freude zu bereiten«,[13] wie es überhaupt ein besonderer Zug ihres Wesens war, sich in andere Menschen einzufühlen und deren Bedürfnisse wichtiger zu nehmen als die eigenen. Diese sechs Jahre am Krankenbett der Mutter haben sicherlich sowohl zu Milenas Intellektualisierung als auch zur Entwicklung einer differenzierten Emotionalität beigetragen. Starke Empathie mit der Mutter, wahrscheinlich auch Identifikation mit der schwachen, leidenden Frau und gleichzeitig »Haß, Furcht, Liebe, Widerwillen und Verehrung«[14] dem Vater gegenüber, der strotzend vor Vitalität ins Krankenzimmer hereinpoltert, der Mutter Blumen bringt und sie ihr kurz darauf wieder wegnimmt, um sie einer von ihm verehrten Patientin in seiner Zahnarztpraxis zu überreichen,[15] werfen ein interessantes Licht auf Milenas Sozialisationsbedingungen. Es ist ein Strukturelement des Patriarchats, daß Mädchen auf die Ablehnung der Mütter und die Idealisierung der Väter hin sozialisiert werden. Auf diesen Topos trifft man immer wieder in weiblichen Biographien. Um den Vätern zu gefallen, werden zwar die erwünschten weiblichen, von den Müttern vorgelebten Verhaltensweisen übernommen, aber gleichzeitig mit Verachtung belegt, weil sie ja Ausdruck für gesellschaftliche und individuelle Ohnmacht sind. So gelingt es dem Patriarchat, den ihm bedingungslos huldigenden Frauentypus zu reproduzieren, ohne daß die Unterdrückung zu einem Motiv der Solidarisierung von Frauen untereinander werden kann. Indem sie sich und ihresgleichen verachten, vermeinen sie an der Macht des Patriarchats partizipieren zu können. Statt dessen stabilisiert sich nur der polare Gegensatz zwischen den Geschlechtern und dem damit verbundenen Macht-/Ohnmachtsgefälle.

Milena ist eine Ausnahme. Sie hat ihren Vater nicht idealisiert. Ihr Blick war durch die Leiden der Mutter geschärft, die langen, sie sicherlich auch überfordernden Jahre am Krankenlager der Mutter entwickelten in ihr ein differenziertes Bild vom Vater, dem Repräsentanten des Patriarchats. Sie bewunderte seine gesellschaftliche Stellung als Arzt und anerkannter Wissenschaftler, sie haßte und verabscheute sein despotisches Verhalten und die von ihm als selbstverständlich gestellten Machtansprüche. Empathie mit der kranken, unterdrückten Mutter einerseits und ein realistischer Blick auf die männlichen Schwächen des Vaters andererseits entzaubern die verlogenen Idealisierungen des Patriarchats. Schon hier weicht Milenas Sozialisation von der gängigen Mädchensozialisation ihrer Zeit ab. Männer schlechthin imponieren ihr nicht mehr. Sie erlernt die Fähigkeit, Frauen zu lieben, und dies ist eine wichtige Facette im Gesamtbild weiblicher Emanzipation. Milena hat ihr ganzes Leben lang Frauen geliebt, mit ihnen zusammengearbeitet, sie unterstützt. Wenn es möglich wäre, etwas Tröstliches in dem Schrecken ihrer letzten Lebensjahre in Ravensbrück zu sehen, dann ist es sicherlich die geistvolle und zärtliche Liebe zu Margarete Buber-Neumann, die darüber ein erschütterndes Zeugnis abgelegt hat.[16]

Milena erhielt auch eine hervorragende schulische Bildung. Für ihren Vater ist es vom Standpunkt eines tschechischen Nationalisten selbstverständlich, daß Milena auf das »Minerva« geht, das erste humanistische Mädchengymnasium in ganz Österreich-Ungarn. »Für die tschechischen Patrioten bildete die Emanzipation der Frau einen Bestandteil der Emanzipation des tschechischen Volkes. Die kleine Nation wußte, daß sie sich gegen die Übermacht des deutschen Einflusses nur als eine Kulturnation behaupten konnte, und konnte deshalb auf die Mithilfe der Frauen nicht verzichten.«[17] Die »Minervistinnen« gehören zur Elite der jungen Frauen in Prag. Sie sind freier, sicherer, selbst- und zielbewußter als andere, und ein Studium an der Universität scheint ihnen vorgezeichnet zu sein.[18] Milena ist eine gute Schülerin und der Mittelpunkt der Klasse. Die Freundschaften, die sie schließt, währen ihr ganzes Leben. Als die Mutter 1913 starb, begann für die fast siebzehnjährige Milena ein neues Leben. Ihr Temperament, ihre Neugier, ihr Erlebnishunger konnten sich jetzt ungehindert entfalten. Sie besuchte unbegleitet, was damals als ungehörig galt, das Theater und Konzerte, flanierte mit ihren Freundinnen Staša Procházková und Jarmila Ambrožová engumschlungen über die Straßen Prags, erregte Aufsehen in ihren exzentrischen Kleidern und schien schon auf diese Weise offen ihre Ablehnung der bürgerlichen Moral zum Ausdruck zu bringen. 1915 legte Milena ihre Matura (Abitur) ab und inskribierte auf Wunsch des Vaters an der medizinischen Fakultät, brach aber das Studium nach zwei Semestern ab, weil sie das Sezieren nicht ertrug und ihr der Anblick und Geruch von Blut Übelkeit bereitete. Halbherzig begann sie anschließend ein Musikstudium, doch auch hier zeigte sie wenig Ausdauer. Ihr Element waren die Künstler- und Literatencafés in Prag, wo sich in den Jahren um den Ersten Weltkrieg ein beträchtlicher Teil des gesellschaftlichen und kulturellen Lebens abspielte. Bald war Milena mit ihren zwei Freundinnen Stammgast im Café Arco, dem Treffpunkt deutsch-jüdischer Intellektueller, Schriftsteller und Dichter. Im Arco verkehrten Max Brod, Franz Werfel, Johannes Urzidil, Willy Haas, um nur einige bekannte Namen zu nennen. Franz Kafka war ein seltener Gast und wurde mit Milena erst über ihren Briefwechsel, den sie später aus Wien mit ihm führte, bekannt. In diesem Café lernte Milena aber auch ihren ersten Ehemann, den zehn Jahre älteren Ernst Polak, kennen. Im bürgerlichen Beruf Bankangestellter, aber Literat und Kritiker aus Berufung, saß Polak täglich im Café. Seine literarischen und philosophischen Kenntnisse, seine anerkannte Kritikfähigkeit ließen ihn oft zum Mittelpunkt der Runde werden, und sowohl Franz Werfel als auch später Robert Musil in Wien holten sich Rat und Unterstützung bei Polak. Heimito von Doderer setzte Polak in »Die Strudlhofstiege« ein kleines Denkmal: »[...] In seiner Haltung, besonders der des Kopfes, in seinen Bewegungen der kleinen, aber nervigen Hände war mitunter etwas charmant Irrsinniges [...]«[19] Polak inspirierte zwar die anderen, blieb jedoch selbst ein »Literat ohne Werk«.[20] Er war unfähig, selbst zu schreiben. Milena verliebte sich in den geistig sehr anregenden Ernst Polak und zeigte sich mit ihm in der Öffentlichkeit. Ihr Vater, nationalistischer Tscheche und Antisemit, wollte sofort diese Beziehung unterbinden. Doch Milena scherte sich nicht um das väterliche Verbot, besuchte weiterhin Polak, machte ihm teure Geschenke, natürlich auf Kosten des Vaters, und ließ keinen Zweifel über die Art ihrer Beziehung zu Ernst Polak aufkommen. Welche Waffen besitzt das Patriarchat, um unbotmäßiges Verhalten von Frauen – Töchtern, Schwestern, Ehefrauen, Müttern – zu ahnden? Man läßt sie für verrückt erklären und ins Irrenhaus einliefern. So geschah es nun auch mit Milena. Für den einflußreichen Vater war es ein leichtes, Milena, auch unter Anwendung von Gewalt, nach Veleslavín zu bringen, einem Sanatorium, einer geschlossenen Anstalt. Ebenso wurde ihre Freundin Staša nach Libšic in ein Sanatorium gebracht. Auch ihren Extravaganzen sollte in pädagogischer Manier ein Riegel vorgeschoben werden.[21] Milena wurde »krankhaftes Fehlen moralischer Begriffe und Gefühle« attestiert.[22] Nach dem anfänglichen Schock versuchte Milena, sich in der Anstalt zurechtzufinden. Es war nicht ihre Art, sich passiv der Verzweiflung hinzugeben. Mit der Hilfe einer Krankenschwester, die sich Milenas Charme nicht entziehen konnte, war bald ein Schlüssel für ein kleines Gartentor der Anstalt gefunden, und so konnte sich Milena mehrmals, auch während ihrer Gefangenschaft, mit Ernst Polak treffen.[23] Von Juni 1917 bis März 1918 war Milena in Veleslavín, am 10. August 1918 wurde sie großjährig, und der Vater konnte nicht mehr über sie bestimmen.

Was Milena in diesen knapp zehn Monaten in der Irrenanstalt erlebte, ist nicht bekannt. Wurde sie in irgendeiner Weise behandelt, oder war sie einfach nur eingesperrt? Milena selbst äußerte sich nicht über diese Zeit. Jedenfalls ist nur eine einzige Aussage ihrerseits bekannt. In einem Brief, den sie am 21. Juli 1920 an Max Brod schrieb, sagte sie: »[...] Nur ist Psychiatrie eine entsetzliche

Sache, wenn sie mißbraucht ist, anormal kann alles sein und jedes Wort ist (eine) neue Waffe für den Quäler.«[24] Aus dieser Äußerung geht hervor, wie hellsichtig Milena die Problematik der Psychiatrie durchschaut, die Relativität der Definitionen von Normalität und Abnormalität, und wie sehr diese jeweils von gesellschaftlichen Machtkonstellationen abhängig sind. Nach Milenas Rückkehr aus Veleslavín willigte ihr Vater schließlich in die Heirat mit Ernst Polak ein, allerdings unter der Bedingung, daß das Paar Prag verlassen und nach Wien ziehen sollte. Und so geschah es.

Jahre in Wien

Gleich nach der Ankunft in Wien, noch auf dem Bahnhof, ließ Polak seine junge Frau stehen, um seine vermutlich ihm schon aus Prag bekannte Geliebte aufzusuchen und gleichzeitig Milena anzudeuten, daß er sich nicht um sie kümmern werde und sie keinen Anspruch auf ihn hätte. Milenas Wiener Jahre, sie dauerten von 1918 bis Anfang 1925, waren gekennzeichnet von Verzweiflung und bald auch finanzieller Not. Polak, an die Devisenabteilung der Österreichischen Länderbank versetzt, verbrachte seine freie Zeit ausschließlich im bekannten Literatencafé Central. Später war er täglich im Café Herrenhof anzutreffen, umringt von Bekannten aus Prag, Dichtern, Literaten, Gleichgesinnten und Bewunderern. Zu den Stammgästen des Herrenhof gehörten Karl Kraus, Franz Werfel, Hermann Broch, Egon Erwin Kisch, Alfred Polgar, Franz Blei, Heimito von Doderer, Anton Kuh. Polak war in seinem Element, auch hier wurde das kulturelle Leben einer Stadt maßgeblich geprägt. Milena konnte noch nicht so gut Deutsch, daß sie dem Jargon der Kaffeehausliteraten folgen konnte. Dieser war vermutlich voll von nuancenreichen Anspielungen, voll von pessimistischen Resümees, im Grundton zutiefst ironisch und sarkastisch, also für Milena in seiner Vielschichtigkeit und Dekadenz nicht gleich durchschaubar. Außerdem stellten die Kaffeehausliteraten ohnehin eine reine Männerkultur dar, in der Frauen nur von marginaler Bedeutung waren, nicht Menschen, mit denen man spricht, sondern über die gesprochen wird. Franz Xaver Graf Schaffgotsch erinnert sich an seine erste Begegnung mit Milena im Kaffeehaus: »Sie saß da, unter den Leuten. Sie war jung und sehr hübsch, kräftig, schön gewachsen, hatte aschblondes Haar und diesen schönen kleinen Mund. Ich dachte, was hat die da verloren. Sie sprach sehr schlecht deutsch und konnte sich an der Diskussion kaum beteiligen.«[25]

Milena war sehr einsam. Polak kümmerte sich nicht um die alltäglichen Belange, und so war Milenas großzügige Mitgift bald verbraucht, die Gegenstände der Aussteuer versetzt und die finanzielle Not grenzenlos. Polak saß in seinen maßgeschneiderten Anzügen im Café und überließ Milena ihrem Schicksal. Um an Geld zu kommen, schleppte Milena an Wiener Bahnhöfen Koffer, verdingte sich als Hausdame, gab Tschechischunterricht und soll für Sigmund Freud als Übersetzerin gearbeitet haben.[26] In diesen Jahren grassierte in Wiener Intellektuellenkreisen die eigentümliche Sexualtheorie des Psychoanalytikers Otto Groß, die der sexuellen Libertinage Tür und Tor öffnete. Das Geheimgehaltene wurde nun öffentlich legitimiert. Milena, die auch eine moderne Frau sein wollte, ließ sich das promiske Verhalten Polaks gefallen, auch wenn sie aus Verzweiflung darüber fast Selbstmord begangen hätte. In der ehelichen Wohnung lebte nun auch Polaks Geliebte, ein Zustand, der neben Milenas finanzieller Not nicht gerade zu ihrer seelischen Ausgeglichenheit beitrug. Trotzdem liebte sie Polak, war auch nach wie vor von den Kaffeehausdiskussionen fasziniert, auch wenn sie sich in ihrer Außenseiterinnenposition oft gedemütigt fühlte. Auch schulte sie in den Literatenkreisen ihr literarisches Verständnis.

In dieser Zeit der Verzweiflung in Wien gelingt ihr der journalistische Durchbruch. Der Versuch, mit kleinen Artikeln und Reportagen aus Wien Geld zu verdienen, wurde zum großen Erfolg. Die Prager liberale Tageszeitung *Tribuna* druckte nun regelmäßig Milenas Artikel, Milenas Freundin Staša hatte den Kontakt vermittelt.[27] Etwa zur gleichen Zeit erwachte Milenas Interesse an Franz Kafka, der damals noch nicht sehr bekannt war. Sie wollte Werke von ihm ins Tschechische übersetzen. Daraus entstand ein reger Briefwechsel zwischen Milena und Kafka. Erst um Sachfragen des Übersetzens bemüht, entwickelten sie zunehmend ein persönliches gegenseitiges Interesse, bis beiden ihre Liebe zueinander offenkundig wurde. Milena schöpfte Trost aus Kafkas Zuwendung und Wärme, aus seinem Interesse an ihrer Person. Kafka war von ihren Briefen entzückt, aber auch von ihren Zeitungsartikeln: »[...] Ich kenne [...] im Tschechischen nur eine Sprachmusik, die der Božena Němcová, hier ist eine andere Musik, aber jener verwandt an

Entschlossenheit, Leidenschaft, Lieblichkeit und vor allem einer hellsichtigen Klugheit [...]«[28] Max Brod berichtet in seinem Buch über Franz Kafka, wie beeindruckt Kafka von Milenas Arbeiten war. »Ich sehe noch, mit welchem Eifer Kafka zu einem Zeitungsstand läuft, um nachzuschaun, ob die neue Nummer etwas von Milena enthält. Milena schrieb Berichte über das Leben in Wien, gesellschaftliche Plaudereien, auch über Bücher, über Damenmode, über Tagesereignisse, ferner allgemeine psychologische Betrachtungen, – Kafka konnte gar nicht genug Lobesworte finden, um die Feinheit, die Lebendigkeit, die stilistische Gelöstheit dieser Artikel zu erheben, die er gerne mit den Briefen und Reiseberichten Fontanes verglich, eines seiner Lieblingsautoren. Er las mir auch immer wieder lange Partien aus der Zeitung vor, die er regelmäßig kaufte; [...] Und man sollte sich bemühen, diese journalistischen Arbeiten Milenas aufzufinden, zu sammeln; denn Kafkas literarische Hochschätzung war gewiß nicht bloß in seiner Liebe, sondern auch in einer objektiven Wertung der schriftstellerischen Qualitäten Milenas gegründet. Sein Urteil über Dinge der Literatur war immer höchst eigenartig, prägnant, nur selten irrte er.«[29] [30] [31]

Schließlich besuchte Kafka im Juni 1920 Milena in Wien. Sie verbrachten gemeinsam vier glückliche Tage. In Prag löste Kafka sein Verlöbnis mit Julia Wohryzek und drängte Milena, sich von Polak zu trennen und ihn zu heiraten. Milena wurde, obwohl sie Kafka wirklich liebte, von Polak weiterhin in Bann gehalten. Für Außenstehende ist Milenas Liebe zu Ernst Polak, der ihr »hundertmal im Jahr untreu ist«, wie sie an Max Brod schrieb,[32] kaum verständlich. Im August 1920 treffen sich Milena und Kafka noch einmal, doch die Begegnung, unter Zeit- und Erfolgsdruck stehend,[33] verläuft unglücklich. Der schon schwerkranke Kafka war von Milenas vitalem Lebenswillen überfordert. Sie zweifelte daran, ob sie die Kraft gehabt hätte, sich einem Leben mit ihm zu unterwerfen, von dem sie wußte, daß es strengste Askese bedeutet hätte.[34] Auf Wunsch Kafkas wurde der Briefwechsel eingestellt, sie sahen einander trotzdem noch ein paarmal in Prag, und der eine und andere Brief wurde gewechselt. Milena übersetzte einige seiner Erzählungen ins Tschechische und schrieb für ihn nach seinem Tod am 3. Juni 1924 einen erschütternden Nachruf mit den Schlußzeilen: »Alle seine Bücher schildern das Grauen heimlicher Mißverständnisse und unverschuldeter Schuld zwischen den Menschen. Er war ein Mensch und Künstler von so feinem Gewissen, daß er auch dort etwas spürte, wo sich andere, die nicht so empfindlich waren, ungefährdet fühlten.«[35]

Im großen und ganzen hatte Milena sich mit dem Beginn ihrer journalistischen Erfolge langsam konsolidiert. Sie übersetzte nicht nur aus dem Deutschen, sondern auch französische und englischsprachige Autoren ins Tschechische. Inzwischen hatte sie in Wien einen neuen Lebenspartner gefunden, den überzeugten Kommunisten Franz Xaver Graf Schaffgotsch. In ihren Artikeln ist das wachsende Interesse an sozialen Fragen, ihre Linksorientierung unverkennbar. Milena hatte sich nun eine Position in der Prager Zeitungswelt aufgebaut, ihre Ehe mit Ernst Polak war in Auflösung begriffen, es gab für sie keinen eigentlichen Grund mehr, in Wien zu bleiben. Außerdem schien das kulturelle Leben im Prag der zwanziger Jahre interessanter und aufstrebender zu sein als das Leben im verarmten Wien[36], wo eine ganze Epoche zu Ende gegangen war.

Wieder zurück in Prag

Begleitet von ihrem Freund, dem »roten Grafen« Franz Xaver Schaffgotsch, kehrte Milena um 1925 nach Prag zurück.[37] Sie war aufsehenerregend. Eine Prager Zeitgenossin berichtete: »[...] und ich muß sagen, daß sie (Milena) auf mich einen überwältigenden Eindruck machte. Sie war elegant gekleidet, trug kurzgeschnittenes Haar, war witzig, fröhlich. Mir kam es vor, als hätte sie diese sonderbare Art von Wiener Charme und dekadentem Leichtsinn mit nach Prag gebracht. Ich war auch kein Aschenputtel, aber Milena, das war die große Welt.«[38] Milena war jetzt schon »die Jesenská«, sie war bekannt, sie verkörperte das Ideal einer modernen, weltzugewandten, emanzipierten jungen Frau. Doch bevor sie sich endgültig in Prag niederließ, besuchte sie gemeinsam mit Graf Schaffgotsch ihre alte Prager Freundin Alice Gerstel und Otto Rühle in Dresden. Otto Rühle, ein Mitstreiter Karl Liebknechts und Mitbegründer des Spartakus-Bundes, gab die Monatsschrift *Das proletarische Kind* heraus und widmete sich Fragen der fortschrittlichen Pädagogik. Alice Gerstel versuchte in ihren Schriften Marxismus und Individualpsychologie miteinander zu verbinden. Milena und Schaffgotsch bleiben zehn Monate in Dresden. Jetzt kam Milena, die bisher eher unpolitisch, wenn auch stark sozial orientiert war, intensiver und systematischer mit den Ideen des Sozialismus und Marxismus in Berührung. Ihr ausgeprägter Gerechtigkeitssinn, ihr mitfühlender Humanismus bekamen hier gleichsam eine theoretisch fundierte Grundlage.[39] Wieder zurück in Prag, trennte sie sich von Schaffgotsch, der sich im Prager Künstlermilieu, in dem Milena verkehrte, nicht zurechtfinden konnte. Außerdem wurde er von Milena immer abhängiger. In seinen Arbeiten war er wenig produktiv, und er verstand, wie Milena einmal schrieb, ihre innere Sprache nicht.[40]

Im Gegensatz zu Wien erlebte Prag nach dem Ersten Weltkrieg eine geistig-kulturelle Blütezeit. Prag war die Hauptstadt der ersten tschechoslowakischen Republik geworden. Die nationale Souveränität der Tschechen und Slowaken stärkte das politische und kulturelle Selbstbewußtsein. »Gegen den deutschen Einfluß, unter dem man so lange gestanden hatte, wurde in diesen Jahren verstärkt der ›westliche‹ Geist gesetzt.«[41] Die Emanzipationsbestrebungen der Bevölkerung erstreckten sich auch auf die Emanzipation der Frauen. Tschechische Frauen, meist Absolventinnen des »Minerva«, studierten in Paris, Berlin, London, bekamen Stipendien zum Studium in den USA und sollten Neues und Anregendes aus Literatur, Philosophie, Kunst und Mode nach Hause bringen. Die Gesellschaft sollte neu gestaltet werden. Mittelpunkt der intellektuellen Auseinandersetzung war die Diskussion über den modernen Lebensstil. Industrielle Zivilisation und Humanität sollten miteinander versöhnt werden. In dieser Phase des Aufbruchs ist Milena Mitglied der avantgardistischen Gruppe Devětsil, die aus Architekten, Kunsttheoretikern, Malern und Dichtern bestand; es wurden neue Formen des Wohnens, des Zusammenlebens, die Bedeutung von Raum, Bewegung, Luft und Sonne für den Menschen diskutiert. Die Ideen des Sozialismus sind die Grundlagen der neuen Humanität, durch die eine neue Welt aufgebaut werden sollte. Milena war nun verantwortliche Redakteurin der Frauenseite von *Národní listy,* ein ganzes Team gebildeter intellektueller Frauen war um sie geschart. Milena und ihre Mitarbeiterinnen versuchten das moderne Lebensgefühl, das Ideal der emanzipierten Frau, Selbstbewußtsein und Aufgeschlossenheit zu vermitteln. »Und sieht die Frauenseite von *Národní listy* auf den ersten Blick aus wie ein Sammelsurium von Artikeln über Mode, Wohnungseinrichtung, Babynahrung und Gesundheitspflege, so trügt der

Schein. Ein klares Konzept moderner Lebenskultur und des Menschen steht dahinter. Um so mehr gilt das für Milenas Artikel und Feuilletons. Mag hier auch von Hüten, Wintermänteln, Gürteln oder Schuhen die Rede sein, eigentlich wird immer vom Menschen gesprochen, der diese Dinge trägt.«[42] »Die größte Schönheit des Menschen ist die Harmonie. Ich meine damit nicht Äußerliches. Ich meine die aus dem Inneren strahlende Harmonie, eine gewisse Ausgeglichenheit und Ausgewogenheit der negativen und positiven Eigenschaften zu einem einmaligen, markanten Ganzen [...] Auch Menschen gibt es, bei denen alles vollkommen und in absoluter Harmonie ist, die so viel Selbstbeherrschung, so viel Selbstkritik und elementare Natürlichkeit besitzen, daß sie niemals etwas tun, was sie nicht können. Deshalb sind sie auch nie häßlich, denn häßlich ist nur die Ungeschicklichkeit, die Lächerlichkeit und die Sinnlosigkeit der Eitelkeit. Solche harmonischen Menschen sind irgendwie abgerundet und haben eine vorzügliche Haltung. Manchmal ist diese Haltung bewußt und erkämpft, doch anderen ist sie von Natur gegeben. Solche Menschen bewegen sich mit der Sicherheit derer, die wissen, daß sie alles richtig machen. Sie sprechen richtig, handeln richtig, benehmen sich richtig und kleiden sich richtig. Vielleicht haben sie noch nie ein Modejournal gesehen und haben weder genug Zeit noch genug Geld, sich mit so etwas zu beschäftigen. Aber ihr Inneres ist in bewußter Ordnung, und deshalb wissen sie, was sie wollen, und wissen, was gut ist zu wollen [...] Alles, was der Mensch tut, verrät, was er seelisch und geistig erarbeitet hat. Wie er aussieht, und wie er sich bewegt, wie er seine Kleider trägt, und wie er die Füße setzt; wie er zu lachen weiß, und wie er jemand die Hand drückt: all das strömt aus einer einzigen Quelle, aus dem Reichtum und dem Adel des Innenlebens. Kleider machen keine Leute – wie viele Menschen erwarten nach diesem Krieg, daß die Kleider sie machen sollen! Und ist es ihnen gelungen? – Man könnte beinahe sagen, daß die Kleider den Menschen eher enthüllen als verhüllen. Eins ist aber sicher, ein wirklich wertvoller Mensch verliert nie durch die Ungeschicktheit seiner Kleidung, auch wenn an ihm manches anders sitzt, *als es sich gehört*! Er besitzt dafür eine so starke persönliche Note, daß er viel schöner ist als ein Mensch, der alles bewußt und peinlich genau so trägt, wie *es sich gehört*. Das soll nicht etwa heißen, daß das Äußere unwichtig sei, ganz im Gegenteil. Ich will damit nur sagen, daß das Äußere gar nicht etwas Äußeres ist, sondern ein

Spiegel dessen, was sich im Inneren abspielt. Ein Mensch mit einem schönen und reichen Innenleben wird die Frage seines Aussehens ganz selbstverständlich lösen (und das ist fast dasselbe wie gut lösen), er wird sich niemals mit lächerlichen Lumpen behängen, die nicht zu ihm passen, weil er die Einfachheit wie die Luft zum Atmen braucht. Verlogenen und leeren Menschen dagegen verhelfen auch die teuersten Kleider nicht zu Schönheit und Adel. Selbst wenn ihre Kleider vom Standpunkt des Schneiders fehlerlos wären, so würde doch den Ärmeln und dem Schnitt das gewisse Etwas fehlen, das jene Menschen ausstrahlen, die etwas wert sind [...]«[43]

Milena wollte in ihren Modeartikeln die Persönlichkeit bilden. Eleganz entstünde nicht durch Kleider, sondern durch eine innere, durchgebildete menschliche Haltung. »In diesem Sinne ist die Eleganz die Frucht des Geistes. Und die Eleganz ist wiederum der Lebensausdruck einer emanzipierten Frau.«[44]

Bei einer Dampferfahrt auf der Moldau lernte Milena 1926 den um ein Jahr älteren Architekten Jaromir Krejcar kennen. Es war Liebe auf den ersten Blick, schon 1927 heirateten die beiden. Milena fühlte sich mit Jaromir glücklich und sorglos, sie meinte sogar, daß sie zum ersten Mal nach fünfzehn Jahren eines wirklich schlimmen Lebens glücklich sei. Zurückgerechnet beginnen diese fünfzehn unglücklichen Jahre genau im Todesjahr ihrer Mutter.[45]

Mit zweiunddreißig Jahren erwartete Milena ein Kind. Sie freute sich sehr darauf, ihr Glück schien vollkommen zu sein. Die ersten Schwangerschaftsmonate sollen gut verlaufen sein, doch im Juli 1928, einen Monat vor der Geburt des Kindes, brach Milena zusammen. Wegen einer schweren Gelenkentzündung mußte sie sofort ins Krankenhaus gebracht werden. Die Meinungen sowohl über die Ursache dieser Gelenkentzündung als auch über die einzelnen Krankheitsdaten gehen auseinander. In der Biographie über ihre Mutter schreibt Jana Černá, daß Milena sich im Frühjahr beim Skifahren ein Bein gebrochen habe und wegen Komplikationen bis zur Geburt der Tochter im Krankenhaus bleiben mußte.[46] Margarete Buber-Neumann berichtet in ihrer Milena-Biographie, daß Milena schon in den ersten Monaten ihrer Schwangerschaft Beschwerden hatte und zu einem Kollegen ihres Vaters ging, um sich ärztlichen Rat zu holen. Dieser untersuchte sie nicht, sondern meinte nur väterlich beruhigend: »Aber junge Frau, seien Sie doch nicht so zimperlich, das geht alles vorüber [...].« Milenas Zustand besserte sich jedoch nicht, sie hütete sich aber vor einem neuen Arztbesuch. Im Juli verbrachte sie mit Krejcar Ferien in den Bergen. Nach einem Bad in einem kalten Bergsee bekam sie hohes Fieber, Schüttelfrost und Lähmungserscheinungen. Sie wurde im Krankenwagen nach Prag zurückgebracht, es wurde eine Sepsis diagnostiziert. Milena litt unter unerträglichen Schmerzen.[47] »Das volle Ausmaß der Tragödie Milena Jesenskás begreift man allerdings erst dann, wenn man weiß, daß ihre Gelenkentzündung gonorrhoischen Ursprungs war und es ihr eigener Mann war, der sie infiziert hatte.«[48] Die Geburt der Tochter Jana, genannt Honza, war für Milena lebensbedrohlich. Das Kind wurde am 14. August 1928 gesund geboren, und Milenas Leben konnte gerettet werden. Allerdings blieb ihr rechtes Kniegelenk steif. Anscheinend wurde sie falsch behandelt, denn schon wochenlang vor der Geburt lag sie im Bett. »Die gonorrhoische Arthritis ist sehr schmerzhaft und kann bei fehlerhafter Behandlung, d. h. Stillegung, zu einer Versteifung (meist eines Gelenks) führen. Daher ist schon neben der spezifischen Behandlung frühzeitig eine Bewegungstherapie angebracht.«[49] Diese Therapie kam für Milena jedoch zu spät. Die Ärzte versuchten, ihr Knie unter Narkose zu biegen, doch ohne Erfolg, Milenas Schmerzen wurden so unerträglich, daß ihr schließlich nur mehr Morphium Linderung brachte. Wochenlang nach der Geburt lag Milena noch immer im Krankenhaus, eine anschließende Kur in einem Bad blieb ebenfalls erfolglos. Als Milena Ende 1929 wieder nach Prag zurückkehrte, hinkend und morphiumsüchtig, erlitt sie neben ihrem Unglück auch noch berufliche Rückschläge. Wegen ihrer langen Abwesenheit war ihr Team auseinandergefallen, ihr Arbeitsvertrag mit *Národní listy* aufgelöst; wegen ihrer Morphiumsucht geriet ihre Ehe mit Jaromir Krejcar in eine Krise. Natürlich versuchte sie weiterhin journalistisch tätig zu sein, aber die großen Erfolge wie vor ihrer Krankheit stellten sich nicht mehr ein. Milena war von ihrer Morphiumsucht gezeichnet. Auch empfand sie es zunehmend als einschränkend, nur für die Frauenseite diverser Zeitungen zu schreiben. Sie verdiente wenig Geld, Krejcars Aufträge gingen wegen der in der Tschechoslowakei spürbaren Weltwirtschaftskrise zurück, und so gerieten sie in erhebliche Geldnöte. Weder Milena noch Jaromir konnten gut wirtschaften, bald war ihr letztes Geld verbraucht, zumal Milena immer noch bedürftige Freunde großzügig unterstützte. Milena war nicht nur durch ihre Morphiumsucht schwer belastet, sondern auch dadurch, daß Jaromir sexuelle Freizügigkeit für sich beanspruchte.

Anfang der dreißiger Jahre trat Milena, wie viele Intellektuelle, in die Kommunistische Partei der Tschechoslowakei ein, weil sie glaubte, noch etwas Nützliches für die Welt tun zu können. Ihr Gerechtigkeitssinn, ihre Sensibilität für die Nöte sozial benachteiligter Gesellschaftsgruppen und ihre Neigung zum Radikalismus erleichterten diesen Schritt, den sie allerdings einige Jahre später rückgängig machte, als ihr die erzwungene Treue zum stalinistischen Dogmatismus zutiefst zuwider wurde. 1934 hatte sich Jaromir Krejcar entschlossen, als Architekt in die Sowjetunion zu gehen. Milena entscheidet sich, mit der kleinen Jana Honza in Prag zu bleiben. Krejcars Abreise bedeutet das faktische Ende ihrer siebenjährigen Ehe.

Als ob das Maß ihrer Leiden noch nicht voll wäre, verlor sie auch noch wegen ihrer allgemein bekannten kommunistischen Gesinnung die Stellen als Mitarbeiterin an liberaleren Zeitungen. Die Mitarbeit an linken oder illegalen kommunistischen Zeitungen brachte wenig Geld. Milena mußte mit ihrer Tochter in eine kleinere Wohnung umziehen, oft wußte sie nicht einmal, wie sie für das tägliche Essen sorgen sollte. Gleichzeitig war sie noch immer morphiumsüchtig, was zusätzlich Geld verschlang. Ihr neuer Lebensgefährte, der um zehn Jahre jüngere slowakische Kommunist Evžen Klinger, und ihre kleine Tochter grasten in Prag alle Apotheken ab, um einen bestimmten codeinhaltigen Hustensaft zu bekommen, der ihr zumindest über die quälendsten Entzugsschmerzen hinweghelfen konnte. Allerdings war dieser Hustensaft rezeptpflichtig, und Milena, Jana Honza und Evžen mußten alle Tricks anwenden, um dieses Medikament zu ergattern. Auch äußerlich veränderte sich Milena. Die einst schlanke, schöne und elegante Frau wurde schwerfälliger, ihre Gesichtszüge härter. Ihre Tochter erinnerte sich, daß sie ihre Mutter nur in zwei Kleidern gesehen hatte, in einem fürs Haus und in einem, wenn sie ausging. Das Kleid zum Ausgehen war dunkelblau, hatte einen spitzen Ausschnitt und einen Kragen aus demselben Stoff.[50] Kleider waren für sie nicht mehr wichtig, Milena gab nur mehr für das Notwendigste Geld aus. Auch unterstützte sie nach wie vor notleidende Freunde. In den für Milena düsteren dreißiger Jahren, den Jahren politischer Zweifel und Neuorientierung, Armut und körperlicher

Gebrechen – »ich bin alt und hinke«[51] sagte sie einmal zu ihrer Tochter –, entwickelte sie immerhin eine harmlose Leidenschaft: sie ging so gern ins Kino. Manchmal schaute sie sich vier Vorstellungen hintereinander an, und bei lustigen Stellen lachte sie so laut, daß sie den ganzen Saal ansteckte. Nach traurigen Filmen ging sie schluchzend und tränenüberströmt neben ihrer Tochter nach Hause.[52] Lachen und Weinen, im Alltag nicht mehr möglich, rettete sie in die filmische Illusion, in andere Erzählungen vom Leben.

Inzwischen waren Milenas Zweifel an der kommunistischen Partei so groß geworden, ihre Auseinandersetzungen mit linientreuen Parteigenossen zum Teil so unerfreulich,[53] daß sie 1936 die Partei verließ. »Ich konnte nicht mehr, ich konnte es nicht mehr aushalten. An einem Tag war etwas weiß, am anderen das gleiche schwarz, und immer war richtig nur das, was die Partei gerade vertrat«,[54] sagte Milena einmal zu einer alten Freundin. Berichte von Jaromir Krejcar über Hinrichtungen, Verschleppungen von unschuldigen Menschen und über die grausigen Schauprozesse bestärkten Milena vollends in ihrem Entschluß, auszutreten. Krejcar war 1936 frisch vermählt, aber politisch desillusioniert, nach Prag zurückgekommen.

Fritz Beer, damals ein junger kommunistischer Genosse von Milena, Journalist und Schriftsteller, kommentierte ihren Abschied von der Partei: »Sie nahm jede Beziehung sehr ernst, [...] auch das Ende ihrer Beziehung zum Kommunismus. Sie hatte sich ihm in ›romantischer Verblendung‹ angeschlossen, erzählte sie, in dem Glauben, daß die Partei nicht lügen könne, weil sie zur Verwirklichung ihrer Ideen die Wahrheit brauchte. Dieses moralische Engagement wurde jetzt von den Zuständen in der Partei in einem Augenblick erschüttert, in dem sie besonders verletzbar war. Ihre Ehe war zerbrochen, sie hatte Geldsorgen [...] Wie sensitive und leicht verwundbare Menschen es oft tun, hielt sie sich diese Bedrängnis mit einem Panzer von Härte, Schroffheit und gelegentlicher Unduldsamkeit vom Leibe. Aber wer sich die Mühe nahm, konnte hinter dieser Fassade eine hilfsbereite, an allen Menschen interessierte, ewig romantische Frau entdecken.«[55] Nach ihrer Trennung von der Kommunistischen Partei geriet Milena noch tiefer in existentielle Not. Sie wußte buchstäblich nicht mehr, wie sie Miete, Strom und Gas bezahlen sollte. Sie schrieb Bittbriefe, arbeitete als Übersetzerin für Prager Verlage, doch das

Geld kam spärlich und erst nach Ablieferung ihrer Arbeit. Freundschaft half ihr in dieser Zeit: »Freunde zu haben – zwei, drei Menschen, zu denen man kommen kann, schwach, niedergeschlagen, arm und verkrüppelt –, und schon bin ich reich«, schrieb sie einmal.[56] Glücklicherweise hatte Milena viele Freunde, die ihr entweder kleine Aufträge für Zeitungsartikel vermittelten oder einfach solidarisch zu ihr standen.

1937 bot ihr der Chefredakteur der liberalen Wochenzeitschrift *Přítomnost* eine feste Stelle in der Redaktion an. Jetzt bekam Milena endlich eine Aufgabe, die ihren Fähigkeiten entsprach. Sie begann aktuelle politische Reportagen zu schreiben, reiste umher, interviewte Menschen und stellte genaue Recherchen an. In Deutschland herrschte schon seit vier Jahren der Nationalsozialismus, und Prag war zu der geheimen Hauptstadt der antifaschistischen deutschen Emigration geworden. Besonders aktiv waren die tschechischen Intellektuellen, die ein Hilfskomitee gründeten und versuchten, die Not zu lindern und auf die Probleme der Emigranten aufmerksam zu machen. Sichtbares Emigrantenelend und auch bereits in der Tschechoslowakei zunehmend befürchtete Auswirkungen der neuen politischen Situation in Deutschland mobilisierten Milenas Willenskräfte. Sie wollte ihre Drogenabhängigkeit überwinden, denn sie wußte, daß sie ihre ganze Kraft für die politische Arbeit würde einsetzen müssen. Milena entschloß sich zu einer Entziehungskur, einer wahren Roßkur, denn sie dauerte nur ganze zehn Tage. Am 2. Februar 1937 ging sie in die psychiatrische Anstalt in Prag-Bohnice, am 12. Februar verließ sie die Klinik, von der Drogensucht befreit.[57] Was Milena bei diesem Entzug erlitt, wird eindrücklich von ihrer Tochter geschildert: »Ursprünglich war die Entziehungskur für einen längeren Zeitraum gedacht, um nicht zu erschöpfend und schwer zu sein. Aber Milena war ungeduldig. Sie wußte, daß man sie zu Hause und in der Redaktion brauchte, und wollte die Behandlung in kürzester Frist absolvieren. Deshalb entschloß sie sich zu einer Kur, die zwar schnell und wirksam ist, jedoch nur von Menschen mit starken Nerven durchgehalten wird. Ich war mehrmals in Bohnice, jedesmal wurde sie von einer Schwester in den Besucherraum geführt, und man mußte sie wieder zurückbringen. Milena konnte kaum laufen, ihre Hände zitterten, Stimme und Gesicht waren bis zur Unkenntlichkeit mitgenommen. Heiser und stockend, in ziemlich zusammenhanglosen Sätzen erzählte sie mir, sie sei in einem Käfig mit mehreren unzurechnungsfähigen Frauen eingesperrt, die unter sich machen, mit den Exkrementen herummanschen und Tag und Nacht ihre unartikulierten Klagen herausschreien und -kreischen, sie sei dort schon mehrere Tage und müsse noch manchen Tag bleiben. Als ich gehen mußte, fürchtete sie sich vor der Rückkehr in den Krankensaal – aber sie folgte der Schwester ohne Widerstand [...]. Aus Bohnice kam sie abgezehrt wieder, aber das Verlangen nach Morphium war geheilt.«[58]

Nach dem Anschluß Österreichs an Deutschland im März 1938 erkannte Milena, daß die Tschechoslowakei fast vollständig vom Nationalsozialismus umklammert war. Die vielen deutschen Emigranten waren Vorboten des Unheils, das heraufzog. Der Anschluß Österreichs erhöhte auch die Spannungen in den von Deutschen besiedelten Grenzgebieten in der Tschechoslowakei. Konrad Henlein, der Führer der Sudetendeutschen Partei, betrieb inzwischen ganz offen die Abtretung dieser Gebiete an Deutschland. Milena bereiste mehrmals die Grenzgebiete Böhmens, um sich an Ort und Stelle ein Bild zu machen. Aus dem von ihr gesammelten umfangreichen Material entstand eine zweiteilige Reportage *»Es wird keinen Anschluß geben«*,[59] die am 25. Mai und am 1. Juni 1938 in der Zeitschrift *Přítomnost* erschien. Es handelt sich hier um einen klaren, sehr engagiert geschriebenen und hellseherischen Bericht über die politische Stimmung in den Grenzgebieten und unter den dort lebenden Deutschen, Tschechen und Juden. Politische Analyse und Darstellung konkreter Einzelschicksale vermitteln anschaulich die zunehmend konflikthafte Situation und die sich verschlechternden Beziehungen der Menschen untereinander. Milena ahnte, daß der Konflikt nicht auf die Grenzgebiete beschränkt bleiben würde, sondern sich zu einer allgemeinen Katastrophe ausbreiten könnte. Diese Katastrophe trat im September 1938 durch das Münchener Abkommen ein. Die Tschechoslowakei sollte die deutschen Grenzgebiete an Hitler abtreten; auf diese Weise glaubten Frankreich und England, Hitler von einem Krieg abhalten zu können. Doch die Entwicklung eskalierte. Inzwischen kamen Tschechen, Juden und auch antinationalsozialistische Deutsche aus den Grenzgebieten als Emigranten nach Prag. Am 15. März 1939 besetzten Einheiten der deutschen Wehrmacht den Rest der Tschechoslowakei. Milena hatte alle Hände voll zu tun. Sie veröffentlichte weiterhin politische Artikel, die aber so formuliert sein mußten, daß sie sich selbst nicht gefährdete. Sie wußte, daß militärischer Widerstand gegen die deutsche Übermacht sinnlos gewesen wäre. So versuchte sie, zumindest das Selbstbewußtsein ihrer Landsleute, ihren Zusammenhalt zu stärken. »*Über den Umgang mit Tschechen*« heißt ein Artikel, den sie 1939 veröffentlichte. Sie schrieb: »Ein Volk paßt sich psychologisch der realen politischen Situation seines Landes an und Spuren dieser Anpassung findet man bei jedem von uns. Unser kleines Volk von 8 Millionen [...] entwickelte etwas, was Europa nicht an uns kennt: eine merkwürdige Art oder Abart von Mut. Unser Mut äußert sich in geduldiger Zähigkeit und nie ermüdender Ausdauer. Und vielleicht hat gerade die Tatsache, daß wir immer mehr zu ertragen hatten als zu erkämpfen, jedem von uns den Verstand geschärft, hat uns dazu befähigt, schnell eine Situation realistisch zu bewerten – was auf den ersten Blick wie Nachgiebigkeit anmuten mag. Doch ist das eine trügerische, nur scheinbare Nachgiebigkeit. Vielleicht dürfte es kein hohes, befriedigendes Ideal sein: *nur überleben zu wollen*. Bisher jedoch besaßen wir kein größeres. Wir wollten nichts anderes als nur nach unserer Eigenart, dem Ausdruck unseres Wesens gemäß, in der Sprache unserer Vorfahren leben [...].«[60]

Für Milena wird der Hinweis auf die tschechische Tradition eine Möglichkeit, Kraft zu sammeln. Doch als sie einmal gelobt wurde, »eine echte Tschechin zu sein«, erwiderte sie ärgerlich in einem Artikel: »Selbstverständlich bin ich eine Tschechin, aber vor allem versuche ich, ein anständiger Mensch zu sein.«[61]

Seit dem Einmarsch der deutschen Truppen hatte Milena keine Zeit mehr für ein Privatleben. So schrieb sie viele Artikel für die Zeitschrift *Přítomnost*, arbeitete aber auch für eine illegale Widerstandszeitung. Außerdem wurde ihre Wohnung der Zufluchtsort für viele deutsche, jüdische und tschechische Emigranten, denen sie mit Hilfe des jungen Medizinstudenten Joachim Graf Zedtwitz, der ein Auto besaß, zur Flucht nach Polen verhalf. Milena versorgte, tröstete und beruhigte die zu Tode geängstigten Flüchtlinge, schlichtete Streit und besorgte das Notwendigste, um die heimlichen Ausreisen zu ermöglichen. Inzwischen war die Zeitschrift *Přítomnost* verboten, ihr Chefredakteur verhaftet, und auch Milena hatte zu befürchten, daß ihre Arbeit im Widerstand der Gestapo nicht verborgen bleiben würde.

Als im Oktober 1939 Prager Studenten gegen die Besatzer demonstrierten, es zu Unruhen und Zusammenstößen kam, geriet die Gestapo in Alarmbereitschaft. Eine Verhaftungswelle rollte an. Am 11. November 1939 wurde Milena verhaftet.[62] Fast täglich wurde sie von der Gestapo verhört, doch sie konnte den Fragen geschickt ausweichen. Kurz davor hatte sie noch ihrem Freund Evžen Klinger zur Flucht verholfen, der Jude und als Kommunist bekannt war. Milena selbst wollte nicht fliehen, obwohl sie vor ihrer Verhaftung mehrmals die Möglichkeit gehabt hätte. Sie wollte Prag nicht verlassen, es war ihre Stadt, hier sah sie ihre Aufgaben. Nach Abschluß der Ermittlungen wurde Milena für kurze Zeit in das Lager für »jüdisch Versippte« nach Benešov bei Prag gebracht, im Frühjahr 1940 nach Dresden ins Gefängnis. Um ihre elfjährige Tochter Jana Honza kümmerten sich der Großvater und Freundinnen und Freunde von Milena. Bis Juni 1940 war Milena im Gefängnis in Dresden. Sie wurde angeklagt wegen der Herstellung und Verbreitung einer illegalen Zeitung. Bei der Gerichtsverhandlung verteidigte sie sich selbst und wurde »aus Mangel an Beweisen« freigesprochen. Die Monate im Gefängnis, das schlechte Essen, die feuchte und kalte Zelle zehrten an Milenas Gesundheit. Sie nahm über zwanzig Kilo ab, litt unter Gelenkrheumatismus und einer Nierenentzündung. Der Freispruch bedeutete allerdings nicht die Freilassung. Als sie von Dresden wieder zurück nach Prag kam, sie war in einem schlechten gesundheitlichen Zustand,[63] erfuhr sie, daß auf unbestimmte Zeit Schutzhaft[64] über sie verhängt war, was gleichbedeutend war mit der Einweisung in ein Konzentrationslager.

Ende Oktober 1940 wurde sie ins Frauenkonzentrationslager Ravensbrück bei Fürstenberg in Mecklenburg abtransportiert. Kurz vorher durften ihr Vater und ihre kleine Tochter sie noch einmal besuchen. Jana Černá beschreibt den Besuch bei ihrer Mutter:

> »Ich sah Milena zum letzten Male bei dem Besuch, den man ihr vor dem Abtransport nach Ravensbrück gestattete. Mit Großvater wartete ich auf einem Flur des Petschek-Palais (der Gestapo-Residenz), der alte Herr schaute finster drein, und ich wagte nicht, ihn anzusprechen. Wir blickten beide in eine Richtung – zu der Ecke des Flurs, woher Milena kommen sollte. Und als sie uns endlich in Begleitung eines Kommissars entgegenkam – erkannte ich sie nicht wieder [...]. Mager, das Haar bis auf die

Schultern, vorspringende Backenknochen und riesige blauen Augen [...]. Erst an ihrem hinkenden Gang erkannte ich sie. Der Kommissar ließ uns eine Weile allein in einem Raum [...] und ich erzählte also schnell und begeistert, daß wir in der Schule den Deutschunterricht sabotieren, daß wir nicht lernen und so tun, als könnten wir es nicht. Ich dachte, darüber würde sie sich riesig freuen, aber Milena lachte nur und sagte, ich sei ein Dummerchen, das Deutsche sei eine der schönsten Sprachen überhaupt und könne nichts dafür, wer es spreche [...]. Großvater verfinsterte sich leicht [...].
Milena wollte nie, daß ich ›Küß die Hand‹ grüßte [...] sie nannte das Affenpossen [...]. Als ich jedoch neben ihr am Tisch saß und ihre abgemagerte, weiße Hand mit den geschwollenen Gelenken sah, überkam es mich und ich küßte ihr den Handrücken. Sie blickte mich sehr fragend an [...] lachte [...] sehr leise und lieb, und über ihr Gesicht flossen Tränen. Als der Besuch beendet war, begleitete ich sie auf den Flur, und erst dort verabschiedete ich mich von ihr. Seitdem habe ich sie nicht wiedergesehen.«[65]

In Ravensbrück

Milena Jesenská bekam in Ravensbrück die Häftlingsnummer 4714. Ihre Gesundheit war zerrüttet, sie litt unter schweren rheumatischen Schmerzen, sie fror immer. In den sechzehn Baracken waren fünftausend Frauen untergebracht, gegen Ende des Krieges waren es fast dreißigtausend. Milena wurde in dem Lagerblock für politische Häftlinge untergebracht und bekam eine Arbeit im Krankenrevier zugewiesen. Wieder hilft Milena anderen Menschen. Sie fälscht Laborergebnisse, schreibt falsche Angaben in Karteikarten und rettet so unzähligen Frauen das Leben. Ihrer Persönlichkeit kann sich niemand entziehen. Sogar die SS, wie Margarete Buber-Neumann berichtet,[66] wich vor Milenas Überlegenheit zurück. »Milenas bloße Erscheinung war ein ständiger Protest gegen das Lagerregime. Sie marschierte nie richtig in Fünferreihen, sie stand nicht vorschriftsmäßig beim Zählappell, sie eilte nicht, wenn man befahl, sie hofierte nicht die Vorgesetzten. Jedes Wort, das aus Milenas Mund kam, war nicht ›lagergemäß‹.«[67]

Milena wurde in Ravensbrück fast schon zu Lebzeiten zur Legende. Eine überlebende Lagergenossin, die Choreographin und Tänzerin Nina Jirsíkova[68], schrieb in ihren Erinnerungen, daß etwas sehr Zerbrechliches an Milena war. Dabei sei sie groß und eher knochig gewesen. Obwohl sie ein steifes Bein hatte, das sie nachzog, hielt sie sich gerade. Ihr Gesicht war sehr fein, edel geformt, sie hatte sensible Nasenflügel, ihre Augen waren besonders ausdrucksvoll. Sie strahlte eine starke Individualität aus. Man spürte, daß ihr Geist sich nicht unterwarf und den schon angegriffenen Körper beherrschte [...]. In dem Milieu, wo es so viele geistig wie körperlich gebrochene Menschen gab, wirkte ihre Kraft überraschend [...]. Sie vermochte es, mit ihrer Spontaneität die Menschen mitzureißen, für einen neuen Gedanken zu interessieren und damit die Umgebung vergessen zu machen. Milena war für die anderen eine geistige Stütze. Sie war sehr diszipliniert und setzte sich über Erniedrigungen und Schmerzen hinweg.[68]

Um Milena bildete sich ein Kreis intellektueller Pragerinnen. In jeder freien Stunde saßen sie auf den Pritschen und diskutierten, trugen Gedichte vor, improvisierten Vorträge, versuchten einfach, geistig und seelisch nicht zu verkümmern. Eine große Freundschaft verband Milena mit Margarete Buber-Neumann, die mit ihrem Mann als überzeugte Kommunistin vor den Nationalsozialisten ins Moskauer Exil geflohen und nach Jahren der Zwangsarbeit in der Sowjetunion von Stalin an Hitler ausgeliefert worden war. Mit ihr konnte Milena über politische Fragen sprechen. Ihr erzählte sie auch ihre gesamte Lebensgeschichte.

Im Winter von 1943 auf 1944 verschlechterte sich Milenas gesundheitlicher Zustand zusehends.[69] Ihr Gesicht hatte die Farbe einer Schwerkranken. Der Lagerarzt stellte eine Nierenvereiterung fest und schlug Milena die operative Entfernung einer Niere vor. Sie überlebte die Operation und erholte sich gut. Doch dann bekam sie einen Rückfall, die andere Niere war angegriffen, unsachgemäße Behandlungen beschleunigten ihren körperlichen Verfall.

Am 15. Mai 1944 liegt Milena im Sterben. Margarete Buber-Neumann eilt an ihr Krankenlager. »Die Sterbende liegt in Euphorie. Ihr Gesicht strahlt, die Augen glänzend und dunkelblau, und als ich zu ihr trete, breitet sie die Arme aus, begrüßt mich mit dieser wunderschönen, ihr eigenen Geste. Sie kann nicht mehr sprechen.«[70] Milenas Todeskampf dauert zwei Tage. Am 17. Mai 1944 stirbt sie.

1 Vgl. Jean-François Lyotard: *Grabmal des Intellektuellen*. Hg. von Peter Engelmann, Graz/Wien 1985, S. 10ff.
2 Z. B. Jana Černá; Buber-Neumann; siehe Literaturliste.
3 Milenas Briefe an Max Brod; Kafkas Briefe an Milena; siehe Literaturliste.
4 Wagnerová, Alena: *Milena Jesenská. »Alle meine Artikel sind Liebesbriefe«*. Biographie, Mannheim 1994, S. 15.
5 Jana Černá: *Milena Jesenská*, Frankfurt/Main 1985, S. 14.
6 Vgl. Černá, a. a. O.
7 Wagnerová, a. a. O., S. 27.
8 Wagnerová, a. a. O., S. 33.
9 Ebd., S. 34.
10 Vgl. Černá, S. 84.
11 Vgl. Černá, S. 86.
12 A. a. O.
13 A. a. O.
14 Černá, S. 16.
15 Vgl. Černá, S. 19.
16 Margarete Buber-Neumann: *Milena. Kafkas Freundin*, Frankfurt/Main 1992.
Dies.: *Als Gefangene bei Stalin und Hitler*, Frankfurt/Main 1993.
17 Vgl. Wagnerová, S. 30ff.
18 A. a. O.
19 Heimito von Doderer: *Die Strudlhofstiege*, München 1951, S. 341.
20 Hartmut Binder: *Ernst Polak – Literat ohne Werk*, in: Jahrbuch der Deutschen Schillergesellschaft, Jg. 23, 1979, S. 366-415.
21 Wagnerová, S. 63.
22 A. a. O.
23 Vgl. Černá, S. 34.
24 Milena Jesenská, Brief vom 21. Juli 1920 an Max Brod. Zitiert nach: Max Brod: Über Franz Kafka. Eine Biographie, Frankfurt/Main 1991, S. 196.
25 Tonbandaufnahme der Lebenserinnerungen von Franz Xaver Graf Schaffgotsch (1979), Dokumentationsstelle für die neuere österreichische Literatur, Wien, Tb. Nr. 150, zitiert nach Wagnerová, S. 72f.
26 Vgl. Wagnerová, S. 79.
27 A. a. O., S. 86.
28 Brief Kafkas an Milena vom 29. Mai 1920, in: Franz Kafka: Briefe an Milena, Frankfurt/Main 1986, S. 22.
29 Max Brod: *Über Franz Kafka*, Frankfurt/Main 1991, S. 194.
30 Dorothea Rein ist es zu verdanken, daß immerhin 41 Artikel von Milena Jesenská ins Deutsche übersetzt worden sind.

31 »Durch kleine Prager Kaffeehäuser geht ein Zeitungsverkäufer, den ich liebe; ein ehemaliger Lakai, Uniformhose, Weste mit goldenen Knöpfen, grauer Backenbart. Er verkauft Abendzeitungen. Mit lakaienhaften Gesten, voller Melancholie, eine Tschechowsche Gestalt. Sein Gesicht sagt: ›Muß man denn leben?‹ ein armseliges Überbleibsel, ein armseliges Opfer der alten Kultur. Er schlurft durch den Saal, von einem Tisch zum anderen. Nicht nur er tut einem leid, sondern auch das verlassene Portal des Adelspalastes. Die alte Zeit schleicht durch die neue, ein Schatten in unbarmherzigem Licht. Der greise Lakai schlurft durch die demokratische Republik und man spürt, daß er etwas nicht gut verstanden hat.«
Aus: Milena Jesenská, Tribuna, 29. April 1921, in: Alles ist Leben [...] hg. von Dorothea Rein, Frankfurt/Main 1990, S. 38.

32 Milena an Max Brod, Brief Anfang August 1920, in: Max Brod: Über Franz Kafka, a. a. O., S. 200.

33 Wagnerová, a. a. O., S. 96.

34 Vgl. Brief Milenas an Max Brod, Januar/Februar 1921, in: Max Brod, a. a. O., S. 203.

35 Milena Jesenská: *Franz Kafka*, Národní listy, 6. Juni 1924, in: *Alles ist Leben. Feuilletons und Reportagen 1919-1939*, hg. und mit einer biographischen Skizze versehen von Dorothea Rein, Frankfurt/Main, dritte veränderte Auflage 1990, S. 87-88.

36 Vgl. Wagnerová, a. a. O., S. 106.

37 Vgl. Wagnerová, a. a. O., S. 109.

38 Hana Šklíbova, zitiert nach Wagnerová, a. a. O., S. 109.

39 Vgl. Wagnerová, a. a. O., S. 110.

40 Vgl. Wagnerová, a. a. O., S. 112.

41 Dorothea Rein, a. a. O., S. 209.

42 Wagnerová, a. a. O., S. 116.

43 Milena Jesenská: Der Weg zur Einfachheit, Prag 1926, in: Margarete Buber-Neumann: Milena. Kafkas Freundin, Frankfurt/Main 1992, S. 127ff.

44 Wagnerová, a. a. O., S. 118.

45 Wagnerová, a. a. O., S. 125.

46 Vgl. Černá, a. a. O., S. 94.

47 Vgl. Margarete Buber-Neumann, a. a. O., S. 142f.

48 Wagnerová, a. a. O., S. 128.

49 Vgl. Georg Brehm: *Haut- und Geschlechtskrankheiten*. Ein Lehrbuch für Krankenpflegeberufe, 6. überarbeitete Auflage, unter Mitarbeit von Andrea Eng, Stuttgart/New York 1993, S. 98. Siehe auch: *Pschyrembel Klinisches Wörterbuch*, Berlin/New York 1986, S. 614. *Kursbuch Gesundheit*, hg. von Verena Corazza, Renate Daimler u. a., Köln 1990, S. 632.

50 Vgl. Černá, a. a. O., S. 116.

51 Vgl. Černá, a. a. O., S. 124.
52 Vgl. Černá, a. a. O., S. 118 ff.
53 Der Redakteur einer kommunistischen Zeitung verdächtigte Evžen Klinger, Trotzkist zu sein, und verlangte von Milena, sich von Klinger zu trennen. Milena kündigte ihre Stelle!
Vgl. Wagnerová, a. a. O., S. 144.
54 Ebd.
55 Fritz Beer: *Hast Du auf Deutsche geschossen, Grandpa? Fragmente einer Lebensgeschichte*, Berlin/Weimar 1992, S. 260 f.
56 Vgl. Wagnerová, a. a. O., S. 149.
57 A. a. O., S. 150.
58 Černá, a. a. O., S. 127 f.
59 Siehe in Dorothea Rein (Hg.): *Milena Jesenská. Alles ist Leben. Feuilletons und Reportagen 1919-1939*, Frankfurt/Main 1984, S. 138-161.
60 Milena Jesenská: *Vom Umgang mit Tschechen*, »Přítomnost«, 15. 2. 1939, zitiert nach Buber-Neumann: *Milena. Kafkas Freundin*, Frankfurt/Main 1992, S. 206 f.
61 Milena am 10. 5. 1939 in »Přítomnost«, zitiert nach Wagnerová: a. a. O., S. 169.
62 Vgl. Wagnerová, a. a. O., S. 170 f.
63 A. a. O., S. 173.
64 Der Begriff »Schutzhaft« in der Definition des Volks-Brockhaus von A-Z, Leipzig 1939, S. 624 lautet: »Freiheitsentziehung auf *polizeiliche* Anordnung:
1) Zum Schutz der eigenen Person; Entlassung grundsätzlich im Laufe des folgenden Tages;
2) Zum Schutz der Allgemeinheit. Sie beruht auf der Verordnung zum Schutze von Volk und Staat vom 28. 2. 1933 und richtet sich aus politisch-polizeilichen Gründen gegen den, der durch politisch, wirtschaftlich oder sozial schädliches Verhalten die öffentliche Sicherheit gefährdet. Vollzug der Schutzhaft in Gefängnissen und Konzentrationslagern unter Aufsicht der Geheimen Staatspolizei.«
65 Černá, a. a. O., S. 151 f.
66 Buber-Neumann, a. a. O., S. 22 f.
67 A. a. O., S. 22.
68 Zitiert nach Wagnerová, a. a. O., S. 179 f.
69 Buber-Neumann, a. a. O., S. 305 ff.
70 A. a. O., S. 311.

Literatur

Beer, Fritz: Hast Du auf Deutsche geschossen, Grandpa? Fragmente einer Lebensgeschichte, Berlin/Weimar 1992

Binder, Hartmut: Ernst Polak – Literat ohne Werk, in: Jahrbuch der Deutschen Schillergesellschaft, Jg. 23, Stuttgart 1979, S. 366-415

Brehm, Georg: Haut- und Geschlechtskrankheiten. Ein Lehrbuch für Krankenpflegeberufe, 6. überarbeitete Auflage, unter Mitarbeit von Andrea Eng, Stuttgart/New York 1993

Brod, Max: Über Franz Kafka, (New York 1954), Frankfurt/Main 1991

Buber-Neumann, Margarete: Milena. Kafkas Freundin. Ein Lebensbild. Mit einem Nachwort von Gudrun Bouchard, (München/Wien, 1977), Frankfurt/Main 1992

– : Als Gefangene bei Stalin und Hitler. Eine Welt im Dunkel. (Herford 1985), Frankfurt/Main; Berlin 1993

Černá, Jana: Milena Jesenská. Aus dem Tschechischen von Reinhard Fischer, Frankfurt/Main 1985

Chiu, Ch. S.: Milena Jesenská, in: Frauen im Schatten, S. 107-162, Wien 1994

Doderer, Heimito von: Die Strudlhofstiege, München 1951

Dubrovic, Milan: Veruntreute Geschichte. Die Wiener Salons und Literatencafés, Wien/Hamburg 1985

Duda, Sibylle/Pusch, Luise F. (Hg.): WahnsinnsFrauen, Frankfurt/Main 1994[4]

Endres, Ria: Milena antwortet. Ein Brief, Reinbek bei Hamburg 1982

Frauen in Konzentrationslagern. Bergen-Belsen. Ravensbrück, hg. von Claus Füllberg-Stolberg, Martina Jung, Renate Riebe, Martina Scheitenberger, Bremen 1994

Jesenská, Milena: Alles ist Leben. Feuilletons und Reportagen 1919-1939, herausgegeben und mit einer biographischen Skizze versehen von Dorothea Rein, Frankfurt/Main 1990

Kafka, Franz: Briefe an Milena, (New York 1952), erweiterte und neu geordnete Ausgabe, hg. von Jürgen Born und Michael Müller, Frankfurt/Main 1986

– : Tagebücher 1910-1923, Frankfurt/Main 1983

Kaus, Gina: Von Wien nach Hollywood. Erinnerungen von Gina Kaus. Neu herausgegeben und mit einem Nachwort versehen von Sibylle Mulot, Frankfurt/Main 1990

Klier, Freya: Die Kaninchen von Ravensbrück. Medizinische Versuche an Frauen in der NS-Zeit, München 1994

Kursbuch Gesundheit, hg. von Verena Corazza, Renate Daimler u. a., Köln 1990

Kursbuch 118: Exzentriker, Berlin, Dezember 1994

Lyotard, Jean-François: Grabmal des Intellektuellen. Hg. von Peter Engelmann, Graz/Wien 1985

Pschyrembel Klinisches Wörterbuch mit klinischen Syndromen und Nomina Anatomica. 255., völlig überarbeitete u. stark erweiterte Auflage, Berlin/New York 1986

Volks-Brockhaus von A-Z, Leipzig 1939

Wagnerová, Alena: Milena Jesenská. »Alle meine Artikel sind Liebesbriefe«, Biographie, Mannheim 1994

– : Milena Jesenská, in: Frei und Frau 2. Außergewöhnliche Lebensbilder, S. 45-72, Bensheim 1994

Zelda Fitzgerald
1900-1948
Etwas Eigenes
Von Susanne Gretter

> »Alle Schönheit lag in ihren Augen. Es waren merkwürdige Augen, grüblerisch, aber nicht traurig, mit ihrem ernsten, offenen, besonnenen Blick [...] Eigentlich hatte sie etwas Indianisches an sich. Sie konnte überhaupt nur aus Amerika stammen.«
>
> Gerald Murphy[1]

> »Ich denke so oft an ihr Gesicht und wünschte, jemand hätte es gezeichnet (nicht gemalt, gezeichnet). Es ähnelte dem Gesicht einer jungen Indianerin, mit Ausnahme der schwelenden Augen. Nachts, erinnere ich mich, wenn sie erregt war, wurden sie schwarz und undurchdringlich, aber immer waren sie voller Ungeduld – über etwas – die Welt, denke ich – jedenfalls war sie nicht von dieser – nicht wirklich – Ich liebte sie und sympathisierte mit ihrer Heftigkeit [...] Wahrscheinlich dachte sie schrecklich gefährliche, geheime Gedanken und steckte voller unterdrückter Rebellion. Etwas davon war in ihren Augen zu sehen – aber nur für die, die sie liebten.«
>
> Sara Murphy[2]

Was sie am liebsten spiele? Räuber- und Indianerspiele.

Und warum sie die Indianer für die »amüsantesten« Menschen auf Erden halte? Weil sie sich vor nichts fürchten und die besten Reiter und Schwimmer sind.

Zeldas Hobbys? Lesen, denn »Bücher stecken voll von wunderbaren Geschichten«. Und Malen und Zeichnen.

Als die elfjährige Zelda für den *Montgomery Advertiser* interviewt wurde,[3] war sie bereits eine kleine Berühmtheit. Sie war die Tochter von Anthony Sayre, Richter in Montgomery und Mitglied des Senats des Staates Alabama, und seiner Frau Minnie, beide Angehörige des Südstaatenestablishments. Zelda war das Nesthäkchen, die Mutter bereits 40 Jahre alt, als sie am 24. Juli 1900 ihr sechstes Kind gebar, das sie bis zum vierten Lebensjahr stillte. Die Familie wohnte in der Pleasant Avenue Nr. 6, in einem gutbürgerlichen Viertel, in das »niemand eingeladen wurde, der Handel trieb oder katholisch war oder von Italienern oder armen Iren abstammte«.[4]

»Wäre sie keine junge Dame, sondern ein junger Herr, dann könnte man mit einiger Sicherheit voraussagen, daß sie in die Fußstapfen ihres Vaters treten würde, der als einer der fähigsten Richter Alabamas gilt«, hieß es in dem Interview. Es endete mit der lapidaren Feststellung, daß man es versäumt habe, »Miss Zelda nach ihrer Meinung zum Frauenwahlrecht zu befragen«. Aber bis die amerikanischen Frauen das allgemeine Wahlrecht erlangten, sollten noch neun Jahre vergehen und an Richterinnen war 1911 nicht zu denken. Als Zeldas Schwester Rosalind etwa um diese Zeit ihre Stelle bei der First National Bank in Montgomery antrat, bildeten sich draußen Schlangen von jungen Männern, die einen Blick auf die »tollkühne Frau« werfen wollten.[5] Eine junge Dame aus gutem Haus ergriff damals, wenn überhaupt, den Beruf der Lehrerin. Die jungen Frauen des Südens warteten sittsam im Elternhaus auf ihre Verheiratung.

»›Diese Mädchen‹, sagten die Leute, ›glauben, sie können sich alles erlauben und kommen damit durch.‹«[6]

Zelda verstand es schon als Kind, sich gegen die strengen Konventionen zu wehren. Sie war wild und für ihre Streiche stadtbekannt. Sie bevorzugte Jungen und deren Spiele. Sie wollte sich amüsieren. »Als kleines Mädchen hatte ich so viel Selbstvertrauen, daß ich es sogar wagte, alles anders zu machen, als es damals üblich war. Unsicherheit und Scheu waren mir fremd, und moralische Grundsätze hatte ich keine.«[7] Sie hätte sich als Kind alles erlauben können, schrieb sie in ihrem autobiographischen Roman *Schenk mir den Walzer,* weil ihr Vater »eine lebendige Festung« gewesen sei und »so viel Sicherheit auf sie ausgestrahlt« habe. Es wird wohl vor allem Mr. Sayres Berühmtheit gewesen sein, wegen der

Zelda Sayre im Alter von 19 Jahren,
zwei Monate vor ihrer Hochzeit mit F. Scott Fitzgerald (Februar 1920)

man Zelda manches nachsah. Denn der strenge, humorlose und vielbeschäftigte Mann verschanzte sich selbst in seiner Festung. »Sicherheit« gab er durch Autorität, nicht durch Verständnis. Verständnisvoller war die Mutter, die sie verwöhnte und ihr alles durchgehen ließ.

Weil es der Mutter selbst vor oder während ihrer Ehe nicht möglich gewesen war, ihre künstlerischen Ambitionen auszuleben, projizierte sie ihre Wünsche jetzt auf die Lieblingstochter. Als Zelda neun Jahre alt war, nahm sie Ballettunterricht, recht erfolgreich, denn sieben Jahre später heißt es im *Montgomery Advertiser:* »Es dürfte sich lohnen, in etwa einem Jahr nach diesem klassischen Profil Ausschau zu halten [...] Schon jetzt ist sie jeden Abend im Country Club und jeden zweiten Abend in der Woche auf den Tanzlisten zu finden [...] Sie könnte eine zweite Pawlowa werden, wenn ihre behenden Füße nicht ständig mit ihren zahlreichen Anbetern Schritt halten müßten.«[8]

Da war Zelda sechzehn und haderte wegen ihrer Garderobe mit der Mutter: »›Wenn du mit Jungen ausgehst, kannst du keine kurzen Kleider mehr tragen.‹ ›Aber tagsüber gehe ich doch gar nicht mit Jungen aus‹, sagte sie. ›Tagsüber spiele ich, und abends gehe ich aus.‹«[9]

Kurz darauf gab sie das Tanzen auf. Die »Southern Bell« – 1918 gewann die begabte, aber faule Schülerin den Schönheitswettbewerb ihrer High School – war nach eigenen Aussagen nur noch an zwei Dingen interessiert: an jungen Männern und am Schwimmen.[10] Sie avancierte zum bekanntesten Gesellschaftswesen Montgomerys, war der Star der Gazetten.

Als ihr der Vater verbot, abends auszugehen, kletterte sie mit Unterstützung der Mutter aus dem Schlafzimmerfenster. »Anbeter« hatte sie bald genügend – und bald auch einen schlechten Ruf. Zu einer Zeit, wo für junge Mädchen der erste Kuß gleichbedeutend war mit einem Heiratsversprechen, knutschte Zelda leidenschaftlich gern mit ihren vielen Bewunderern.

1917 trat Amerika in den Krieg ein. In Alabama wimmelte es von Soldaten und Fliegern aus den nahegelegenen Ausbildungslagern. Fliegeroffiziere drehten mit ihren Flugzeugen kühne Schleifen über dem Haus der Sayres, und im Country Club war Zelda der Schwarm aller jungen Männer. Darunter war auch F. Scott Fitzgerald, Oberleutnant im 67. Infanterieregiment. 1896 in St. Paul,

Minnesota geboren, konnte der nicht allzu erfolgreiche Student Princeton zu Kriegszeiten sang- und klanglos, aber ohne Gesichtsverlust verlassen. Auch Scott war als Kind von der Mutter verhätschelt und vom Vater mit moralischen Werten traktiert worden.

Es dauerte nicht lange, bis der Katholik irischer Herkunft und Sohn eines erfolglosen Handelstreibenden in der Pleasant Avenue Nr. 6 ein- und ausging. »Auf die Frauen, die schönen Frauen des Südens, so rein wie das klare Wasser und so kalt wie das glitzernde Eis in diesem Glas. Dem Schutz ihrer Tugend und Keuschheit sei unser Leben geweiht«,[11] lautete ein damals verbreiteter Trinkspruch. Tugendhaft und keusch war Zelda nicht mehr. Sie rauchte – aus Langeweile, wie sie sagte – und trank Gin, den ihr Scott mitbrachte. Vermutlich 1919, das Paar hatte sich inzwischen heimlich verlobt, schlief sie zum ersten Mal mit dem damals noch praktizierenden Katholiken. Stolz erzählte er einer Freundin von Zelda, die »Tausende von Männern geküßt« habe und »noch Tausende küssen« werde, und kühn verkündete er im selben Brief: »Du bist noch immer katholisch, aber für mich ist Zelda jetzt der einzige Gott.«[12] Noch Jahre später, geplagt von Gewissenskonflikten, wird er Zelda ihre »sexuelle Hemmungslosigkeit« vorwerfen.[13] Vielleicht ging die Inthronisierung der neuen Göttin, die stattfand zu einer Zeit, als Scott nach eigenen Aussagen noch immer mit dem Gedanken spielte, Priester zu werden,[14] doch zu schnell vonstatten.

»Was gibt es für mich schon zu tun, außer Trinken und Lieben«[15]

Selbst der verständnisvollen Mutter wird Zeldas Benehmen im Umgang mit dem jungen Offizier zuviel: »Zelda, wenn Du Deinem Konto neben Tabak jetzt auch noch Whiskey zugefügt hast, kannst Du Deine Mutter abschreiben [...] Wenn Du es vorziehst, Dich wie eine Prostituierte zu benehmen, dann solltest Du nicht zwischendurch vornehm tun. Öl und Wasser vermischen sich nicht«, steht auf einem Zettel, den Zelda auf ihrem Kopfkissen findet.[16]

Für Zeldas Eltern ist Scott ganz sicher nicht der Schwiegersohn ihrer Wahl, und Zelda kommt in ernsthafte Konflikte: »Es ist schwer, gleichzeitig zweierlei zu sein: erstens jemand, der nach seinen eigenen Gesetzen leben will, und zweitens jemand, der die netten alten Dinge behalten und geliebt und geborgen und beschützt sein möchte.«[17]

Von der Mutter als »Prostituierte« beschimpft – und von Scott vielleicht insgeheim als solche betrachtet? –, tritt sie die Flucht nach vorn an. In einem ihrer letzten Briefe aus Montgomery schreibt sie an Scott: »Liebstes Herz, unser Märchen ist fast zu Ende, und wir werden heiraten [...] Ohne Dich bin ich ein völliges Nichts – Nur das Püppchen, das ich ursprünglich werden sollte – Du bist eine Notwendigkeit und ein Luxus und ein Schatz, mein einziger Geliebter – und du wirst der Gatte sein – Deiner Frau.«[18] Am 3. April 1920 heiratet sie Fitzgerald in New York. Weder ihre noch seine Eltern sind anwesend, und eine Hochzeitsfeier gibt es auch nicht.

Aus der Kirche stolperte das Paar zu Flitterzwecken direkt ins Biltmore Hotel. »Alabama lag im Zimmer einundzwanzigneun des Biltmore Hotels und überlegte, daß ihr Leben ganz anders sein würde ohne ihre Eltern in der Nähe [...] Nichts und niemand in der Welt konnte sie zwingen, irgend etwas zu tun, dachte sie erschrocken, nur sie selbst.«[19] Ernüchtert beschrieb Zelda in ihrem Roman ihren Traum von einer neuen Unabhängigkeit.

»Es wird schön sein, wenn wir nebeneinander in der Galerie des Lebens hängen.«[20]

Fitzgerald hatte inzwischen seinen ersten Roman[21] publiziert und mit diesem schlagartig Furore gemacht. Er war dabei, eine New Yorker Berühmtheit zu werden, als er aus Zelda Sayre, der Berühmtheit aus Montgomery, Mrs. F. Scott Fitzgerald machte.

Wenn sich Zelda auch bislang wenig um Konventionen geschert hatte, in einem war sie »konventionell« geblieben: Sie hatte keine Berufsausbildung. Ihre Talente hatte sie vernachlässigt, und als sie kurz vor ihrer Heirat an Scott schrieb: »Gestern habe ich beinahe ein Buch oder eine Erzählung geschrieben«, räumte sie gleichzeitig ein, daß sie diese nicht zu Ende gebracht hätte, denn »Du siehst also, daß ich nie etwas schaffen werde, weil ich zu faul bin, um mich wirklich dafür zu interessieren, ob es fertig wird oder nicht – und ich will nicht berühmt sein und gefeiert werden – ich will nichts als immer sehr jung und sehr verantwortungslos sein und spüren, daß das Leben mir gehört.«[22]

Nach diesem Motto versuchte das junge, selbstverliebte Paar zunächst nach Kräften zu leben. Scott entkleidet sich im »Scandal«, einem New Yorker Nachtclub, und wird hinauskomplimentiert; Zelda springt in voller Montur in einen Brunnen am Union Square; beide tanzen sie mit Kochmützen auf dem Kopf auf den Küchentischen des Waldorf-Astoria; bei einer Abendeinladung legt sich das von der Party am Vorabend noch erschöpfte Paar oft erst einmal in die Betten der Gastgeber, und Scott verkocht bei einer Einladung zum Abendessen die Hand- und Schminktäschchen der anwesenden Frauen in Tomatensauce.

Die brillanten Selbstdarsteller sind berauscht von ihrer Wirkung und von dem Alkohol, den sie zu Prohibitionszeiten hemmungslos in sich hineinschütten. Daß sie ständig Gegenstand der Presse sind, bestätigt sie in ihrem Tun. Ihre Hemmungslosigkeit war legendär. Wie im Delirium taumelten die beiden in die »Roaring Twenties«, in die Zeit des amerikanischen Booms, ins »Jazz-Zeitalter«, als dessen Protagonist und Chronist F. Scott Fitzgerald rasch galt. Sie waren die Verkörperung des Amerikanischen Traums von Schönheit, Erfolg, Geld – und Jugend. Man verehrte in ihnen die Jugend schlechthin, denn wo immer die 19jährige Zelda und der 23jährige Scott auftraten, sah es so aus, »als wären sie gerade aus der Sonne hervorgetreten, ihre Jugend war überwältigend«, wie sich Dorothy Parker erinnerte.[23] Als sie Zelda zum ersten Mal in New York wahrnahm, saß diese, auf dem Weg zu einer Party, auf der Motorhaube eines Taxis und Scott auf dem Verdeck. »Sich amüsieren«, hieß das Programm. Das Leben: eine einzige Party. 1932 erinnert sich Scott an diese erste gemeinsame Zeit, in der er »eines Nachmittags im Taxi fuhr, zwischen sehr hohen Gebäuden, unter einem malvenfarbenen und rosigen Himmel; ich begann zu heulen, weil ich alles hatte, was ich wollte, und weil ich wußte, daß ich nie wieder so glücklich sein würde«.[24] Das Glück stand auf wackligem Fundament.

»Sie lieben sich w-a-h-n-s-i-n-n-i-g, raunte es durch die elegant monotone Welt von New York.«[25]

Das Paar war noch nicht lange verheiratet, da vermeldeten Freunde bereits ernsthafte Zerwürfnisse. Alexander McKaig[26] hielt in seinen Tagebuchnotizen das Ausmaß des Dilemmas fest:

»15. September (1921): Am Abend erschien Zelda – betrunken. Hatte beschlossen, Fitz zu verlassen, und wäre beinahe getötet worden, als sie ein Eisenbahngleis entlanglief.« – War es ein erster Selbstmordversuch? – »Das Problem ist: Fitz geht in Zeldas Persönlichkeit auf – sie ist die stärkere von beiden. Sie hat ihm das Material für alle seine Frauengestalten geliefert.«[27] – »17. Januar (1922): Fitz ist jeden Abend betrunken. Beim Abendessen gibt Fitz zu, daß ›Jelly Bean‹ und ›Ice Palace‹[28] ausschließlich auf Zeldas Ideen basieren. Und der neue Roman zum großen Teil. Sie ist zweifellos die klügste und schönste junge Frau, die ich je gekannt habe.«[29]

Und der Romancier und Kritiker Carl van Vechten erinnert sich: »Zelda war ein Original. Viel witziger als Scott. Ihre sarkastischen Bemerkungen waren umwerfend. Sie trieb ihren Spott mit Hotelpagen und Kellnern – vermutlich nur um zu sehen, wie sie reagierten. Sie selbst schrieb diese Dinge nicht auf, das tat Scott, aber sie stammten von Zelda.«[30]

»Ja«, sagte Scott in einem Interview im Januar 1921, »ich habe die Heldin meiner Bücher geheiratet.« Am 3. März 1922 erschien Scotts zweiter Roman[31] und dazu am 2. April in der *New York Tribune* »Mrs. F. Scott Fitzgeralds Besprechung«: »[...] Auf einer Seite glaube ich übrigens eine Passage aus meinem alten Tagebuch zu erkennen, das mir kurz nach meiner Heirat unerklärlicherweise abhanden kam, und auch gewisse Briefstellen kommen mir, obwohl sie stark verändert sind, vertraut vor. Mr. Fitzgerald [...] scheint der Ansicht zu sein, daß man mit dem Plagiieren am besten zu Hause beginnt.«[32]

Noch gefiel es Zelda, Mittelpunkt der Chronik ihrer romantischen Legende zu sein, reagierte sie amüsiert. Noch schien es ihr nichts auszumachen, daß Scott hemmungslos von ihrem Witz, ihrer Intelligenz, ihrer Phantasie Gebrauch machte, seine Leserinnen und Leser mit ihren intimsten Gedanken vertraut machte und ihr Leben und ihre Beziehung in seinen Büchern öffentlich. Noch schien sie sich zu gefallen in der Rolle der Muse, der Stofflieferantin, der Komplizin.

»Und ich schwelge im Luxus dieser wollüstigen Luft und werde bei Bananen und Chablis immer dicker.«[33]

Am 26. Oktober 1921 ist Zelda Mutter einer Tochter geworden: Scottie, d. i. Frances Scott Fitzgerald wird katholisch getauft und von Anfang an von einem Kindermädchen betreut, derweil sich Zelda Sorgen um ihre Figur macht.[34] Wenig später ist Zelda wieder schwanger, wir entnehmen es einem Eintrag in Scotts Notizbuch, wo es im März 1922 heißt: »Zelda und ihr Abtreiber.« Das klingt recht distanziert. War er möglicherweise mit Zeldas Entscheidung nicht einverstanden? Wollte er ihr nicht zugestehen, was er seinen Romanheldinnen selbstverständlich zugestand?

Sie jedenfalls sah sich nicht in der Rolle der glücklichen Mutter, sondern als »Flapper«, als die junge, attraktive, freche, vergnügungssüchtige »neue Frau« der 20er Jahre. Im *Metropolitan Magazine* publizierte sie im Juni 1922 eine »Eloge auf die Flapper«: »Die Flappers flirteten, weil es ihnen Spaß machte, trugen einteilige Badeanzüge, weil sie eine gute Figur hatten, bemalten oder puderten ihr Gesicht, weil sie's nicht nötig hatten, und lehnten es ab, sich zu langweilen, weil sie selbst nicht langweilig waren.«[35] Mit der schönen Borniertheit der Jugend beschrieb Zelda ihr eigenes Lebensgefühl. Aber drei Jahre später hatte auch sie die Erfahrung gemacht: »Mit 25 muß man verheiratet sein. Die Flapper! [...] Sie wird älter [...] Hat sich unter dem lauten Beifall von Verwandtschaft und Freunden verheiratet. Das von vielen vorausgesagte ›bittere Ende‹ ist nicht eingetreten, sie ist da gelandet, wo alle braven Flapper landen – in einer Ehe, in Langeweile und Konvention und bei dem Vergnügen, Kinder zu haben, nachdem sie ihrem Leben eine Zeitlang Großartigkeit, Mut und Glanz gegeben hatte, wie es alle guten Flapper tun sollten.«[36]

Auch Zelda langweilt sich in ihrer Ehe, und da helfen auch die Aufenthalte in düsteren Wohnungen in Paris und in luxuriösen, mit Personal ausgestatteten Villen an der Riviera nicht.

»Pfirsiche zum Frühstück [...] Dann Golf. Dann Schwimmen. Dann Faulenzen. Nicht essen oder lesen, sondern einfach ruhig sein und angenehmen Geräuschen zuhören [...] eigentlich eine völlige Leere. Und am Abend? Eine große, glänzende Gesellschaft, glaube ich.«[37] – Das Bild vom Luxusgeschöpf mit emanzipiertem

Bubikopf, es stimmte nicht mehr. Das Bild von der ständig provozierenden Frau an Scotts Seite, es funktionierte nicht mehr. Sie wünschte sich Ruhe. Im Sommer 1924 schrieb sie von der französischen Riviera an Edmund Wilson in New York: »Es tut gut, weit weg zu sein von New York und dem ständigen Zwang zur Auflehnung.«[38]

Sie waren nicht mehr glücklich. Sie hatten bereits genug voneinander. Fitzgeralds Trinken hatte höchst destruktive Formen angenommen, die bösen »Szenen einer Ehe« mehrten sich.

In diesem Sommer lernte Zelda den französischen Flieger Edouard Jozan kennen. Ein Selbstmordversuch Zeldas nach Abbruch der Beziehung läßt darauf schließen, daß es mehr war als eine Romanze. Scott schloß Zelda vier Wochen lang in ihr Zimmer ein und gab erst Jahre später zu, daß sich Zelda damals von ihm hatte scheiden lassen wollen.[39]

Zelda reagierte in der Folge mit Krankheiten. Sie litt an Kolitis, Asthmaanfällen, eine chronische Eierstockentzündung führte später zur Operation. Scott räumte in jener Zeit zwar ein, daß »Zelda und ich manchmal vier Tage lang nicht mit dem Streiten aufhören, jedesmal geht eine Trinkerei voraus«, aber gleichzeitig sagt er: »Aber wir sind noch immer maßlos ineinander verliebt und so ungefähr das einzige wirklich glückliche Ehepaar, das ich kenne.«[40]

Als das »einzige wirklich glückliche Ehepaar« im August 1925 auf einer hoch über Nizza gelegenen Terrasse miteinander speist und Scott die mit zwei Verehrern am Nebentisch sitzende, nicht mehr ganz junge Isadora Duncan mit einem Kniefall begrüßt, stürzt sich Zelda in selbstmörderischer Absicht ins Dunkle.

»Wenn sie sich stritten«, berichtete Sara Murphy, die sich mit ihrer Familie im Sommer ebenfalls regelmäßig an der Riviera aufhielt, »dann sah man Zeldas Koffer auf der Straße stehen [...] Dort wartete sie – niemand wußte worauf. Wenn sie müde war, ging sie wieder zu Bett, aber die Koffer blieben draußen stehen.«[41] Sie konnten nicht mit-, aber auch nicht ohne einander leben. »Zelda krank«, »Zelda betäubt«, »Zelda krank in Genua«, zog Fitzgerald Ende 1925 eine Jahresbilanz. Für ihn selbst sah die Bilanz nicht ganz so negativ aus: er hatte immerhin in diesem Jahr seinen dritten Roman[42] veröffentlicht.

»›Wie haben Sie das geschafft‹, fragte Alabama atemlos.
›Ich meine, wie sind Sie zum Ballett gekommen. Und wie sind Sie berühmt geworden?‹«[43]

Noch verteidigt Zelda ihre Flapper-Ideologie und glaubt, »daß eine Frau mehr Glück findet, wenn sie fröhlich, unbeschwert, unkonventionell und fähig ist, ihr Schicksal zu meistern, als wenn sie sich für eine berufliche Karriere voller harter Arbeit, intellektueller Zweifel und Einsamkeit entscheidet.«[44] Da hat sie vielleicht bereits insgeheim über eine eigene Karriere nachgedacht. Sie tut es spätestens 1926, als Fitzgerald sich in Hollywood in die 17jährige Schauspielerin Lois Moran verliebt und Zelda vorschwärmt, die verstehe es, etwas aus ihrem Talent zu machen. Sie verbrennt ihre Kleider in der Hotelbadewanne und schreibt an ihre Tochter Scottie: »Alle Leute hier sind sehr begabt, fast jeder kann tanzen und singen und schauspielern, und ich komme mir sehr dumm vor.«[45]

Zwar hatten die von den Pionierinnen der amerikanischen Frauenbewegung seit der Jahrhundertwende erkämpften sozialen und politischen Veränderungen den amerikanischen Frauen durchaus einige Errungenschaften gebracht – sie rauchten, sie tranken, sie nahmen sich sexuelle Freiheiten heraus –, aber gleichberechtigt konnten sie nicht sein, solange ihnen die ökonomische Unabhängigkeit fehlte.

Zelda war finanziell von Scott abhängig. Er finanzierte den aufwendigen Lebensstil in Amerika und Europa durch seine »literarische Lohnschreiberei«. Er mußte Geschichten schreiben, die sich gut verkaufen ließen und also den Publikumsgeschmack trafen. 180 Geschichten veröffentlichte er im Laufe des gemeinsamen Lebens. Zwar schrieb Zelda seit 1922 regelmäßig für Zeitungen und Journale, aber diese Texte waren entweder unter beider Namen, oft aber nur unter seinem Namen erschienen. So zum Beispiel auch jene Geschichte, für die Zelda (also er) 1925 eine Auszeichnung erhielt. Sein Marktwert war höher, mit seinem Namen konnte leicht das Doppelte verdient werden. Da mußte sie ihr Schreibtalent seiner Berühmtheit unterordnen.

Gloria, Daisy und Rosalind, die Frauen in Fitzgeralds ersten drei Romanen, waren die Flapper der 20er Jahre. Sie waren stark, sie waren mutig, sie waren schön, sie wollten sich amüsieren, sie wollten leben. Natürlich wollten sie auch ihre Talente ausleben, aber berufstätig sein wollten sie nicht. Und so blieben Gloria, Daisy und Rosalind – also immer wieder Zelda – doch der traditionellen Frauenrolle verhaftet. Wenn Fitzgerald auch mit Themen wie vorehelichem Sex, unverheiratetem Zusammenleben, Untreue, Abtreibung und Geburtenregelung schockierte, so versöhnte er seine Leserinnen und Leser schließlich doch wieder: nur die Ehe war für ihn Ort sexuellen Vergnügens und emotionaler Geborgenheit. Es galten: heterosexuelle Ehe und männliche ökonomische Überlegenheit.

In seinem vierten Roman[46] stellt Nicole fest, daß ihr neben den Aktiva Geld, Heirat, Schönheit, Kinder etwas Entscheidendes fehlt: eine Aktivität, die ihrem Leben Sinn geben, ihr Selbstbewußtsein stärken könnte. Aber als sie dann als erste von Fitzgeralds Heldinnen einen Beruf ergreift, tut sie dies auf Kosten ihres Seelenfriedens. Der Konflikt zwischen ihrem Wunsch nach Autonomie einerseits und nach einem glücklichen Familienleben andererseits macht sie fast »wahnsinnig«. Sie leidet an mangelndem Selbstbewußtsein, Depressionen, Selbstmordgefahr, Angstattakken, Hysterie, Schizophrenie. Es fehlt ihr die nötige Berufsausbildung, und es fehlen ihr vor allem: Zuspruch und Ermutigung. Es geht ihr wie Zelda.

»Leidest du an der Wahnvorstellung, daß du es beim Ballett zu etwas bringen wirst?«[47]

»In Hollywood«, erinnerte sich Zelda später, »sagtest Du mir, Du hättest für den Rest Deines Lebens genug von mir.«[48] Zelda reagierte: die Zeit der Flapper war vorbei, und auch Scott beeindruckten jetzt Frauen, »die etwas aus ihrem Talent machen«.

Zeldas größtes Talent war vermutlich das Schreiben, aber damit konnte sie sich gegen Scott nicht behaupten. So nahm sie ab Sommer 1927 in Philadelphia wieder Ballettunterricht. Wie hieß es 1916 im *Montgomery Advertiser?* »Sie könnte eine zweite Pawlowa werden.« Elf Jahre später war sie nach ihren eigenen Worten fest entschlossen, diese zweite Pawlowa zu werden[49], und die Tragödie nahm ihren Lauf. Im Salon hing nun ein großer, goldumrandeter Spiegel, den Scott als den »Spiegel einer Prostituierten« bezeichnete, womit er gleich klarmachte, was er von

Zeldas Tanzerei hielt, davor eine Querstange, an der Zelda unentwegt trainierte. Sie unterbrach ihre Arbeit auch dann nicht, wenn Gäste zum Tee oder zum Abendessen eintrafen. »Höchstens, daß sie rasch einmal etwas trank [...] es war der reine Wahnsinn«, erinnerte sich später eine Freundin.[50]

Im Frühjahr 1928 beginnt Zelda, in Paris Unterricht bei Ljubow Jegorowa, ehemals Primaballerina des Russischen Balletts und nun Leiterin der Ballettschule des Diaghilew-Ensembles, zu nehmen. Sie ist im Tanzwahn. Mindestens acht Stunden übt sie täglich und tanzt regelrecht um ihr Leben. Sie tut es nicht, um Scott zu imponieren, sondern in der Absicht, sich von ihm zu trennen. Sie will etwas ganz für sich haben und eigenständig sein. Die 27jährige muß sich schrecklich gequält haben. Eisern hielt sie Diät, um ihren Körper in Form zu bringen, und sie arbeitete mit unglaublicher Energie. »Abend für Abend rieb Alabama ihre Beine mit Elizabeth-Arden-Muskelöl ein. In ihren Kniekehlen waren blaue Flekken, dort wo ihre Muskeln eingerissen waren. Ihre Kehle war so trocken, daß sie zuerst dachte, sie habe Fieber [...] Im Badeanzug versuchte sie, sich an der hohen Rückenlehne eines Louis-Quatorze-Sofas hochzurecken. Immer war sie steif, und schmerzverzerrt klammerte sie sich an die vergoldeten Blumen des Sofas. Nachts steckte sie ihre Füße durch die Gitter ihres Eisenbettes und schlief wochenlang mit nach außen gekehrten und in dieser Position festgeklebten Füßen.«[51]

Zelda glaubte fest daran, daß ihr Tanzen »die Teufel vertreiben könnte, die sie bis dahin gehetzt hatten. Indem sie sich bewährte, würde sie den Frieden erlangen, der nur in der Sicherheit des eigenen Ich zu finden war [...]«[52] Aber das »eigene Ich« hatte sie längst verloren. »Ich arbeitete unablässig und war, was meine Arbeit betraf, sehr abergläubisch und niedergeschlagen; voller böser Vorahnungen [...] ich lebte in meiner eigenen stillen, gespenstischen, überempfindlichen Welt. Scott trank.«[53]

Einen Teufel hatte das Tanzen immerhin vertrieben: Zelda trank fast keinen Alkohol mehr. Dafür trank Scott um so mehr. Er ist depressiv, steckt in einer Schreibkrise. Das bisher in seinen Büchern beschriebene Lebensgefühl ist ihm abhanden gekommen, und Zelda, die es ihm vermittelt hatte, ebenfalls. Beunruhigt von den Anstrengungen, die sie auf sich nahm, um sich von ihm wegzubewegen, machte er ihre Bemühungen lächerlich. Über den Kreis, in dem sie sich so wohl fühlte, äußerte er sich verächtlich:

»Sie las nicht mehr, kannte und liebte nichts anderes als Tänzerinnen und ihre billige Anhängerschaft.«[54]

Sie wehrte sich, der Tanz sollte ihr gehören, also schrieb sie, um die Stunden selbst bezahlen zu können. Sie schrieb in dieser Zeit sechs Erzählungen, von denen jedoch fünf wieder unter seinem Namen erschienen.

In der Geschichte »Eine Frau mit Talent« schildert sie fast ihre eigene: Lou hat es trotz mangelnden Talents durch Ausdauer zu einer Bühnenkarriere gebracht. »Ich werde so hart arbeiten, daß es mich fast den Verstand kostet, und ich werde eine wunderbare Tänzerin sein«,[55] prophezeit sie Mann und Kind, die sie für ihre Karriere verläßt – um kurz darauf eine neue Ehe einzugehen.

Im September 1929 erhielt Zelda ein Angebot der Opera San Carlo in Neapel für einen Solopart in *Aida*, weitere Soloauftritte stellte man ihr in Aussicht. Sie schien am Ziel zu sein. Da war sie aber nicht mehr in der Lage, dieses Angebot anzunehmen. Sie lehnte ab. War sie zu erschöpft? Hat Scott sie nicht gehen lassen? Hat sie keiner ermuntert? Wollte sie Paris und Ljubow Jegorowa, ihre Tanzlehrerin, der sie »das allergrößte Glück« verdankte, nicht verlassen?

Bestandsaufnahme Ende 1929: Als Zelda anfing zu tanzen und »aus ihrem Talent etwas machte« – wie die von Scott verehrte Isadora Duncan und die von ihm geliebte Lois Moran –, machte er sie lächerlich. Als sie anfing, sich durchs Schreiben eine Identität zu geben, radierte er diese aus und setzte seinen eigenen Namen darunter. Ihre Lebensäußerungen fand sie in seinen Büchern wieder. Und als sie ihn wirklich brauchte, weil sie sich in einer Krise befand, winkte er ab: »Als ich dir erzählte, daß ich befürchtete, daß da in der Beziehung zur Jegorowa etwas nicht ganz normal sein könnte, da hast du gelacht.«[56]

Zelda befand sich in einer ernsthaften Identitätskrise. Sie, die so hart gearbeitet hatte, um sich abzugrenzen, war nun überhaupt nicht mehr in der Lage, Grenzen zu ziehen: »Bevor ich merkte, daß ich krank war, hatte in Paris für mich alles eine neue Bedeutung angenommen. Bahnhöfe, Straßen, Häuserfassaden. Die Farben waren grenzenlos, Teil der Luft und nicht eingezwängt in die Linien, die sie umgaben, und die Linien waren befreit von der Masse, die sie umschlossen.[57]

»Lassen Sie mich gehen, ich muß zu Madame, ihr verdanke ich das allergrößte Glück.«

Am 23. April 1930 wird Zelda zum ersten Mal in die Psychiatrie eingeliefert. »Lassen Sie mich gehen, ich muß zu Madame, ihr verdanke ich das allergrößte Glück!«, rief sie ein übers andere Mal bei ihrer Einweisung. Im Krankenbericht heißt es: »Es war offensichtlich, daß die Beziehung zwischen der Patientin und ihrem Ehemann sich seit langem gelockert hatte und daß die Patientin aus diesem Grund nicht nur versuchte, sich mit Hilfe des Balletts ein eigenes Leben aufzubauen (da das Familienleben und die Mutterpflichten ihren Ehrgeiz und ihre künstlerischen Interessen nicht befriedigen konnten), sondern sich auch von ihrem Ehemann zurückzog.« Auf die damals achtjährige Scottie angesprochen, habe sie gesagt: »Das ist erledigt. Ich möchte etwas anderes tun.«[58]

Die Ärzte schilderten Zelda als eine von krankhaftem Ehrgeiz zerfressene Frau, lieblose Ehefrau und herzlose Mutter. Und fünfzehn Monate später, als Zelda auf Probe entlassen wird, heißt es, sie leide an »schweren Minderwertigkeitsgefühlen (vor allem ihrem Mann gegenüber)«.[59]

Im gleichen Protokoll heißt es aber auch, »sie fürchte lesbisch zu werden und sie glaube, sie sei in ihre Tanzlehrerin verliebt und habe schon früher gedacht, sie sei in eine andere Frau verliebt.«[60]

Im Mai befindet sie sich in einer Klinik in der Schweiz,[61] unfreiwillig, wie sie zu Protokoll gibt. Darin heißt es weiter: »Außerdem berichtete die Patientin in einer ziemlich undeutlichen Weise von den physischen Empfindungen, die sie hatte und die sie mit ihrer Homosexualität in Verbindung brachte, das war ein weiterer Grund, nach Paris zurückzukehren [...] Ihr Ehemann [...] versuchte [...] Unterstellungen der Patientin zurückzuweisen, weil die Patientin den Ehemann der Homosexualität verdächtigte. Frau F. geriet in Erregung bei dem Gedanken daran, daß sie einerseits kostbare Zeit verlor und daß ihr andererseits das, was ihr am kostbarsten war, weggenommen wurde: Ihre Arbeit als Tänzerin und ihre lesbischen Neigungen.«[62]

An Scott schrieb sie: »Meine Einstellung zur Jegorowa war stets von einer tiefen Liebe geprägt: Ich wollte ihr helfen, weil sie ein guter Mensch ist [...] Ich wollte gut tanzen, damit sie stolz auf mich sein konnte, damit sie ein weiteres Instrument für ihre Vorstellungen von Schönheit hatte [...] und natürlich wollte ich ihr nah sein, weil sie kühl und weiß und schön war.«[63] Und 1932, da befand sie sich in der Phipps-Klinik in Baltimore, erinnerte sie sich: »Ich verehrte sie [...] Einmal gingen wir[64] mit ihr in ein russisches Kabarett, und ich füllte ihr Champagnerglas mit Margueriten [...] Sie erinnerte mich an eine Gardenie, deshalb schenkte ich ihr Gardenien und kaufte ihr ein orientalisches Gardenienparfüm.«[65]

Keine Frage: Zelda hatte sich in Ljubow Jegorowa verliebt. Die Ärzte aber behandelten Zeldas »Minderwertigkeitsprobleme gegenüber ihrem Mann«. Auch machte ihnen Zeldas Verdacht, Scott sei homosexuell, mehr zu schaffen als Zeldas Seelentumult, der vermutlich auch durch Probleme lesbischer Identitätsfindung entstanden war. Hat sie womöglich nicht nur tanzend, sondern aus Liebe zu einer Frau ihre Familie vernachlässigt?

Das Ehepaar Fitzgerald war mit Gertrude Stein und Alice B. Toklas befreundet, verkehrte bei Sylvia Beach und Adrienne Monnier, kannte Djuna Barnes, Bryher, Natalie Barney, Dolly Wilde, Janet Flanner und viele andere frauenbezogene Frauen, die sie im Deux Magots, im Flore, in der Closerie des Lilas, im La Coupole, in der Dingo Bar und anderswo trafen. Zelda wird gesehen haben, daß es eine Alternative gab zu der gescheiterten Beziehung mit Scott. Schon im Frühjahr 1925, erinnert sich Ernest Hemingway, habe Zelda ihren Mann »mit anderen Frauen eifersüchtig gemacht«.[66] Und 1929 reagierte Scott in seinem Notizbuch nervös auf angebliche Annäherungsversuche von Dolly Wilde, einer Cousine von Oscar Wilde. Sylvia Beach erzählt, daß Scott seiner Frau 1929 ein Perlenhalsband kaufte. »Sie schenkte das Halsband einer Negerin, mit der sie in einem der Nachtklubs da oben[67] tanzte, aber das Mädchen brachte es ihr am nächsten Morgen in aller Frühe zurück.«[68]

Zeldas Zusammenbruch wurde auf ihr exzessives Tanzen zurückgeführt. Der »wenig lärmende Charakter der Homosexualität«[69] wurde in der folgenden Therapie, die eine Rückorientierung auf die Familie anpeilte, überhört. Zelda schien sich zu fügen: »Ich war völlig irrsinnig und hatte einen Entschluß gefaßt: Ich wollte aufs Ballett verzichten und mit meinem Mann ein ruhiges Leben führen. Ich wollte das Bild der Jegorowa zerstören, mit dem ich vier Jahre lang gelebt hatte, meine Tutus und den Koffer voller Schuhe verschenken und mir das alles aus dem Sinn schlagen. Für mich sah die Sache jetzt so aus: Meine physischen Kräfte waren erschöpft [...] Wenn ich nichts Großes leisten konnte, lohnte sich das Weitermachen nicht, obwohl ich meine Arbeit bis zur Besessenheit liebte. Sie war damals das einzige auf der Welt, was mir gehörte.«[70]

Aber kurz darauf schlägt sie einen anderen Ton an: »Ich bin von meinem Mann abhängig, und er sagt, ich muß geheilt werden. Das sehe ich ein, aber da mich alles verwirrt, was mit ihm zu tun hat, sein Leben, in dem es für mich nichts gibt als äußerliches Wohlergehen, werde ich die Klinik mit einem festen Vorsatz verlassen: unter allen Umständen so zu leben, daß ich frei atmen kann.«[71]

Sie wird zunächst weder diese Klinik noch später die Kliniken in Amerika so verlassen, daß sie frei atmen kann.

»Ich bin untauglich für das Leben draußen, aber ich bin nicht unglücklich.«[72]

Es beginnt ein beispielloser und für alle Beteiligten – außer für Zelda – beschämender Prozeß von Bevormundung.

Der Versuch, Zelda ein Leben außerhalb der Psychiatrie, aber mit Scott, einzurichten, endete regelmäßig mit einem Desaster. Schuld daran war zu einem großen Teil Scotts Alkoholismus. Auch nach Meinung der Ärzte. »Dr. Forel sagt, ich soll Dich fragen, ob Du mit dem Trinken aufgehört hast – also frage ich Dich«, schrieb sie ihm 1931.[73] Aber er wollte und konnte mit dem Trinken nicht aufhören. Scheinheilig schreibt er, der bereits vor ihrer Ehe ein schwerer Trinker war, an Dr. Forel: »Als wir 1924 nach Europa kamen, begann ich, von ihr gedrängt, zum Abendessen Wein zu trinken und mich darauf zu freuen – sie trank ihn schon mittags, ich nicht.«[74] Auch jeder Versuch, ihn später in Amerika einer Entziehungskur zu unterziehen, scheiterte. Er befürchtete, daß man ihm einen Verzicht auf Alkohol als Eingeständnis einer Schuld an Zeldas Situation auslegen könnte. Scotts Alkoholorgien haben Zelda in ihrem labilen Zustand zutiefst traumatisiert. »Ich kann mit dir nicht leben. Lieber gehe ich in ein Irrenhaus, wo du mich sowieso längst hinstecken willst«, sagte sie während einer Auseinandersetzung.[75] Sie flieht aus ihrer Ehe. In immer kürzeren Abständen wird sie sich von nun an in der Psychiatrie aufhalten, oft freiwillig.

In ihrem »Asyl« in der Phipps-Klinik in Baltimore schreibt Zelda im Frühjahr 1932 in wenigen Wochen ihren autobiographischen Roman *Schenk mir den Walzer*. Scott ist außer sich. Die »drittklassige Tänzerin und drittklassige Schriftstellerin«[76] hatte sich an etwas vergriffen, was er für seinen Stoff hielt. Der Plagiator fühlte sich plagiiert. 1934 arbeitet sie, für kurze Zeit außerhalb der Psychiatrie, an einem neuen Romanmanuskript. Diese Stoffe, sagt sie ihm, »sind trotz allem mein rechtmäßiges Material, für das ich seelisch einen ziemlich hohen Preis bezahlt habe und das ich verwenden werde, sobald ich die notwendige innere Ruhe gefunden habe, um die Geschichte meiner selbst im Kampf gegen mich selbst zu erzählen.«[77] Sie wird dieses Buch nicht mehr schreiben, obwohl sie ihr Manuskript mit einem doppelten Schloß vor der Tür vor Scott sichert, der ihr verbietet, überhaupt Belletristik zu schreiben, und »wenn du ein Theaterstück schreibst, darf es nicht von Psychiatrie handeln, nicht an der Riviera spielen, auch nicht in der Schweiz, und es muß auf jeden Fall zuerst mir vorgelegt werden«.[78] Auch die Ärzte rieten Zelda von ihrem Romanprojekt ab, sie befürchteten Schaden für ihre Gesundheit.

»Bitte, sag mir, was ich tun soll«, schrieb sie daraufhin an Scott, »ich weiß es wirklich nicht.«[79]

Malen und Zeichnen durfte sie noch. Mit Scotts Hilfe stellte sie im März 1934 für eine New Yorker Galerie 13 Gemälde und 15 Zeichnungen zusammen. Unter den Bildern befand sich ein Portrait von Fitzgerald mit Dornenkrone und Zeichnungen von Balletttänzerinnen und -tänzern mit schrecklichen Klumpfüßen.

Dorothy Parker kaufte einige Bilder, aber sie sagte, daß sie es »nicht ertragen hätte, die Bilder zu Hause an der Wand zu haben. Diese blutrote Farbe [...] der Schmerz, die Verzweiflung, die sich hinter diesen Bildern verbarg.«[80]

Den Umschlag des Ausstellungskatalogs zierte ein Schwan mit Standarte, darauf stand: *Parfois la Folie est la Sagesse*.[81]

Ob Zelda in ihrem Wahnsinn weise geworden ist? Anfangs jedenfalls war sie immer dann am kreativsten, wenn sie von Scott getrennt war – also in der Psychiatrie. Und es besteht kein Zweifel daran, daß die begabte Frau mit »einem Zimmer für sich allein«[82] das erreicht hätte, wonach sie mit nicht enden wollender Energie strebte: Etwas ganz für sich allein zu haben.

PS: Am 10. März 1948 brach im Highland-Krankenhaus in Asheville ein Feuer aus. Für Zelda und acht weitere Patientinnen kam jede Hilfe zu spät, denn ihre Zimmertüren waren verschlossen, die Fenster mit Ketten gesichert.[83]

Anmerkungen

1 Nancy Milford: *Zelda. Die Biographie des amerikanischen Traumpaares Zelda und F. Scott Fitzgerald,* München 1987, S. 109.
2 Matthew J. Bruccoli: *Some Sort of Epic Grandeur. The Life of F. Scott Fitzgerald,* New York 1991, S. 296.
3 *The Romantic Egoists,* edited by Matthew J. Bruccoli, Scottie Fitzgerald Smith and Joan P. Kerr, New York 1974, S. 40.
4 Milford, S. 18.
5 Zelda Fitzgerald: *The Collected Writings,* edited by Matthew J. Bruccoli, London 1992 (Vorwort von Scottie Fitzgerald Smith).
6 Zelda Fitzgerald: *Schenk mir den Walzer.* Roman. Aus dem Amerikanischen und mit einem Nachwort von Anita Eichholz, München 1984, S. 7.
7 Zit. nach: Milford, S. 16.
8 Zit. nach: Milford, S. 21.
9 Zelda Fitzgerald, *Walzer,* S. 26.
10 Milford, S. 22.
11 Ebd., S. 25.
12 Zit. nach: Milford, S. 58.
13 1932 erzählte Scott Dr. Mildred Squire, die Zelda damals in der Phipps-Klinik in Baltimore behandelte, Zelda habe schon als junges Mädchen ein zügelloses Leben geführt, sei das »Stadtgespräch« gewesen und schon ein Jahr vor ihrer Heirat seine Geliebte geworden. Siehe Milford, S. 286.
14 Tony Buttitta: *The Lost Summer. A personal memoir of F. Scott Fitzgerald,* Foreword by Bryan Forbes, New York 1987, S. 49.
15 Zelda Fitzgerald, *Walzer,* S. 43.
16 Zit. nach: Milford, S. 46.
17 Zelda Fitzgerald, *Walzer,* S. 74.
18 Zit. nach: Milford, S. 59.
19 Zelda Fitzgerald, *Walzer,* S. 57.
20 Zelda in einem Brief an Scott, zit. nach: Milford, S. 57.
21 *This Side of Paradise* (*Diesseits vom Paradies*) erschienen am 26. März 1920.
22 Zit. nach: Milford, S. 56.

23 Ebd., S. 64.
24 Bruccoli, *Some Sort of Epic Grandeur*, S. 155.
25 Zelda Fitzgerald, *Walzer*, S. 61.
26 Ein Studienfreund aus Scotts Zeit in Princeton.
27 Zit. nach: Milford, S. 71.
28 Zwei Kurzgeschichten: »Der Eispalast« und »Jelly-Bean«, in: F. Scott Fitzgerald, *Der Rest von Glück. Erzählungen*, Zürich 1980.
29 Andrew Turnbull: *F. Scott Fitzgerald. Das Genie der wilden zwanziger Jahre,* München 1986, S. 127.
30 Zit. nach: Milford, S. 89.
31 *The Beautiful and Damned (Die Schönen und Verdammten).*
32 Zit. nach: Milford, S. 82.
33 Zelda Fitzgerald, *Walzer*, S. 105.
34 Sie retuschierte die nach der Geburt von Scottie und ihr aufgenommenen Fotos, bevor sie sie an die Presse weitergab.
35 Zelda Fitzgerald, *Collected Writings*, S. 397ff.
36 Ebd., S. 397ff.
37 Interview mit der Baltimore Sun, Herbst 1923. Zit. nach: Milford, S. 91.
38 Zit. nach: Milford, S. 95.
39 Ebd., S. 99.
40 Ebd., S. 100.
41 Zit. nach: Milford, S. 108.
42 *The Great Gatsby* (*Der große Gatsby*), erschienen am 10. April 1925.
43 Zelda Fitzgerald, *Walzer*, S. 146.
44 In einem Interview im Sommer 1925. Zit. nach: Milford, S. 110.
45 Zit. nach Milford, S. 113.
46 *Tender is the Night* (*Zärtlich ist die Nacht*), an dem er seit 1926 arbeitet, der aber erst am 12. April 1934 erscheint.
47 Zelda Fitzgerald, *Walzer*, S. 164.
48 Bruccoli, *Some Sort of Epic Grandeur*, S. 354.
49 Zit. nach: Milford, S. 118.
50 Zit. nach: Milford, S. 119.
51 Zelda Fitzgerald, *Walzer*, S. 161.
52 Ebd.
53 Zit. nach: Milford, S. 215.
54 Zit. nach: Milford, S. 152.
55 Zelda Fitzgerald, *Collected Writings*, »The Girl with Talent«, S. 325.
56 Ebd., S. 454 / Brief an Scott vom Spätsommer/Herbst 1930 aus Prangins.
57 Zit. nach: Milford, S. 146.
58 Zit. nach Milford, S. 139.
59 Zit. nach Milford, S. 172.
60 Bruccoli, *Some Sort of Epic Grandeur*, S. 343.

61 Die Klinik Val-Mont in Glion, wo sie sich im Mai 1930 aufhielt. Weitere Stationen ihrer Reise durch die Psychiatrie: Juni 1930 bis September 1931 in Prangins am Genfer See (wo Dr. Forel die Diagnose »Schizophrenie« stellte); Februar 1932 bis Juni 1932 Phipps-Klinik, Baltimore; Januar 1934 Sheppard-Pratt Hospital, Baltimore; März 1934 Wechsel in die Craig House Klinik, New York; Mai 1934 zurück ins Sheppard-Pratt Hospital und von dort im April 1936 ins Highland Hospital, Asheville, wo sie, mit Unterbrechungen (ab April 1940 lebte sie zeitweise bei ihrer Mutter in Montgomery) bis zu ihrem Tod 1948 blieb.
62 Bruccoli, *Some Sort of Epic Grandeur,* S. 345.
63 Zit. nach: Milford, S. 149.
64 Zelda und Scott.
65 Zit. nach: Milford, S. 213.
66 Ernest Hemingway: *Paris – ein Fest fürs Leben,* Reinbek bei Hamburg, S. 105.
67 am Montmartre.
68 Sylvia Beach: *Shakespeare and Company. Ein Buchladen in Paris,* Frankfurt 1982, S. 133 f.
69 Sigmund Freud.
70 Zit. nach: Milford, S. 140.
71 Zit. nach: Milford, S. 157.
72 Zelda in einem Brief an Scott aus der Phipps-Klinik 1932. Zit. nach: Milford, S. 188.
73 Zit. nach: Milford, S. 150.
74 Zit. nach: Milford, S. 151.
75 Bruccoli, *Some Sort of Epic Grandeur,* S. 412.
76 Zit. nach: Milford, S. 238.
77 Zelda Fitzgerald, *Collected Writings,* Brief an Scott aus Phipps-Klinik, April 1932, S. 239.
78 Zit. nach: Milford, S. 239.
79 Zit. nach: Milford, S. 258.
80 Zit. nach: Milford, S. 253.
81 Manchmal liegt im Wahnsinn die Weisheit.
82 Virginia Woolf, *Ein Zimmer für sich allein,* Frankfurt 1981.
83 F. Scott Fitzgerald starb am 21. Dezember 1940 in Hollywood nach einem Herzinfarkt.

Fitzgerald, Zelda
The Collected Writings. Edited by Matthew J. Bruccoli, London 1992
Schenk mir den Walzer. Roman. Aus dem Amerikanischen und mit einem Nachwort von Anita Eichholz, München 1984

Fitzgerald, F. Scott
Diesseits vom Paradies. Roman
Der große Gatsby. Roman. Aus dem Amerikanischen von Walter Schürenberg, Zürich 1974
Der letzte Taikun. Roman. Aus dem Amerikanischen von Walter Schürenberg, Zürich 1977
Meistererzählungen. Ausgewählt und mit einem Nachwort von Elisabeth Schnack. Aus dem Amerikanischen von Walter Schürenberg u. a., Zürich 1988
Der Rest vom Glück. Erzählungen. Aus dem Amerikanischen von Walter Schürenberg, Zürich 1980
Wiedersehen mit Babylon. Erzählungen. Aus dem Amerikanischen von Walter Schürenberg, Elga Abramowitz und Walter E. Richartz, Zürich 1980
Zärtlich ist die Nacht. Roman. Neu übersetzt von Walter E. Richartz und Hanna Neves, Zürich, 1983
The Letters of F. Scott Fitzgerald, Edited by Andrew Turnbull, New York 1990

Aldrich, Elizabeth Kaspar: »The most poetical topic in the world: Women in the Novels of F. Scott Fitzgerald«, in: *Scott Fitzgerald: The Promises of Life,* edited by A. Robert Lee, New York 1989, S. 131-155
Beach, Sylvia: *Shakespeare and Company. Ein Buchladen in Paris.* Aus dem Amerikanischen von Lilly v. Sauter, Frankfurt am Main 1982
Blume, Mary: *Côte d'Azur. Geschichte und Geschichten von der Belle Epoque bis zur Gegenwart.* Ins Deutsche übertragen von Michael Schmidt, München 1993
Bruccoli, Matthew, J.: *Some Sort of Epic Grandeur. The Life of F. Scott Fitzgerald,* New York 1991
Busch, Andrea: *Ladies of Fashion. Djuna Barnes, Natalie Barney und das Paris der 20er Jahre,* Bielefeld 1989
Buttitta, Tony: *The Lost Summer. A personal memoir of F. Scott Fitzgerald,* New York 1987
Dardis, Tom: *The Thirsty Muse. Alcohol and the American Writer,* New York 1989
Duby, Georges, und Michelle Perrot: *Geschichte der Frauen. 20. Jahrhundert.* Herausgegeben von Françoise Thébaud, Frankfurt 1995

Fitch, Noel Riley: *Die literarischen Cafés von Paris.* Aus dem Amerikanischen von Katharina Förs und Gerlinde Schermer-Rauwolf, Zürich 1993

Fryer, Sarah Beebe: *Fitzgerald's New Women. Harberings of Change,* London o. J.

Hardwick, Elizabeth: »Zelda«, in: Elizabeth Hardwick: *Verführung und Betrug. Frauen und Literatur.* Essays, Frankfurt 1986, S. 105-122

Gretter, Susanne (Hg): *Einblicke und Ausbrücke. Lebensskizzen berühmter Frauen,* Frankfurt am Main 1994

Haight, Mary Ellen Jordan: *Spaziergänge durch Gertrude Steins Paris.* Aus dem Amerikanischen von Karin Polz, Zürich 1989

Hemingway, Ernest: *Paris – ein Fest fürs Leben.* Aus dem Amerikanischen von Annemarie Horschitz-Horst, Reinbek bei Hamburg 1971

Laing, Ronald D.: *Das geteilte Selbst. Eine existenzielle Studie über geistige Gesundheit und Wahnsinn.* Aus dem Englischen von Christa Tansella-Zimmermann, München 1991

Marti, Madeleine, Angelika Schneider, Irena Sgier, Anita Wymann (Hg.): *Querfeldein.* Beiträge zur Lesbenforschung, Bern, Zürich, Dortmund 1994

Milford, Nancy: *Zelda. Die Biographie des amerikanischen Traumpaares Zelda und F. Scott Fitzgerald.* Aus dem Amerikanischen von Gertrud Baruch, München 1987

Rieder, Ines: *Wer mit Wem? Hundert Jahre Lesbische Liebe. Berühmte Frauen, ihre Freundinnen, Liebhaberinnen und Lebensgefährtinnen,* Wien 1994

Schizophrenie und Familie. Beiträge zu einer neuen Theorie von Gregory Bateson u. a. Übersetzt von Hans-Werner-Saß, Frankfurt am Main 1969

Showalter, Elaine: *The Female Malady. Women, Madness, and English Culture,* 1830-1980, New York 1985

Stephan, Inge: »Ich habe Katzengedanken, die auf Mäusegedanken Jagd machen«. Leben und Schreiben von Zelda Fitzgerald, in: Inge Stephan: *Das Schicksal der begabten Frau. Im Schatten berühmter Männer,* Stuttgart 1989, S. 193-212

Szazs, Thomas S.; *Schizophrenie – das heilige Symbol der Psychiatrie.* Übersetzt von Brigitte Stein, Wien 1979

Turnbull, Andrew: *F. Scott Fitzgerald. Das Genie der wilden zwanziger Jahre.* Aus dem Amerikanischen von Alexandra von Reinhardt, München 1986

Tytell, John: F. Scott Fitzgerald und Zelda, in: John Tytell: *Leben, Liebe, Leidenschaft.* Fünf Porträts. Aus dem Amerikanischen von Ebba D. Drolshagen, Zürich 1993

Vidal, Gore: Der Fall F. Scott Fitzgerald, in: Gore Vidal: *American Plastic. Über Literatur und Politik.* Aus dem Amerikanischen von Helmut Winter, Hamburg 1986, S. 168-198

Lore Berger
1921-1943

»Ich sah oft mehr, als ich wollte«

Von Liliane Studer

Am 19. Juli 1943 reichte Lore Berger das Typoskript des Romans *Der barmherzige Hügel* bei der Jury des Gutenberg-Wettbewerbs in Zürich ein. Der Sendung legte sie folgendes Begleitschreiben bei:

»Sehr geehrte Jury,
ich möchte mir gestatten, mich mit beiliegender Arbeit ›Der barmherzige Hügel‹ am literarischen Wettbewerb der Büchergilde Gutenberg zu beteiligen.
Viele Worte möchte ich um meinen Roman nicht machen – – er hat mich deren genug kostet. Vielleicht darf ich einfach kurz auf seinen Ursprung hinweisen. Ich bin eine noch nicht zweiundzwanzigjährige Baslerin, habe einige Semester phil. studiert und mich ab und zu in journalistischer Hinsicht (Feuilletons, Rezensionen, Kindergeschichten, Märchen etc.) betätigt und arbeite jetzt als Sekretärin an einer staatlichen Stelle. Als ich im Heft der Büchergilde die Ausschreibung eines Literaturpreises sah, dachte ich, offen gestanden, zuerst nur sehr wenig an die Möglichkeit einer Beteiligung. Ich wußte nicht, ob ich ein größeres Publikum mit dem, was als Stoff für mich in Frage kam, behelligen wollte und durfte. Doch dann ging ich eines Abends über den großen Hügel, von dem meine Geschichte handelt und den ich bewohne. Und ich wurde mir wieder einmal bewußt, wie sehr ich diese Landschaft liebe, und wünschte mir (bei allem Lokalpatriotismus), daß auch andere, mehr Menschen jedenfalls, eine Ahnung seiner Schönheit haben möchten. Ich begann zu schreiben.
Ich schrieb Selbsterlebtes. Ich schrieb neben dem Militärdienst, neben der Berufsarbeit. Ich litt noch einmal und sah Altes neu –. Ich sah oft mehr, als ich wollte. Die Personen, von denen meine Geschichte erzählt, sind mir teilweise so nahe gestanden. Oft fürchtet man sich dann beim Aufzeichnen – –. Aber der Hügel

Lore Berger (um 1942)

war immer da, und auch heute, wo ich mit meiner Arbeit zu Ende bin, sie ein letztes Mal überlese, hier ein Komma und dort einen Verschrieb korrigiere, wird mir bewußt, was er mir bedeutet. Er gibt mir ganz eigentlich den Mut, das preiszugeben, was in den vorliegenden Seiten zu lesen ist.
Mehr habe ich wohl nicht das Recht zu sagen. Höchstens möchte ich, rein äußerlich, bemerken, daß in meinem Roman nicht alle Seiten numeriert wurden: Die kurzen Abrisse vor den einzelnen Kapiteln blieben ohne Seitenzahl. Es geschah dies aus technischen Gründen. Eine Änderung könnte jedoch sehr wohl erfolgen. Zweitens hat mir die Klassierung (Kategorie A oder B)[1] viel Kopfzerbrechen verursacht: Meiner Ansicht nach und auch meiner Tendenz entsprechend, könnte die Erzählung ohne weiteres unter B klassiert werden. Sie enthält ein beträchtliches Stück aus meinem eigenen Lebenskreis (Leben unserer Zeit – Schilderung gewisser zeitbedingter Probleme) – –
Aber daneben möchte ich nicht allzu sehr der einen Richtung Sklave sein. Ich möchte meinen Aufzeichnungen nicht einen Anstrich geben, von dem ich nicht weiß, ob sie ihn verdienen – –. Kann nicht auch in den Romanen der Klasse A schweizerisches Leben und schweizerische Landschaft erhalten sein! Ich bitte Sie, meine Arbeit mit Wohlwollen zu prüfen. Ich habe lange an ihr geschrieben: Die Stelle meines Schreibtisches, wo das Manuskript zu liegen pflegte, ist um ein gutes Stück heller als die übrige Fläche der Tischplatte. Ich habe in glücklichen und unglücklichen Stunden geschrieben, habe vielleicht mehr von mir selbst in diese Seiten gelegt, als mir selbst lieb war und ich überhaupt wußte – –. Doch heute weiß ich nicht viel mehr über meine Arbeit zu sagen, als daß sie mich viel gekostet hat, daß ich sie während ihres Entstehens liebgewonnen habe und mich heute von ihr trenne, als wäre sie lebendig ...
Meine Adresse finden Sie in beigeschlossenem Kuvert.
Mit vorzüglicher Hochachtung.«

Vier Wochen später war Lore Berger tot, sie stürzte sich am 14. August 1943 vom Wasserturm auf dem Bruderholz, dem Wahrzeichen des »barmherzigen Hügels«. Wie die Jury auf ihren Roman reagieren würde, hatte sie nicht mehr erfahren. Auch nicht, was der Vater dazu meinte. Die Familie. Die gezeichneten Personen aus ihrem Bekanntenkreis.

Lore Berger – die Lebensdaten

Lore (Lenore) Berger wird am 17. Dezember 1921 in Basel geboren. Der Vater ist Gymnasiallehrer, die Mutter Hausfrau. Sie ist das erste Kind des Ehepaares, ein Bruder kommt 1926 zur Welt. Die Familie wohnt im St.-Alban-Quartier, einem gutbürgerlichen Wohnviertel. Als Säugling leidet Lore an einer schweren Infektionskrankheit, die erst nach langwieriger Behandlung geheilt werden kann. Lores Eltern gehören keiner Religionsgemeinschaft an, die Kinder werden demzufolge nicht getauft. Beide Kinder werden streng und nichtreligiös erzogen. Lore wird vom Vater schon früh zur Beschäftigung mit Literatur angehalten. Nach Aussagen des Bruders Louis-Edgar Berger wies Lore eher die (männlichen) Charakterzüge des Vaters auf, wohingegen er, der Sohn, der Mutter nachgeschlagen sei.

1928 zieht die nun vierköpfige Familie in ein Haus am Fuß des Bruderholzes. Dieser Hügel im Westen Basels ist das Wohnquartier der reicheren Basler Bevölkerung, wobei gilt: Je höher der gesellschaftliche Rang einer Familie, desto weiter oben am Hügel wohnt sie.

Lore besucht von 1928 bis 1932 die Primarschule. Als Schülerin mit überdurchschnittlichen Leistungen setzt sie ihre Ausbildung im Gymnasium der Basler Töchterschule fort. Bald schon beginnt sie eigene literarische Arbeiten, wie Gedichte, Kurzgeschichten und Märchen, zu schreiben. Mit fünfzehn Jahren, 1936, läßt sich Lore auf eigenen Wunsch konfirmieren.

Im Juli 1938 verliebt sich Lore Berger in einen jungen Mann, eine Erfahrung, die sie tief prägt und die sie später in ihrem einzigen Roman *Der barmherzige Hügel* literarisch verarbeitet. Nach dem unglücklich verlaufenen Liebeserlebnis erkrankt Lore im folgenden Herbst schwer. Die Diagnose lautet: Hypophysäre Kachexie. Die Symptome sind schlechter Allgemeinzustand, Lustlosigkeit, Appetitlosigkeit. Die Krankheit wird rein medizinisch behandelt, insbesondere mit Bluttransfusionen. Lore Berger erholt sich wieder, ab 1939 gilt sie als geheilt.

Im gleichen Jahr besteht sie die Maturitätsprüfung und immatrikuliert sich an der Philosophischen Fakultät der Universität Basel. Sie besucht Vorlesungen und Übungen in den Fächern deutsche, italienische und französische Sprache und Literatur sowie Kunstgeschichte. Ab 1939 beginnt sie als regelmäßige Mitarbeiterin der

Zeitschrift *Schweizer Hausfrau* und betreut dort als »Tante Lore« die Kinderseite. Ein Jahr später arbeitet sie bei der Studierendenzeitung der Universität Basel mit und veröffentlicht Feuilletons in den *Basler Nachrichten*. Für das Studium vermag sie sich immer weniger zu begeistern.

Am 18. Juni 1941 läßt sich Lore Berger, wie es bei jungen Schweizerinnen gerne gesehen wird, für den Frauenhilfsdienst rekrutieren. Hierfür ist auch eine gründliche medizinische Untersuchung nötig. Lore Bergers Gesundheitszustand wird als gut bezeichnet. In der Folge besucht Lore vom 21. Juli bis 2. August 1941 einen Einführungskurs als FHD und leistet anschließend vom 8. September bis 4. Oktober erstmals FHD-Dienst bei einer Stabsstelle. Vom 13. Februar 1942 bis 1. Juni 1943 ist sie als FHD-Büroordonnanz beim Territorialgericht 2B tätig. In dieser Zeit schreibt sie auf die Rückseite von Gerichtspapieren den Entwurf ihres Romans, mit dem sie am literarischen Wettbewerb der Büchergilde Gutenberg teilnimmt.

Am 1. Juni 1943 beendet sie ihre Tätigkeit als FHD, wohl da ihrer Forderung nach Solderhöhung nicht nachgekommen worden ist. Sie findet eine neue Stelle als Sekretärin bei der Basler Vormundschaftsbehörde. Am 19. Juli reicht sie ihren Roman ein, am 14. August nimmt sie sich das Leben. Lore Berger wird auf dem Basler Hörnli-Friedhof begraben, die Grabplatte trägt auf Wunsch des Vaters die Inschrift »Amor morte fortior«.

Für die Familienchronik ihres Vaters hat Lore Berger als 17jährige den folgenden Lebenslauf verfaßt:

> »Mein Leben beschränkt sich auf siebzehn Lenze und läßt sich mit Leichtigkeit folgendermaßen symbolisieren. ›Vixi et quem dederat cursum fortuna peregi‹ – (Ich lebte und nahm den Lauf, den mir das Schicksal gegeben hatte). Wobei bemerkt sein soll, daß ich des öfteren versucht habe, den ›cursus fortunae‹ (Verlauf des Schicksals) etwas nach meinem Geschmack abzuändern und auszuschmücken. Dies ist mir aber meistens mißlungen. Die äußeren Lebensetappen spielen für mich keine große Rolle. Man hat mich 1928 bis 1932 in die Gundeldinger Primarschule gehen sehen; ich kann nicht behaupten, daß ich mich dort ausnehmend glücklich gefühlt hätte. Auch machten mir neben Schönschreiben, Handarbeit und Zeichnen einige heuchlerische Freundinnen große Sorgen und des öfteren üble Laune.
>
> Mein Schuleintritt fiel zusammen mit unserem Wohnungswech-

sel aus dem kühlen St.-Alban-Quartier in die sonnendurchfluteten Gefilde des Bruderholzes. Der Schulweg durch die ›Wolfsschlucht‹ war denn auch bald ein allgemein umstrittenes Problem, das zu mannigfachen Verboten, Androhungen, Schilderungen von Räubern usw. Anlaß gab und meine seelische Gänsehaut ziemlich beeindruckte. Auch habe ich von jeher eine besondere Vorliebe an Gespenstergeschichten und düsteren Begebenheiten genommen; dies ist mir aber inzwischen etwas abhanden gekommen.

Nach recht und schlecht bestandener Aufnahmeprüfung nahm mich die Kultur der Töchterschule in ihre Arme. Ich darf wohl sagen, daß ich die ersten zwei Jahre Gymnasium regelrecht verschlief. Keine einzige Erinnerung an diese Zeit ist mehr als ein vages, dämmeriges Bild. Nachher erwachte ich und fand mich unter der kalten Dusche meines Flegelalters. Jeder Mensch erinnert sich wohl an diese Eltern und Erziehern gemeinhin verhaßte Periode, wo man wächst, in der Lateinstunde Zwetschgensteine spickt und sich recht unmöglich aufführt. Dieser Zeit folgte dann bald eine eher kultivierte Etappe: Konfirmation bei Pfr. Schmid, St. Elisabethen.

Ich bin seither eigentlich ziemlich verändert; auch habe ich Locken gedreht und angefangen, die Zeitung, den Jazz und noch andere Privilegien einer erwachsenen Welt zu schätzen. Dabei habe ich das Gefühl, ein vollkommen unbedeutender und etwas fehlgeratener Sprößling unserer Familie zu sein. Meine Zukunft liegt im Dunkel und ich kümmere mich nicht darum.

Auch ist mein Scriptum zu seiner ihm von mir zubemessenen Länge und damit zum Abschluß gediehen.

Lenore Berger.

Basel, den 13. August 1939.«[2]

Die verhängnisvolle Liebe des Vaters

Louis F. Berger, der Vater von Lore, wurde vom Freitod seiner Tochter völlig unvorbereitet getroffen. Er tat sich schwer damit und setzte sich intensiv mit dem Ereignis auseinander; eine überzeugende Erklärung fand er nicht. »Was zwang Dich, Dich von der Höhe des schreckhaften Turmes zu stürzen? Haben die Gesichte, die Du schufst, Dich grausam verfolgt? Waren die Spannungen, die Dich beherrschten, zu mächtig geworden? Wir wissen es nicht. Ich glaube, liebe Tochter, Du bist an einer erhabenen Liebe zugrunde gegangen. Unerbittlich logisch hast Du die Konsequenzen gezogen. Höhepunkte hattest Du erlebt. Nach Höhepunkten in Niederungen hinabzusteigen, schien Dir unwürdig.«[3] Im Nachwort zur Erstausgabe des Romans 1944 zeigt sich Louis F. Berger als verständnisvoller Vater, dem das Wohl seiner Tochter sehr am Herzen liegt. Doch dringen seine klare Haltung und seine moralische Einstufung der Dinge durch, wie sie Jahre später im Gespräch mit dem Bruder bestätigt werden und wie dies Lore Berger bereits in ihrem Tagebuch festhielt: »13. Mai 1938. Manchmal scheint es mir, als ob meine Eltern mich gar nicht liebten. Ich vergesse nicht so schnell die spöttischen Worte meines Papa: Mädchen in diesem Alter sind Monstren, sie *glauben* sich unverstanden etc. Sie *glauben* sich. Nein. Sie sind.«[4]

Es läßt sich schwer abschätzen, was es Lore Berger gekostet haben mußte, solche Worte über ihren Vater aufzuschreiben. Ihr Respekt vor den Eltern, insbesondere vor dem Vater, war groß. Und trotzdem fühlte sie sich bevormundet, eingeengt, nicht ernst genommen. Der Vater habe sich ganz als Familienoberhaupt verstanden, betont der Bruder noch heute, gleichzeitig empfand er intensive Gefühle der Liebe für seine Tochter, die im schon zitierten Nachwort deutlich werden, so etwa wenn er schreibt: »Wie fehlst Du uns allen! Deine unergründlich blauen, bald tiefernst blitzenden Augen – wir sehen sie nicht mehr. Dein Haar – ein blondes Wunder aus Platin und Gold – es ist nicht mehr. Deine Energie, Dein Charme, Dein schlagfertiger Esprit, Deine wohlklingende Stimme, Deine pfirsichweichen Händchen – sie leben nur noch in unserer Erinnerung.«[5] Aber auch Sätze wie »Sie war prachtvoll gewachsen und von einer bestrickenden Liebenswürdigkeit« oder »Ein goldlauterer Mensch. [...] Lore war die Verkörperung des dynamischen Prinzips – strahlend, wärmespendend, belebend«[6] lesen sich wie Liebesbeteuerungen eines Mannes an seine Geliebte, doch geschrieben hat sie ein Vater in einem Text zum Erscheinen des Romans seiner verstorbenen Tochter.

Wie sehr der Vater auch ein Jahr nach der Tat noch verletzt war, läßt sich im gleichen Text nachlesen: »Lore hat ihr Urteil selbst gefällt. Wir gönnen ihr die Ruhe, die sie, ein Kind der Zeit, sich selbst gewünscht und gegeben hat. Denn, wer möchte Richter sein?«[7] Bereits früher einmal befand sich Lore in einer existentiellen Krise. Der Vater erkannte schon damals, daß sie sterben wollte, »mit ihrem dämonischen Willen brachte sie ihren Körper dazu, daß er ihr gehorchen mußte«. Denn: In der Zeit, als Lore oben zitierten Lebenslauf verfaßt habe, sei sie ernsthaft krank, entsetzlich abgemagert gewesen. »Ein Arzt meinte zu ihrer Mutter, Rettung sei ausgeschlossen. Alle seelischen Leiden seien nur eine Folge der Verkümmerung der Hypophyse, eines wichtigen Drüsenreglers im Gehirn. Ich hatte immer die Überzeugung, daß irgendein seelisches Leiden bei Lore das Primäre sei.« Die erste unglückliche Liebe habe sie auf diesen unheilvollen Weg gebracht. Obschon der Vater ein psychisches Leiden erkannte, setzte er doch alles daran, die Tochter rein medizinisch zu behandeln. Im Gespräch meint der Bruder, damals habe es auch in ihrer Familie etwas Anrüchiges gehabt, wenn sich jemand in psychiatrische Behandlung begeben mußte. Den Schritt zu tun hätte bedeutet, das eigene Versagen als Eltern einzugestehen.

In diesen ersten Monaten des Jahres 1939 spielte sich ein Kampf auf Leben (Vater) und Tod (Tochter) ab, den in dieser Konstellation die Tochter nur verlieren konnte. Daß der Vater seinen Sieg in der erzwungenen Gesundung Lores sah, mutet schon fast zynisch an und dürfte für die Tochter kaum ohne Folgen geblieben sein.

> »Es hob ein furchtbarer Kampf zwischen den verbündeten Eltern und Ärzten gegen Lores Willen mit allen Mitteln, Einspritzungen, Transfusionen an: Wir siegten. Lore wurde wieder gesund. [...] Sie erholte sich zusehends. Ihre Haare zeigten wieder das frühere, prachtvolle Platinblond, die tief blauen großen Augen begannen wieder zu strahlen, legten ihren matten Glanz ab. Die Lebenslust kehrte wieder, überschäumend. Lore lachte, tanzte, lernte, schrieb.«[8]

Das Tagebuch – Ausdruck des unersättlichen Lebenshungers

Welches die tatsächlichen Gefühle von Lore in diesen Monaten waren, die sie so behutsam vor ihrem Vater (und ihrer Mutter, bezeichnenderweise tritt diese aber kaum in Erscheinung) verstekken mußte, läßt sich in ihrem Tagebuch aus diesen Monaten des Jahres 1938 und 1939 nachlesen, in denen sie an schwerer Magersucht – wie wir heute sagen würden – erkrankt war. Es schreibt eine junge Frau, die ihr »Tagebuch eines unbedeutenden Menschen« am 7. April 1938 mit folgenden Sätzen beginnt: »Mit Absicht habe ich den größeren Teil des Buches für Gedanken und Erlebnisse eingeräumt. Ich will ja damit nicht sagen, daß meine Gedanken viel wert sind. Nein. Wert sind sie vielleicht überhaupt nichts. Aber ich möchte mir die Möglichkeit geben, so, wie vorher im blauen Heft, einmal das auszusprechen, was mich sonst zu Boden drückt und mir alle Freude am Leben nimmt.« Sie schreibt von Schmerz, Alleinsein, von Todessehnsucht und Fatalismus. Warum nur mußte sie dies alles erleiden, lautet die immer wiederkehrende Frage. Was auf den hundertfünfzig Seiten nachzulesen ist, wird zum erschütternden Dokument einer sensiblen, klarsichtigen Frau, erst siebzehn Jahre alt, die – und das sei nicht vergessen – in den düsteren Monaten vor Kriegsausbruch verzweifelt nach dem Sinn des Lebens sucht und ihn nirgends zu finden vermag.

> »12. April 1938. Meine Tante geht mit ihren 2 kleinen Kindern nach Hause. Dort kocht sie Nachtessen, der Mann ißt, schläft – am andern Tag hat sie vielleicht Wäsche – die Glätterin glättet, der Briefträger verträgt Briefe – warum? Warum leben wir so? Warum sind wir Menschen so entsetzlich? Nie habe ich für die Menschen Liebe empfunden – außer für Eltern oder spezielle Menschen. Was nützt es denn, die Menschen zu lieben? Warum darf ich denn nicht allein sein?
> Ich werde jeden Tag trauriger – nach außen hin jeden Tag vergnügter. Aber in mir lebt das Feuer und es wird mich verbrennen, einmal, gleich wann. Ist es Schwäche, solche Dinge zu denken?«

Lore Berger kann sich schlecht mit dem Gewöhnlichen arrangieren. Gewöhnliche Menschen kann sie nicht ausstehen, der tägliche Trott ist ihr verpönt, ein Leben, wie es von den meisten Menschen geführt wird, ist für sie keineswegs erstrebenswert. Sie sucht nach etwas anderem im Leben, sie stellt Fragen, zweifelt. Das hielt auch der Vater in seinem Roman-Nachwort fest, nicht ohne lehrerhaften Unterton:

> »Der dritte Akt des Dramas hob an. Du begannest an allem zu zweifeln. Vergebens sagte ich Dir, daß man nicht alle Probleme von Grund auf neu stellen und lösen könne. Verlangt die Kultur

nicht, daß gewisse Gegebenheiten als feststehend anerkannt werden? Nur die größten Philosophen können es wagen, Grundprobleme immer wieder neu aufzuwerfen. Du hörtest nicht auf mich. Dein fatales Erbstück, ein gigantischer Wille, ging mit Dir durch. Du wolltest alles kennenlernen. Du stürztest Dich ins Leben, wildbachartig. Unscheinbare Erlebnisse wurden in Dir zu erratischen Gefühlsblöcken, die Dein Dasein zermalmten. Deine tiefinnerliche, alles verarbeitende Natur war dem Ansturm der Gefühle, den Widerwärtigkeiten und Enttäuschungen des Lebens nicht gewachsen. Du erlebtest Hohlheit und Haltlosigkeit wertloser Bluffmenschen, die Du ernst genommen hattest.«[9]

Zwar sah der Vater richtig, daß Lore Berger allem gegenüber große Zweifel hegte, doch verkannte er, daß es nicht in erster Linie um die richtigen Antworten – die es im übrigen nicht gibt – gehen kann, sondern um das wahre Glück im Leben für eine Frau Ende der 30er Jahre. Im Roman *Der barmherzige Hügel* formuliert Esther folgende trostlose Perspektive:

»Ich überfliege in diesen paar Minuten mit fremder Sachlichkeit mein Leben und sehe ein, daß es bereits elend, nutzlos, stumpfsinnig ist, daß mein Studium zu nichts führen wird, daß ich nicht die dritte biedere Kusine in der Familie sein will, die das Mittellehrerexamen besteht, sich das Haar intellektuellerweise straff nach oben kämmt (Eulennestfrisur) und ihre Winterferien in rauhen, pädagogisch interessanten Schulkinder-Skiferienlagern totschlägt, daß ich mir meinen Lebenskreis nicht bieder und bourgeois, sondern sehr reich oder sehr arm gewünscht hätte, daß ich in den nächsten Tagen von meiner Redaktorin ein Manuskript zurück und meine monatliche Migräne bekommen werde. – Ich denke an unsere trostlos langweiligen Sonntage und ich denke an unsere trostlos fleißige Woche. An mein trostlos blaues Ballkleid und meinen trostlos plumpen Sonntagshut. Ich sehe, in einer plötzlichen und ziemlich schmerzhaften Vision, wie ich mich seit meiner Geburt verzweifelt gegen die Einförmigkeit und Langeweile meines Lebens gewehrt habe, gegen die nicht schlechte, aber unterernährte Moral meiner Erziehung, gegen die offenkundigen Wartesaalallüren meiner eigenen Person.«[10]

Obwohl Tagebuch und Roman auch von der einen großen Liebe handeln, glaubte Lore Berger nicht an ein gemeinsames Glück von Frau und Mann.

»25. Juni 1939. In seltsamer Verzerrung Männer und Frauen – Frauen, die lachend von einem spitzen Messer durchstoßen werden, Männer, die weinend küssen – keine Befriedigung, ein unverständliches Chaos von Ideen – ein schrilles Klagen und, zugleich, ein unendlich weiches, schweres, sehnsüchtiges Auflachen. – Und dann der jähe Ausbruch der versteckten Gefühle. Frauen kreischen, zetern, Männer lachen, grinsen, verzerrte Gesichter, leichenfahl, mit violettem Schimmer, flackernde Kerzen, eine grüne Faust – ein Knack, eine zerbrochene, rotgoldene Geige – und schwer und stark duften rote und weiße Nelken.«

Ihre Sehnsucht umschreibt sie im langen Tagebucheintrag vom 10. April 1938 mit folgenden Worten:

»Ich suche etwas. Wahrscheinlich das Glück, die Sonne.

Ich habe ja sosehr Hunger nach der Sonne.

Ich liebe die Sonne, mehr als Menschen, mehr als mich selbst.

Nein – nein – nicht mehr. Nur ganz anders.

Ich strecke die Hände aus – die Fingerspitzen tasten, vibrieren, irgendetwas ist da, steht vor mir – ich – nein, nein, ich finde es nicht. Ich reiße die Augen auf. Sie sehen einen Schimmer – wo? Da – nein – dort – wo – Herrgott – wo ist Licht? Wo ist es? Nur im Rausch, im Sonnenrausch, im Glücksrausch ist es, der Kern davon. Der Kern von Kälte oder Hitze oder Durst oder Hunger – ist es das?

Nein, nur der Kern von geistiger Kälte, vom Durst der Seele und dem Fieber, das mein Herz verzehrt.

Es ist Sehnsucht, es ist nicht Erfüllung. Ich bin überzeugt, daß man erst im Tod, im Moment der Auflösung, satt wird. Selig kann man auf der Erde nicht werden. Nie, ich kann es nie.

Rätselhaftes, seltsames Schicksal.«

Beim Lesen des Tagebuches, das in erschütternder Weise die verzehrende Auseinandersetzung von Lore Berger mit der Realität, mit der Umwelt und mit ihren Träumen und Sehnsüchten dokumentiert, wird immer wieder der Zwiespalt deutlich: Hin- und hergerissen zwischen der unabdingbaren Liebe zum Vater und dem Drang, auszubrechen aus der umgarnenden Bindung, versinkt sie in Fatalismus, um gleich auf den nächsten Zeilen sich auch dagegen aufzulehnen. Die Sehnsucht nach dem bedingungslosen Glück will sie sich nicht nehmen lassen, auch wenn sie weiß, daß es nie eintreten wird. »Aber ich mache ja nur durch, was tausende mit mir durchmachen, und auf mich wartet ja der Tod. Aber ich werde kämpfen. Gehen lasse ich mich nicht. Ich werde dieser ganzen spottsüchtigen Gesellschaft die Zähne zeigen. Einmal muß ich leben dürfen, das Recht, das Recht darf mir niemand nehmen ...« In diesem Zusammenhang wird die Mutter erwähnt, die für Lore Berger die Sonne, Leben, verkörpert: »Mama, Du bist für mich ein Teil der Sonne, alles das, was schön ist, ist Sonne, einmal im Leben Sonne sehen und nicht nur sehen (wie oft habe ich sie gesehen) – sondern scheu empfinden – Sonne *leben* dürfen!« Doch auch hinter der Sonne steht der Tod – und gegen ihn wendet sie sich, trotzig-aufmüpfig, eine Siebzehnjährige: »Und siehe, da kommt die Sonne ein letztes Mal zwischen den grauen Bleiwolken heraus – und das heißt sterben. – Aber ich bin keineswegs gesinnt, so ohne weiteres wieder zu verschwinden. – Manchmal habe ich das Gefühl, daß ich doch noch vor meinem Tod ein paar Kleinigkeiten unternehmen könnte. Und vielleicht bin ich ja auch zu etwas da ... Es ist so hübsch, an diese kleine Illusion zu glauben, und ich werde das tun, obwohl mein Vater mich auslachen würde.« Obwohl der Vater sie auslachen würde – in diesen Worten steckt eines der großen Dilemmas der Lore Berger, die Auflehnung gegen den übermächtigen Vater, der es immer nur gut meinte. Es ist eine Auflehnung, die sich nur im stillen vollziehen kann, heimlich, durch Verweigerung, nicht zuletzt durch Essensverweigerung.

Die seltsame heile Welt in den Briefen

Wenn das Tagebuch aufrüttelt durch die Kraft der Sprache und die Genauigkeit des Ausdrucks, mit der Lore Berger ihre Lebenssituation seziert und ihre Umgebung durchleuchtet, so ist von dem in den Briefen nur versteckt zu lesen. Im Nachlaß finden sich Briefe an die Tante von Dezember 1938 bis März 1939, also aus jener Zeit, da Lore Berger wegen der Magersucht in ärztlicher Behandlung beziehungsweise in Kur war, und Briefe an eine Freundin Maria von Oktober 1941 bis Mai 1942 – Lore hatte eben ihre

FHD-Grundausbildung abgeschlossen und wartete auf einen Einsatz, der ab Februar 1942 erfolgte. Die Briefe an die Tante strotzen vor Lebensfreude: Da ist die Rede von vorweihnachtlichen Geburtstagspaketen mit Süßigkeiten, an denen sich Lore erfreut. Und als sie in Castelmont in Kur war, schrieb sie erfreut, daß sie sonnenverbrannt und schon etwas runder sei. Der Tante, die ihr viel bedeutete, wünschte sie eine ebensolche »fettansetzende« Kur, »gut täte es Dir, auf alle Fälle«. Von ihr spürte sie offensichtlich herzliche Zuneigung und Liebe: »Dein Brief war für mich direkt ein kleines Fest: Weißt Du, ich brauch so gräßlich viel Liebe. Und da hast Du mir eben wieder einmal regelrecht gut getan. Bis in die Zehenspitzen. Ich sag's ja immer: Mamihaft.« In den Briefen erzählte sie wenig von sich, um so wichtiger war ihr die angeschlagene Gesundheit der Tante, und sie sorgte sich, wie ihr geholfen werden könnte. Von sich wußte sie zu berichten, daß sie Kilo um Kilo zunehme und bald schon befürchten müsse, nicht mehr in den Zug einsteigen zu können, »sonst muß man die Türen eventuell erweitern«, was sie mit einer Zeichnung unterstrich.

Auch die Briefe an die Freundin Maria geben wenig Auskunft über den Gesundheits- und Gemütszustand von Lore Berger. Sie schrieb von Alltäglichem, etwa wie sie die Gruppenleiterin mit einem schicken Hütlein in der Stadt angetroffen habe, sie beklagt sich über die erfolglose Stellensuche und bittet die Freundin immer wieder, ihr sofort zu schreiben, lange Briefe wünsche sie sich von ihr. Auffallend ist, daß sich Lore Berger schnell beklagte, wenn sie keine Antwort erhielt (»nun habe ich schon so furchtbar lange nichts mehr von Dir gehört«). Als einfühlsame Ratgeberin erwies sich Lore im Brief vom 12. Mai 1942:

> »Wahrscheinlich gibt es für eine Frau nicht viel Schwereres als das, was Du mitmachst und mitgemacht hast. Aber ich bewundere Dich, wie stark Du das alles zu tragen vermagst und wie Du Deiner Pflicht genügen kannst trotz allem inneren Kampf.
>
> Eine gescheiterte Liebe sieht immer greulich backfischhaft aus, und die Männer fühlen sich über das trauernde Mädchen immer unendlich erhaben. Ich glaube aber nicht, daß Männer davon das Geringste verstehen. Sie haben ja auch so viele Möglichkeiten, von der reinsten Liebe bis zum feuchten Schlamm. Wir hingegen sind auf ein gewisses Maß Reinheit und Unschuld in der Liebe angewiesen, weil wir nur so die Güte geben können, die von uns gefordert und erwartet wird ...

So ähnlich denke ich, nicht ganz so schulmeisterlich und streng-moralisch, aber so ähnlich, – ich meine: Man kann sich nur auf dieser Basis erlauben, das Leben ein wenig zu genießen.«

Wer die Briefe liest, erinnert sich umgehend an die Stelle im Roman, als Esther den Brief einer Freundin beantwortet und ihr eigenes Handeln kommentiert:

»Ich antwortete: ›Meine Liebe, Entzückt, daß Du an mich gedacht hast. Mir geht es ausgezeichnet. Ich werde täglich gesünder und runder. Ich genieße das Nichtstun. Meine Kunstgeschichte gedeiht dabei prächtig. Ich kann mich stundenlang in den Anblick eines schönen Gemäldes versenken und vergesse dabei mich und meine Umwelt –‹ Ich setzte ab, um in diesem Lügenmärchen den Atem nicht zu verlieren.«[11]

Der Roman »Der barmherzige Hügel«

Der Roman *Der barmherzige Hügel. Eine Geschichte gegen Thomas* erschien erstmals im Oktober 1944 in der Büchergilde Gutenberg Zürich. Es ist die Geschichte von Esther, die im Frühling 1940 während einer Bluttransfusion, die ihre Genesung hätte vollenden sollen, stirbt. In einer Rahmengeschichte, erzählt von Esthers Bruder, wird dieser Ausgang bereits zu Beginn vorweggenommen. Er schildert seine Schwester, wie sie seit 1938 an einer merkwürdigen Krankheit gelitten habe, mit Depressionen, Appetitlosigkeit und Mangel an jeglicher Lebensfreude, so daß sie als 20jährige noch gerade 38 Kilo wog. Von den Ärzten aufgegeben, wurden ihr als letzte Rettung Bluttransfusionen verschrieben. Diese führten zu einer unerwarteten Besserung, doch bei der letzten Transfusion, die von einem anderen, jungen Arzt vorgenommen wurde, starb Esther – Herzstillstand. Beim Aufräumen ihres Zimmers kam unter anderem »ein primitiv gebundenes Schreibheft zum Vorschein, dessen dick graulinierte Seiten in enger Maschinenschrift beschrieben waren«.[12] Erst drei Jahre später liest der Bruder die Aufzeichnungen, in denen er erstmals etwas erfährt über die Frau Esther, die seine Schwester gewesen und die »die grauenvoll einsam und unverständlich verlaufenden Pfade zwischen Liebe und Tod«[13] gegangen ist.

Vordergründig handelt der Roman von einer unglücklich verlaufenden Liebesgeschichte: Esther trifft einen jungen Mann Thomas, in den sie sich verliebt, mit dem sie einige glückliche Stunden verbringt, von dem sie jedoch mehr trennt als verbindet, was sie selber erkennt. Nach wenigen Wochen wendet sich Thomas von ihr ab und anderen Frauen zu. Dieses Ereignis wäre an sich abgeschlossen, wäre Esther nicht eine Gefangene und eine Sehnsüchtige, die leben will. So tritt sie in einen Hungerstreik, den sie gleich zu Beginn so umschreibt:

»Du mußt wissen, Thomas: Ich bin krank gewesen. Zwei Jahre hindurch. Ich hatte Heimweh nach dir. Du brauchst dir nicht sehr viel auf diese Tatsache einzubilden, Thomas, daß ich deinetwegen einen Hungerstreik durchgehalten habe. Schließlich, oder besser gesagt, vielleicht sind es nicht deine liebenswerten Eigenschaften allein, die dich mir wertvoll gemacht haben. Es war vielmehr eine ganze Atmosphäre, die plötzlich unerträglich wurde, es war ein Knäuel von Problemen, Konflikten und Erlebnissen, es war meine eigene Unsicherheit, die Beschränktheit meines Lebenskreises, meine persönliche, durch meine Ausbildung bedingte Abhängigkeit von der Familie – es war eine allgemein überreizte Vorkriegsstimmung, mag sein, es war eine Leere ohne Ziel und jedenfalls eine zutiefst in mir selbst verwurzelte Angst vor der Einsamkeit mit mir selbst, ein tiefes Gelangweiltsein, eine unmäßige Gier nach einer unmäßigen Passion – eben, vor allen Dingen das taedium vitae in seiner reinsten und ausgeprägtesten Form, das mich dir derart näherte.«[14]

Thomas wird zum Du im Roman, dem sie ihre Geschichte erzählt und damit zwingt, ihr einmal zuzuhören. »Ich will dich provozieren, Thomas.«[15]

Doch viel mehr als von einer Liebesbeziehung handelt der Roman von Esthers Krankheit am Leben und von der unzerstörbaren Gier nach Leben. Er ist Ausdruck eines Zeitgefühls, das Lore Berger zwar selber kennt, im Roman jedoch literarisch gestaltet. Die Verknüpfung von Rahmenhandlung, in der der Bruder spricht, Erzählung in Ich-Form aus der Perspektive von Esther sowie Esthers Tagebuchaufzeichnungen lassen auf eine klare Komposition des Textes schließen. Das Buch ist Anklage ohne Schuldzuweisung. Esther stirbt nicht freiwillig, indem sie sich zu Tode hungert, recht eigentlich wird sie getötet durch eine Spritze, die Leben hätte bedeuten sollen, ihr aber von einem Arzt verabreicht wird, der zur andern Gruppe gehört, zu denen mit dem Namen Schwarz. Zu ihnen zählt sie auch Thomas, den Geliebten, ihre Rivalin Sabine Schwarz – die Schwester des jungen Arztes, wie sich später herausstellt –, und die Redaktorin Alma Weissfluh, eine seltsame Figur im Roman, die Männern den Kopf verdreht und den zerstörerischen Haß Esthers und später auch des Bruders Edgar entfacht. Gegen Alma Weissfluh kann sich Esther jedoch behaupten, hier wehrt sie sich anders als durch Verweigerung und Todessehnsucht.

> »Die Windstoß sah aus, als wollte sie mich im nächsten Augenblick erwürgen. Wie ich da so saß und für die Erinnerung an eine Redaktorin kämpfte, kam ich mir gräßlich überlebt und altmodisch vor. [...] Noch heute ist es mir, als träume ich, wenn ich bedenke, daß ich einer acht Jahre älteren Frau für fünf Minuten mit harten Beschimpfungen den Mund geschlossen habe – damals –«[16]

In ihren Ausführungen erzählt Esther vom DichterInnenzirkel *Das Eidechs von Flandern*. Auch hier ist sie eher die Außenseiterin, kaum jemand hat Verständnis, daß sie einem Mann nachtrauert, der so gar nicht zu ihr paßte. In den Darstellungen der Zirkelzusammenkünfte läßt sich einiges nachlesen über die Perspektivlosigkeit einer jungen Generation kurz vor Ausbruch des Zweiten Weltkriegs. Später dann wird der Krieg erwähnt als etwas, das zwar fern ist und doch da. Die jungen Männer stürzen sich ins Leben, wohl auch, um anderes nicht wahrzunehmen, Frauen ihrerseits sind krank – neben Esther die tuberkulöse Bea –, werden wahnsinnig, wenn sie die Realität nicht mehr ertragen.

Für Esther gibt es diese (Ausweich-)Möglichkeiten nicht. Sie nimmt mit höchster Sensibilität die Widersprüchlichkeiten des Daseins wahr, setzt sich ihnen aus, durchschaut ihre Umgebung, kämpft und stirbt. So bedeutet denn der Tod Rettung? Erlösung? Vielleicht. Sicher dann, wenn er noch fern ist. »Seltsam, man sehnt sich nach dem Tode, solang man ihn fern weiß. Sobald aber der Körper anzeigt, daß der lange gehegte Wunsch in Erfüllung gehen soll, sträubt man sich und kann doch dem Gesunden nicht mehr gleichen –«[17] Diese Worte schreibt Esther zu einem Zeitpunkt, als ihre Angehörigen schon mit ihrem Tod rechnen und sich davon – uneingestandenermaßen zwar – Erleichterung erhoffen. Schmerzhaft klar durchschaut Esther, was vor sich geht, zum Beispiel an jener Weihnacht (im Jahre 1939), als »die zu Besuch anwesenden Tanten schluchzten vor Rührung über mein bevorstehendes Ende«, und sie viele Geschenke erhält, »so komische Dinge, Dinge, die nicht persönlich aussahen, sondern so, als ob sie nach mir auch noch jemand anders gebrauchen sollte: Vasen, Kissenbezüge, eine große weiße Kerze (neben den Sarg, dachte ich).«[18]

Dieser Entwicklung vorangegangen ist ein Besuch beim Professor (»ich wollte mich zusammennehmen, weil ich wußte, daß eine einzige Konsultation zwanzig Franken kostete«[19]), bei dem dieser der Mutter eröffnete, daß die Tochter bald sterben werde. Und wie Lore Berger diesen Besuch mit Worten zeichnet, zeigt die Klarheit, mit welcher sie erfaßt bzw. Esther erfassen läßt, was eigentlich gespielt wird. Sie fährt fort, daß die Mama wohl schluchzte, doch sah sie vollkommen ruhig aus, als Esther, die an der Türe gelauscht hatte, eintrat. Sie mußte sich völlig nackt ausziehen, der Professor befühlte ihren Körper, um sie gleich darauf heftig anzufahren:

»›Warum, zum Kuckuck, essen Sie nicht?‹ fragte er grob. ›Ich habe nicht Hunger.‹ dabei dachte ich: Hunger – o doch – Hunger habe ich gehabt – Hunger wie ein Vieh – fressen, fressen hätte ich mögen – Aber ich durfte nicht – Ich wollte sterben. Das ist gut so. Jetzt kann ich nicht mehr essen. Ich habe wirklich nicht mehr Hunger – Nur an manchen Tagen noch. Aber das geht vorüber. Wenn sie ahnten, was ich jetzt denke. ... Wie Sie Ihre fadenscheinige Fehldiagnose umstellen müßten – ... ›Sehen Sie, Herr Professor‹, sagte Mama, die zusammengesunken auf ihrem Stuhl saß, ›Esther ist immer so traurig. So gräßlich traurig.‹ Der Professor sah mich an: ›Seelisch –? Ach Quatsch. Wir stehen hier vor einer hypophysären Kachexie, wie man sie deutlicher gar nicht – Natürlich: Kein Appetit, Depressionen, Abmagerung bis zum Skelett, ständiges Frieren –‹ Ich sagte nichts.«[20]

Am gleichen Abend hört Esther, wie ihr Vater dem Bruder vom Besuch beim Professor erzählt. Um die Mutter zu trösten, hätten sie beschlossen, die kleine Kusine Anne für ein halbes Jahr bei sich aufzunehmen.

»Ich sah mich, auf die Ellbogen gestützt, in meinem Zimmer um: Ich betrachtete jeden Gegenstand mit neuen Blicken, sah Anne bereits auf meiner Schreibmaschine ihre Schulaufsätze tippen, sah sie meine Nachttischlampe anzünden und ein Buch vom Bücherschaft herunternehmen, um noch in meinem Bett eine gemütliche Abendstunde zu verbringen. Indes man das, was von mir noch blieb, in eine enge Urne verschlossen hatte – Ich sah Anne auf meinem abgebrauchten Teppich Frühturnen treiben. Ich verfolgte mit gierigem Blick jede ihrer Bewegungen: Plötzlich meinte ich zu ersticken vor Wut und Trauer. Es ergriff mich ein Bedürfnis, allem diesem zuvorzukommen.«[21]

Diese Erfahrungen, mit denen sie so genau sieht, daß sie ersetzbar ist und ersetzt würde, wecken jedoch in Esther auch wieder einen Lebenswillen. Ein neuer Arzt empfiehlt eine neue Behandlungsmethode, die sie annehmen kann. Denn vielleicht ist der Tod nicht so, wie ihn sich Esther vorgestellt hat, vielleicht bedeutet er nicht Erlösung, auch nicht die langersehnte Liebe, die ihr im Leben verwehrt bleibt. Vielleicht bedeutet auch der Tod, daß alles weitergeht. Oder daß sie vergessen geht. Mit dem Wissen, daß Esther gesund wird, wird im Roman auch die Zeit gewechselt, vom Präteritum ins Präsens. Ein neuer Abschnitt fängt an, den sie selber nicht kennt, denn erst noch muß sie herausfinden, wie sie nachher weiterleben soll. Doch Esther ist weit entfernt davon, sich fürs Leben zu entscheiden. Vielmehr fühlt sie sich gespalten in einen Körper, der seine Bedürfnisse durchsetzt, und in ein Ich, das von diesem Körper beherrscht wird.

»Nun hat man mich wider meinen Willen gesund gemacht. Wider Willen muß ich leben. Mein Körper verlangt es. Ein Menschenkörper kann, wie ich an mir erfahre, stark und egoistisch sein, kann zum Essen und zum Schlafen zwingen – Ich habe das Blut anderer Menschen in meinen Adern. Ich freue mich auf den Augenblick, wo es verbraucht sein wird. ... Vielleicht habe ich mich selbst und mein Leben dann wieder mehr in der Gewalt. ...

Wunder dich über mich: Ich fürchte mich vor beidem, vor dem Leben wie vor dem Tode. ... Für beides bin ich nicht stark genug, für die Unruhe nicht und für die Stille nicht.

Und doch ist nach der harten Zeit voll Leid eine furchtbare Gier nach Freude in mir, eine Ungeduld, ein unstillbarer Durst.

Es müßte jetzt ein Paradies geben, einen goldenen Tag voll sprudelnd blauer Wasser und weiter, sanfter Hügel – ein Land, wo ich mich freuen könnte. Es müßte ein Lied geben, das so schön wäre, daß eine Melodie alle Tränen trocknete. Es müßte einen Menschen geben, in dessen Gegenwart man Ausgestandenes vergäße.«[22]

Doch das Paradies gibt es nicht. Was folgt, schreibt Esther in ihr Tagebuch. Die innere Unruhe, die sie verspürt und die sich auch in ihren Aufzeichnungen niederschlägt, deutet darauf hin, daß Esther das nahende Ende spürt: Am 16. April 1940 stirbt sie bei der letzten Bluttransfusion. Der Roman wird von Esthers Bruder beendet. Er gibt noch einige Details über Thomas bekannt, und er beschreibt, wie Bea sich das Leben nahm, indem sie vom Wasserturm auf dem Hügel, den Esther immer wieder als barmherzigen Hügel wahrgenommen hatte, sprang. Damit aber beschreibt er im Roman genau den Weg, den Lore Berger, die Autorin, nur wenige Wochen nach Einreichen des Manuskripts selber wählen wird.

»Ein Buch, das nur eine Frau schreiben konnte«

Als die Jury des Preises der Büchergilde Gutenberg im November 1943 bekanntgab, daß der Roman *Der barmherzige Hügel* den fünften Platz[23] erreicht habe und zur Herausgabe empfohlen wurde, war Lore Berger schon seit drei Monaten tot. Vielleicht wäre das Manuskript nie ausgezeichnet und also nie gedruckt worden, hätte sich die Autorin nicht das Leben genommen und wäre, in der Folge, bei der Beurteilung die Anonymität der Verfasserin nicht aufgehoben worden. In einem Vortrag, den Charles Linsmayer 1985 in Lausanne hielt, wies er darauf hin:

> »Am 14. August 1943 lag das Manuskript des *Barmherzigen Hügels* der Jury seit drei Wochen vor, zwei Juroren hatten es gelesen. Als sie vom Tode der Autorin hörte, hob die Büchergilde-Lektorin Irene Denger die Anonymität des Manuskripts auf und holte bei Lore Bergers Vater die Erlaubnis ein, das Buch weiter in Konkurrenz zu lassen. Die sechs weiteren Juroren wußten nun also, daß es sich bei dem Manuskript um die Hinterlassenschaft jener jungen Basler Selbstmörderin handelte; sie kannten das Signal, das die Autorin dem Text gleichsam hinterhergeschickt hatte. Und es scheinen jetzt vor allem Irene Denger und der Verleger Oprecht einerseits sowie die linken Schriftsteller Jakob Bührer und Elisabeth Gerter andererseits auf eine Veröffentlichung hingearbeitet zu haben. [...] So kam

es, daß der Roman zwar nicht für preiswürdig, aber immerhin für publikationsreif befunden und ins Programm der ›Gildenbibliothek der Schweizer Autoren‹ aufgenommen wurde.«[24]

Das Buch fand bei seinem Erscheinen im Herbst 1944 vor allem in Basel zahlreiche Leser und wohl insbesondere Leserinnen, die erste Auflage war bald ausverkauft, eine zweite wurde nachgedruckt. Von der Kritik wird dieser Erstling kaum zur Kenntnis genommen. In der *Weltwoche* empfiehlt Hermann Hesse das Buch als Geschenk »für eine Freundin«, nachdem in der gleichen Wochenzeitung bereits am 24. November 1944 eine ausführliche Rezension zu lesen war, in der eine starke dichterische Begabung erkannt, jedoch bedauert wurde, daß die Autorin die Kraft der Barmherzigkeit nicht erkannt habe, denn »dann hätte der Hügel in der weiten, gelassenen Landschaft sie nicht in den Tod sondern im Gegenteil erst recht zur vollen Lebensbejahung führen müssen«.[25] In der *Basler Woche* erschienen ein paar Zeilen in der Rubrik »Basler Bücher«. Als Autor des Romans wurde ein Leo Berger angegeben. Abschließend ist zu lesen: »Eine Geschichte, die alle höhern Töchterschülerinnen und Eltern aufrütteln und erschüttern dürfte ...«[26]

Im Heft der Büchergilde findet sich die längste Besprechung, geschrieben von Elisabeth Gerter, ihrerseits Verfasserin von Romanen wie *Schwester Lisa* (1934) und *Die Sticker* (1938). Sie legt das Schwergewicht nicht auf die Liebesgeschichte, sondern auf den Tanz mit dem Tod, der für Esther beginnt, nachdem die Beziehung zu Thomas zu Ende ist. Gleichzeitig hebt Elisabeth Gerter hervor, daß Esther ein Kind ihrer Zeit sei, und verweist auf die politischen Hintergründe. »Die dunkelste Epoche, den grausamsten Krieg aller Zeiten, erlebt sie in den Jahren, in denen der junge Mensch am empfindsamsten und am aufnahmefähigsten ist. Sterben und Verderben über Menschen und Länder. Und für was? Was bedeutet also ein einzelnes Leben, wenn einem das Leben doch nicht bietet, was man so heiß ersehnt?«[27]

1981 erfolgte im Arche Verlag Zürich eine Neuauflage, herausgegeben und mit einem ausführlichen Nachwort versehen von Charles Linsmayer.[28] Dieses Buch stieß auf ein breites Echo und wurde auch ins Französische übersetzt.[29] Besprechungen erschienen in den größeren Schweizer Zeitungen, aber auch *Die Zeit* ging voller Lob auf einer halben Seite auf den Roman ein, hob dessen

»virtuose Komposition« hervor, rühmte die erstaunliche Aktualität, denn er »trifft – seiner Zeit vorgreifend – im Kern, woran gegenwärtig viele Jugendliche in der westlichen Welt kranken: den Überdruß an einer Übersättigung, die den Hunger nach Leben nicht zu stillen vermag«.[30]

Armin Mohler geht in *Die Welt* auf den Roman ein als einer, der dem Eidechs-Zirkel angehört, Lore Berger persönlich gekannt hat. Für ihn ist das Buch eine meisterliche Leistung. Beschämt stellt er fest, die Qualitäten dieser »epischen Prosa von großem Atem, expressiv und unterkühlt zugleich, aber doch mit dem Mut zum Gefühl« erst jetzt erkannt zu haben. Und er fragt sich: »Was hat Lore Berger wohl von den rilkedurchtränkten Versen gehalten, die ihr von den Kommilitonen gnadenhalber im kleinen Turm vorgetragen wurden?« Denn an die Autorin kann er sich noch gut erinnern, an das »blonde Mädchen, Typ guter Kamerad, keine besondere Schönheit«, von der gesagt worden sei, sie habe jahrelang an Magersucht gelitten, wegen eines Rüpels aus Kreisen, mit denen man nicht verkehrte. Später dann, nach ihrem Tod, nach der Lektüre des Romans, war man(n) befremdet, »nicht nur wegen der grausamen Schilderung der Runde in unserem, dem kleineren Turm. Am Ende des Buches sprang ein Mädchen (Bea ist eine erwachsene Frau, Anm. d. V.) vom Wasserturm herunter, auf den barmherzigen Hügel. Da hatte also eine von uns ernst gemacht.« Fast vierzig Jahre später, nach der neuerlichen Lektüre des Romans von Lore Berger, beendet Mohler seine Rezension mit folgenden Sätzen: »Dieses Schicksal im schweizerischen Gewächshaus zwischen 1938 und 1943 nimmt etwas voraus, was mittlerweile zum Schicksal der gesamten westlichen Wohlstandswelt geworden ist: das Leben auf Sparflamme, in kleinen Vernunfthappen, das größer, sehnsüchtiger angelegte Menschen verhungern läßt.«[31]

Auch Kurt Guggenheim, der 1943 Sprecher der Gutenberg-Jury war, beurteilt den Roman von Lore Berger 1980, nach erneuter Lektüre, anders, wie er in einem Gespräch mit Charles Linsmayer bekannte.[32] Die militärische, politische und geistige Situation in der Schweiz sei nicht ohne Einfluß auch auf die Jury, die literarische Texte zu beurteilen gehabt habe, geblieben. Da war Positives gefragt, klares Denken und vorbildhaftes Handeln. So sei es denn vor allem der Aspekt der Verneinung, der Verweigerung gewesen, der die Jury davon abgehalten habe, dem Buch einen ersten Preis zuzugestehen. Und Guggenheim präzisierte 1980:

»Heute würde ein erster Preis für den *Barmherzigen Hügel* durchaus drinliegen. Aber damals waren wir noch zu rauh. Das Buch hat mir zwar, als ich es damals las, schon gefallen, aber es dünkte mich, es sei so hoffnungslos, und man hat sich damals eben einfach angestrengt, alles, was hoffnungslos und – wie man damals sagte – negativ war, möglichst auszuschalten, weil wir sehr viel Optimismus und sehr viel Zuversicht haben mußten, um in jener Zeit einigermaßen bestehen zu können. Wir haben es ja auch nicht durchgehalten, richtig, immer und überall, aber es gab da einfach ein Vorurteil gegen alles, was ein wenig auf Verneinung hinauslief.«

Bei der erneuten Lektüre stellte Guggenheim »nicht ohne Betroffenheit« fest, daß im Roman mehr Zeittypisches mitschwinge als in den andern, damals prämierten Büchern:

»Es war da etwas in dieser Zeit damals, und zwar will ich nicht sagen, es sei Angst gewesen, aber es war ein Gefühl einer furchtbaren Vereinsamung. Dieses Gefühl, ohne daß es konkret in der Politik oder in der allgemeinen schweizerischen Situation dargestellt wäre, dieses Gefühl vermittelt sich einem beim Lesen von Lore Bergers Roman tatsächlich von neuem. Es ist, als gebe sie, ohne es zu wollen, eine Situation wieder, welche alle Bevölkerungsteile der Schweiz eine Zeitlang in sich gehabt haben.«

Daß Lore Bergers Roman nicht ausgezeichnet wurde, führte auch Kurt Guggenheim nicht zuletzt darauf zurück, daß sie Frau war und ein Buch geschrieben hatte, wie es nur eine Frau kann:

»Nicht wahr, dieses Buch von Lore Berger ist absolut ein Buch, das nur eine Frau schreiben konnte, und Lore Berger war eben die einzige Frau, die damals in die engere Wahl des Wettbewerbs kam. Und sie hatte eben eine bestimmte Art, eine frauliche Art, die Probleme zu sehen, eine Art, die mir damals einfach fremd vorkam, so ganz anders, als wir es sahen – sie hatte eben eine typisch weibliche Art, wie ich erst jetzt, viel später, beurteilen kann.«

Ist es vorstellbar, daß Lore Bergers Angst vor den Reaktionen ihrer nächsten Angehörigen, insbesondere ihres Vaters, auf ein mögliches Erscheinen des Romans ihren Entscheid zum Selbstmord mitbestimmt hat? Der Bruder Louis-Edgar Berger will diese Möglichkeit nicht ausschließen. Als Lore Berger ihrem Leben ein Ende setzte, wußten ihre Eltern und ihr Bruder nichts davon, daß sie einen Roman fertiggeschrieben und bei einem Literaturwettbewerb eingereicht hatte. Zwar hätten sie jeweils schon das Schreibmaschinengeklapper gehört im oberen Stock, aber daß Lore das schrieb, was später im *Barmherzigen Hügel* nachgelesen werden konnte, hätten sie sich nie vorstellen können. Auch die Auseinandersetzungen, die Lore in ihrem Tagebuch führte, blieben ihnen verborgen. Für Eltern und Bruder blieb Lore über den Tod hinaus die strahlende junge Frau, die zwar ein paar Jahre zuvor schwer krank gewesen war, nun aber glücklicherweise wieder gänzlich gesund. Niemand hatte im August 1943 auch nur im entferntesten an einen Selbstmord Lores gedacht.

Daß vielleicht doch nicht alles so schön und gut und rund gewesen ist, entging dem Vater, den Familienangehörigen, Kolleginnen und Kollegen. Den Roman bezeichnete der Vater als Bekenntnisroman, Pubertätsroman. Weiter ging er nicht auf dessen Inhalt ein. Wohl nie hätte er eingestehen können, daß seine Tochter Lore nur außen die Lebenslustige war, dort aber, wo sie ehrlich sein konnte, auch fünf Jahre nach ihrer Erkrankung immer noch die gleichen Zweifel, Sehnsüchte und Ängste für ihr Lebensgefühl bestimmend waren. Davon zeugen verschiedene Tagebucheinträge, unter ihnen auch der nachstehende, in zittriger Schrift geschriebene, ohne Datum. Obwohl weit vorne im Buch, deutet er eher auf einen späteren Zeitpunkt hin.

> »Es fällt mir nicht leicht, meine lang vernachlässigte Feder zur Schrift zu zwingen. Das, was ich aufzuschreiben habe, gehört nur mir allein. Ich, die Gehetzte, Gequälte, Ruhelose habe ein Wort zu sagen über die Stille. Ich, durstig, gebrannt, versengt, kann reden von einer klaren, goldenen Kühle.«

Lore hat sich nicht den Menschen preisgegeben, denn Vertrauen zu ihnen fehlte ihr. Der Halt, den sie in Gott und Christus zu finden suchte, taugte nicht, auch er erwies sich als brüchig. So blieb denn Schreiben der einzige Ort, das Ureigene, Wahre festzuhalten.

Wohl hatte der Vater recht, wenn er die Krankheit seiner Tochter auf ein unglückliches Liebesverhältnis zurückführte. Doch litt Lore Berger nicht nur wegen dieses jungen Mannes, mit dem sie sich nie eine gemeinsame Zukunft vorstellte, wie sie sich überhaupt die Zukunft so konkret nicht ausdachte. Ihr Liebeshunger war viel größer, umfassender. Es ist dieser unergründliche Hunger nach totaler Liebe und nach Anerkennung als die Frau, die sie ist.

»man müßte, um in den bestehenden verhältnissen zu gedeihen, keine frau sein. ich bin aber eine frau. ich möchte das glas sehen und den blauen stein auf dem grunde. mehr wasser – sonne, mehr leben – tanz. mehr, mehr, mehr. ich kann nicht schaffen, – ich bin mir selbst zu wenig bedeutend. mein gott, was bin ich? nur eine frau.«

Doch wer ist diese Frau? Was will sie? Was kann sie? Wo ist ihr Platz in diesem Leben? Lore Berger hat sich in ihrem kurzen Leben immer wieder diese Fragen gestellt. Sie hat lange versucht, nicht aufzugeben. Sie hat sich gesucht, indem sie sich gegen außen verweigert hat, sie hat schreibend den Sinn des Lebens erforscht. Sie ist steckengeblieben in den widersprüchlichen Anforderungen, gleichzeitig sich selber und den andern zu genügen. Und sie geht hart ins Gericht mit sich, wenn sie sich vorwirft, »dann habe ich es nicht wie Werther zustandegebracht, alledem ein Ende zu bereiten. Ich war im Moment zu feige.« Um sich gleich in den folgenden Sätzen zu entschuldigen.

»Nun, ich brauchte eine Illusion; während meiner Krankheitszeit zum Beispiel. Das alles hat nichts geschadet, mir vielmehr manche trostlose Zeiteinheit (ich meine Stunde) totschlagen helfen. Ich habe gewartet, viele Monate. Bis du tot warst in mir, bis mein Blut ein bißchen kühler floß und nicht mehr tobte wie in den entsetzlichen, leeren Sommerferien auf Beatenberg. Bis ich in Davos und noch eine Zeitlang nachher in einer krampfhaften Selbsttäuschung versuchte, meine Art mit der eines ruhigen, gesunden Konsumrosses zu vertauschen. Ich wurde relativ dick, gesund und stumpf. Dachte allerlei und versuchte, positive Gedanken zu denken. Meine Eltern waren glücklich. Dann wurde ich wieder mager. Spritzen, Röntgen, Professor, – Selbstmordgedanken ––––– Und jetzt Schulschluß; Sommerferien in Sachsen. . . . Wie im Traum lasse ich alles an mir heruntergleiten. Glücklich? Unglücklich? Nein; jetzt bin ich nur noch müde.« (Juli 1939)

Mit einem unglaublichen Willen, der im übrigen auch vom Vater bewundert wurde, wehrte sich Lore Berger gegen das Stumpfwerden, das für sie gleichbedeutend war mit Funktionieren. Die Essensverweigerung hingegen führte sie in einen Zustand der übersensiblen Wahrnehmung, der ihr Voraussetzung zum Leben wurde, einem Leben, das gleichzeitig nicht zu ertragen ist. Hinter dem Leben steht der Tod – diese Wahrheit verliert im Zusammenhang mit Lore Berger ihre Banalität, denn das Leben, das sie wollte, ist tatsächlich nicht lebbar. Es ist ein Leben, das keine Grenzen kennt, das überbordet, abhebt, sich im rauschhaften Genuß austobt. Satt wird eine erst im Tod. »Es ist Sehnsucht, es ist nicht Erfüllung. Ich bin überzeugt, daß man erst im Tod, im Moment der Auflösung, satt wird.«

Was Sattsein heißt, wie tödlich es ist und also Erlösung, beschreibt sie am 12. April 1938 in einer längeren Tagebuchaufzeichnung (sie ist siebzehnjährig):

> »Meine Wohnung ist schön. Meine Wohnung am See, an irgend einem See – mit blühenden Mimosen und Camelien. Meine Pferde sind gut – die Boote gut. Aber was ist dies alles gegen die lodernde Flamme die vor mir aufsteigt und sich immer weiter auftut – mein Haus verbrennt. Viele Menschen stehen da und sehen zu. Ich stehe am Fenster und kann deutlich ihr blödes Gemurmel hören. Vor Angst bin ich rasend – sieh! da kommen die Flammen, lodernd, gierig, voll Wut.
>
> Aber eine unter ihnen ist hell und klar und brennt ganz ruhig. Und ich spucke hinunter auf die Menschen, spucke ihnen ins Gesicht, diesen blöden Kreaturen, da werde ich verzehrt von der hellen Flamme und löse mich auf in Nichts und bin endlich satt und nicht mehr so furchtbar gierig.
>
> Die Flamme bin ich, feuergewordenes Ich, und ich bin satt, satt, so sehr satt. Ich brenne und lodere und bin groß und stark und glühe im Rausch der brennenden. Und ich weiß, die nächste Minute wird mein Tod sein, nach dem Rausch wird keine Leere kommen, keine Öde, sondern Auflösung ...«

Anmerkungen

1 Im Text der Ausschreibung hieß es: »A. Romane schweizerischer Schriftsteller. Als Dichtungen sind diese Werke in der Stoffwahl nicht gebunden. – B. Darstellungen schweizerischen Lebens unserer Zeit in literarisch wertvoller Form (Biographien, Erlebnisse im Beruf, in der Gemeinde, im Militärdienst, in der Fremde usw.).«

2 Monatsschrift der Büchergilde Gutenberg, Oktober 1944, Heft 10, S. 181.

3 In Memoriam. Nachwort des Vaters in der Erstausgabe von *Der barmherzige Hügel*, Büchergilde Gutenberg, Zürich 1944. S. 285 f.

4 Alle Tagebuchaufzeichnungen von Lore Berger sind ihrem Tagebuch entnommen, das sich im Nachlaß befindet. Der ganze Nachlaß wurde mir freundlicherweise von Louis-Edgar Berger zur Verfügung gestellt.

5 In Memoriam, a. a. O., S. 278.

6 Louis F. Berger, in: Büchergilde. Monatsschrift der Büchergilde Gutenberg, Oktober 1944, Heft 10, S. 182.

7 Ebd., S. 182.

8 Ebd., S. 181.

9 In Memoriam, a. a. O., S. 283 f.

10 Lore Berger, *Der barmherzige Hügel*, S. 22 f. Zitate nach der Taschenbuchausgabe bei Piper, München 1986.

11 Ebd., S. 105.

12 Ebd., S. 11.

13 Ebd.

14 Ebd., S. 14.

15 Ebd., S. 25.

16 Ebd., S. 71 f.

17 Ebd., S. 154.

18 Ebd., S. 158.

19 Ebd., S. 148.

20 Ebd., S. 148 f.

21 Ebd., S. 151.

22 Ebd., S. 166.

23 Eingereicht wurden 124 Manuskripte, davon etwa ein Drittel von Frauen. Der Große Preis ging an Jenö Marton, die beiden Anerkennungspreise an Alfred Fankhauser und R. J. Humm. Vier Werke wurden zur Herausgabe empfohlen, in folgender Reihenfolge: Hermann Schneider, Lore Berger, Hanna Tribelhorn, Aline Valangin.

24 Typoskript, Juni 1985.

25 *Die Weltwoche*, 24. November 1944.

26 *Basler Woche*, 15. Dezember 1944.

27 Büchergilde, Monatsschrift der Büchergilde Gutenberg, Heft 12, Dezember 1944, S. 252 f.

28 Sowohl die gebundene Ausgabe von 1981 wie die Taschenbuchaus-

gabe von 1986 sind vergriffen. Zur Zeit ist Lore Bergers Roman nicht greifbar.

29 *La tour sur la colline. Histoire contre Thomas*. Trad. de Martine Besse, Genève 1983.

30 *Die Zeit*, 11. September 1981.

31 *Die Welt*, 16. Mai 1981.

32 Kurt Guggenheim, in: Charles Linsmayer: Versuch einer Annäherung. Nachwort zur Neuausgabe des Romans *Der barmherzige Hügel*, zitiert nach der Taschenbuchausgabe 1986, S. 224 f.

Literatur

Berger, Lore: *Der barmherzige Hügel. Eine Geschichte gegen Thomas*. Mit einem Nachwort ›In Memoriam‹ von Louis F. Berger, Zürich 1944

Berger, Lore: »Geigenstunde«. In: Linsmayer, Charles/Pfeifer, Andrea (Hg.): *Frühling der Gegenwart*. Erzählungen III, Zürich 1983, S. 184 f.

Berger, Lore: »Das Gesicht«. In: Kubli, Sabine/Stump, Doris (Hg.): *Viel Köpfe, viel Sinn«. Texte von Autorinnen aus der deutschsprachigen Schweiz;* Bern, Dortmund 1994, S. 279 f.

Linsmayer, Charles: »Lore Berger – Versuch einer Annäherung.« Nachwort in: *Der barmherzige Hügel*. Neuauflage, Zürich 1981 (Taschenbuchausgabe München 1986)

Anne Sexton
1928-1974

Der Tanz mit dem Tod

Von Evelyne Keitel

> I have gone out, a possessed witch,
> haunting the black air, braver at night;
> dreaming evil, I have done my hitch
> over the plain houses, light by light:
> lonely thing, twelve-fingered, out of mind.
> A woman like that is not a woman, quite.
> I have been her kind.
>
> Anne Sexton, »Her Kind«.[1]

Anne Sexton, Fotomodell und Professorin, erforscht in ihren Gedichten eigene Erfahrungen. Ganz so, wie die Dichter es schon immer zu tun pflegten. Sextons Erfahrungen bestehen aus Depressionen und Angstanfällen, aus psychiatrischen Internierungen und unzähligen Selbstmordversuchen. Der letzte, im Oktober 1974, war »erfolgreich«. Ihre Gedichte thematisieren – direkt und unumwunden – Familientragödien, ödipale Regressionen, quälende Selbstanalysen, psychische Dissoziationen, Körpererfahrungen der unangenehmeren Art, Psychotherapien und multiple weibliche Identitäten. Sie beschwören die Schattenseiten des amerikanischen Traums.[2] Und das in den 50er und 60er Jahren, als sich die Einsicht, daß das Private politisch ist, noch keineswegs allgemein durchgesetzt hatte.

Sextons Gedichte sind düster und witzig zugleich. Sie faszinieren. Und sie irritieren.

Von den Literaturwissenschaftlern wird Sexton wegen der »Bekenntnishaftigkeit« ihrer Lyrik – »eine Lyrik, die den symbolischen Ansatz weitgehend meidet und statt dessen nach nackter Enthüllung sucht«[3] – zusammen mit Robert Lowell, Theodore Roethke, John Berryman, W.D. Snodgrass und Sylvia Plath der Gruppe der *Confessional Poets*[4] zugeordnet, kategorisiert und durch diese Kategorisierung auch verharmlost.

Die Adjektive, mit denen Sextons spezifische Form von Sprachverwendung gemeinhin umrissen wird, lauten: »brutal«, »ungeformt«, »roh«, »narzißtisch«. Sextons Leben – und hierin scheint sich die Literaturwissenschaft einig – dominiert ihr Werk: »Sextons Gedichte sind persönlich, sogar autobiographisch« (Colburn).[5] Auch Maxine Kumin, Sextons engste Freundin und lebenslange Vertraute, betont die Erlebnishaftigkeit, die »Authentizität«, ihrer Gedichte: »Was ihren Stoff angeht, so wissen wir alle, daß er größtenteils direkt aus ihrem Leben und ihrer Zeit stammte, mit wenig, wenn überhaupt irgendeiner psychologischen Distanz zu den Traumen oder Freuden, die den Anlaß des Gedichts bildeten.«[6] Und so scheint es nur folgerichtig, sich Sexton über ihre Biographie zu nähern, ihre Lyrik als einen schier endlosen Strom von freien Assoziationen zu begreifen (und damit auch abzutun), als eine dilettantische Selbsttherapie, die eben nicht in den klar definierten Stadien einer Psychotherapie verlief, sondern als Selbstanalyse dazu verdammt war, zwanghaft um das immer gleiche zu kreisen.[7]

Die feministisch orientierte Literaturwissenschaft hingegen hat mit Sexton keine Probleme. Sie sieht Psychiatrieerfahrungen und wiederholte Selbstmordversuche als logische, ja, als notwendige Konsequenzen eines Frauenlebens, das dem mit dem *American Dream* verbundenen Erfolgszwang gerecht zu werden versucht: Wahnsinn als eine individuelle Reaktion auf die kollektive politische Repression und kulturelle Sterilität während der Eisenhower-Ära. Und: Wahnsinn als Ausdruck weiblicher Kreativität.[8] Trotz solcher etwas vorschneller Zuschreibungen war es das Verdienst der feministischen Literaturwissenschaft, daß sie nicht nur Sextons Leben, sondern auch ihr Werk in den Blick rückte. Sextons eigenwillige Sprachstrukturen, ihre Metaphern und die von ihr umgedichteten Mythen und Märchen wurden als spezifisch weibliche Symbolisierungsleistungen gepriesen.[9]

Deshalb stilisierte die feministische Literaturwissenschaft Sexton selbst zu einem Mythos: Anne Sexton und Sylvia Plath als jene Galionsfiguren, die sich, exemplarisch für viele andere, an den amerikanischen Realitäten der 50er und 60er Jahre zerrieben. Ein halbes Jahrhundert früher waren es die Heldinnen der Prosatexte von Kate Chopin (*The Awakening*, 1898), Charlotte Perkins Gilman (»The Yellow Wallpaper«, 1892) und Edith Wharton (*The House of Mirth*, 1905) gewesen, die an ihrer repressiven Umwelt gescheitert waren. Die Lyrikerinnen der 50er und 60er Jahre und die Protagonistinnen um die Jahrhundertwende begin-

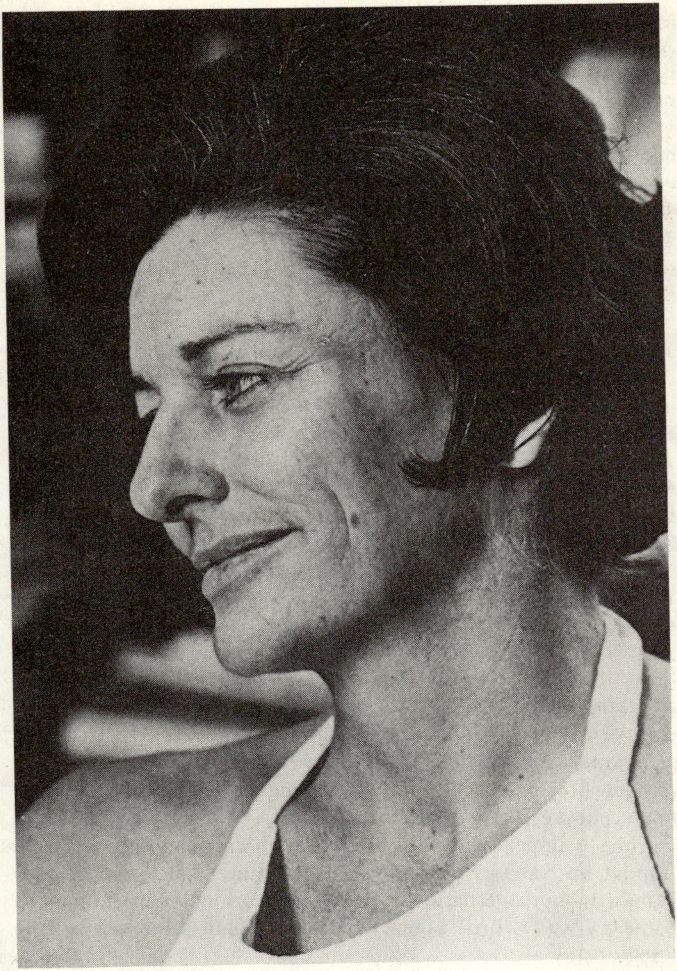

Anne Sexton in ihrem Todesjahr (Sommer 1974)

gen alle Selbstmord. Das Leiden an der patriarchalen Gesellschaft Amerikas gilt seither als besiegelt: Dieselben Texte und dieselben Biographiebruchstücke werden immer wieder neu bemüht, um bestimmte feministische Thesen zu untermauern.

Die Zuschreibungen, aus denen sich das Bild von Sexton gemeinhin zusammensetzt, sind eindeutig, fast zu eindeutig: die unauflöslich enge Verknüpfung von Leben und Werk, das Zerbrechen am amerikanischen Traum, die psychischen Dissoziationen als Ausdruck weiblicher Kreativität und schließlich der Selbstmord als der quasi logische letzte Schritt.

Wer war Anne Sexton?

»I was a victim of the American Dream,
the bourgeois, middle-class dream.«[10]

Zwei Ereignisse in Sextons Leben waren spektakulär: Mit 19 Jahren brannte sie durch und heiratete Alfred Muller Sexton II, genannt Kayo. Mit 29 versuchte sie Selbstmord zu begehen und fand nicht den Tod, sondern ihre literarische Stimme.

Ihre Kindheit und Jugend hingegen waren wenig aufregend.[11] Anne Gray Harvey wurde am 9. November 1928 geboren. Sie hatte zwei ältere Schwestern, Jane (1923) und Blanche (1925). Ihre Eltern waren ein typisches Produkt der *Roaring Twenties*: attraktiv, wohlhabend,[12] laut, trinkfest und beliebt. Sie wohnten in einer riesigen Villa in Boston, hatten mehrere DienstbotInnen, gaben rauschende Feste. Sie hetzten von Party zu Party; den Imperativen ihrer gesellschaftlichen Vergnügungen ordneten sie alles unter. Für die Töchter blieb wenig Zeit.

Anne war ein einsames Kind. Mit ihren Schwestern lag sie ständig im Streit. Nur mit ihrer Großtante Nana, die bei der Familie wohnte, verband sie eine enge emotionale Beziehung. Als Anne 13 war, wurde Nana »verrückt«. Man schob sie in eine Pflegeanstalt ab.

Anne litt darunter, daß ihre Mutter so wenig greifbar war, so kühl und distanziert. Später, in ihren Gedichten, versuchte sie immer wieder, ein Band um diese Figur zu schlingen, die ihr aber zeitlebens – im Realen wie im Imaginären – entglitt.

Anne war eine schlechte Schülerin, und ihre Schulbildung blieb auf das Nötigste beschränkt (sie besuchte kein *College*). Während ihrer Jugend war ihr Sinnen und Trachten einzig darauf gerichtet, einen Mann zu finden.[13] Und das gelang ihr alsbald. Sie verlobte sich und plante eine rauschende Hochzeit. Dann verliebte sie sich in Kayo und brannte mit ihm durch, weil sie glaubte schwanger zu sein. Die Flucht war perfekt inszeniert, und zwar im »klassischen« Stil: Anne kletterte bei Nacht und Nebel aus ihrem Zimmer, Kayo wartete im Cabriolet, gemeinsam fuhren sie von Massachusetts nach North Carolina, einem Staat, in dem man mit achtzehn heiraten konnte. Die notwendigen Papiere hatten sie dabei.[14] Noch bevor sie die Staatsgrenze von Virginia erreicht hatten, begann Anne zu menstruieren. Sie heirateten trotzdem.

Danach verlief Annes Leben in vorhersehbaren Bahnen. Ihr Mann diente während des Korea-Krieges bei der Marine, später war er Vertreter für die Firma ihres Vaters.[15] Sie führte den Haushalt, putzte und kochte, bekam zwei Töchter: Linda Gray (1953) und Joyce Ladd (1955). Schließlich, 1956, der Selbstmordversuch. Kurz darauf begann sie zu schreiben. 1960 wurde ihr erster Gedichtband, *To Bedlam and Part Way Back*[16] veröffentlicht. Ihm sollten sieben weitere folgen.[17]

Sexton – hochgewachsen, schlank und dunkelhaarig – verkörperte das Schönheitsideal der 50er Jahre. Sie verdiente sich ihr Taschengeld als Fotomodell. Die Aufnahmen von ihr in langer Abendrobe gaukeln ein ebenso schillerndes wie schimärenhaft unzugängliches Frauenbild vor. Sexton war, wie sie selbst sagte, »darauf eingeschworen, den wertvollsten Besitz einer Frau zu kultivieren [...] ihre natürliche Weiblichkeit«.[18]

Männer waren von ihr magisch angezogen.[19] Sie hatte unzählige Liebhaber, bekam Heiratsantrag auf Heiratsantrag. Und immer wieder verliebte sie sich, durchlebte alle Höhen und Tiefen erwiderter und verschmähter Liebe. Dichtend versuchte sie ihre jeweilige Liebe »unsterblich« zu machen. Ein alter literarischer Topos. Auch die anderen *Confessionals*, insbesondere Robert Lowell, waren ständig in Liebe entflammt. Oder niedergeschmettert von nicht erfüllbarem Verlangen.

Sextons erotische und sexuelle Abenteuer waren Teil ihrer Selbstinszenierung als Lyrikerin. Sie waren aber auch Ausdruck einer als ungenügend und einengend empfundenen Ehe. Mit Kayo verband sie zu Anfang eine heißblütige und ungestüm ausgelebte Sexualität. Später, als sie ihren Hang zu den Wörtern entdeckt hatte, als sie sich allmählich von der Hausfrau zur anerkannten, ja gefeierten Lyrikerin verwandelte, begegnete er ihr mit Unverständnis.

Kayo sorgte für einen geregelten Tagesablauf. Er übernahm einen Großteil der Haushaltspflichten. Seine Mutter zog die Kinder auf. Das gab Anne den Rahmen und die Freiräume, innerhalb deren sich ihre Kreativität entfalten konnte. Aber Kayo förderte auch ihre Neigung zu Alkoholexzessen.[20] Sobald er abends nach Hause kam, fingen sie beide an zu trinken. Oft waren sie schon vor dem Abendessen betrunken. Dann stritten sie sich. Und Kayo schlug sie.

So in etwa präsentiert sich Anne Sexton, wenn man ausschließlich ihre Biographie betrachtet. Sobald man aber eine modifizierte Perspektive anlegt und das unmittelbar Biographische verläßt, erscheint sie als eine völlig andere Person: 1965, nachdem ihr Gedichtband *Selected Poems* in England publiziert worden war (Sextons Werke wurden alle fast zeitgleich in den USA und in England veröffentlicht), wurde sie zum »Fellow of the Royal Society of Literature« ernannt. Zwei ihrer Gedichtbände wurden für den *National Book Award* nominiert. Für ihren dritten Gedichtband, *Live or Die*, wurde ihr 1967 der *Pulitzer Prize* verliehen. Sie bekam drei Ehrendoktorwürden. Ihr Theaterstück *Mercy Street* (das einzige, das sie je schrieb), lief 1969 *off-Broadway* in New York. *Transformations,* einer ihrer Gedichtbände, diente als Vorlage für ein gleichnamiges Opern-Libretto; die Oper war ein enormer Erfolg.[21] Sexton hatte Spaß am Lehren; sie unterrichtete an unterschiedlichen Colleges, bis sie schließlich 1973 von der renommierten Boston University berufen und Professorin (*Professor of Creative Writing*) wurde. Sie hielt unzählige Lesungen[22] und genoß ihre Auftritte.[23] Viele ihrer Gedichte wurden vertont. Zusammen mit ihrer Rockgruppe »Her Kind« inszenierte sie zahlreiche *Performances,* jene in den 60er Jahren so beliebte Kunstform. Sie wurde zur Berühmtheit.

Sextons heimliche Heirat war alles andere als ein Akt der Auflehnung gegen die Gesellschaft. Denn zunächst schrieb sich Sexton ja ein in eine recht konventionelle Frauenrolle. Erst ihr Selbstmordversuch brachte den Durchbruch: Danach war ihr Leben bunt, aufregend und vielschichtig.[24] Der Selbstmordversuch hatte ihr Leben grundlegend verändert. Sie selbst nannte ihn »eine Art Wiedergeburt mit neunundzwanzig«.[25]

A woman like that is not ashamed to die.
Anne Sexton, »Her Kind.«[26]

Sexton war fasziniert vom Tod. Diese Faszination, die sich zur Zwangsvorstellung, ja zur Besessenheit steigerte, war – wie der Hang zum Alkohol – Teil des Familienerbes: Annes Schwester Jane beging Selbstmord. Aunt Frances, die Schwester von Annes Vater, beging Selbstmord. Großtante Nana hatte einen »Zusammenbruch«, der sie den Rest ihres Lebens in einer psychiatrischen Klinik fristen ließ. Überhaupt waren Psychiatrieaufenthalte an der Tagesordnung. Annes Großvater, Annes Vater und Annes Tante suchten wiederholt Entspannung für den Körper und Heilung für die Seele in der Psychiatrie.

Sylvia Plath hatte Sextons Obsession geteilt. Beide hatten sich Ende der 50er Jahre regelmäßig in Boston getroffen, mehrere Martinis gekippt und über den Tod geredet. Aus Sextons Gedicht »Sylvia's Death. For Sylvia Plath« spricht unverhohlener Neid über deren Selbstmord:

Thief! –
how did you crawl into,
crawl down alone
into the death I wanted so badly and for so long.[27]

»Selbstmord macht süchtig«, meinte sie zu Sylvia Plaths Tod.[28]

Sextons erster Selbstmordversuch war wie ein Akt der Befreiung.[29] Er veränderte ihr Leben, denn er eröffnete ihr zwei grundlegend neue Bereiche.

Zunächst die Psychoanalyse: Sexton mußte sich nach ihrem Selbstmordversuch in eine Therapie begeben. Diese sollte sich über Jahre hinziehen. Von Anfang an war Sexton fasziniert von der spezifischen Weltsicht der Psychoanalyse, von der Art, in der dort menschliche Handlungen interpretiert werden. Aber die Therapie war für sie wesentlich mehr als nur ein intellektuelles Abenteuer. In der Analyse sollte sie allmählich lernen, ihre Todessehnsucht zu akzeptieren und zu kanalisieren.

Viele ihrer Therapiesitzungen verbrachte Sexton damit, über die beste Art, Selbstmord zu begehen, zu sinnieren.[30] Schließlich kam sie zu dem Schluß, eine Kombination von Alkohol und Schlaftabletten sei das Mittel der Wahl. Sie nannte es »den Ausweg für Frauen« und kontrastierte es mit anderen, »männlichen« Selbstmordarten: »Daß sich Hemingway mit einem Gewehr im Mund erschossen hat, ist die größte und mutigste Handlung, die ich mir vorstellen kann«,[31] sagte sie in ihrer Analyse. Dann setzte sie sich mit Sylvia Plath auseinander, die ebenfalls einen »weiblichen« Selbstmord gewählt hatte:[32] »Ich bin so fasziniert von Sylvias Tod: die Vorstellung, perfekt zu sterben, jedenfalls nicht verstümmelt [...]«[33]

Durch Zufall hörte Sexton – ungefähr einen Monat nach ihrem ersten Selbstmordversuch – im Fernsehen eine Vorlesung von I. A. Richards[34] über das Sonett, seine Struktur, Rhythmik und Reimschemata. Sie machte sich während der Vorlesung Notizen und schrieb sofort danach ihr erstes Gedicht. Sie nahm es mit in die Therapie. Ihr Analytiker, Dr. Martin T. Orne, unterstützte ihre Schreibversuche. Bald wurde ihr Schreiben Teil der Therapie. Und das konstituierte die wirklich entscheidende Wende: »Ich hatte etwas gefunden, was ich aus meinem Leben *machen* konnte.«[35]

Zwischen Januar und Dezember 1957 schrieb Sexton mehr als 60 Gedichte,[36] keine Entwürfe oder Rohfassungen, sondern fertige, datierte Werke mit Titeln wie: »Appointment Hour«, »The Psychosomatic Stomach«, »One Way of Avoiding the Issue«, »Real Love in Imaginary Wagon«.[37] Es waren allesamt Gedichte über die Analyse:

Well Doctor – all my loving poems
write themselves to you.
If I could channel love,
by gum, it's what I'd do.

And never pen another
foolish freudian line
that bleeds across the page
in half assed metered rhyme. [...]

If all this bother and devotion
is not, in truth, for you –
(since you're the expert on emotion)
tell me Doctor – who?[38]

Sextons Therapie ermöglichte ihr das Schreiben, und ihr Schreiben kreiste um die Therapie.

Schreiben und Therapie waren auf merkwürdige Weise ineinander verknotet. Nur aufgrund ihrer Therapie konnte Sexton die komplexen Mechanismen verstehen, auf denen Körpersymptome ebenso beruhen wie literarische Sprache.[39] Und erst in der Therapie lernte sie, ihre Symptome in Sprache zu transformieren.

Gleichzeitig begann sie, an diversen *Poetry Workshops* in Boston und Umgebung teilzunehmen. Dort traf sie Maxine Kumin,[40] George Starbuck, W. D. Snodgrass, Robert Lowell und Sylvia Plath. Dort wurde sie systematisch geschult. Bald schon war ihr der Umgang mit den unterschiedlichen Formen und Traditionen der englischsprachigen Lyrik vertraut. Sie lernte, wie man Reime bildet und Strophen konstruiert. Und sie lernte, »was weggelassen werden muß«.[41]

Schreiben wurde immens wichtig für Sexton. Sie schrieb ständig, manchmal bis zu vier Gedichte am Tag. Sie arbeitete an mehreren Manuskripten, an mehreren Büchern gleichzeitig. Für Sexton bedeutete Schreiben immer vor allem eines: ein Anschreiben gegen den Tod: »Ich wechsele zwischen den Fluchtmitteln hin und her – Alkohol, Tabletten, Schreiben – ich habe nichts anderes.«[42] Sie schrieb manisch, besessen, wie im Rausch. Sie verlor sich in ihr Schreiben, tauchte darin ein, ließ sich treiben, ließ sich von Wörtern aufsaugen und vollaufen.

Dem fertigen Gedicht stand sie dann eher staunend gegenüber: »Ich denke, Sie wären überrascht«, sagte sie zu ihrem Analytiker, »wenn Sie wüßten, wie wenig ich meine eigenen Gedichte verstehe. Es scheint mir, als hätte ich keine Kontrolle über diese Art von Trancezustand. Ich hatte keine Vorstellung davon, was die Gedichte mitteilten.«[43] Aber sie sagte auch: »Für gewöhnlich lüge ich viel.«[44] Und: »Gedichte lügen nicht.«[45]

Sexton besaß ein intuitives Gespür für Rhythmen. Ihre Gedichte verfaßte sie nach der *trial and error*-Methode: Sie erstellte ein Raster an Reimen und versuchte dann, ihre Assoziationen durch diese Reimschemata hindurchzusieben. Sie feilte endlos an ihren Zeilen herum.

Und sie ging von Anfang an erstaunlich professionell mit den Produkten ihres Schreibens um. Für die Gedichte, die sie als fertig betrachtete, entwickelte sie ein Karteikartensystem, in das sie eintrug, wann sie ein Gedicht an eine Zeitschrift geschickt hatte und wann es abgelehnt zurückgekommen war. Anstatt sich dann einem Gefühl von narzißtischer Gekränktheit hinzugeben, schickte sie es erneut weg, manche Gedichte bis zu 15 mal pro Jahr.

Sextons Werk zerfällt in vier Phasen. In der ersten, der frühen Phase, stand Sexton noch stark unter dem Einfluß der *Poetry Workshops,* die sie zwischen 1957 und 1962 besucht hatte. Während dieser Lehrjahre im Handwerk des Versbaus schrieb sie Gedichte mit klaren, traditionellen Rhythmen und exakten Reimschemata, die sie in *To Bedlam and Part Way Back* (1960) und *All My Pretty Ones* (1962) veröffentlichte. Mit diesen beiden Gedichtbänden etablierte sich Sexton als Lyrikerin und fand öffentliche Anerkennung.[46]

In der darauffolgenden Phase begann Sexton, an *Mercy Street* zu arbeiten, einem Theaterstück über eine selbstmordgefährdete Frau, die versucht, ihre eigene, in sich zerrissene Psyche zu verstehen: Daisy, die Protagonistin, setzt sich mit ihrem zudringlichen Vater, ihrer kühl-distanzierten Mutter, ihrer fast erwachsenen Tochter und ihrer altjüngferlichen Tante auseinander. Das Stück *Mercy Street* war 1969 fertig. Während dieser zweiten Phase schrieb Sexton vergleichsweise selten Gedichte, und wenn, dann waren sie freier, oft ohne Reim.

In der dritten Phase veröffentlichte sie die Bände *Love Poems* (1969) und *Transformations* (1971). Das lyrische Ich, das hier spricht, leidet nicht mehr passiv unter psychotischen Dissoziationen und psychiatrischen Internierungen, wie das in Sextons frühen Gedichten der Fall ist. In diesen späten Gedichtbänden artikuliert sich eine Überlebende, und zwar sehr selbstbewußt.

Transformations ist die bekannteste und wohl auch die beste ihrer Gedichtsammlungen. Sexton »transformiert« hier Grimms Märchen, indem sie sie in die Gegenwart transponiert. Das Resultat dieser Transaktion, *Transformations,* ist voll von beißender Ironie, Charme und Witz.

Sexton versieht jedes ihrer Märchengedichte mit ein paar Geleitworten. So heißt es beispielsweise in »Cinderella« (Aschenputtel):

> You always read about it:
> the plumber with twelve children
> who wins the Irish Sweepstakes.
> From toilets to riches.
> That story.

Or the nursemaid,
some luscious sweet from Denmark
who captures the oldest son's heart.
From diapers to Dior.
That story.

Or the milkman who serves the wealthy,
eggs, cream, butter, yogurt, milk,
the white truck like an ambulance
who goes into real estate
and makes a pile.
From homogenized to martinis at lunch. [...]
That story.[47]

Dann erzählt Sexton »jene Geschichte«. Sie gerinnt zur prototypischen Version des sattsam bekannten Mythos vom unbegrenzten Reichtum und den schier endlosen Möglichkeiten in der Neuen Welt (»vom Schuhputzer zum Millionär«): *that story.* Und nimmt dadurch ein gerüttelt Maß an Unglaubwürdigkeit an.

Das Besondere an den Märchengedichten in *Transformations* ist, daß sie durch ein subjektives Bewußtsein hindurch gefiltert werden. Die anonyme Erzählinstanz, die aus den Märchen der Gebrüder Grimm spricht, das distanzierende »Es war einmal« der mündlichen Überlieferungen, auf denen die Grimmschen Aufzeichnungen beruhen, wird durch eine Stimme ersetzt, die eindeutig im soziokulturellen Kontext der 60er Jahre verortet ist. Dabei verkommen die Grimmschen Heldinnen und Helden zu Pappkameraden, zu eindimensionalen, wenn auch schillernd bunten Comic Strip-Figuren, die sich dann unversehens in höchst komplexe Situationen verwickeln.

Sextons mit Slang-Ausdrücken gespickte Sprache wirkt plakativ, karikierend, cartoonhaft. So wird Schneewittchen eingeführt als »a lovely number / cheeks as fragile as cigarette paper / arms and legs made of Limoge / lips like Vin du Rhône«.[48] Als die Zwerge sie nach ihrer ersten fatalen Begegnung mit der bösen Stiefmutter wiederbeleben, ist sie »as full of life as soda pop«.[49] Die böse Hexe mästet Hänsel und Gretel, und nach dem Essen schlafen die beiden ein, »z's buzzing from their mouths like flies«.[50] Die Taube in Aschenputtel »dropped down a golden dress / and delicate little gold slippers. / Rather a large package for a simple bird.«[51] Schneewittchens Stiefmutter wiederum »had a mirror to which she referred – / something like the weather forecast –«.[52] Die Gedichte in *Transformations* sind Pop-art Gedichte.

Und sie haben alle ein Ende mit einem Haken, ein ungewöhnliches Ende, in dem sich die LeserInnen verfangen sollen:

»Cinderella and the prince
lived, they say, happily ever after,
like two dolls in a museum case
never bothered by diapers or dust,
never arguing over the timing of an egg,
never telling the same story twice,
never getting a middle-aged spread,
their darling smiles pasted on for eternity. [...]
That story.[53]

Das Moment des Phantastischen, das ein zentraler Bestandteil jedes Märchens ist, paart sich in Sextons Märchengedichten mit jenem Moment von Irrealität, das den Ursprungsmythen der amerikanischen Gesellschaft innewohnt (dem Mythos vom *melting pot,* dem Schmelztiegel, in dem alle kulturellen Eigenheiten der europäischen ImmigrantInnen »eingeschmolzen« werden, ebenso wie dem Mythos *from rags to riches,* der Möglichkeit, in der egalitären Gesellschaft Nordamerikas mühelos und innerhalb kürzester Zeit zu sagenhaften Reichtümern zu kommen).

In Sextons späten Gedichten vermittelt sich – über das Vehikel von Ironie und Sarkasmus – beißende Gesellschaftskritik. Kein Wunder, daß der Verlag Houghton Mifflin lange zögerte, bevor er *Transformations* veröffentlichte. Diese Gedichte paßten nicht zum »Markenzeichen Anne Sexton«, sie waren, wie der Verlag meinte, »nicht wirklich sextonhaft genug«.[54]

Während der vierten und letzten Phase ihres Schaffens verschlimmerte sich Sextons Alkohol- und Tablettensucht. Auch ihre Todeswünsche wurden wieder virulent. Ausgelöst wurde die Verschlechterung ihrer psychischen Situation durch eine fatale, nicht zu bewältigende Liebesbeziehung.

Ihre Texte zentrierten sich jetzt um Spiritualität. Sexton entwickelte in ihrer vierten Schaffensphase ihre eigene, religiös begründete Kosmologie, voll von Endzeitvisionen. Sie schrieb einen Gedichtzyklus mit dem Titel »The Jesus Papers«,[55] den sie in *The*

Book of Folly (1972) veröffentlichte. *The Death Notebooks* (1974) enthält Gedichte wie »For Mr. Death Who Stands With His Door Open«, »The Death Baby« and »The Furies«.[56] *The Awful Rowing Toward God* (1975) wiederum ist ganz der Religion gewidmet: »Jesus, the Actor, Plays the Holy Ghost«, »The God-Monger«, »The Rowing Endeth« etc.[57] *The Awful Rowing Toward God* ist der letzte Gedichtband, den Sexton noch selbst veröffentlichte.

Für Sexton waren Schreiben und Therapie unauflöslich miteinander verwoben. Der Beginn ihrer Therapie markiert den Beginn ihres Schreibens. Und das Ende der Therapie?

... und Therapie ist Tod

»I am acting the part of a nice case history.«[58]

Sextons Schreiben war ein teils manisches, teils verzweifeltes Anschreiben gegen den Tod. Ihre Therapie hingegen bildete – zunächst jedenfalls – den Lichtblick in ihrem Leben, jenes Moment, um das sich alles drehte. Die ersten Jahre lebte Sexton nur für ihre Therapie. Sie redete ständig, ausführlich und mit fast brutaler Offenheit über alle Details, selbst die intimsten, die durch die Therapiesitzungen in ihr Bewußtsein gezerrt wurden. Ihre Analysesitzungen bildeten den Rahmen, innerhalb dessen sie sich über Jahre hinweg zu stabilisieren vermochte. Hier konnte sie ihre Todessehnsucht in Schreiben transformieren.

Sexton führte das Leben einer Analysandin mindestens ebenso intensiv wie das einer Lyrikerin. Ihre Therapie dominierte ihr Leben.

Ende 1955, nach der Geburt ihrer zweiten Tochter, verfiel Sexton in »entsetzliche Anfälle von Depression«.[59] Sie war müde und niedergeschlagen, gleichzeitig aufgewühlt und desorientiert. Insbesondere die Vorstellung, mit ihren beiden Kindern allein zu Hause zu sein, war ihr ein Horror. Immer wenn Kayo geschäftlich unterwegs war, und er war viel unterwegs, hörte sie auf zu essen, wurde weinerlich, furchtsam und lustlos. Sie hatte Angstanfälle. Sie entwickelte intensive (psychosomatisch bedingte) Magenschmerzen. Sexton dachte, es seien »die Hormone«. Sie suchte Rat und Hilfe bei Dr. Martha Brunner-Orne, einer älteren, mütterlich wirkenden Psychoanalytikerin aus Wien, bei der auch ihr Vater (wegen seines Alkoholismus) in Behandlung war. Sexton hatte Dr. Brunner-Orne bereits früher einmal konsultiert, als sie in einer Phase heftigen Liebeskummers weder aus noch ein wußte.[60]

Schließlich der Selbstmordversuch mit Schlaftabletten. Dr. Brunner-Orne wies Sexton in Westwood Lodge ein, eine psychiatrische Klinik, in der schon Sextons Vater und Aunt Frances behandelt worden waren. In Westwood Lodge führte Dr. Martin Orne, der Sohn von Dr. Brunner-Orne, eine Reihe von diagnostischen Tests mit Sexton durch. Sie lernte ihn schätzen, und als sie aus der Psychiatrie entlassen wurde, beschloß sie, ihre Therapie bei ihm fortzusetzen. Im November 1956 unternahm sie einen zweiten Selbstmordversuch, wiederum mit Schlaftabletten. Und wiederum kam sie in die Psychiatrie. Allerdings wurde sie dort nicht – wie damals durchaus üblich – mit Elektroschocks behandelt. Statt dessen erhöhte Orne ihre Therapie auf fünf Sitzungen pro Woche.

Was war der Grund für Sextons Probleme? Ihr Krankheitsbild war diffus. Es entzog sich diagnostischen Etikettierungen. Dr. Orne umreißt es folgendermaßen:

> Sie war sehr, sehr krank, aber [...] paßte nicht in diagnostische Raster. [...] Sie war eine Hysterikerin im klassischen Sinn: wie ein Chamäleon konnte sie jedes Symptom annehmen. Sie durchlebte tiefgreifende Persönlichkeitsdissoziationen, und sie hatte Gedächtnisausfälle. Einige Therapeuten waren davon überzeugt, daß Anne schizophren sei. Ich bezweifle nicht, daß sie, wenn sie auf einer Station mit Schizophrenen untergebracht worden wäre, deren Symptome zur Schau getragen hätte. [...] Ganz bestimmt hatte sie viele Jahre lang ein depressives Leiden, das niemals wirklich geheilt wurde.[61]

Dr. Orne konstatiert eine Depression. Diane Wood Middlebrook, Sextons Biographin,[62] hingegen vermutet eine genetische Disposition:

> Ein Überblick über ihren Fall würde zwischen verschiedenen möglichen Ursachen [für ihr Leiden] unterscheiden. Das Vorkommen von psychischen Zusammenbrüchen auf beiden Seiten ihrer Familie weist auf eine genetische Disposition für eine biologisch begründete Krankheit hin [...]. Es ist möglich, daß ein biochemisches Ungleichgewicht ihr ganzes Leben lang die

psychologischen Verletzlichkeiten intensivierte, die der Hauptansatzpunkt ihrer Psychotherapie waren.[63]
Middlebrook macht eine biochemische Schwäche (beruhend auf pathologischen Methylierungsprozessen molekularer Bausteine im Gehirn) für Sextons Probleme verantwortlich.

Ein dritter Erklärungsansatz sucht den Grund für ihr Leiden, das sich so offensichtlich einer eindeutigen Diagnose entzog, in mehrfachem sexuellen Mißbrauch. Sexton sei durch ihre Großtante Nana ebenso wie durch ihren Vater mißbraucht worden, heißt es dann.[64]

Von ihren beiden Selbstmordversuchen an führte Sexton das Leben einer Kranken, die sich einer teuren und langwierigen Behandlung mit unsicherem Ergebnis zu unterziehen hat. Und ihre Familie paßte sich an. Der Schwiegervater zahlte die Therapie, die Schwiegermutter übernahm die Kinder, der Mann die Haushaltspflichten.

Dann beschloß Dr. Orne aus beruflichen Gründen, nach Philadelphia zu ziehen. Sextons Welt brach zusammen. Immer, wenn ihr Therapeut für sie einmal nicht erreichbar gewesen war, hatte sie phantasiert, er wäre tot. Und jetzt konnte sie nicht fassen, daß er sie tatsächlich für immer verlassen würde. Noch dazu aus einem derart prosaischen Grund wie einer besseren Stelle in einer anderen Stadt.

Im Frühjahr 1964 war Sexton gezwungen, sich einen neuen Analytiker zu suchen. Dr. Orne überwies sie an einen Psychiater mit psychoanalytischer Zusatzausbildung. Sexton sah ihn zweimal die Woche. Gegen Ende des Jahres schlug er ihr vor, daß sie sich während der Therapiesitzungen auf die Couch legen sollte. Sexton war stolz. Sie interpretierte das als ein Zeichen von Fortschritt und Genesung.

Sie verliebte sich in diesen anderen, den neuen Analytiker. Nun ist ja bekanntlich jede Therapiebeziehung (quasi »automatisch«) eine Liebesbeziehung, denn sie beruht auf Übertragung.[65] Sexton spürte diese Übertragungsliebe von Anfang an sehr stark. Während ihrer Therapie bei Dr. Orne wehrte sie sich dagegen. »Anne«, sagte Orne,

> sah die Psychotherapie als eine Art Trick an, den sie ›den großen Schwindel‹ nannte, weil die mächtigen Gefühle, die erregt wurden, nie ausgelebt werden konnten. Die Besserung der Patientin, und nicht die Befriedigung der Patientin, waren die Ziele der Behandlung.[66]

Sexton reagierte mit Gedichten. So schreibt sie beispielsweise in ihrem Gedicht »The Poems I Gave You« (an Dr. Orne):

> Oh, I have raped my inner soul,
> And given it, naked, to you,
> Since my warm mouth and arms
> might love, and frighten you.[67]

Sexuelle Abstinenz ist die unabdingbare Voraussetzung für das Gelingen der psychoanalytischen Kur, die Befolgung der Abstinenzregel ihr oberstes Gebot.

Genau diese Abstinenzregel aber wurde von Sextons neuem Therapeuten gebrochen. Er ließ es zu, daß die auf Übertragung und Gegenübertragung basierenden Gefühle zwischen Sexton und ihm körperlich ausagiert werden konnten. Ab Juni 1966 wurden die Therapiesitzungen zum Ort sexueller Begegnungen zwischen Dr. Zweizung[68] und Sexton, zum Schauplatz einer heißblütigen Liebesaffäre. Und sie zahlte dafür.

Zunächst wörtlich, im Materiellen. Sie zahlte für die Therapie und damit für den Sex: die Therapie als ein bordellartiges Szenarium. Später dann sollte Sexton auch noch auf einer übertragenen Ebene bezahlen. Und zwar mit ihrem Leben.

Zu Beginn, als ihre therapeutische Beziehung in eine sexuelle mündete, war sie ekstatisch glücklich. Sie machte keinerlei Versuch, die Affäre geheimzuhalten. Sie erzählte Kayo davon und allen ihren Freundinnen. Sie redete unermüdlich und voller Begeisterung über ihre neue Eroberung. Und sie schmückte ihre Erzählungen mit anschaulichen Details aus, wie, daß sie immer wenn sie zur Therapie fuhr, ihr kleines rotes Nachthemd in die Handtasche steckte.[69]

Dr. Zweizung fing nun auch an, Gedichte zu schreiben. Er gab ihr für gewöhnlich einen Durchschlag von seinen Machwerken. Sie nannte ihn »einen wortmagischen Typen«.[70] Er zitierte sie in seinen Gedichten, sie zitierte ihn in ihren Gedichten. Sie schrieb einen ganzen Band voll Liebesgedichte, alle gerichtet an ihren Analytiker: *Love Poems* (1969). Allerdings sind diese Gedichte nicht ganz das, was man sich gemeinhin unter Liebesgedichten vorstellt. Bereits die Titel der Gedichte signalisieren die ungeheuren Probleme, die diese Affäre aufwarf: »You All Know the Story of the Other Woman«, »Loving the Killer«, »Eighteen Days Without You«, »The Ballad of the Lonely Masturbator«[71] etc. Aus den Gedichten selbst spricht Wut, Angst, Qual, Intensität, Verzweiflung.

Der Liebhaber wird als kraftvoll, als Quell des Lebens und der Lebensfreude inszeniert (als »pure genius at work«),[72] aber auch als grausamer Zerstörer, als blutrünstiger Mörder:

> I'm your barefoot wench for a
> whole week. Do you care for salami?
> No. You'd rather not have a scotch?
> No. You don't really drink. You do
> drink me. The gulls kill fish,
> crying out like three-year-olds.[73]

Hier wird eine Metapher für Liebe (*you do drink me*) mit einem Bild des Mordens (*the gulls kill fish*) kontrastiert, wodurch sich das dieser Liebesmetapher auch innewohnende Moment des Kannibalischen verstärkt.

In dem Gedicht »The Kiss« lamentiert das lyrische Ich: »before today my body was useless«, jetzt aber – aufgrund der sexuellen Potenz des Liebhabers – »my mouth blooms like a cut«.[74] Hier wird die Liebesmetapher vom blühenden Mund erweitert durch den Vergleich mit einer Schnittwunde.

Das lyrische Ich, das in den Gedichten spricht, ist passiv, es nimmt hin. Es handelt nicht, es wird behandelt. Der Liebhaber ist aktiv. Er verletzt und tötet – auch durch seine Gleichgültigkeit:

> She is his selection, part time.
> You know the story too! Look,
> when it is over he places her,
> like a phone, back on the hook.[75]

Er wählt sie und legt sie wieder weg, wie ein lebloses Objekt aus Plastik, wie einen Telefonhörer. Der Konflikt entspringt aus dem *part time*: Der Liebhaber ist verheiratet.

Sextons Freundinnen, insbesondere Maxine Kumin, aber auch Dr. Orne, waren entsetzt über Sextons Liebeleien mit ihrem Therapeuten. Sie drängten sie, die Affäre zu beenden. Sie wollten, daß Sexton die Therapie abbräche und zu einem anderen Analytiker ginge. Aber sie weigerte sich. Denn es ging ihr besser: ihre Todessehnsüchte waren weniger drängend, sie mußte seltener hospitalisiert werden, sie schien ausgeglichener.

Anfang November 1966 fand Dr. Zweizungs Frau, als sie in seinen Papieren kramte, jene Liebesgedichte, die von Sexton an ihn und von ihm an sie gerichtet waren. Es kam zu einem massiven Krach, und Dr. Zweizung gelobte Besserung. Er versuchte die Affäre mit Sexton zu beenden. Es brach ihr das Herz. Sie stürzte sich die Treppe hinunter und brach sich die Hüfte. Der Bruch war kompliziert, er mußte operiert und verschraubt werden. Im Krankenhaus schrieb sie Gedichte wie »The Break« und »For My Lover Returning to His Wife«[76]:

> She has always been there, my darling.
> She is, in fact, exquisite.
>
> Fireworks in the dull middle of February
> and as real as a cast-iron pot.
>
> Let's face it, I have been momentary.
> A luxury. [...]
>
> She is solid.
>
> As for me, I am watercolor.
> I wash off.[77]

Aber das war noch lange nicht das Ende: Sextons Therapie bei Dr. Zweizung und ihr Verhältnis mit ihm sollten noch Jahre andauern.

Im Januar 1969 schließlich gestand Dr. Zweizung seiner Frau, daß er das Verhältnis mit Sexton noch immer nicht aufgelöst habe. Sie stellte ihm daraufhin ein Ultimatum. Dr. Zweizung und Sexton fuhren nach Washington und verbrachten dort eine letzte Liebesnacht. Für ihn war damit die Sache beendet. Er konzentrierte sich nun darauf, seine Ehe zu kitten.

Für sie brach die Welt zusammen.[78] Sie ließ sich von Kayo scheiden (äußerer Anlaß war, daß Kayo nun nicht nur sie, sondern auch Joyce schlug). Bald darauf gingen die beiden Töchter aufs College. Sexton versank in Einsamkeit. Sie flüchtete sich in Alkohol und Tabletten[79] und reinszenierte dabei im Realen die Situation, die sie Jahre zuvor in ihrem Gedicht »Eighteen Days Without You« beschworen hatte:

> The day of the lonely drunk
> is here. No weather reports,
> no fox, no birds, no sweet chipmunks,
> no sofa game, no summer resorts.
>
> No whatever it was we had,
> no sky, no month – just booze.
> The half moon is acid, bitter, sad
> as I sing the Blended Whiskey Blues.[80]

Am 4. Oktober 1974 traf sie Maxine Kumin und sprach mit ihr die letzten Korrekturen für den Gedichtband *The Awful Rowing Toward God* durch. »Unser gemeinsames Mittagessen war wundervoll vergnügt und albern«, sagte Kumin später, »und ich erinnere mich, daß ich gedacht habe, um wieviel besser es ihr zu gehen schien.«[81] Dann fuhr Sexton heim, holte den alten Nerzmantel ihrer Mutter aus dem Schrank, schenkte sich ein Glas Wodka ein, ging in die Garage, schloß die Türe, machte das Autoradio an und startete den Motor. Sie starb an Kohlenmonoxydvergiftung.

Anmerkungen

1 Anne Sexton. *The Complete Poems*, 15.
»Ich, eine besessene Hexe, bin ausgezogen / ich habe herumgespukt in schwarzer Luft, ich war tapferer in der Nacht; / ich habe vom Bösen geträumt, ich habe meine Tour gemacht / hinweg über die schlichten Häuser, Licht um Licht: / ein einsames Wesen, zwölffingrig, wahnsinnig. / Solch eine Frau ist keine Frau, nicht ganz. / Ich bin wie sie.« Diese und alle folgenden Übersetzungen aus dem Englischen stammen von mir, E. K.

2 *The American Dream* ruft das Ideal einer Gesellschaft auf, die auf absoluter Chancengleichheit aller und unbegrenztem materiellem Wohlstand gründet.

3 J. D. McClatchy. »Anne Sexton: Somehow to Endure«. *Sexton: Selected Criticism*, S. 31. »A poetry that largely avoids the symbolic approach and instead seeks naked revelation.«

4 Die Gedichte der *Confessionals* sprengten die Traditionen der amerikanischen Lyrik. Sie waren bewußt aus einer sehr persönlichen Perspektive heraus verfaßt. Sie brachen Tabus. Sie thematisierten Bereiche, die man bis dahin als zu intim, zu schmerzlich – und wohl auch als zu peinlich – für die »hohe Literatur« betrachtet hatte.
James E.B. Breslin beschreibt die *Confessionals* folgendermaßen: »Less socially and ideologically close than the beats, the confessional poets were unified in defining the creative act as a painful self-exposure, a direct expression of urgent emotion aroused by personal, often extreme, experiences. [...] Lacking a leader, a geographical center, or a ringing manifesto, the confessional movement was less the result of a shared program for poetry than the result of independent writers working along similar lines at more or less the same time.« *Columbia Literary History of the United States*, S. 1086-7.
»Die *Confessional Poets* waren weniger eng gesellschaftlich und ideologisch miteinander verbunden als die *Beats,* sie konstituierten sich als Gruppe, indem sie den kreativen Akt als eine schmerzhafte Selbstenthüllung definierten, als einen direkten Ausdruck drängender Emotionen, die durch persönliche und oftmals extreme Erfahrungen hervorgerufen wurden. [...] Da eine führende Persönlickeit, ein geographisches Zentrum und ein wohlklingendes Manifest fehlten, war die Bewegung der *Confessionals* weniger das Ergebnis eines gemeinsamen Lyrikprogramms als vielmehr das Resultat unabhängiger Schriftsteller, die zu mehr oder weniger derselben Zeit entlang ähnlicher Konzepte arbeiteten.«

5 Steven E. Colburn. »Preface«. *Anne Sexton: Telling the Tale*, S. VII. »Sexton's poetry is personal, even autobiographical.«

6 Maxine Kumin. »A Friendship Remembered«. *Anne Sexton: Telling the Tale*, S. 48-9. »As for her subject matter, we all know it came for the most part directly out of her own life and times, with little if any psychological distance on the trauma or pleasure that gave rise to the poem.«

7 Ein solcher Interpretationsansatz ist simplifizierend und falsch. Denn das Moment von Intertextualität, das bei der Einschätzung von Sextons Lyrik immens wichtig ist, bleibt dabei außer acht. Sexton gehört einer Gruppe von Lyrikern an: Ihre Gedichte weisen ähnliche Merkmale auf wie die anderer *Confessionals*. Sie alle reagierten intertextuell, durch Negation, auf die Sterilität, Nüchternheit und Exaktheit der Lyrik des Modernismus (T.S. Eliot, Ezra Pound, Wallace Stevens, William Carlos Williams etc.). Und sie grenzten sich ab von der zeitgleich entstehenden Lyrik der *Beats,* einer explizit politischen Protestbewegung (Allen Ginsberg, Jack Kerouac, Lawrence Ferlinghetti).
Sextons Lyrik ist kein individuell (oder pathologisch) begründetes Einzelphänomen. Vielmehr verweisen die intertextuellen Bezüge ihrer

Gedichte Sexton auf jenen Ort innerhalb des soziokulturellen und literarischen Kontextes der 50er und 60er Jahre, durch den sie definiert wird.

8 So schreiben Sandra Gilbert und Susan Gubar: »Female Art, Sexton suggests, has a ›hidden‹ but crucial tradition of uncontrollable madness.« *The Madwoman in the Attic: The Woman Writer and the Nineteenth-Century Literary Imagination.* New Haven: Yale UP, 1979, S. 56.
»Weibliche Kunst, so suggeriert Sexton, basiert auf einer ›verborgenen‹, aber sehr bedeutsamen Tradition von unkontrollierbarem Wahnsinn.«

9 Diana Hume George schreibt dazu: »Feminists [...] find in Sexton's work a set of resonant and sometimes enabling myths, as well as a critique of those that disabled Sexton herself.« »Introduction.« *Sexton: Selected Criticism*, S. X.
»Feministinnen [...] finden in Sextons Arbeiten eine Konstellation von wohltönenden und manchmal hilfreichen Mythen, ebenso wie eine Kritik an jenen, durch die Sexton selbst behindert wurde.«

10 Zitiert nach Diane Wood Middlebrook. »Becoming Anne Sexton«. *Anne Sexton: Telling the Tale*, S. 8.
»Ich war ein Opfer des amerikanischen Traums, des bourgeoisen Mittelklassetraums.«

11 In der Darstellung der äußeren Lebensdaten orientiere ich mich an der »offiziellen« (von den Nachkommen Sextons autorisierten) Biographie von Diane Wood Middlebrook: *Anne Sexton: A Biography.*
Middlebrook wurde von Linda Gray Sexton, der Tochter und Nachlaßverwalterin Anne Sextons, auserwählt, die eine und allumfassende Biographie zu schreiben. Man gewährte ihr nicht nur Zugang zu allen unveröffentlichten Entwürfen, aufgegebenen Projekten, Tagebüchern und Briefen, sondern – und das ist ungewöhnlich – auch zu den umfangreichen Analyseprotokollen, die Sextons Therapeut, Dr. Martin T. Orne, über Jahre hinweg angefertigt hatte. Middlebrook zitiert in großem Umfang aus diesen (höchst eigentümlichen) therapeutischen Interaktionen. Sie macht keinen Unterschied zwischen den veröffentlichten Texten, den Briefen und Tagebuchaufzeichnungen und den Therapieaufzeichnungen. Sie berücksichtigt nicht, daß jede Analyse in einem definierten Rahmen stattfindet und eine pointiert andere Form von Beziehung zum Imaginären, Symbolischen und Realen unterhält als veröffentlichte Texte. Diese Vermengung unterschiedlicher Textsorten in Sextons Biographie befremdet. Und sie entfremdet: Das Bild von Sexton, das Middlebrook entwirft, ist das einer äußerst unsympathischen Frau. Man muß Middlebrooks Biographie ständig »gegen den Strich« lesen, um sich in Sextons Leben einfühlen zu können.

12 Annes Vater stammte aus einer reichen Bankiersfamilie. Er selbst war Industrieller. Während des Zweiten Weltkriegs verdiente er in der

Kriegsindustrie (mit der Herstellung von Decken und Uniformstoffen) ein Vermögen: ein Kriegsgewinnler.

13 Sexton sagte in einem Interview mit Alice Ryerson: »I wanted to get married from the age of thirteen on. I wanted nothing else. I thought that having children was some kind of answer, then.« Zitiert nach Middlebrook, S. 40.
»Seit ich dreizehn war, wollte ich heiraten. Ich wollte nichts anderes. Ich dachte damals, Kinder zu haben sei eine Art Antwort.«

14 Sexton schreibt dazu in einem unvollendeten und unveröffentlichten Romanfragment: »We eloped while underage [...]; but with birth certificates and blood tests and no signs of syphilis, we could marry in that state [North Carolina]. We found these facts in the *World Almanac* – a very informative little book.« Zitiert nach Middlebrook, S. 23.
»Wir brannten durch, als wir noch minderjährig waren [...]; aber mit Geburtsurkunden und Bluttests und ohne Anzeichen von Syphilis konnten wir in jenem Staat [North Carolina] heiraten. Wir fanden diese Fakten im *World Almanac* – einem sehr informativen kleinen Buch.«

15 Kayo stammte – wie Anne – aus einer reichen Ostküstenfamilie. Kayos Eltern verloren aber bereits am ersten Tag des Börsenkrachs von 1929 zwei Millionen Dollar und den Rest ihres Vermögens bald darauf.

16 Im angloamerikanischen Sprachraum steht »Bedlam«, der Name des »Hospital of St. Mary of Bethlehem« in London, stellvertretend für jede Art von Psychiatrieeinrichtung.

17 Für eine Auflistung der einzelnen Gedichtbände und ihrer anderen Werke vgl. das Literaturverzeichnis. Eine Gesamtausgabe ihrer Gedichte wurde erst postum veröffentlicht: Anne Sexton. *The Complete Poems*, Boston: Houghton Mifflin, 1981.

18 Sexton in einem Tagebucheintrag. Zitiert nach Middlebrook, S. 24. »dedicated to the development of a woman's most priceless possession [...] natural femininity«.

19 Kathleen Spivack schreibt in »Poets and Friends«: »Vibrant and beautiful, Anne was very attractive to men in an appealing and vulnerable way.« *Anne Sexton: Telling the Tale*, S. 32.
»Anne war sprühend und schön, und wirkte auf Männer ebenso anziehend wie verletzlich.«

20 Sowohl Kayos als auch Annes Vater waren Trinker. Beide ruinierten damit ihre Familien, ihre Firmen und schließlich ihre Gesundheit. Kayos Vater ging manchmal tagelang auf Sauftour. Annes Vater und auch seine Schwester Frances wurden immer wieder wegen ihres Alkoholismus therapiert, auf Entzug gesetzt, in die Psychiatrie eingewiesen. Annes Mutter stand dem in nichts nach. Sexton sagte in einer ihrer Therapiesitzungen: »My mother drank two drinks every noon and three drinks every night come hell or high water. Once my father

stopped drinking she would stand at the sink with a glass and – slosh – pour the whiskey right down.« Zitiert nach Middlebrook, S. 13.
»Meine Mutter genehmigte sich jeden Mittag zwei Drinks und jeden Abend drei, und wenn der Himmel zusammenbrach. Wenn mein Vater aufhörte zu trinken, stand sie mit einem Glas am Ausguß und – schlürf – schüttete den Whiskey runter.«
Anne Sexton selbst war alkohol- und tablettensüchtig. In ihrer Analyse sagte sie weiter: »I still have the glasses they [my parents] had in the twenties – I thought, my God, this is justice: my parents drank themselves into the grave and now I'm drinking out of the same glasses!« Zitiert nach Middlebrook, S. 13-4.
»Ich habe noch immer die Gläser, die sie [meine Eltern] in den zwanziger Jahren hatten – ich dachte, mein Gott, das ist die Gerechtigkeit: meine Eltern tranken sich ins Grab, und jetzt trinke ich aus denselben Gläsern!«

21 Die Musik schrieb Conrad Susa, ein junger Komponist, der bereits mehrere *Broadway Shows* vertont hatte. Die Oper wurde in Minneapolis, Madison, Boston, Houston, Amsterdam und San Francisco aufgeführt, von dem Fernsehsender PBS aufgezeichnet und im ganzen Land gesendet.

22 Middlebrook schreibt dazu: »She kept a wardrobe of long dresses for important readings, and made entrances in them like an actress. [...] Despite her protestations that she was a ›victim of the bourgeois, middle-class dream‹, Sexton maintained its insignia to furnish context for her art. Garbed in her finery, cigarette in hand, Anne Sexton mounted the stage and took the podium.« »Becoming Anne Sexton«. *Anne Sexton: Telling the Tale*, S. 12.
»Zu ihrer Kleidung gehörten lange Kleider für wichtige Lesungen, und sie trat in ihnen auf wie eine Schauspielerin. [...] Trotz ihres Insistierens, daß sie ein ›Opfer des bourgeoisen Mittelklassetraums‹ sei, hielt Sexton an deren äußeren Zeichen fest, um den Kontext für ihre Kunst auszugestalten. Geschmückt und mit einer Zigarette in der Hand stieg Anne Sexton auf die Bühne und nahm das Podium ein.«

23 Schon als Kind hatte sie Talent zum Theaterspielen und einen Hang zur Theatralik. Middlebrook schreibt: »Family members recalled the skill and hilarity of her theatrics and viewed this gift as the key to her personality: Anne was an actress, and loved playing to an audience.« S. 10.
»Die Familienmitglieder erinnerten sich an das Geschick und die Ausgelassenheit ihres Theaterspiels und sah in diesem Talent den Schlüssel zu ihrer Persönlichkeit: Anne war eine Schauspielerin und liebte es, vor einem Publikum zu spielen.«

24 Ihr Leben vor dem ersten Selbstmordversuch schildert Sexton folgendermaßen: »Until I was twenty-eight I had a kind of buried self who

didn't know she could do anything but make white sauce and diaper babies. I didn't know I had any creative depths. I was a victim of the American Dream, the bourgeois, middle-class dream. All I wanted was a little piece of life, to be married, to have children. I thought the nightmares, the visions, the demons would go away if there was enough love to put them down. I was trying my damnedest to lead a conventional life, for that was how I was brought up, and it was what my husband wanted of me. But one can't build little white picket fences to keep nightmares out. The surface cracked when I was about twenty-eight. I had a psychotic break and tried to kill myself.« Zitiert nach Middlebrook. »Becoming Anne Sexton.« *Anne Sexton: Telling the Tale*, S. 8.
»Bis ich achtundzwanzig war, hatte ich eine Art verschüttetes Selbst, das nicht wußte, daß es noch etwas anderes kann als weiße Soße zubereiten und Babys wickeln. Ich wußte nicht, daß ich Kreativität besaß. Ich war ein Opfer des amerikanischen Traums, des bourgeoisen Mittelklassetraums. Alles, was ich wollte, war ein kleines Stückchen Leben, verheiratet sein, Kinder haben. Ich dachte, die Alpträume, die Visionen, die Dämonen würden weggehen, wenn da nur genug Liebe wäre, um sie zur Seite zu schieben. Ich versuchte auf Teufel komm raus ein konventionelles Leben zu leben, denn so war ich erzogen worden, und das war es, was mein Mann von mir wollte. Aber man kann keine kleinen weißen Zäune bauen, um die Alpträume fernzuhalten. Die Oberfläche zersprang, als ich ungefähr achtundzwanzig war. Ich hatte einen psychotischen Zusammenbruch und versuchte mich umzubringen.«

25 Patricia Marx. »Interview with Anne Sexton«. *No Evil Star: Selected Essays, Interviews and Prose*, S. 70.
»A kind of rebirth at twenty-nine«.

26 *The Complete Poems*, S. 16.
»So eine Frau schämt sich nicht zu sterben.«

27 *The Complete Poems*, S. 126.
»Sylvias Tod. Für Sylvia Plath«, »Diebin! / wie konntest Du nur hineinkriechen / allein hinunterkriechen / in den Tod, den ich so sehr begehrte, und so lange schon.«

28 Zitiert nach Middlebrook, S. 217.
»Suicide is addicting.«
Sexton hat insgesamt neun Selbstmordversuche unternommen.

29 In diesem Punkt weist er Ähnlichkeiten mit einem anderen kuriosen Fall in der angloamerikanischen Literaturgeschichte auf: Mary Lamb ermordete ihre Mutter, schrieb einige Wochen später ihr erstes Gedicht und wurde zu einer berühmten Autorin. Vgl. dazu meinen Aufsatz »Mary Lamb, die englische Romantik und ein Muttermord.« *Schwestern berühmter Männer*. Hg. Luise F. Pusch. Frankfurt: Insel, 1985, S. 155-92.

30 Später schrieb sie in ihrem Gedicht »Wanting to Die« (1964): »But suicides have a special language. / Like carpenters they want to know *which tools.* / They never ask *why build.*« *The Complete Poems*, S. 142.
»Sterben wollen«, »Aber Selbstmorde haben eine spezielle Sprache. / Wie ein Zimmermann wollen sie wissen *welches Werkzeug.* / Sie fragen nie, *warum bauen.*«

31 »The woman's way out«, »For Ernest Hemingway to shoot himself with a gun in the mouth is the greatest act of courage I can think of.«

32 Plath hatte ihren Kopf in die Backröhre des Gasherdes gesteckt.

33 Zitiert nach Middlebrook, S. 216.
»I'm so fascinated with Sylvia's death: the idea of dying perfect, certainly not mutilated [...]«

34 I. A. Richards, Professor in Cambridge, England, und später in Harvard, ist der Begründer der modernen angloamerikanischen Literaturwissenschaft. Er führte die Unterscheidung zwischen zwei Formen von Sprachverwendung, einer referentiellen und einer nichtreferentiellen, ein und propagierte *close reading* als Interpretationsprinzip. Seine beiden Hauptwerke sind *Principles of Literary Criticism* (1924) und *Practical Criticism* (1929).

35 Anne Sexton. Interview mit Barbara Kevles. Zitiert nach Middlebrook, S. 43.
»I had found something to *do* with my life.«

36 Das Schreiben lag in der Familie. Arthur Gray Staples, Sextons Großvater mütterlicherseits, war Herausgeber einer Zeitung in Lewiston, Maine; er publizierte Essays und vor allem Zeitungskolumnen. Von ihm erbte Sextons Mutter die schriftstellerischen Ambitionen; sie hat geschrieben, aber nie etwas veröffentlicht. Linda Gray Sexton, Sextons ältere Tochter, ist Romanautorin; sie hat bisher vier Romane, zwei weitere Bücher und ihre Autobiographie (*Searching for Mercy Street: My Journey Back to My Mother, Anne Sexton*, 1994) veröffentlicht.

37 »Arzttermin«, »Der psychosomatische Magen«, »Eine Möglichkeit, den Gegenstand zu vermeiden«, »Wirkliche Liebe in einem imaginären Wagen«.

38 Zitiert nach Middlebrook, S. 54.
»Tja, Doktor – all meine liebenden Gedichte / schreiben sich für Sie. / Wenn ich Liebe eindämmen könnte / bei Gott, das wär's, was ich täte. / Und würde niemals mehr eine weitere / dumme Freudsche Verszeile kritzeln / die über die Seite hinwegblutet / in ungelenkem metrischem Reim. [...] / Wenn all dieses Mühen und Streben / in Wahrheit nicht für Sie wäre – / (denn Sie sind der Experte in Sachen Gefühle) / dann sagen Sie mir, Doktor – für wen dann?«

39 Sowohl das Funktionieren literarischer Sprache als auch das Auftreten von Körpersymptomen ist auf metaphorische Ersetzungen und met-

onymische Verschiebungen zurückzuführen. Bereits Sigmund Freud hatte das erkannt. Er behauptete, daß Symptome »wie Sprache« sind: Bei einer Symptombildung »spricht« der Körper (das Symptom), weil etwas anderes (ein unbewußter Gefühlskonflikt) nicht sprechen (sich nicht artikulieren und somit bewußt werden) kann. (Freuds beeindrukkende Hysterikerinnen sind ein Beispiel für dieses Phänomen.)

40 Sexton unterhielt zahlreiche und intensive Frauenfreundschaften. Sie hatte die Gabe, Beziehungen mit Frauen zu knüpfen und über Jahre hinweg lebendig zu halten. Mit Maxine Kumin teilte sie ihr Leben und ihre Arbeit. Kumin ist selbst eine anerkannte Autorin, auch sie wurde mit dem Pulitzer-Preis ausgezeichnet. Sexton und Kumin diskutierten und kritisierten jede einzelne Zeile, die sie schrieben. Beide waren zu Beginn ihrer Freundschaft überlastet von ihren Pflichten als Hausfrau und Mutter. Sie hatten kaum Zeit, sich zu treffen. Deshalb entwikkelten sie eine höchst kuriose Form von Interaktion per Langzeittelefonat, die Kumin folgendermaßen beschreibt: »Almost as soon as we began to share poems, we began to share them on the telephone. [...] I confess we sometimes connected with a phone call and kept that line linked for hours at a stretch, interrupting poem-talk to stir the spaghetti sauce, switch laundry, or try out a new image on the typewriter; we whistled into the receiver for each other when we were ready to resume.« »A Friendship Remembered«. *Anne Sexton: Telling the Tale*, S. 46-7.

»Sobald wir anfingen, Gedichte miteinander zu diskutieren, taten wir das am Telefon. [...] Ich gestehe, daß wir uns manchmal anriefen und die Leitung über Stunden hinweg besetzt hielten, wir unterbrachen die Diskussion von Gedichten, um die Spaghetti-Sauce umzurühren, die Wäsche in den Trockner zu stecken oder ein neues Bild auf der Schreibmaschine auszuprobieren; wir pfiffen in den Hörer, wenn wir bereit waren, fortzufahren.«

41 Zitiert nach Middlebrook, S. 89.

»What to leave out«.

42 Sexton in Dr. Ornes Therapieaufzeichnungen. Zitiert nach Middlebrook, S. 61.

»Shuffling between methods of escape – liquor, pills, writing – I don't have anything else.«

43 Sexton in Dr. Ornes Therapieaufzeichnungen. Zitiert nach Middlebrook, S. 61-2.

»I suppose you would be surprised to know how little I understand my own poems. It seems I have no control over this sort of trance. I had no idea what the poems were communicating.«

44 Zitiert nach Diane Wood Middlebrook und Diana Home George. »Introduction«. *Selected Poems of Anne Sexton*, S. XIII.

»I tend to lie a lot.«

45 Sexton in Dr. Ornes Therapieaufzeichnungen. Zitiert nach Middlebrook, S. 61.
»Poems don't lie.«

46 Das bekannteste Gedicht in *To Bedlam and Part Way Back* ist »Her Kind«.
Das beste Gedicht in *All My Pretty Ones* heißt »Housewife«: »Some women marry houses. It's another kind of skin; it has a heart, / a mouth, a liver and bowel movements. / The walls are permanent and pink. / See how she sits on her knees all day, faithfully washing herself down. / Men enter by force, drawn back like Jonah / into their fleshy mothers. / A woman *is* her mother. / That's the main thing.« *The Complete Poems*, S. 77.
»Manche Frauen heiraten Häuser. / Es ist eine andere Form von Haut; es hat ein Herz, / einen Mund, eine Leber und eine Verdauung. / Die Wände sind haltbar und rosa. / Schau, wie sie den ganzen Tag auf ihren Knien sitzt, und gutgläubig an sich herumschrubbt. / Männer treten gewaltsam ein, wie Jonas werden sie zurückgezogen / in ihre fleischigen Mütter. / Eine Frau *ist* ihre Mutter. / Das ist das Wichtigste.«

47 *Transformations*. Boston: Houghton Mifflin, 1971, S. 53.
»Man liest immer wieder davon: / der Klempner mit den zwölf Kindern / der im Lotto gewinnt. / Von den Toiletten zu den Reichtümern. / Jene Geschichte. / Oder die Krankenschwester, / irgendeine appetitliche Süße aus Dänemark / die das Herz des ältesten Sohnes erobert. / Von den Windeln zu Dior. / Jene Geschichte. / Oder der Milchmann, der den Reichen / Eier, Sahne, Butter, Joghurt, Milch liefert / sein weißer Laster wie ein Krankenwagen / der ins Immobiliengeschäft einsteigt / und reich wird. / Vom Homogenisierten zu Martinis beim Mittagessen. / [...] Jene Geschichte.«

48 *Transformations*, S. 3.
»Eine hübsche Nummer / die Backen so fein wie Zigarettenpapier / die Arme und Beine aus Porzellan / die Lippen wie französischer Rotwein«

49 *Transformations*, S. 7.
»So voll von Leben wie sprudelnde Limonade«

50 *Transformations*, S. 103.
»Aus ihren Mündern summten Zs wie Fliegen«

51 *Transformations*, S. 55.
»Ließ ein goldenes Kleid herunterfallen / und niedliche Goldschühchen. / Ein ziemlich großes Paket für einen einfachen Vogel.«

52 *Transformations*, S. 5.
»Hatte einen Spiegel, den sie befragte – / so etwas wie den Wetterbericht –«

53 *Transformations*, S. 56-7.
»Aschenputtel und der Prinz / lebten, so sagt man, glücklich und zufrieden, / wie zwei Puppen in einem Museumsschaukasten / niemals

wurden sie durch Windeln oder Staub gestört, / niemals stritten sie über die Garzeit eines Eis, / niemals erzählten sie dieselbe Geschichte zweimal, / niemals setzten sie Fett an, / ihr süßes Lächeln blieb ihnen für immer und ewig angeklebt. [...] / Jene Geschichte.«

54 Zitiert nach Diane Wood Middlebrook and Diana Home George. »Introduction«. *Selected Poems of Anne Sexton*, S. XVI.
»Not quite Sexton enough«.

55 »Die Jesus Texte«.

56 »Für den Herrn Tod, der mit einer offenen Tür dasteht«, »Das Todeskind«, »Die Furien«.

57 »Jesus, der Schauspieler, spielt den Heiligen Geist«, »Der Gotteshändler«, »Das Rudern endet«.

58 Sexton in Dr. Ornes Therapieaufzeichnungen. Zitiert nach Middlebrook. S. 62.
»Ich spiele die Rolle einer netten Fallgeschichte.«

59 Sexton auf den Therapietonbändern, zitiert nach Middlebrook, S. 31.
»Terrible spells of depression«.

60 Die Diagnose, die Dr. Brunner-Orne damals, Anfang der 50er Jahre, gestellt hatte, lautete, Sexton habe »difficulty controlling her desire for romance and adventure«. Zitiert nach Middlebrook, S. 26.
»Schwierigkeiten, ihren Wunsch nach Liebesaffären und Abenteuern unter Kontrolle zu halten.«

61 Martin T. Orne im Interview mit Middlebrook. Zitiert nach Middlebrook, S. 39.
»She was very, very sick, but [...] didn't fit textbook criteria. [...] She was hysteric in the classic sense: like a chameleon, she could adopt any symptom. She experienced profound dissociation, and she had lesions of memory. Some therapists were convinced that Anne was schizophrenic. I don't doubt that hospitalized in a ward of schizophrenics, she would exhibit their symptoms. [...] She certainly had a depressive illness for many years, which was never really resolved.«

62 Vgl. hierzu Anmerkung 11.

63 Middlebrook, S. 37.
»An overview of her case would distinguish [...] different possible sources [for her misery...]. Evidence of breakdowns on both sides of her family suggest a genetic predisposition to a biologically based illness [...]. It is possible that biochemical imbalances throughout her life intensified the underlying psychological vulnerabilities that were the primary focus of her psychotherapy.«

64 Vgl. hierzu Anmerkung 79.

65 Sigmund Freud definierte die Übertragung zunächst als die Summe aller affektiven Phänomene, seien sie bewußt, seien sie unbewußt, aus denen sich die Beziehung der Analysandin zum Analytiker zusammensetzt (Verhaltensweisen, Objektbeziehungstypen, libidinöse Phanta-

sien, kurz: die Gesamtheit der psychischen Realität). Die Analysandin zwängt den Analytiker in die Rolle einer lebensgeschichtlich bedeutsamen Person. Dadurch wird er in das Muster von Weltzuwendung der Analysandin eingegliedert. Übertragungen sind also symbolische Äquivalente bzw. phantasmagorische Abbilder der psychischen Realität der Analysandin.

Das Muster selbst ist größtenteils unbewußt und idiosynkratisch. Im Laufe der Behandlung aktualisiert die Analysandin Wünsche und Phantasien, die mit ihrem unbewußten Beziehungsmuster assoziiert sind, und schreibt sie dem Analytiker zu. Durch die Interventionen des Analytikers wiederum werden bestimmte Aspekte dieses Musters bewußtseinsfähig und können im folgenden durchgearbeitet werden.

Für Freud bildete die Übertragung ein – oder vielmehr das eine, zentrale – Behandlungsinstrument. Er machte aus ihr ein strukturierendes Prinzip, das die gesamte psychoanalytische Beziehung zu gestalten habe. Trotzdem blieben Freuds Einsichten in die Übertragung lückenhaft und letztendlich unbefriedigend. Am offensichtlichsten tritt das in seinen Aufzeichnungen über die Behandlung einer Patientin zutage, der er den fiktiven Namen Dora gab. Die Dora-Fallgeschichte wird seither von vielen Feministinnen als Textgrundlage benützt, um – teilweise vernichtende – Attacken auf die Misogynie der Psychoanalyse zu starten. Und das wohl zu Recht. Vgl. dazu beispielsweise die Anthologie *In Dora's Case: Freud, Hysteria, Feminism*. Ed. Charles Bernheimer and Claire Kahane. London: Virago, 1985.

66 Zitiert nach Middlebrook, S. 54.

»Anne viewed psychotherapy as a kind of fraud, which she called ›the big cheat‹, because the powerful feelings aroused could never be consummated. The patient's improvement, rather than the patient's gratification, were the goals of treatment.«

67 Unveröffentlichtes Gedicht vom 24. Februar 1957. Zitiert nach Middlebrook, S. 54.

»Oh, ich habe meine innere Seele vergewaltigt, / Und sie nackt vor Dir ausgebreitet, / Weil mein warmer Mund und meine Arme / Dich lieben, und schrecken, könnten.«

Das Angsterregende, das Sexton hier beschwört, hat noch eine weitere Dimension. Nicht nur die, daß die Analysandin ihrem Analytiker mit Übertragung begegnet, und von Vergewaltigung, Nacktheit und sexueller Vereinigung träumt. Jeder Analytiker reagiert nämlich auf die unbewußte Übertragung der Analysandin, und zwar – und das ist entscheidend – unbewußt. Solche Reaktionen, die durch die Übertragung ausgelöst werden, nennt die Psychoanalyse Gegenübertragungen. Auf die Gegenübertragung, die Liebe des Analytikers zur Analysandin, war Freud durch Sandor Ferenczi gestoßen. Ferenczi, ein ungarischer Neurologe, analysierte um 1909 eine verheiratete Frau, Gizella Palos, und verwickelte sich alsbald mit ihr in eine sexuelle Affäre. Nicht nur mit ihr, auch mit ihrer Tochter Elma, die er ebenfalls psychoanalytisch behandelte. Diese kuriose *ménage à trois* bereitete Freud nicht wenig Kopfzerbrechen. Er verstärkte seine Anstrengungen, Übertragung und Gegenübertragung zu theoretisieren.

Man darf sich Übertragung und Gegenübertragung, die unbewußte Kommunikation zwischen Analysand und Analytiker, keinesfalls so vorstellen, wie Freud sie im Anschluß an Ferenczis Eskapaden theoretisierte, nämlich daß der Analytiker auf die Übertragung der Analysandin mit Gegenübertragung reagiert. Beide Momente, Übertragung und Gegenübertragung, sind ineinander verhakt. Laplanche und Pontalis schreiben dazu: »Gegenübertragung (Reaktion auf die Übertragung des anderen) [wird] nicht nur beim Analytiker angetroffen [...], sondern auch beim Analysanden. Übertragung und Gegenübertragung sind demnach nicht Vorgänge, die einerseits im Analysanden, andererseits im Analytiker ablaufen. Will man das gesamte analytische Feld berücksichtigen, so empfiehlt es sich, bei jeder der beiden anwesenden Personen zu unterscheiden, was Übertragung und was Gegenübertragung ist.« J. Laplanche und J.-B. Pontalis. *Das Vokabular der Psychoanalyse*. Frankfurt 1975, S. 164.

68 So jedenfalls nennt ihn Middlebrook, wohl um eine Verleumdungsklage zu vermeiden. Die Affäre mit Sexton hat ihm nicht geschadet. Er freut sich seines Lebens und einer gutgehenden Praxis in Boston.

69 Zitiert nach Middlebrook, S. 313.

70 Zitiert nach Middlebrook, S. 258.
»A word magic guy«.

71 »Ihr kennt alle die Geschichte von der anderen Frau«, »Den Mörder lieben«, »Achtzehn Tage ohne Dich«, »Die Ballade von der einsamen Masturbantin«.

72 So wird er am Ende des Gedichts »The Kiss« beschrieben: »My nerves are turned on. I hear them like / musical instruments. Where there was silence / the drums, the strings are incurably playing. You did this. / Pure genius at work. Darling, the composer has stepped / into fire.« *The Complete Poems*, S. 175.
»Meine Nerven sind aufgedreht. Ich höre sie / wie Musikinstrumente. Wo es still war / spielen unheilbar die Trommeln, die Streichinstrumente. Du hast das getan. / Ein reines Genie bei der Arbeit. Liebling, die Komponistin ist / ins Feuer getreten.«

73 »Barefoot.« *The Complete Poems*, S. 199-200.
»Ich bin Deine barfüßige Dirne für / eine ganze Woche. Willst du Salami? / Nein. Du willst lieber einen Scotch? / Nein. Du trinkst nicht wirklich. Du / trinkst mich. Die Möwen töten Fisch, / sie schreien heraus wie Dreijährige.«

74 »The Kiss.« *The Complete Poems*, S. 174.

»Bis heute war mein Körper nutzlos«, »mein Mund blüht wie eine Schnittwunde«.

75 »You All Know the Story of the Other Woman.« *The Complete Poems*, S. 196.

»Sie ist seine Wahl, für Teilzeit. / Ihr kennt die Geschichte auch! Schaut, / wenn es vorüber ist, legt er sie / wie einen Telefonhörer, zurück auf die Gabel.«

76 »Der Bruch«, »Für meinen Liebhaber, der zu seiner Frau zurückkehrt«.

77 *The Complete Poems*, S. 188-90.

»Sie war immer da, mein Liebling. / Sie ist tatsächlich etwas ganz besonderes. / Ein Feuerwerk im langweiligen Mittfebruar / und so wirklich wie ein gußeiserner Topf. / Laß' uns den Tatsachen ins Auge sehen, ich war für den Augenblick. [...] / Sie ist echt. / Was mich anbelangt, ich bin aus Wasserfarben. / Ich gehe raus beim Waschen.«

78 Kathleen Spivack schreibt in »Poets and Friends«: »One of her [...] psychiatrists used the therapeutic situation to make love to her, according to Anne (documented in *Love Poems*). Anne talked this over extensively with her friends, who advised her to break it off. The therapist's colleagues also felt the situation was potentially disastrous. Anne was unable to break free of this relationship. When finally the psychiatrist terminated the therapy, and the affair, Anne was devastated. This rejection had far-reaching effects.« *Anne Sexton: Telling the Tale*, S. 32-3.

»Einer ihrer [...] Psychiater nützte die therapeutische Situation aus, um mit ihr zu schlafen, laut Anne (die das in *Love Poems* dokumentiert hat). Anne sprach ausführlich mit ihren Freundinnen und Freunden darüber, die ihr rieten, es abzubrechen. Die Kollegen des Therapeuten dachten ebenfalls, daß die Situation potentiell verheerend sei. Anne war unfähig, aus dieser Beziehung auszubrechen. Als schließlich der Psychiater die Therapie beendete, war Anne am Boden zerstört. Diese Zurückweisung hatte weitreichende Auswirkungen.«

79 Meiner Meinung nach war Sextons unaufhaltsames Abgleiten in die Sucht, an dessen Ende ein (nunmehr gut geplanter und effektiv durchgeführter) Selbstmord stand, in der nicht bewältigten (nicht zu bewältigenden, auf Übertragungsliebe beruhenden) sexuellen Beziehung mit ihrem Analytiker begründet. Diese Affäre war therapeutischer Mißbrauch. Alle Bollwerke, die Sexton gegen ihre Todessehnsucht errichtet hatte, ihre Selbstinszenierungen, ihre Frauenfreundschaften, ihr Schreiben funktionierten sehr effektiv. Aber sie erwiesen sich als nicht stark genug, um dem Ansturm der durch den therapeutischen Mißbrauch ausgelösten Gefühlsvirulenzen standzuhalten.

Mit dieser Interpretation setze ich mich bewußt in Widerspruch zu den sonst in der Literatur über Sexton geäußerten Vermutungen. Dort wird für gewöhnlich ein möglicher sexueller Mißbrauch durch Sextons

Großtante Nana und/oder ihren Vater als die Verursachung ihres Leidens und ihres Scheiterns angesehen.

80 *The Complete Poems*, S. 218.
»Der Tag der einsamen Betrunkenen / ist gekommen. Keine Wetterberichte, / kein Fuchs, keine Vögel, keine süßen Eichhörnchen, / keine Sofaspiele, keine Sommerurlaubsorte. / Kein was auch immer wir hatten, / kein Himmel, kein Monat – nur Saufen. / Der Halbmond ist säurehaltig, bitter, traurig / während ich den Gemixten Whiskey Blues singe.«

81 Zitiert nach Middlebrook, S. 396.
»We had a wonderfully gay and silly lunch together and I remember thinking how much better she seemed.«

Literatur

Der gesamte unveröffentlichte Nachlaß von Anne Sexton liegt im Harry Ransom Humanities Research Center an der University of Texas in Austin.

To Bedlam and Part Way Back. 1960
All My Pretty Ones. 1962
Eggs of Things (mit Maxine Kumin). 1963
More Eggs of Things (mit Maxine Kumin). 1964
Selected Poems. 1964
Love or Die. 1966
Poems (mit Thomas Kinsella und Douglas Livingstone). 1968
Love Poems. 1969
Joey and the Birthday Present (mit Maxine Kumin). 1971
Transformations. 1971
The Book of Folly. 1972
The Death Notebooks. 1974
The Awful Rowing Toward God. 1975
45 Mercy Street. Ed. Linda Gray Sexton. 1975
The Wizard's Tears (mit Maxine Kumin). 1976
Anne Sexton: A Self-Portrait in Letters. Ed. Linda Gray Sexton and Lois Ames. 1977
Words for Dr. Y.: Uncollected Poems with Three Stories. Ed. Linda Gray Sexton. 1978
The Complete Poems. 1981
No Evil Star: Selected Essays, Interviews and Prose. Ed. Steven E. Colburn. 1985
Selected Poems of Anne Sexton. Ed. Diane Wood Middlebrook and Diana Hume George. 1988

Anne Sexton: The Artist and Her Critics. Ed. J. D. McClatchy. Bloomington: Indiana UP, 1978

Anne Sexton: Telling the Tale. Ed. Steven E. Colburn. Ann Arbor, MI: Michigan UP, 1988

Breslin, James E. B. »Poetry«. *Columbia Literary History of the United States*. Ed. Emory Elliott. New York: Columbia University Press, 1988, S. 1079-1100

Critical Essays on Anne Sexton. Ed. Linda W. Wagner-Martin. Boston: Hall, 1989

George, Diana Hume. *Oedipus Anne: The Poetry of Anne Sexton*. Urbana, IL: Univ. of Illinois Press, 1987

Georgondaki, Catherine. »Kitchen Imagery in Anne Sexton's Poetry.« *Yearbook of English Studies* 1 (1989), S. 321-49

Hall, Caroline King Barnard. *Anne Sexton*. Boston: Twayne, 1989

Howard, Richard. »Anne Sexton: ›Some Tribal Female Who Is Known But Forbidden.‹« *American Poetry 1946 to 1965*. Ed. Harold Bloom. New York: Chelsea House, 1987, S. 341-348

Markey, Janice. *A New Tradition? The Poetry of Sylvia Plath, Anne Sexton and Adrienne Rich: A Study of Feminism and Poetry*. Frankfurt: Lang, 1985

Middlebrook, Diane Wood. *Anne Sexton: A Biography*. Boston: Houghton Mifflin Company, 1991

Miller, Michael Vincent. »Surviving Anne Sexton«. *The New York Times Book Review*. 20. 11. 1994, S. 11-2

Morton, Richard Everett. *Anne Sexton's Poetry of Redemption: The Chronology of a Pilgrimage*. Lewiston: Mellen, 1988

Northouse, Cameron and Thomas P. Walsh. *Sylvia Plath and Anne Sexton: A Reference Guide*. Boston: Hall, 1974

Original Essays on the Poetry of Anne Sexton. Ed. Frances Bixler. Conway, Ark: Univ. of Central Arkansas Press, 1988

Rose, Ellen Cronan. »Through the Looking Glass: When Women Tell Fairy Tales«. *The Voyage In: Fictions of Female Development*. Ed. Elizabeth Abel, Marianne Hirsch und Elizabeth Langland. Hanover, NH: New England UP, 1983. S. 209-227

Rosenthal, Macha Louis. *The New Poets. American and British Poetry Since World War II*. New York: Oxford UP, 1967

Sexton: Selected Criticism. Ed. Diana Hume George, Urbana, IL: Illinois UP, 1988

Sexton, Linda Gray. *Searching for Mercy Street: My Journey Back to My Mother, Anne Sexton*. Boston: Little, Brown & Co., 1994

Socha, Monika. *Die Todesthematik im lyrischen Werk Anne Sextons*. St. Ingbert: Röhrig, 1991

Zustand oder Wesensart? Wahnsinnsfrauen in der Oper

Von Eva Rieger

Die Beschreibung von Zuständen höchster Erregung gehört zum Grundbestand der Kunstform Musik, und es erstaunt daher nicht, daß das Motiv des Wahnsinns eine beliebte musikalische Konstante ist. In England geht die Tradition der »mad songs« bis in das 17. Jahrhundert zurück, und jüngst komponierte der britische Komponist Peter Maxwell Davies »Eight songs for a mad King«. Komponisten wie Henry Purcell, Charles Alkan bis hin zu Wolfgang Rihm befaßten sich in Liedern und Klavierstücken mit dem Wahn. In der Kunstform Oper beschäftigten sich allein in diesem Jahrhundert wie Igor Strawinsky (*The Rake's Progress*), Dimitri Schostakowitsch (*Lady Macbeth von Minsk*), Alfred Schnittke (*Leben mit einem Idioten*), Manfred Trojahn (*Enrico*), Siegfried Matthus (*Judith*), Adriana Hölzky (*Bremer Freiheit*) und andere mit dem Thema. Doch die eigentliche Hoch-Zeit des Wahnsinns liegt im 19. Jahrhundert. Die große Szene mit ihrer übersteigerten Stimmbehandlung, den extremen Gefühlsgegensätzen und der extravaganten Koloratura faszinierte Librettisten und Komponisten anhaltend und ermöglichte dem Publikum, Exzesse gleichermaßen lust- und mitleidsvoll zu genießen.

Es gibt also gute musikalische Gründe für die Einbeziehung von Szenen, die sich um den Wahnsinn drehen. Geht es aber darum, herauszufinden, warum mehrheitlich Frauen die Grenzen zwischen Erregung und Hysterie, Verstand und Unverstand nicht mehr ziehen können, fällt eine Antwort schwer, denn die Ursachen hierfür sind vielschichtig, entspringen jeweils unterschiedlichen historischen Situationen. Auf zweierlei Art soll der »Allianz zwischen Frauen und Wahnsinn« (Elaine Showalter) dennoch nachgespürt werden: durch die Zeichnung einer historisch-chronologischen Linie des Irrsinns in Opern bis zum 19. Jahrhundert und durch die Betrachtung einzelner, berühmt gewordener Szenen aus dem 19. Jahrhundert. Aus der Musik läßt sich erschließen, welche Charaktereigenschaften den irre gewordenen Frauen zugeschrieben werden. Nicht jede »verrückte« Frau ist zugleich krank. Und sind nicht viele tugendhafte Frauen, die an ihrem Leid zerbrechen,

Maria Callas als Medea (Dallas, November 1958)

in irgendeiner Form »ver-rückt«, verschoben in ihrer Wahrnehmung der Realität und in ihrem Leid? Die Grenze ist schwer zu ziehen.

Irrsinn in Opern von 1600-1800

Claudio Monteverdi (1567-1643), einer der ersten Opernkomponisten überhaupt, erkannte mit seinem dramaturgischen Gespür den theatralischen Reiz des Wahnsinns und plante ihn auf der Opernbühne darzustellen. Es ist sicherlich kein Zufall, daß als Opfer eine Frau gewählt wurde. Die Oper sollte *La finta pazza Licori* heißen (Die vorgebliche Wahnsinnige Licori). Die komische Oper über eine Frau, die sich verrückt stellt, wurde allerdings niemals fertiggestellt. Monteverdi befaßte sich 1627 ausführlich mit der Vertonung der Vorlage von Giulio Strozzi, wobei es ihn besonders reizte, den Wahnsinn durch neue Mittel, beispielsweise durch den von ihm entwickelten »stile concitato« (erregten Stil) musikalisch umzusetzen. Aus den hinterlassenen Briefen wird deutlich, daß er beabsichtigte, einzelne Worte Deidamias aus ihrem Sinnkontext herauszulösen und sie in extremen musikalischen Kontrasten zu vertonen.[1]

Der Komponist Francesco Sacrati, der 1641 die gleiche Vorlage von Giulio Strozzi vertonte, griff Monteverdis Ideen auf. Sacrati arbeitet – ebenso wie es Monteverdi vorschwebte – mit Kontrasten sowie der musikalischen Illustrierung einzeln herausgegriffener Worte. (Dies war damals ungewöhnlich, da man eher ganze Phrasen umsetzte.) Die in den Text eingewobenen Brüche und Unregelmäßigkeiten werden musikalisch verstärkt. Hier zeigt sich bereits, was konstitutiv für die musikalische Gestaltung von Wahnsinn bis ins 20. Jahrhundert wurde: die Musik unterläuft ihre eigenen Strukturgesetze durch Unregelmäßigkeiten und unkonventionelle Aneinanderreihungen und verstärkt damit den im Libretto enthaltenen Ausdruck der Verwirrung.[2] Damit erweist sie sich als gelehrige Schülerin der Sprache, denn schon Shakespeare und weitere zeitgenössische Dichter kennzeichneten den Wahnsinn durch sprunghafte und unregelmäßige Sprache.[3] Im übrigen war es Shakespeare, der (in *Hamlet*) mit dem wirren Gesang Ophelias die Musik zur Beschreibung von Wahn einsetzte und zugleich das Bild der weiß (also reinlich) gekleideten jungen unschuldigen Frau, die an Konflikten zerbricht, initiierte.

Wenn Männer wahnsinnig werden, ist der Anlaß meist nicht ein unveräußerlicher, weil zu ihrem Geschlechtscharakter gehöriger Konflikt, sondern etwas, von dem sie sich befreien können, oft gerade mittels des Wahnsinns. In Francesco Cavallis Oper *Egisto* (1643) wird ein Mann wahnsinnig, weil er seine Geliebte verliert. Sein Wahn ist nicht bedeutend für den dramaturgischen Aufbau, zumal der Autor Giovanni Faustini in seinem Vorwort zum Libretto bemerkt, daß die Szene nur eingefügt wurde, um den Sänger der Rolle zufriedenzustellen.

Ein weiteres Beispiel für männlichen Wahn bietet der beliebte Opernstoff *Orlando*, dessen Vorlage von dem italienischen Meister der Renaissance-Poesie, Ariost, stammt. Zahlreiche Komponisten, darunter Antonio Vivaldi, Georg Friedrich Händel und Joseph Haydn schufen daraus im 18. Jahrhundert Opern. Orlando begeht den Fehler, sich »weiblich« zu verhalten, indem er sich ausschließlich Liebesdingen widmet, so daß er wegen übersteigerter Eifersucht den Verstand für kurze Zeit verliert. Es gibt einen glücklichen Ausgang, allerdings mit einer Warnung. Der Mann muß lernen, daß es für ihn schädlich ist, seine Gefühle nur der Liebe zu weihen. Am Schluß ist der geläuterte Orlando sowohl von seiner Eifersucht als auch von seinem Irresein befreit.

Der Wahnsinn wird bei Frauen häufig mit ihrer Wesensart assoziiert. Dies war schon im 16. Jahrhundert im englischen Theater so, und vermutlich geht dieses Stereotyp noch weiter zurück. »Der Wahnsinn der Frauen (auf der elisabethanischen Bühne) wird als etwas spezifisch Weibliches dargestellt, während der der Männer nicht spezifisch männlich ist.«[4] Hier macht sich eine Geschlechterideologie breit, die man eigentlich erst im ausgehenden 18. Jahrhundert vermutet hätte. Frauen sind nicht erst in der bürgerlichen Oper, sondern bereits in den Barockopern des 17. Jahrhunderts mehrheitlich für Liebesdinge und damit für unlösbare seelische Konflikte zuständig, während die Männer sich eher mit Themen befassen, die die äußerliche Macht betreffen (öffentlich-repräsentative Bereiche, Ehrbegriff u. a.).

Die Lamentoszene verdient in diesem Zusammenhang eine besondere Betrachtung. Sie kam mit der Entstehung der Form der Oper um 1600 in Italien in Mode. Ursprünglich ein Gesangsstück traurigen Inhalts, ist sie fast immer eine klagende Antwort auf unerwiderte Liebe, dient sie der Darstellung extremer Empfindungen, was sich in einer gesteigerten formalen Entwicklung und einer musikalisch-emotional intensiv ausgestalteten Rhetorik niederschlägt. Kennzeichnend für die frühen Lamenti sind der absteigende Quartbaß, wobei die Singstimme durch Seufzervorhalte, Synkopierungen, Melismen und überlappende Phrasen zwischen Stimme und Baßführung eine besondere Ausdrucksqualität einbringt. Die Komponisten leisteten sich in diesen Szenen stets größere Freiheiten als bei herkömmlichen Arien, indem sie besonders ausdrucksstarke Worte oder Phrasen mit Dissonanzen oder anderen ausgefallenen musikalischen Mitteln ausschmückten. Dies verbindet Lamenti nicht nur inhaltlich, sondern auch formal mit den Wahnsinnsszenen.

Das Lamento der Arianna, von Claudio Monteverdi effektvoll in Szene gesetzt und 1608 uraufgeführt, ist das erste berühmt gewordene Gesangsstück dieses Genres. Es löste Tränen beim Publikum aus und diente unzähligen nachfolgenden Komponisten als Vorbild. Die Oper selbst ist verschollen, nur dieses Stück hat überlebt.

Ein weiterer Faktor verbindet die Lamenti mit den Wahnsinnsszenen: beide wurden überwiegend für die Frauenstimme komponiert. Musikalische Merkmale der Wahnsinnsszenen im 17. Jahrhundert sind die schnellen Wechsel von Rhythmen und Reimmustern, häufige Ausrufe, das Besingen von Gewalt, oft verbunden mit der Erwähnung kriegerischer Sachverhalte, wobei die Trompete das Kriegerische symbolisiert, und Assoziationen an die Hölle, meist durch Versmaße mit dem Ton auf der drittletzten Silbe gekennzeichnet; ferner der Bezug auf eingebildete körperliche Gebrechen oder Gefahren; plötzliches Schreien, Weinen, Lachen, Singen und unmotiviertes Verlangen nach Gesang oder Tanz. Oft endet dieser Wahnsinnseinbruch nach einem langen (oder vorgetäuschten) Schlaf.[5]

Im 18. Jahrhundert veränderte sich die musikalische Begleitung der Wahnsinnsszenen entscheidend.[6] Die schnellen emotionalen Wechsel, die für den Wahnsinn charakteristisch sind, wurden nun auf einer größer angelegten Ebene ausgetragen: weniger durch wortmalerische Techniken als durch ein unvorhergesehenes Nebeneinander von Rezitativ und Arie oder durch Arien, die extreme Kontraste enthielten oder eine unregelmäßige Form hatten.

Silke Leopold untersucht die drei Wahnsinnsszenen, die Händel komponierte: Bajazets Sterbeszene in *Tamerlano*, Orlandos Wahnsinn in *Orlando furioso* und die Wahnsinnsszene der Dejanira aus dem Oratorium *Hercules*. Sie stellt eine gesteigerte musikalische Konzeption in Dejaniras Rezitativ fest: »Händel (schreibt) bisweilen Akkorde vor, die mit ihren Dissonanzen in die Nähe des Clusters rücken«.[7] Tatsächlich sind die Grenzen zwischen Rezitativ und Arie bis zur Unkenntlichkeit verwischt, verändert Händel den ersten und letzten A-Teil musikalisch und textlich, und im letzten Formteil stört er zusätzlich den Fluß durch eingeschobene Adagio-Takte, so daß ein ungeordneter, fast chaotischer Eindruck entsteht. Diese im Vergleich zu den beiden Männer-Arien deutliche Steigerung der emotional-musikalischen Aussage führt Silke Leopold darauf zurück, daß Händel das Oratorium vier Jahre nach seiner letzten Oper schrieb, er somit einen anderen kompositorischen Stand erreicht haben könnte. Wäre es nicht denkbar, daß Händel zu einer intensivierteren Darstellung griff, um die Besonderheit des weiblichen Wahnsinns zu unterstreichen? Ob der musikalische Unterschied zwischen dem Wahnsinn der beiden Männer und dem Dejaniras nicht auch geschlechtsbedingte Gründe haben könnte, wird leider nicht thematisiert.[8]

Wahnsinnsfrauen um 1800

Bei einem Bummel durch die Antiquariate Göttingens gelang mir kürzlich ein »Schnäppchen«. Eine seltene Ausgabe der von Johann Rudolf Zumsteeg (1760-1802) vertonten Ballade »Des Pfarrers Tochter von Taubenhayn« lag vor mir, um etwa 1815 auf den Markt gebracht, mit einem schönen, nach Schnorr gestochenen Titelovale, zwar etwas stockfleckig, aber für fünfzig Mark doch mehr als günstig. Endlich die gute Gelegenheit, immer wieder erträumt, aber im wahren Leben leider kaum anzutreffen! Stolz wurde das gute Stück nach Hause getragen, und mit Genugtuung stellte ich fest, daß der offizielle Verkaufspreis in Antiquariatskatalogen um das Achtfache höher liegt.

Beim Studium der Ballade erstaunte mich die kunstvolle Begleitung; Zumsteeg gestaltet seelisch-emotionale Befindlichkeiten musikalisch passend aus und steigert dadurch die Wirkung des Textes von Gottfried August Bürger. Ein Edelmann verführt ein Mädchen, der Vater verprügelt sie, als er von dem Fehltritt erfährt (»er hieb ihr die samtene Lilienhaut voll schwellender blutiger Striemen«), und sie fleht ihren Verführer daraufhin verzweifelt an, sie zu heiraten. Da er einem anderen Stand angehört, ist das ausgeschlossen; er verlacht sie und schickt sie weg. Sie fällt dem Wahnsinn anheim, bringt einsam ihr Kind zur Welt, tötet es auf der Stelle und bringt sich schließlich selber um.

Eine frühe deutsche Wahnsinnige also, und ihre Herkunft ist leicht nachvollziehbar, hatte doch in dem deutschen Singspiel – einer Frühform der Oper mit gesprochenen Dialogen – immer wieder das Thema der Verführung des unschuldigen bürgerlichen Mädchens durch einen Adligen die Gemüter erhitzt und gerührt.[9] Im Theaterstück und im Roman des ausgehenden 18. Jahrhunderts erfreut sich das Thema ebenfalls großer Beliebtheit.

Die sozialen und ökonomischen Veränderungen im ausgehenden 18. Jahrhundert brachten es mit sich, daß »Kultur« an die Stelle von Kirche und Tradition trat. Moralische Normen konnten nicht mehr von der Kirche allein vertreten werden, und die bürgerliche Gesellschaft schuf sich einen eigenen Verhaltenskodex. Solche in Form von als Lebensorientierungen verbrämten Anleitungen bezogen sich insbesondere auf das Zusammenleben der bürgerlichen Familie, somit auf das Verhältnis der Geschlechter zueinander.

Schauspiele, Romane und Gedichte gaben in dieser Umbruchphase der bürgerlichen Gesellschaft Lebensanweisungen, halfen das neue Deutungsmuster von Weiblichkeit zu verbreiten. Das, was früher vom »theologischen Überbau« autoritär verordnet wurde, mußte jetzt von jedem einzelnen unmerklich verinnerlicht werden. Ob Lessings *Emilia Galotti*, Samuel Richardsons *Clarissa* oder *Pamela* – die Vergewaltigung bzw. der Ehrverlust der Frau war im 18. Jahrhundert ein vieldiskutierter Topos. Dieses Thema hatte einen realen Hintergrund, denn das Ideal des entsexualisierten Engels wurde auf die bürgerlichen Töchter übertragen. Sie wurden ihres Begehrens beraubt; unbedingte Treue und Zurückhaltung in erotischen Dingen zählten zu den wichtigsten Bürgerinnentugenden, und Tugend wurde mit körperlicher Unberührtheit gleichgesetzt.[10] Da das gesamte Leben der Frau auf den Partner ausgerichtet wurde, bedeutete Untreue den Verlust der Ehre und des Selbstwertgefühls; die Frau verdiente es nicht weiterzuleben. Auch wenn sie bei einer Verführung keine Schuld trifft, ist sie schuldig. Sie verliert gleich doppelt, und oft bleibt der Wahnsinn eine Vorstufe zum Tod – beide Male eine Verabschiedung aus dem Leben. Wenn also festgestellt wird, daß »das Motiv des Todes (von Frauen) eine beliebte, wenn auch unterschiedlich ausgeführte thematische Konstante der Literatur und Malerei vom Zeitalter der Empfindsamkeit bis zur Moderne« ist,[11] so trifft dies ebenfalls auf den Wahnsinn zu. Beide Ereignisse sind eine Folge des der Frau zugewiesenen »natürlichen« Geschlechtscharakters.

Gegen Ende des 18. Jahrhunderts kommt es auch im Opernschaffen zu der Schöpfung der bürgerlich-»guten« Frau, die auf bestimmte Charaktereigenschaften festgelegt wird und insofern eine Einengung des musikalischen Materials erfährt. Anderseits ist sie für alles Emotionale zuständig und erhält eine breite Palette an seelischen Schattierungen, man denke beispielsweise an Mozarts Gräfin[12] aus *Die Hochzeit des Figaro* oder auch an Pamina aus *Die Zauberflöte*. Diese Zuweisung von Seelisch-Emotionalem an die Frau läßt die Grenze zu den wahnsinnigen Frauen unscharf werden. Ob sie sich das Leben nahmen, schlafwandelten oder dem Irrsinn verfielen – sie waren dadurch einerseits für ihre Taten bestraft, andererseits konnte man sie bemitleiden. Für die Literatur ist festgestellt worden, daß vor dem 18. Jahrhundert die komische, lustspielmäßige Darstellung der Verführung überwog, daß aber im 18. Jahrhundert die tragischen Folgen einer Verführung von den Autoren ausgemalt werden.[13] Es wäre noch zu untersuchen, ob dies auch für das Opernschaffen gültig ist; fest steht jedoch, daß Frauen in den Opern des ausgehenden 18. und 19. Jahrhunderts bevorzugt Qualen und unlösbaren Konflikten ausgesetzt sind.

Die wahnsinnige Opernheroine im 19. Jahrhundert

Opern, die von Konflikten tugendhafter und unschuldiger Frauen handeln, erfreuen sich bis heute großer Beliebtheit. Bereits Gluck erzielte große Erfolge mit Frauenfiguren, die bereit waren, ihr Leben für den Mann hinzugeben. Auch Beethovens Leonore aus *Fidelio* ist zum Sterben bereit, um ihren Gatten zu retten. Der epochale Erfolg von Spontinis *Vestalin* zu Beginn des 19. Jahrhunderts war kein Zufall, zeigte er doch den Kampf der Frau zwischen Pflicht und Neigung sowie ihre Opferbereitschaft. Gegen ihren Willen zur Priesterin geweiht, gerät sie durch das Erscheinen ihres früheren Geliebten in einen unlösbaren Konflikt, der sie nur durch ein *lieto fine* (ein in Opfern beliebter Kunstgriff, aus verfahrenen

Situationen ein »happy end« zu basteln) vor dem Tod bewahrt. Auch Bellinis *Norma* gerät in einen ähnlichen Zwang, der allerdings tragisch ausgeht.

Zwischen 1820 und 1880 häufen sich die Wahnsinnsszenen. Dies hängt damit zusammen, daß der Wahnsinn als diskursives Phänomen Ende des 18. Jahrhunderts aufkam und bald en vogue war. Der Wahn liegt dem Weiblichen nahe, weil die Hysterie als eine weibliche Krankheit gilt. Bekanntlich besuchten die Engländer an Wochenenden gerne die Tollhäuser, um sich die eingesperrten Menschen anzuschauen, die dort ein elendes Dasein fristeten. Doch wäre es eine unzulässige Vereinfachung, wollte man die vielen wahnsinnigen Frauen der Opernbühne aus der Faszination ableiten, die die Irrenhäuser für das Bürgertum hatten. Denn es handelt sich um besonders modellhafte Frauen, die in unlösbare Konflikte geraten und diesen durch Flucht in den Tod, in das Schlafwandeln oder in den Wahnsinn ausweichen. Ihr Verhalten wird ihnen verziehen, obwohl sie schuldlos sind, es somit gar nichts zu verzeihen gibt. Eine Wissenschaftlerin bezeichnete kürzlich die Heldinnen der beliebten Verführungsromane, deren Qualen man im ausgehenden 18. Jahrhundert schauernd genoß, als »schuldfrei Schuldige«: »Das Dilemma einer schuldfrei schuldigen Heldin beherrscht das Modell Clarissas bis hin zu Fontanes ›Effi Briest‹ und führt immer zum Tode.«[14] Auf Opern des 19. Jahrhunderts bezogen, spricht Ulrich Schreiber ebenso zutreffend von »unbefleckten Mörderinnen«.[15]

Zum Ausgleich für ihre Entmündigung – Entscheidungsunfähigkeit heißt nichts anderes als Entmündigung – werden sie musikalisch liebevoll gestaltet. Zwar halten sich die Komponisten durchgehend an die seit Entstehung der Oper gängige Praxis, den Wahn mit unregelmäßigen, von Stimmungswechseln durchzogenen, zerrissenen Partien zu umschreiben, es wäre aber irrig, dies als eine negative Zeichnung der Heldinnen zu interpretieren.

Alle Frauen, die wahnsinnig werden, stehen in einem Feld antagonistischer Kräfte, die sie psychisch zu erdrücken drohen. Donizettis Linda (aus *Linda di Chamounix*) gerät beim Streit zwischen ihrem Partner und dem väterlichen Gebot des Vaters zwischen die Fronten. Als der Vater sie fälschlicherweise für eine Hure hält und verstößt, flüchtet sie in den Wahn, von dem sie erst befreit wird, als sie in das gesunde Landleben zurückkehrt. Donizettis Lucia (aus *Lucia di Lammermoor*) steht bei einer Fehde zweier Familien zwischen zwei streitenden Parteien, weil sie den Mann der verfeindeten Familie liebt und einen anderen heiraten muß. Auch Elvira aus Bellinis *I puritani* hält zu ihrem Geliebten Arturo; sie verliert ihren Verstand, weil sie irrtümlich vermutet, daß ihr Geliebter mit einer anderen Frau durchgegangen ist. Boitos Margarete aus *Mefistofele*, der von Faust übel mitgespielt wird, glaubt fälschlicherweise, die Mutter ermordet zu haben, und wird dadurch wahnsinnig. Bellinis Imogene (aus *Il pirata*) steht zwischen zwei Männern, sie muß einen ungeliebten Mann heiraten und scheitert daran.

»Ich möchte Dir gleich die Neuigkeit mitteilen, daß die *Sonnambula* gestern abend im Théâtre Italien fanatische Begeisterung ausgelöst hat. Rubini und die Grisi haben mit so viel Passion und Elan gesungen, daß niemand im riesigen Auditorium war, der nicht Tränen vergoß oder ergriffen war. Besonders das Finale des ersten Aktes – Largo und Stretta – war von magischer Wirkung. Mittendrin konnte sich das Publikum nicht mehr zurückhalten; es schien, als stünden die Nerven aller unter elektrischer Anspannung. Du solltest Dir das Toben vorstellen können! Aber der zweite Akt gefiel nicht weniger, auch er rührte alle zu Tränen.«[16] So schrieb Bellini 1831 stolz nach dem phänomenalen Erfolg von *La sonnambula.* Die semiseria-Oper handelt von der armen, aber schönen Amina, die schlafwandelnd eines Nachts in das Schlafzimmer des Schloßbesitzers Graf Rodolfo gerät. Als sie erwacht, wird sie von der Dorfbevölkerung verdammt, die Böses vermutet. Daraufhin löst Elvino die Verlobung. Die Rührung des Publikums bleibt nicht aus, als sie sich schlafwandelnd vorstellt, mit Elvino vereint zu sein, und sich an die inzwischen vertrockneten Blumen erinnert, die er ihr einmal gab. Sie wird zart gezeichnet – Holzbläser (Oboe) mit pizzicato-Begleitung. Ihre Unschuld steht fest, und Elvino weckt sie auf, indem er ihr den Ring auf den Finger schiebt.

In ihrer Schlußarie »Ah! Non credea mirarti« ist Bellini sich der Tradition der musikalischen Beschreibung von Wahnsinn – oder wie in diesem Fall, geistiger Absenz – bewußt. Dennoch ist der Komponist trotz der metrischen Irregularität (keine der Phrasen wird wiederholt) um Einheitlichkeit bemüht. Der lange melodische Atem wird durch halbe Kadenzwendungen gestützt, die die Melodie zusammenhalten, obwohl sie aus disparaten Einzelteilen besteht. Die edle Einfachheit der Arie zeigt, daß es sich um eine »gute« Frau handelt. Die berühmte Sängerin Jenny Lind erntete mit der Arie, der sie eigene Verzierungen hinzufügte, Beifallsstürme.[17]

»Besinnungslosigkeit ist ein Zustand, in dem die ›Ordnung der Dinge‹ außer Kraft gesetzt ist. Das Gefüge der individuellen Lebenswelt bricht auseinander, und damit werden all die gesellschaftlichen Ordnungsfaktoren, die sonst auch als Sicherheit für das Individuum empfunden werden, verrückt. Maßstäbe gelten nicht mehr, Wahrnehmungen sind getrübt, Werte und Normen greifen nicht länger, Prinzipien, zumal das jeden Bereich, auch den des privaten und intimen Lebens, durchdringende Tauschprinzip, können nicht länger angewandt werden, bekannte Wege, Welt und Erfahrungen zu strukturieren, sind nicht länger gangbar.«[18] Amina paßt in das Raster der »schuldlos Schuldigen«, die ohne eigenes Zutun in unlösbare Konflikte geraten. Ihre Flucht in die Bewußtlosigkeit ist dem Wahnsinnig-Werden gleichzusetzen, denn Wahnsinnigen wie Schlafwandelnden ist gemein, daß sie im realen Leben keinen Ausweg finden, um sich aus der Schlinge zu befreien, und folglich sich »absentieren«.

In der Oper *Hamlet* von Ambroise Thomas hat Ophelia an ihre Liebe zu Hamlet geglaubt, und sie bricht zusammen, als sich Hamlet von ihr abwendet. Wie Amina ist sie sympathisch gezeichnet, weil sie die Norm der Zeit erfüllt, wonach das Leben der bürgerlichen Frau von der Liebe zu einem einzigen Mann bestimmt ist. Im Wahn singt sie die komplizierteste Koloratura. Das ist nicht eine Manifestation ihrer Derangiertheit, die sie außerhalb aller Normen stellt, sondern die im Operngenre übliche Erwartung an die Sängerin, ihre Stimme zur Schau zu tragen und die Lust des Publikums am schönen Gesang zu befriedigen.

Ihr anschließendes Lied ist dem Lied von der Weide frappierend ähnlich, das Desdemona in Verdis *Otello* in Vorahnung ihres nahen Todes singt. Beide stehen im harmonischen Moll und sind volkstümlich-schlicht gestaltet, beide handeln davon, vom Geliebten verlassen zu werden. Die Molltonart signalisiert Trauer, die Schlichtheit deutet auf die Geradlinigkeit, die die tugendhaften Frauen auszeichnet. An Elviras Wahnsinnszene aus Bellinis *I puritani* erkennt man ebenfalls, daß es sich nicht um einen krankhaften Wahn handelt, denn ihre Musik ist zugleich von großer Schönheit, und ihre Ariette »Vien, diletto« gibt ihr mit neckischen Sprüngen und Läufen Gelegenheit, die virtuosen stimmlichen Fähigkeiten bis zum dreigestrichenen des zur Schau zu tragen. Donizettis *Lucia di Lammermoor*, die an einem für sie unlösbaren Konflikt psychisch zerbricht, ist die Prominenteste einer Reihe seelisch zerstörter Protagonistinnen, die im 19. Jahrhundert glänzende Erfolge erzielten und sich in vielfacher Weise ähneln. Das 1835 aufgeführte Werk war außerordentlich erfolgreich und wurde zu einer der am höchsten geschätzten Opern in der Zeit vor Verdi. Lucia ist das Opfer einer Familienfehde; gezwungen, einen ungeliebten Mann zu heiraten, tötet sie ihn im Wahn, um den Vollzug der Ehe zu verhindern, und stirbt, nicht ohne zuvor ihre berühmte »Wahnsinns-Arie« gesungen zu haben.

Von feministischer Seite ist man sich in der Bewertung Lucias uneinig. Während Catherine Clément in ihr eine Frau sieht, die durch die Flucht in den Wahn einen neuen Freiraum findet, der sie von den brutalen Zwängen der Welt befreit, und infolgedessen Lucia als widerständige, starke Frau befeiert,[19] betont Mary Ann Smart die Zerstörung Lucias; ihr Widerstand wird durch die Anklänge an die Vergangenheit endgültig gebrochen.[20] Susan McClary bringt den Wahn dagegen mit der Haltung des 19. Jahrhunderts gegenüber den »Verrückten« in einen sozialgeschichtlichen Zusammenhang. Das Publikum genoß den chromatisch-ausgeschmückten Wahnsinn, wobei es darauf achtete, daß er aus dem realen Leben ausgegrenzt blieb, so wie man Menschen in »Irrenhäuser« schickte. Und sie resümiert: »Liest man Lucias Verhalten als eine Darstellung des sexuellen Exzesses, den das 19. Jahrhundert wahnsinnigen Frauen zuschrieb, dann machen diese ›dekorativen‹ und ›euphorischen‹ Details einen überzeugenden dramatischen Sinn.«[21]

Die Arie unterscheidet sich zwar musikalisch, im Gestus aber nicht sonderlich von den Wahnsinnsszenen anderer Opern. Holzbläser begleiten Lucia. Der angespannte seelische Zustand wird durch die Kette von Ariosi dargestellt, die im Cantabile (Larghetto: »Alfin son tua«) sich breitmachen und in der italienischen Tradition der Irregularität bei der Beschreibung von Wahnsinn stehen. Die Teilung in Rezitativ und Arie ist fast verlorengegangen, doch gelingt es Donizetti, eine in sich geschlossene Form zu komponieren. »Die Einheit der Donizettischen ›Scena‹ (resultiert) aus einem Formgefühl, das die Tempi und die rhythmischen Charaktere, die sich in ihnen ausprägen, in einer schwebenden Balance hält.«[22]

Ob Lucias Verhalten als eine Darstellung sexueller Ausschweifung zu interpretieren ist, die im 19. Jahrhundert den real wahnsinnigen Frauen zugeschrieben wurde, ist fraglich. Trotz des Mordes bleibt sie unschuldig, da ihre Seele »rein« ist. Es paßt hierzu, daß Donizetti die Glasharmonika in der Wahnsinnsszene einsetzen wollte.[23] Der schwebende, ätherisch-körperlose Klang paßt eher zu einer asexuell-reinen denn zu einer geistig umnebelten Person.[24] In dem Roman von Walter Scott, der als Vorlage diente, ist die Sinnesverwirrung dagegen plastisch beschrieben; Lucy hockt wie ein Tier in der Zimmerecke und vermag nur noch wenige Worte zu stammeln. Eine solche Darstellung vertrug sich schon aus musikästhetischen Gründen nicht mit der Opernfassung, mußte doch die Primadonna ihre virtuosen Koloraturen zum besten geben. Eines verbindet aber Lucy aus dem Roman mit der singenden Lucia: Sie würde durch die Sexualität mit einem Ungeliebten einen Selbstverlust erleiden. Daher kann sie die gewaltsame Eheschließung nicht körperlich vollziehen und muß sich von der Welt verabschieden.

1827 wurde in Mailand Bellinis Oper *Il pirata* (Die Piraten) mit sensationellem Erfolg aufgeführt. Die Vorlage sah vor, daß die Protagonistin Imogene sich dem ehemaligen Liebhaber Gualtiero hingibt und auch das Kind aus ihrer Ehe mit Ernesto tötet. In der Opernfassung gibt sie sich weder Gualtiero hin, noch ermordet sie ihr Kind – sie bleibt »rein«. Und doch muß sie den Verstand verlieren, weil sie den Konflikt zwischen zwei konkurrierenden Männern nicht lösen kann.

Imogene erinnert sich, und ihr Rezitativ wird von kurzen Erinnerungsmotiven durchbrochen. Typisch »weibliche« Instrumente (Englischhorn, Harfe und Streicher) begleiten sie, als sie die Bühne betritt. Ihre F-Dur-Arie wird von einer Soloflöte begleitet – dem Instrument der Liebe und des Todes – sowie später der Klarinette, und es kommt zu den obligaten Koloraturenkaskaden.

Allen diesen Szenen – ob Lucia in *Lucia di Lammermoor*, Elvira in *I puritani*, Imogene in *Il pirata*, Linda in *Linda di Chamounix*, Anna in *Anna Bolena* und Ophelia in *Hamlet* – ist eigen, daß sie auf musikalischer Diskontinuität aufbauen: es gibt rezitativische Bruchstücke, die Vokallinien werden unterbrochen, die Tonarten, das Tempo und das Tongeschlecht unvermittelt verändert, rhythmische Floskeln tauchen auf und verschwinden, und es gibt Partien, in denen die Sängerin teilweise komplizierte Koloraturen zu singen hat. Dies alles hilft, das Bild eines psychischen Zusammenbruchs herzustellen, bei dem die Gedankenbruchstücke wie im Traum vorbeihuschen und kein Sinn herstellbar ist. Da es sich jeweils um unschuldige Frauenfiguren handelt, die in gravierende Konflikte eingebunden sind, spiegelt die musikalische Diskontinuität die mentale Verwirrung wider, durchbricht aber nie die Schranken der ästhetischen Einheit. Dadurch wird zugleich die charakterliche »Reinheit« der Frauen gewahrt.

Folgende Voraussetzungen sind für die »schuldfrei Schuldigen« unabdingbar:

- Geradlinigkeit. Da Frauen ihre Identität aus der Liebe schöpfen, können sie ihr nicht aus Vernunftgründen entsagen, daher sind sie treu bis zum Tod oder bis zum Wahnsinn.
- Passivität. Jede Entscheidung setzt rationale Überlegung voraus; diese besitzen Frauen nicht. Ihre Entscheidungsunfähigkeit bedeutet Entmündigung, die sie ohne Murren auf sich nehmen.
- Reinheit. Diese ist nicht nur sexuell zu verstehen (Keuschheit), sondern umfaßt auch das Gemüt.[25]
- Ertragen schwerer Konflikte. Man wies den Frauen im dramatischen Operngeschehen Konflikte zu, die weitaus schwerer lösbar waren als die vieler Männer. Männer dürfen auf der Bühne den Degen ziehen, Gegner bekämpfen und Aktivitäten verschiedenster Art entwickeln, während die Frauen meist dazu verurteilt sind, die Konflikte im psychischen Innenbereich auszutragen.
- Bruchlose Ähnlichkeit mit kranken, leidenden, trauernden Frauen auf der Opernbühne. Die »gute« Wahnsinnige ist kein Sonderfall, sondern ein »Normalfall«. Mozarts Giunia aus *Lucio Silla*, die eine Todeshalluzination erleidet, steht mit der verzweifelten Pamina aus *Die Zauberflöte* in einer Reihe; die Beispiele ließen sich beliebig fortsetzen.
- Pädagogisch-moralischer Zeigefinger. Die Handlung mochte in einer Scheinwelt stattfinden, die Moral dagegen war auf das weibliche Publikum zugeschnitten. Ihre Botschaft war grob konturiert, aber wirksam: bürgerliche Mädchen, die sich sexuell betätigen, verdienen gesellschaftliche Ächtung, verlieren den Verlobten und werden von der Gemeinschaft ausgeschlossen. Ebenso aktuell war der Topos der unbedingten Treue zum Mann, der den Inhalt so vieler Opern, Theaterstücke und Romane vom ausgehenden 18. bis zum 19. Jahrhundert ausmacht.

Die »guten« Wahnsinnigen – Amina, Lucia, Elvira, Imogene, Ophelia – hängen wehmütig Zeiten nach, in denen die Welt intakt war. Imogenes Rezitativ wird musikalisch von kurzen Erinnerungsmotiven durchbrochen; Anna Bolena fantasiert ihre Hochzeitsnacht herbei; Amina durchlebt noch einmal musikalisch die Hochzeitsszene, die sie in ihrer ersten Schlafwandelszene fantasierte; Lucias Szene enthält anfangs musikalisches Material aus dem Liebesduett des 1. Akts; auch Linda erinnert sich an ihr Duett aus dem 1. Akt. Elvira fantasiert zur Abwechslung die Zukunft herbei und malt sich die Hochzeitsfeier mit ihrem Geliebten aus. Rückblenden zeigen, daß das Denken momentan gestört ist. Lady Macbeth aus Giuseppe Verdis *Macbeth* ist dagegen weder mit der Vergangenheit noch mit der Zukunft behaftet, die Motive ihrer Szene bestehen – abgesehen von der Ouvertüre[26] – aus neuem Material. Wer sich nicht mehr erinnert, hat einen gestörten Kontakt zur Normalität. Verdi hat sich von ihrer Bösartigkeit zu musikalisch-expressiven Höhen inspirieren lassen, so daß sie in der Oper einen größeren Stellenwert erhält als ihr Ehemann. Verglichen mit Shakespeare, räumt Verdi der Wahnsinnsszene einen ungleich breiteren Platz ein. Er verwendet dafür musikalische Mittel, die aus der barocken Affektenlehre stammen und Unheil signalisieren. In der Einleitung bestimmen die Sekunddissonanz und die Chromatik das Geschehen, in der darauffolgenden Arie insistiert zwölfmal das Englischhorn ein pochendes »bes« (also ein doppelt erniedrigtes h), sowohl Unglück als auch die Obsession der blutbefleckten Hände umschreibend. Der ebenso zwanghafte wie kriechende chromatische Lauf im Baß umfaßt das Tritonus-Intervall. Auffällig ist der Einsatz von verminderten Intervallen in der Melodiestimme. Seit der Barockzeit werden chromatische und absteigende Passagen und das Tritonusintervall (eine übermäßige Quarte bzw. verminderte Quinte) zur Beschreibung von Angst, Schmerzen und Krankheit eingesetzt.

Kürzlich wurden Anstrengungen unternommen, Lady Macbeth als positive Gestalt hervorzuheben. Sie sei klug und ehrgeizig und wäre heutzutage Model oder Unternehmerin geworden, schreibt ein Musikautor, und er stellt sie den tugendhaften Figuren von Bellini und Donizetti gegenüber, die er als »unterentwickelt« bezeichnet. Verdi spricht er eine aufgeklärte Sicht zu, denn er habe Mitleid mit ihr.[27]

Die Musik verrät anderes; darüber hinaus gab Verdi präzise Anweisungen zur Gestaltung der Rolle, die von der Vorstellung eines Models oder einer Unternehmerin weit entfernt ist:

»Die Qualitäten (der Sängerin Madame Tadolini) sind zu fein für diese Rolle. Dies mag absurd klingen, aber Madame Tadolini ist eine gutaussehende Frau mit einem schönen Gesicht, und ich möchte, daß Lady Macbeth häßlich und böse ist. Madame Tadolini singt perfekt, und ich will nicht, daß Lady Macbeth überhaupt singt. Madame Tadolini besitzt eine wunderbare Stimme: klar, flexibel und kräftig, während Lady Macbeths Stimme hart, erstickt und dunkel, wie die eines Teufels sein sollte.«[28] Verdi verzichtet auf die für Wahnsinnsszenen typische musikalische Diskontinuität und läßt Lady Macbeth in Versen singen. Dies ist ein weiteres Indiz dafür, daß er sich von den pathetisch-tragischen Heldinnen seiner Vorgänger absetzen und einen anderen Typus zeichnen wollte. Außerdem verzichtet er auf jede schmückende Ausgestaltung der Gesangspartie, während die »guten« Frauen trotz aller seelischen Turbulenzen wahre Koloraturentaumel vollbringen. Musikalisch-textliche Brüche und Koloraturen bei gleichzeitiger Wahrung des schönen, verzierten Gesangs sind typische Indizien für den Wahnsinn der »guten« Frauen.

Indem Verdi mit grellen Dissonanzen arbeitet, verweigert er dem Publikum jedes Mitleiden. Die Faszination und zugleich Bedrohung, die von Lady Macbeth ausgeht, beruht auf der überwältigenden Stärke der Boshaftigkeit, die Musik und gesangliche Darstellung ausstrahlen.[29] Der kulturelle Ort dieses Frauentyps ist die ins Monströse überzeichnete »femme fatale«, die männlichen Angstphantasien entspringt. Die Tatsache, daß Lady Macbeth ihrem Mann den Dolch entreißt und auf das Opfer einsticht, erinnert an die von Klaus Theweleit herausgestellten gewalttätigen und gefühllosen Frauen, die in der Freikorps-Literatur des Ersten Weltkriegs in obsessiver Weise herbeifantasiert wurden. Man fürchtete die »Flintenweiber«, weil sie sowohl die sexuelle Potenz als auch die gesellschaftliche Macht bedrohten.[30] Lady Macbeth appelliert im 2. Akt an Macbeths »Männlichkeit« (»e un uomo voi siete?«), schmäht ihn als ängstlich und feige und ist insgesamt die psychisch Stärkere – bis zu ihrem Zusammenbruch und darauf folgenden Tod. Auch Macbeth ist vom Wahn bedroht, als er einen Geist sieht – aber Verdi zeichnet seinen Anfall musikalisch schwächer als bei Lady Macbeth, so daß sein Zustand den Anstrich einer lediglich nervlichen Überspanntheit erhält.

Während die »reinen« Frauen ihre Unbeflecktheit bewahren, beklagt Lady Macbeth imaginäre Blutflecken auf den Händen: Ihre Schuld läßt sich nicht abwaschen. Macbeth besitzt ein Schuldbewußtsein, wie man kurz vor seinem Tod erfährt – bei ihr fehlt jedes Schuldgefühl. Sie befindet sich nicht in einem »Zustand«, aus dem sie sich durch Erinnerungen an bessere Zeiten oder durch Träume von einer besseren Zukunft zeitweilig befreit, sondern der Wahnsinn ist ihrem Charakter zugehörig. Während die guten Frauen einen Nervenzusammenbruch erleiden und das Publikum sie bemitleidet, gibt Verdi mit der Gestalt Lady Macbeths einen Einblick in einen Abgrund, der uns schaudern macht.

Zusammenfassend ist festzustellen, daß von den Lamenti und den Ombraszenen des 17. Jahrhunderts eine direkte Linie zur Beschreibung des weiblichen Charakters in der Literatur des 18. Jahrhunderts führt, die sich durch die Stichworte Weiblichkeit – Liebe – Konflikt – seelische Verstrickungen – Innerlichkeit = Traurigkeit = Tod umschreiben läßt. Das Kranksein gehört insbesondere im 19. Jahrhundert zum weiblichen Körper und überträgt sich auf die Seele. Der männliche Charakter wäre eher durch Begriffe wie Männlichkeit = Kampf = Machtanspruch = Repräsentation = Ehre = Leben zu umreißen. Seine Welt ist die der Bewährung und des Kampfes um Vorherrschaft. »Macht, Kontrolle und das Streben nach Dominanz werden größtenteils von Aggression in Gang gesetzt, während das Streben nach Vereinigung einen eher rein erotischen Impuls befriedigt.«[31] Diese Polarisierung findet sich in den Operngestalten wieder. Männer, die in Konflikte geraten, greifen auf der Bühne zum Degen; Frauen bleibt nur der Rückzug in die seelische Innenwelt. Es ist somit nur logisch, daß Frauen, denen man das Rationale ab- und das übermäßig Emotionale zuerkannte, in höherem Maße als Männer vom Wahnsinn bedroht waren. Die derangierten Frauen in den Opern von Bellini, Donizetti, Thomas, Boito und anderen bilden den äußeren kulturellen Rahmen für die damals vorherrschende Überzeugung von der Nähe der Frau zu Krankheit und zur Irrationalität. Ihr Zustand symbolisiert vor allem das seelische Zerbrechen, weil sie die Konflikte aufgrund ihrer charakterlichen Linearität und fast religiösen Tugend- und Standhaftigkeit nicht bewältigen kann. Anstelle des Wahns könnte der Suizid oder die Erkrankung stehen – die gute Wahnsinnige ist mit der bürgerlichen Heldin gleichzusetzen, der selbstverantwortliches Handeln untersagt ist. »Mutter, (Kranken)Schwester, Gräfin in einer Person – das ist die heilige Dreieinigkeit, der ›guten‹ Frau, der Nicht-Hure. Sie kastriert nicht, sondern schützt. Sie hat keinen Penis, aber auch sonst kein Geschlecht.«[32] Daß Lucia di Lammermoor ihren ungeliebten Partner ersticht, ist folglich weniger ein widerständiger Akt, sondern ein Zeichen für die Standhaftigkeit, mit der sie ihre Rolle lebt – idealisierte Weiblichkeit, die dem einen Mann zur lebenslangen Treue verpflichtet ist und daher eher innerlich zerbricht, als daß sie davon abweicht. Trotz des Mordes an einem Mann – ein in der bürgerlichen Gesellschaft kapitales Verbrechen der übelsten Art, vor allem wenn eine Frau die Täterin ist – wird Lucia mit ästhetisch reizvoller Musik ausgestattet; ihre Integrität sowie ihr späterer Tod entschädigen für den im Wahn vollbrachten Mord. Seit der Renaissance wurden Frauen abwechselnd – je nach Akzentuierung des jeweiligen Schriftstellers oder Philosophen – für ihre Fähigkeit, zur Liebe zu inspirieren, idealisiert, aber auch für ihre Fähigkeit, sinnliches Begehren beim Mann auszulösen und ihn notfalls ins Verderben zu führen, verdammt. Die Musik hat gleicherweise diese Zuweisungen ertragen müssen. Innerhalb eines christlichen Kontextes hat man Musik die Fähigkeit, Liebe zu inspirieren, zugewiesen, aber auch vor ihren Gefahren im körperlich-sinnlichen Bereich gewarnt.[33] Die wahnsinnigen Frauen der Oper scheinen beides zu evozieren und zugleich zu bannen: Die Musik ist nur scheinbar ungeordnet, wie die »reinen« Frauen nur scheinbar wahnsinnig sind. Die Gefahren der Übertretung werden durchgespielt, ohne daß es zu einer wirklichen Grenzüberschreitung kommt. Gerade das macht das Zuschauen und Zuhören so reizvoll.

Es sind keine warmblütigen, realen, mit Fehlern und Zweifeln ausgestattete lebendige Wesen, sondern Projektionen, Konstruktionen idealer Weiblichkeit, die den Ausschluß der realen Frau aus der Kultur widerspiegeln und nur notdürftig die dahinter steckende Aggression kaschieren. Zum einen gelten sie als sympathisch, weil sie so viel menschlicher wirken als die männlichen Repräsentanten von Ordnung und Gesetz. Aber um welchen Preis? Die unschuldigen Frauen tragen symbolische Keuschheitsgürtel[34] – sie dürfen keinesfalls die Männer gefährden, wenn sie als »gut« gelten sollen. Der Wahnsinn lenkt den Blick auf die weibliche Unschuld und zeigt, daß »gute« Frauen nicht weiterleben dürfen, wenn ihre Tugend auf dem Spiel steht. Zugleich aber – und das macht diese Frauenfiguren so bewegend – sind sie Chiffren für die endlose Sehnsucht nach der warmen Mutterfrau, die nicht fordert, sondern gibt, die tröstet und die von innen her leuchtet, weil sie eins ist mit sich selbst. »Amina ist eine der anrührendsten Frauengestalten in der romantischen Oper«, schreibt ein Musikhistoriker 1991.[35] Amina ist eine schlichte Dorfschöne – nicht mehr und nicht weniger. Es ist kaum ihre Gestalt, die uns rührt und bewegt, und auch nicht nur der schöne Gesang, sondern der Kontext, in den die Frau gestellt ist: zu Unrecht beschuldigt, hilf- und machtlos, unfähig, die eigenen Interessen zu vertreten oder gar für sich zu kämpfen. Die bösen Wahnsinnigen dagegen stellen Ansprüche. Sie sind vom Wesen her sündig, stehen in einer Reihe mit Wagners Ortrud und Webers Euryanthe und werden von vornherein aus der bürgerlichen Gesellschaft ausgegrenzt, weil ihre Boshaftigkeit sich mit Aktivität und Handeln paart. So ist in der Oper des 19. Jahrhunderts nicht zu trennen zwischen Wahnsinnigen und Gesunden, sondern zwischen »guten« und »bösen« Frauen, denjenigen also, die zu Verzicht, Opfern und Selbstrücknahme bereit sind, und denjenigen, die selbstbestimmt und eigenwillig handeln und damit das gesellschaftlich fixierte Weiblichkeitsideal überschreiten. Letztere werden ihrer gerechten Strafe zugeführt, erstere aber müssen für ihre »Reinheit« ebenfalls büßen. Eine Spur von Stärke und Widerstandskraft erreichen sie dadurch, daß sie in ihrer konsequenten Haltung eine gewisse Autonomie bewahren. Daß das Opernpublikum sich an der Schönheit der weiblichen Stimme ergötzt, daß Frauen dadurch auch eine starke Rolle in der Oper innehaben und den Männern an moralischer Integrität und zwingender Geradlinigkeit überlegen sind, sollte nicht über ihren Standort täuschen. Denn wie sie sich auch verhalten – bestraft werden sie allemal.

Anmerkungen

1 Claudio Monteverdi: Briefe, hg. und kommentiert von Denis Stevens. München 1989, S. 344-88 und 395-7.
2 Vgl. Ellen Rosand: Operatic Madness. A Challenge to Convention, in:

Steven Paul Scher (Hg.): Music and Text. Critical Inquiries. Cambridge 1992, S. 244; Gary Tomlinson: Twice Bitten, Thrice Shy, or Monteverdi's ›finta‹ Finta pazza. In: *Journal of the American Musicological Society* 36 (1983), S. 303-311.

3 Vgl. Maurice und Hanna Charney: The Language of Madwomen in Shakespeare and His Fellow Dramatists. In: *Signs* 3. 2. (1977), S. 459. Die Praxis der elisabethanischen Dichter, die die wahnsinnigen Frauen zum Anlaß nahmen, um Verse voller überquellender Fantasie, sexueller Anspielungen oder auch unflätiger Ausdrücke zu schaffen, wurde dagegen weniger übernommen.

4 Maurice und Hanna Charney, a. a. O., S. 451.

5 Ellen Rosand: Opera in Seventeenth Century Venice. The Creation of a Genre. Berkeley 1991, S. 350.

6 Rosand, a. a. O., S. 359.

7 Silke Leopold: Wahnsinn mit Methode. Die Wahnsinnsszene in Händels dramatischen Werken und ihre Vorbilder. In: Klaus Hortschansky (Hg.): Opernheld und Opernheldin im 18. Jahrhundert. Aspekte der Librettoforschung. Hamburg/Eisenach 1991, S. 79. Bajazets Seelenzustand ist eher auf Verzweiflung und weniger auf Wahnsinn zurückzuführen.

8 Daß diese Frage bislang kein Interesse hervorrief, zeigt, wie wenig geschlechtsspezifische Fragestellungen in der deutschen Musikwissenschaft verbreitet sind. Dejanira bezichtigt ihren Mann fälschlicherweise des Ehebruchs und verursacht damit mittelbar seinen Tod. Da Frauen meist als Opfer in kulturellen Zeugnissen fungieren, wurde die Umkehrung des Sachverhalts (die Frau als – wenn auch ungewollte – Täterin) vermutlich von Händel auch deswegen musikalisch intensiver ausgestaltet.

9 Wie sehr die Fantasien und die Wirklichkeit miteinander verflochten waren, zeigt sich daran, daß Bürger als Richter es tatsächlich mit der Verurteilung einer jungen Frau zu tun hatte, die ihr Kind ertränkt hatte und dafür bestraft wurde.

10 »Jetzt kommt es nicht mehr auf die öffentliche Meinung als Richter der weiblichen Tugend an, sondern nur noch auf das eigene Bewußtsein, das sich über das sichere Wissen der eigenen ›Ehre‹ konstituiert und an sich selber genug hat.« Helga Meise: Die Unschuld und die Schrift. Deutsche Frauenromane im 18. Jahrhundert. Berlin/Marburg 1983, S. 10.

11 Elisabeth Bronfen: Nur über ihre Leiche. Tod, Weiblichkeit und Ästhetik. München 1994, S. 91.

12 Obwohl sie in der Oper nicht zu den Bürgerlichen zählt, da sie einen Grafen geheiratet hat, stellt sie den neuen bürgerlichen Typus dar.

13 Vgl. Dietlinde S. Bailet: Die Frau als Verführte und als Verführerin in der deutschen und französischen Literatur des 18. Jahrhunderts. Berlin 1981.

14 Christine Lehmann: Das Modell Clarissa. Liebe, Verführung, Sexualität und Tod der Romanheldinnen des 18. und 19. Jahrhunderts. Stuttgart 1991, S. 16.
15 Ulrich Schreiber, Opernführer für Fortgeschrittene. Eine Geschichte des Musiktheaters. Das 19. Jahrhundert. Kassel/Basel 1991, S. 293.
16 Vincenzo Bellini: Memorie e lettere, hg. von F. Florimo, Florenz 1882, zit. b. Francesco Degrada: Prolegomena zur Lektüre der *Sonnambula*, in: *Musik-Konzepte* Nr. 46, Vincenzo Bellini, hg. von Heinz-Klaus Metzger und Rainer Riehn. München 1985. S. 29.
17 In Henry Scott Holland/W. S. Rockstro: Jenny Lind, The Artist, London 1891, Bd. 2, Anhang S. 10-12, sind die von Lind vorgenommenen Auszierungen aufgezeichnet. Es verwundert nicht, daß Jenny Lind die größten Erfolge mit dieser Rolle errang, denn sie verkörperte auch im Leben den Typus der Reinen und Guten – sie spendete oft und reichlich, war stets liebenswürdig zu ihrem Publikum, besaß eine glockenreine Stimme und trat frühzeitig von der Bühne ab.
18 Gabriele Althoff: Weiblichkeit als Kunst. Die Geschichte eines kulturellen Deutungsmusters. Stuttgart 1991, S. 21.
19 Catherine Clément, Die Frau in der Oper. Besiegt, verraten und verkauft. Stuttgart 1992.
20 Vgl. Mary Ann Smart, The silencing of Lucia. In: *Cambridge Opera Journal* 4. 2. (1993), S. 119-141.
21 Susan McClary, Feminine Endings. Music, Gender and Sexuality, Minnesota 1991, S. 92f.
22 Carl Dahlhaus, Die Musik des 19. Jahrhunderts. Wiesbaden 1980 (Neues Handbuch der Musikwissenschaft, Bd. 6), S. 101.
23 Vgl. David Kimbell, Italian Opera. Cambridge 1991, 2. Aufl. 1995, S. 481.
24 Die Tatsache, daß Donizetti schließlich darauf verzichtete, kann damit zusammenhängen, daß er die im 19. Jahrhundert bekannte Assoziation der Glasharmonika mit nervlichen Erkrankungen kannte und Lucia nicht in die Nähe des Krankhaften rücken wollte.
25 Die von McClary behauptete sexuelle Ausstrahlung konnte musikalisch (beispielsweise in Form chromatischer Melodiebildung oder auffälliger Dissonanzen) nicht festgestellt werden. Die Erotik zeigt sich auf andere Weise: die reine Wahnsinnige ist immer noch »weiblich«, d. h. sie ist den typischen Formen der Inszenierung von Weiblichkeit unterstellt und dadurch erotisch geblieben.
26 Daß Motive aus Lady Macbeths Szene in der Ouvertüre auftauchen, zeigt lediglich, wie zentral die Szene für Verdi war. Die Ouvertüre gehört nicht zur Handlung selbst.
27 Attila Csampai in: Maria Callas. Gesichter eines Mediums. München 1993. Daß er Berufe herausgreift, die mit großen Opfern für Frauen verbunden sind, sei nebenbei erwähnt.

28 Zit. b. Charles Osborne: The Complete Operas of Verdi. London 1969, 2. Aufl. 1973, S. 150.
29 Vgl. hierzu auch Jonas Barish, Madness, Hallucination, and Sleepwalking, in: David Rosen/Andrew Porter (Hgg.): Verdi's Macbeth. A Sourcebook. New York/London 1984.
30 Vgl. Klaus Theweleit, Männerphantasien, Bd. 1: Frauen, Fluten, Körper, Geschichte. Frankfurt/M. 1977, S. 96 ff. Theweleit greift auf eine historische Tradition solcher »Mannweiber« zurück.
31 Evelyn Fox Keller, Feminism and Science, in: *Signs* 7.3. (1982), abgedruckt in Sandra Harding/Jean F. O'Barr (Hgg.): Sex and Scientific Inquiry. Chicago/London 1987, S. 242.
32 Vgl. Theweleit, a. a. O., S. 126.
33 Vgl. Linda Phyllis Austern: Music and the English Renaissance Controversy over Women. In: Susan C. Cook/Judy Tsou (Hgg.): Cecilia Reclaimed. Feminist Perspectives on Gender and Music. Urbana/Chicago 1994.
34 Luise Pusch (der ich hierfür danke) wies mich darauf hin, daß merkwürdigerweise Frauen immer dann als »rein« gelten, wenn sie Männer nicht anrühren, was letztendlich bedeutet, daß Männer Frauen »beschmutzen«. Warum ist dies bislang nicht aufgefallen?
35 U. Schreiber, a. a. O., S. 253.

Literatur

Althoff, Gabriele: *Weiblichkeit als Kunst. Die Geschichte eines kulturellen Deutungsmusters.* Stuttgart 1991

Austern, Linda Phyllis: *Music and the English Renaissance Controversy over Women*, in: Cook/Tsou, Hgg. 1994

Bailet, Dietlinde S.: *Die Frau als Verführte und als Verführerin in der deutschen und französischen Literatur des 18. Jahrhunderts.* Berlin 1981

Barish, Jonas: *Madness, Hallucination, and Sleepwalking,* in: Rosen/Porter, Hgg. 1984

Borchmeyer, Dieter: *Mozarts rasende Weiber*, in: Ders., Hg.: Mozarts Opernfiguren. Große Herren, rasende Weiber – gefährliche Liebschaften. Stuttgart/Wien (Facetten deutscher Literatur, Bd. 3) 1991

Bronfen, Elisabeth: Nur über ihre Leiche. Tod, Weiblichkeit und Ästhetik. München 1994

Charney, Maurice/Charney, Hanna: The Language of Madwomen in Shakespeare and His Fellow Dramatists, in: *Signs* 3.2., 1977

Clément, Catherine: *Die Frau in der Oper. Besiegt, verraten und verkauft.* Stuttgart 1992

Cook, Susan C. & Judy Tsou, Hgg: *Cecilia Reclaimed. Feminist Perspectives on Gender and Music.* Urbana und Chicago 1994
Csampai, Attila: *Maria Callas. Gesichter eines Mediums.* München 1993
Dahlhaus, Carl: *Die Musik des 19. Jahrhunderts.* Wiesbaden (Neues Handbuch der Musikwissenschaft, Bd. 6) 1980
Degrada, Francesco: Prolegomena zur Lektüre der *Sonnambula*, in: Metzger, Heinz-Klaus & Rainer Riehn, Hgg. 1985
Döhring, Sieghart: *Die Wahnsinnsszene*, in: Becker, Heinz, Hg.: *Die »Couleur locale« in der Oper des 19. Jahrhunderts.* Regensburg (Studien zur Musikgeschichte des 19. Jahrhunderts, Bd. 42) 1976
Florimo, F., Hg: Vincenzo Bellini, Memorie e lettere, Florenz 1882
Fox Keller, Evelyn: Feminism and Science, in: *Signs* 7.3 (1982), abgedruckt in: Harding & O'Barr, Hgg. 1987
Harding, Sandra & Jean F. O'Barr, Hgg.: *Sex and Scientific Inquiry.* Chicago und London 1987
Holland, Henry Scott & W. S. Rockstro, Hgg.: *Jenny Lind. The Artist.* London. Bd. 2, 1891
Hortschansky, Klaus, Hg.: *Opernheld und Opernheldin im 18. Jahrhundert. Aspekte der Librettoforschung.* Hamburg/Eisenach 1991
Kimbell, David: *Italian Opera.* Cambridge 1995 (1991)
Lehmann, Christine: *Das Modell Clarissa. Liebe, Verführung, Sexualität und Tod der Romanheldinnen des 18. und 19. Jahrhunderts.* Stuttgart 1991
Leopold, Silke: *Wahnsinn mit Methode. Die Wahnsinnsszene in Händels dramatischen Werken und ihre Vorbilder*, in: Hortschansky, Hg. 1991
McClary, Susan: *Feminine Endings. Music, Gender and Sexuality.* Minnesota 1991
Meise, Helga: *Die Unschuld und die Schrift. Deutsche Frauenromane im 18. Jahrhundert.* Berlin und Marburg 1983
Metzger, Heinz-Klaus/Rainer Riehn: *Vincenzo Bellini.* München (Musik-Konzepte Bd. 46) 1985
Osborne, Charles: *The Complete Operas of Verdi.* London 1973 (1969)
Rosand, Ellen: *Opera in Seventeenth Century Venice. The Creation of a Genre.* Berkeley 1991
–: *Operatic Madness. A challenge to Convention*, in: Scher, Steven Paul, Hg. 1992
Rosen, David & Andrew Porter, Hgg.: *Verdi's Macbeth. A Sourcebook.* New York und London 1984
Scher, Steven Paul, Hg.: *Music and Text. Critical Inquiries.* Cambridge 1992
Schreiber, Ulrich: *Opernführer für Fortgeschrittene. Eine Geschichte des Musiktheaters. Das 19. Jahrhundert.* Kassel und Basel 1991
Smart, Mary Ann: The silencing of Lucia. *Cambridge Opera Journal* 4.2., 1993

Stevens, Dennis, Hg.: *Claudio Monteverdi: Briefe*. München 1989
Theweleit, Klaus: *Männerphantasien*. Bd. 1: *Frauen, Fluten, Körper, Geschichte*. Frankfurt/M. 1977
Tomlinson, Gary: Twice Bitten, Thrice Shy, or Monteverdi's ›finta‹ Finta pazza, in: *Journal of the American Musicological Society* 36, 1983

Luise F. Pusch
Nachwort
Psychisches Trauma – Leiden der Machtlosen

Die Tyrannei der Männer ist Ursache fast aller Geisteskrankheiten der Frauen.[1]
Mary Wollstonecraft, *Verteidigung der Rechte der Frauen* (*Vindication of the Rights of Women*), 1793

Der erste Band der *WahnsinnsFrauen* erschien im Dezember 1992, also vor drei Jahren. Vorbereitet seit Ende der achtziger Jahre, traf das Buch auf eine Situation, die für das Thema reif war. Es wurde diskutiert und gekauft in einem Ausmaß, das wir überhaupt nicht erwartet hatten.

Im selben Jahr, aber erst nach der Fertigstellung unseres Buches, hatte Helke Sanders Film *BeFreier und Befreite* über die Vergewaltigungen im und nach dem zweiten Weltkrieg Premiere, hörten wir das erste Mal von den systematischen Vergewaltigungen im ehemaligen Jugoslawien. Im selben Jahr auch veröffentlichte Judith Lewis Herman mit *Trauma and Recovery* das m. E. wichtigste Werk zum Thema Wahnsinn und Gewalt gegen Frauen, das ich für mein damaliges Nachwort leider nicht mehr auswerten konnte.

Hermans Untersuchung, die inzwischen auch auf deutsch erschien, ist für die Beurteilung psychischer Störungen von Frauen bahnbrechend, weil sie das, was wir alle bis dahin nur mit Grauen vermutet hatten, klinisch untermauert: Der »Wahnsinn« befällt die meisten Frauen nicht einfach so aus dem Nichts, sondern er ist eine ziemlich gesetzmäßige Reaktion der weiblichen Psyche auf die allgegenwärtige männliche Brutalität. »Brutalität bestimmt das Leben der Frauen rund um den Globus« – so der Titel eines Artikels im *Boston Globe* zur UNO-Frauenkonferenz in Peking im September 1995.[2] Die Vorstellung, daß der weibliche Wahnsinn »aus dem Nichts« komme, wird durch die Maschinerie der Verdrängung, des Leugnens und Totschweigens erzeugt und aufrechterhalten. Deshalb tappten wir lange im dunkeln.

Judith L. Herman, heute Professorin für Psychiatrie an der Harvard Universität, hat das *Women's Mental Health Collective Center* in Cambridge mitgegründet, dessen psychiatrische Abteilung sie leitet. Sie leitet außerdem das Ausbildungszentrum für das

Gewaltopfer-Programm des Cambridge Hospital. Herman beschreibt eindringlich die langsame Entfaltung der schrecklichen Erkenntnis:

»Erst nach 1980, als der Einsatz der Kriegsveteranen den Begriff ›posttraumatische Störung‹ [PTSD = *post-traumatic stress disorder*] etabliert hatte, wurde klar, daß das psychische Syndrom, das bei den Überlebenden von Vergewaltigung, Gewalt in der Familie [*domestic violence*] und Inzest zu beobachten ist, im wesentlichen dasselbe ist wie das Syndrom der Kriegsüberlebenden. Die Implikationen dieser Erkenntnis sind heute genauso entsetzlich wie vor einem Jahrhundert: Die untergeordnete Stellung der Frau wird aufrechterhalten durch die versteckte Gewalt von Männern. Zwischen den Geschlechtern herrscht Krieg. Vergewaltigungsopfer, geschlagene Frauen und sexuell mißbrauchte Kinder sind die Opfer dieses Krieges. Hysterie ist die Kriegsneurose des Geschlechterkriegs.«[3]

»Die Studien über Hysterie im späten 19. Jahrhundert scheiterten an dem Problem des Sexualtraumas. Zur Zeit dieser Untersuchungen wußte man nicht, daß Gewalt normaler Bestandteil des Sexual- und Familienlebens von Frauen ist. Freud kam dieser Wahrheit nahe und zog sich entsetzt zurück. Fast während des ganzen 20. Jahrhunderts blieb es der Untersuchung von Kriegsveteranen vorbehalten, das Wissen über traumabedingte Störungen voranzubringen. *Erst mit der Frauenbewegung der siebziger Jahre stellte sich allmählich heraus, daß die typischen und häufigsten Opfer posttraumatischer Störungen nicht Männer im Krieg, sondern Frauen im bürgerlichen Alltag sind.* (m. H.)

Die wirklichen Lebensbedingungen von Frauen waren im Privatleben verborgen. Der hohe Wert des Privaten schuf eine mächtige Barriere gegen das Bewußtwerden und machte die Realität von Frauen praktisch unsichtbar. Über sexuelle oder innerfamiliäre Erfahrungen zu sprechen, kam einer Aufforderung zu öffentlicher Erniedrigung und Verspottung und dem Verlust der Glaubwürdigkeit gleich. Frauen wurden mittels Angst und Scham zum Schweigen gebracht, und das Schweigen der Frauen ermöglichte jegliche Art sexueller und häuslicher Ausbeutung.«[4]

Hat frau die Ausführungen Hermans gelesen (und in ihren Implikationen halbwegs verkraftet), so kann sie nicht umhin, die Biographien unseres Sammelbandes mit einem ganz neuen, geschärften Blick zu lesen. Ich möchte allen Leserinnen des vorliegenden Buches die ergänzende Lektüre von *Trauma and Recovery* (dt. *Die Narben der Gewalt*) dringend ans Herz legen, vor allem denjenigen, die in ihrem eigenen Leben, in ihrer eigenen Familie oder im Freundinnen- und Bekanntenkreis mit (sexueller) Gewalt gegen Frauen in Berührung kamen oder kommen – und für welche Frau gilt das nicht? Ich denke, daß die Analyse Hermans zum tieferen Verständnis der Lebensgeschichten, die in diesem Band aufgerollt werden, unabdingbar ist. Dies gilt sowohl für Hermans kritische Aufarbeitung der gesamten Literatur dieses Jahrhunderts zu posttraumatischen Störungen wie Hysterie und Kriegsneurosen als auch für die Therapierichtlinien, die sie aus ihrer innovativen therapeutischen Arbeit mit Frauen, die Opfer männlicher Gewalt wurden, ableitet.

In meinem Nachwort zum ersten Band der *WahnsinnsFrauen* faßte ich 1992 meine Sicht des Phänomens weiblicher Wahnsinn wie folgt zusammen:

»Zur Begriffserklärung schlage ich vor, zwischen *strukturellem* (*primärem*) und *individuellem* (*sekundärem*) Wahnsinn zu unterscheiden: Das Patriarchat als Wahnsystem erzeugt bei seinen InsassInnen einen *strukturellen* Wahn, der seit Betty Friedan ›Weiblichkeits-‹ und ›Männlichkeitswahn‹ genannt wird, bei den Menschen unterschiedlich stark ausgeprägt ist und in der Regel nicht als Wahn erkannt wird.

Sextouristen, vergewaltigende Väter und andere vom Männlichkeitswahn extrem befallene Männer verursachen bei ihren Opfern quälende, oft lebenslange Formen des *individuellen*, *sekundären* Wahns.«[5]

Mit anderen Worten: Männer verursachen bei Frauen posttraumatische Störungen. Dieses Fazit einer psychologischen Laiin, gewonnen nur aus der feministischen Theorie und der intensiven Beschäftigung mit den elf Lebensgeschichten des ersten Bandes der *WahnsinnsFrauen*, wurde von der Expertin Judith L. Herman voll bestätigt.

Herman definiert »Trauma« wie folgt: »Traumatische Erlebnisse überwältigen die normale menschliche Anpassung an das Leben. Anders als bei gewöhnlichen Unglücksfällen geht es bei traumatischen Erlebnissen um eine Gefahr für Leib und Leben oder um eine enge persönliche Begegnung mit Gewalt und Tod. Sie konfrontieren den Menschen mit extremer Hilflosigkeit und Terror und rufen die Reaktion auf Katastrophen hervor. Gemäß dem

Comprehensive Textbook of Psychiatry ist der gemeinsame Nenner des psychischen Traumas ein Gefühl ›intensiver Angst, Hilflosigkeit und drohender Vernichtung‹.«[6]

Besonders wichtig scheint mir in diesem Zusammenhang Hermans psychiatrische Beurteilung des Akts der Vergewaltigung: »Das wesentliche Element der Vergewaltigung ist die physische, psychische und moralische Verletzung der Person. Die Absicht des Vergewaltigers ist es, das Opfer zu terrorisieren, zu beherrschen und zu erniedrigen, es völlig hilflos zu machen. Das heißt, Vergewaltigung ist ihrer Natur nach darauf angelegt, psychisches Trauma zu verursachen.«[7]

Die vielfältigen Symptome der posttraumatischen Störung fallen nach Herman in drei Hauptkategorien: »Diese heißen ›Übererregtheit, Schreckhaftigkeit [hyperarousal]‹, ›Wiederkehr [intrusion]‹ und ›Verengung [constriction]‹. Schreckhaftigkeit spiegelt die permanente Erwartung von Gefahr, Wiederkehr bezieht sich auf die unauslöschbare Einprägung des traumatischen Moments, Verengung spiegelt das Gefühlloswerden bei der Selbstaufgabe.«[8]

Die zwölf WahnsinnsFrauen haben ihr Leben überwiegend in der ersten Hälfte dieses Jahrhunderts verbracht – diese Epoche kann mit ihren zwei Weltkriegen und der systematischen Ermordung der europäischen Juden wohl die schrecklichste aller Zeiten genannt werden. Es war außerdem die Zeit der stürmischen Entwicklung der Psychoanalyse durch männliche Vordenker. Diese Faktoren haben das Leben und Leiden der meisten unserer »Heldinnen« geprägt.

Fünf der zwölf Frauen waren direkt Opfer des Naziregimes: Von den Nazis ermordet wurden: Sabina Spielrein und Milena Jesenská. Nelly Sachs ist den Nazis knapp entkommen, erkrankte aber seelisch schwer an den Folgen der Verfolgung und des Terrors. Else Lasker-Schüler wurde 64jährig aus ihrer Heimat vertrieben und starb im Exil in Jerusalem. Ida Bauer starb im Exil in New York.

Ein indirektes Opfer war die Schweizerin Lore Berger, deren Jugend durch die Kriegführung der Deutschen eingeengt wurde und deren untröstliche Weltsicht sich zusätzlich durch die Weltlage immer mehr verfinsterte.

Acht der zwölf Frauen starben im tödlichsten Jahrzehnt dieses Jahrhunderts, den vierziger Jahren. Geboren waren diese acht in einem Zeitraum von knapp 60 Jahren, zwischen 1864 und 1921.

Adalgisa Conti ist wohl diejenige, die das Patriarchat in seiner schlimmsten Form erlitten hat; sie kann als Symbolfigur der *conditio feminina* gelten. Ihre Lebensgeschichte liest sich wie ein Konzentrat der Greuel aller übrigen Biographien. Als Kind vom Vater sexuell mißbraucht, vom Ehemann geschlagen und vergewaltigt, kam sie, inzwischen unter dem – typisch weiblichen – Gefühl absoluter Wertlosigkeit und Verkommenheit leidend, für ein ganzes Menschenalter, siebzig Jahre, in die Psychiatrie. Der einzige Lichtblick in ihrem Leben war schließlich die zärtliche und erwiderte Liebe zu einer Leidensgenossin in der geschlossenen Anstalt.

Neben Adalgisa Conti waren noch vier weitere der zwölf Frauen – nachweislich oder wahrscheinlich – Opfer sexueller Gewalt in ihrer Kindheit und/oder Jugend: Séraphine Louis, Ida Bauer, Sabina Spielrein und Anne Sexton. Auch Lore Bergers Geschichte liest sich für mich nach der Lektüre von Herman wie die eines Inzestopfers.

Neben Adalgisa Conti waren noch vier weitere der zwölf Frauen Opfer männlicher Psychiater bzw. Psychoanalytiker:

- durch eine Liebesbeziehung: Spielrein (mit C. G. Jung) und Sexton
- wegen anderer Fehlbehandlung: Gilman (S. Weir Mitchells berüchtigte »Ruhekur«, die auch Virginia Woolf durchmachte); Ida Bauer (Freud bagatellisierte ihr sexuelles Trauma als »Phantasien«).

Zelda Fitzgerald fand in der Psychiatrie den Flammentod – andererseits aber war die Anstalt anscheinend immer noch erträglicher für sie als das Zusammenleben mit ihrem seelisch grausamen, schwer alkoholgeschädigten Mann, der ihr jede eigenständige schriftstellerische Tätigkeit verbot.

Judith L. Herman setzt die traumatische Situation der seelisch und/oder körperlich mißhandelten Ehefrau/Partnerin mit der von Geiseln, politischen Gefangenen oder entführten Personen gleich, die in ständiger Todesangst leben müssen. Durch die Situation des Ausgeliefertseins kommt es des öfteren zur Kollaboration mit dem Aggressor. Bleibt eine angedrohte Quälerei einmal zufällig aus, so empfindet das angstgelähmte Opfer dies leicht als liebevolle Geste und ist dem Täter dankbar.

Ich finde diese Parallelisierung außerordentlich erhellend. Früher wurde die geschlagene – oder sonstwie terrorisierte – Ehefrau/Partnerin entweder gar nicht zur Kenntnis genommen, oder ihre

Tortur wurde als Auseinandersetzung bagatellisiert, wie sie halt bei einem richtigen Paar dazugehört. Als dann durch die Frauenbewegung mehr Licht in die verfahrenen Geschlechterbeziehungen kam, verzweifelten die Helferinnen häufig an der »Unvernunft« der Opfer, die regelmäßig zu den Schlägern zurückkehrten. Waren sie also nicht selber schuld an ihrer Misere? Hermans Analyse hilft uns, die psychischen Mechanismen, die hier zwischen Täter und Opfer wirksam werden, besser zu verstehen.

Was fand eine Milena Jesenská an einem Polak, der sie ständig betrog, und an einem ebenfalls »lebenslustigen« Krejcer, der sie mit Gonorrhoe infizierte, die über die Arthritis und deren Fehlbehandlung schließlich zur Morphiumsucht führte? In den zwölf Biographien finden wir kaum Frauen, deren Ehe(n) und/oder Liebesbeziehungen mit Männern nicht zeitweise oder durchgehend die Hölle war(en). Glückliche oder gute Ehen erlebten anscheinend nur Gilman (mit ihrem zweiten Ehemann) und Eckstein-Diener (mit ihrem ersten).

In der Oper spielt der ruchlose Verführer als Verursacher weiblichen Wahnsinns eine zentrale Rolle. Lore Berger und Nelly Sachs erkrankten nach unglücklichen Liebesbeziehungen beide an Magersucht.

Noch schlimmer erging es anscheinend manchen Müttern der WahnsinnsFrauen, was auf die Töchter nicht ohne Wirkung blieb. Lasker-Schülers Mutter war so traurig, daß sie es nicht beschreiben kann. »Da müßte ich schon mein Herz aus der Brust nehmen und es schreiben lehren«, sagt die Dichterin. Nachdem die Mutter einmal länger fortblieb und dann so traurig nach Hause kam, erkrankte die Tochter am Veitstanz. Der Ehemann, Vater Schüler, war dagegen extravertiert und lustig.

Überhaupt alle diese schrecklich »lebenslustigen« Lebemänner, Ehemänner der still duldenden, still zu Tode dahinsiechenden Mütter, die sie mit Geschlechtskrankheiten infiziert hatten. Nachdem Ida Bauers Vater seine Frau infiziert hatte und folglich »nicht mehr viel an ihr hatte«, stellte er der Frau seines Freundes nach, der dafür seine Tochter Ida vernaschen sollte.

Die junge Milena, anfangs noch ein Schulkind, mußte der (wahrscheinlich geschlechts-)kranken Mutter sechs Jahre lang beistehen bis zu ihrem Tod. Milenas Vater war auch ein »Lebemann«.

Fazit: Die Biographien lehren auf die eine oder andere Weise, auf erschreckend eindringliche Weise eigentlich, daß Männer (als

Väter, Gatten und Verführer), männliche Werte und Normen, männliche Gewalt und Privilegien, männliche Theorien (Psychoanalyse) und männliche Wahnsysteme (NS-Ideologie) die Entfaltungsmöglichkeiten der Frauen wenn nicht – durch Verbrechen wie Inzest, Schlagen und Vergewaltigung – gänzlich vereiteln, so doch extrem beschränken und (so) ihre geistige Gesundheit konstant gefährden.

Das Wort *WahnsinnsFrauen* wird von uns Autorinnen bekanntlich im doppelten Sinn gebraucht: Die Frauen waren – bis auf die Exzentrikerin Lasker-Schüler und Jesenská, die nur wegen Unbotmäßigkeit in die Anstalt verbracht wurde und sich auch dort, im Gegensatz zu Adalgisa Conti, ihre geistige Gesundheit erhalten konnte – zeitweise psychisch gestört, haben aber (trotzdem? deswegen?) auch Großes geleistet, als Künstlerinnen und/oder als Rebellinnen.

Else Lasker-Schüler war die antibürgerliche Rebellin par excellence. Ida Bauer widersetzte sich Freud mit großem Mut. Auch Gilman leistete heroischen Widerstand gegen ihren Therapeuten und gegen die Konventionen ihrer Zeit. Wie Sylke Niemann betont, war es für Adalgisa Conti bereits eine enorme Leistung, in der Anstalt überhaupt zu überleben, Tag für Tag, 70 Jahre lang – unvorstellbar. Bertha Eckstein-Diener leistete lange Widerstand gegen die Werbung Beers, stritt mit ihm, maß sich mit ihm. Zelda Fitzgerald kämpfte mit dem Mut der Verzweiflung um ihre Identität. Milena Jesenská war wohl der Mut in Person. Sie kämpfte für Schwächere und gegen Hitler und zahlte mit ihrem Leben.

Dem Klischee »Genie und Wahnsinn« am nächsten kamen Else Lasker-Schüler und Séraphine Louis, die Putzfrau und »Malerin von Marias Gnaden«. Wie ihre Biographin Bauschinger betont, war aber Lasker-Schüler nicht wahnsinnig. Sie verkörperte den Typus der Exzentrikerin. Über ExzentrikerInnen befindet die neuere Forschung, daß sie seelisch gesünder sind als der Rest der Bevölkerung, weil sie sich dem Streß der permanenten Anpassung an bürgerliche Normen selbstbewußt widersetzen. Die Meinung »der anderen« ist ihnen einfach nicht besonders wichtig; sie sind sich selbst die Norm.

Für viele war das Schreiben die Rettung: Sachs, Berger, Sexton, Fitzgerald, Spielrein, Gilman, Eckstein-Diener. Fast alle waren dabei Perfektionistinnen, arbeiteten unermüdlich an sich und ihrem Werk, ähnlich wie auch Louis auf dem Gebiet der Malerei. Dieser extreme Perfektionismus mag durchaus mit dem Trauma zusammenhängen, mit der unbewußten Überzeugung, eigentlich wertlos, beschmutzt, zu sein und nur durch überragende Leistung die eigene Existenz rechtfertigen zu können.

Es macht traurig, sich auszumalen, wie furchtbar manche dieser Frauen zugerichtet wurden, was sie gelitten haben und was aus ihnen hätte werden können, wenn sie nicht traumatisiert worden wären. Bei diesen traurigen Gedanken ist es tröstlich zu wissen, wie wichtig und heilend Frauenbeziehungen für die Wahnsinns-Frauen waren. Da ist Gilmans lebenslange innige Freundschaft mit Grace Channing, der sie ihre Tochter und – gewissermaßen – auch ihren Ehemann anvertraute und die ihr während ihrer Krebskrankheit bis zum Tod beistand. Oder die beiden Frauen, mit denen sie jahrelang zusammenlebte. Da ist Gudrun Harlan, die für Nelly Sachs mit größtem Einsatz in letzter Sekunde die Ausreisegenehmigung erwirkte und ihr und ihrer Mutter damit das Leben rettete.[9] Da ist Selma Lagerlöf und die Mutter der Dichterin, die zentrale Bezugsperson ihres Lebens. Da ist Milena Jesenskás Freundin Margarete Buber-Neumann, die fand, daß es sich um der Begegnung mit Milena wegen gelohnt habe, ins KZ deportiert zu werden. Ob das wohl über sonst irgendeinen Menschen gesagt wurde?

Sogar die verschlossene Séraphine Louis pflegte eine Art Freundschaft, wahrscheinlich die einzige ihres Lebens, mit Anne-Marie Uhde, der Schwester ihres Förderers. Adalgisa Conti fand in ihrem liebelosen Leben schließlich Trost und Wärme in der Liebe zu einer Mitpatientin.

Anne Sexton bedeutete die Freundschaft mit Sylvia Plath viel, und die mit Maxine Kumin gab ihr neben der unschätzbaren Möglichkeit des professionellen Austauschs auch Wärme und Geborgenheit.

Daß Zelda Fitzgerald vor ihrer Liebe zu der russischen Ballettlehrerin zurückschreckte und – zusätzlich zu allem andern – auch noch unter »Angst vor Homosexualität« litt, ist ein Jammer. Frau hätte ihr die Nonchalance einer Charlotte Perkins Gilman gegönnt, aber es war eine andere Zeit, vierzig Jahre später. Die Einordnung der Liebe zwischen Frauen als »Perversion« durch die neuen männlichen Disziplinen Sexualwissenschaft und Psychoanalyse hatte sich längst in den Köpfen festgesetzt.

Judith Herman resümiert: Hundert Jahre hat es gebraucht, bis sich die »schreckliche Erkenntnis« über den Wahnsinn der Frauen, der durch die Gewalttätigkeit von Männern verursacht wird, öffentlich Bahn brechen konnte. Freuds Rivale Janet hat seine Erkenntnisse nicht widerrufen. Er blieb mit seinen hysterischen Patientinnen solidarisch – und wurde marginalisiert und vergessen. Es siegte die Theorie von Freud, eine Theorie, die aufbaut auf der Leugnung der Realität von Frauen. Mary Daly faßt Freuds Analyse des »Falles Dora« so zusammen: »Eine Frau, die es nicht genießt, vergewaltigt zu werden, ist hysterisch.«[10]

Damit schmerzhafte Wahrheiten in der Öffentlichkeit Resonanz finden, braucht es immer einen gesellschaftlichen Kontext, eine politische Bewegung, die sie stützt und verbreitet. Im Fall der Kriegsneurosen war das die Friedensbewegung, im Fall der Opfer von Folter ist es die Menschenrechtsbewegung; für die Frauen arbeitet die neue Frauenbewegung seit nunmehr fast dreißig Jahren.

Hermans historisch-politische Überlegungen zu ihrem Thema können heute wie folgt ergänzt werden:

Den Anstrengungen der Frauenbewegung und vieler einsichtiger Männer ist es zu verdanken, daß Präsident Clinton 1994 das umfassende Gesetz gegen Gewalt gegen Frauen, die *Violence against Woman Act* (VAWA), unterzeichnete. Es ist ein Meilenstein auf dem langen Weg zur Gerechtigkeit für Frauen. Die Frauenlobby erwartet, daß die Prozeßlawine, die es auslösen wird, eine ebenso nachhaltige Wirkung auf das männliche Gemüt haben wird wie all die Prozesse wegen sexueller Belästigung am Arbeitsplatz, die die Firmen Unsummen kosten und daher einen bemerkenswerten Bewußtseinswandel in den Chefetagen und umfassende Erziehungsmaßnahmen ausgelöst haben.[11] Es bleibt zu hoffen, daß Deutschland, Europa, daß alle Länder nachziehen.

Anmerkungen

1 Im Original: From the tyranny of man ... the greater number of female follies proceed.

2 *Boston Globe* 10. 9. 1995.

3 Herman 1992, S. 32. Diese und alle anderen Übersetzungen aus dem Englischen sind – soweit nicht anders angegeben – von mir, LFP.

4 Herman 1992, S. 28.
5 Pusch 1992, S. 347.
6 Herman 1992, S. 33.
7 Herman 1992, S. 58f.
8 Herman 1992, S. 25.
9 Ich persönlich glaube, daß der »geheimnisvolle Jugend-Geliebte«, der durch Nelly Sachs' Biographie geistert, (einen) weibliche(n) Namen trug, vielleicht Gudrun Harlan hieß. Wir kennen solche Geschlechtsverkleidungen der oder des Geliebten aus der homophobischen Literaturgeschichte zur Genüge – erinnert sei hier nur an Emily Dickinson und Marcel Proust.
10 Daly 1978, S. 267.
11 Vgl. Frazee 1995.

Literatur

Daly, Mary: *Gynlecology: The Meta-Ethics of Radical Feminism*. Boston. Beacon Press 1978

Frazee, David: »Gender-Justice Breakthrough: A plain-English Guide to the new civil-rights-law against violence against women: How it works ... what it means ... how to use it ... and who tried to kill it«, *On the Issues: The Progressive Women's Quarterly*, Vol IV, No 4, Fall 1995, S. 42-46

Herman, Judith Lewis: *Trauma and Recovery*. New York 1992 (Dt.: *Die Narben der Gewalt. Traumatische Erfahrungen verstehen und überwinden*. Aus dem am. Englisch von Verena Koch und Renate Weitbrecht. München. Kindler. 1994)

Pusch, Luise F.: Nachwort: »Die Frau ist nicht normal, denn sie ist kein Mann«, in: Duda, Sibylle & Luise F. Pusch, Hgg.: *WahnsinnsFrauen*. Frankfurt/M. 1992, S. 339-360.

Die Autorinnen

Sigrid Bauschinger, geb. 1934, lehrt deutsche Sprache und Literatur an der Universität von Massachusetts, Amherst. Arbeitsgebiete: Deutsche Literatur des 20. Jahrhunderts, vor allem deutsch-jüdische Autorinnen und Autoren und Exilliteratur sowie deutsch-amerikanische literarische Zwischenbeziehungen. Buchveröffentlichungen zu Else Lasker-Schüler, Annette Kolb und zur Rezeption deutscher Literatur in Neuengland. Mitherausgeberin der »Amherster Kolloquien zur deutschen Literatur«.

Ruth Dinesen, geb. 1935, dänische Germanistin, Pfarrfrau mit zwei erwachsenen Töchtern. Vor dem Studium Krankenschwester, nach dem Staatsexamen am Germanischen Institut der Universität Kopenhagen tätig. Mehrere Arbeiten zur Neueren Literatur, Schwerpunkt Nelly Sachs; zu deren 100. Geburtstag 1991 verantwortlich für die Gedenkausstellung der Stockholmer Königlichen Bibliothek. Im Suhrkamp Verlag erschien 1991: *Nelly Sachs. Eine Biographie* (auch als st 2270), deren dänische Ausgabe mit dem Literaturpreis des Dänischen Kulturministeriums ausgezeichnet wurde.

Sibylle Duda, geb. 1940. Dozentin für Erziehungswissenschaften an der Universität Hannover. Forschungsschwerpunkte: Sozialgeschichte der Frau im 19. Jahrhundert, weibliche Sozialisation, feministische Theorie. Mithg. von WahnsinnsFrauen (st 1876, 1992). Mitarbeit am Kalender *Berühmte Frauen*.

Susanne Gretter, geb. 1949, studierte Anglistik, Romanistik und politische Wissenschaften in Tübingen und Berlin. Lebt und arbeitet als Lektorin in Frankfurt/M. Mitarbeit am Kalender *Berühmte Frauen*. 1994 erschien als st 2347 *Einblicke und Ausbrüche. Lebensskizzen berühmter Frauen*. Ausgewählt und kommentiert von Susanne Gretter.

Renate Höfer, geb. 1941, studierte Pädagogik und Psychologie an der Universität Frankfurt/M. Ab 1976 Lehrbeauftragte an der Fachhochschule und an der Universität in Bremen. Von 1982 bis 1986 Lehraufträge für Klinische Psychologie an der Universität Oldenburg. Promotion. Seit 1976 therapeutische Praxis in Bremen (DAGG/kup). Diverse Veröffentlichungen zur feministischen Therapie. 1993 erschien: *Die Hiobsbotschaft C. G. Jungs. Folgen sexuellen Mißbrauchs*, Lüneburg.

Evelyne Keitel, geb. 1951, studierte in München, Konstanz, Schottland und in den USA. 1982 Promotion an der Universität Konstanz. 1983-1993 zunächst Hochschulassistentin, dann Privatdozentin am John F. Kennedy-

Institut für Nordamerikastudien der Freien Universität Berlin. Seit 1993 Professorin für Amerikanistik an der Technischen Universität Chemnitz-Zwickau. Publikationen: *Von den Gefühlen beim Lesen*, 1995; *Reading Psychosis: Readers, Texts and Psychoanalysis*, 1989, und *Psychopathographien: Die Vermittlung psychotischer Phänomene durch Literatur*, 1986. Aufsätze zur amerikanischen Literatur, zu feministischen und literaturtheoretischen Fragestellungen.

Swantje Koch-Kanz, geb. 1939, verheiratet, ein Kind. Zehn Jahre Verlagstätigkeit für Mouton, Den Haag. 1972-1975 wissenschaftliche Assistentin am Seminar für Allgemeine Sprachwissenschaft der Universität Kiel. Publikationen: »Die Töchter J. S. Bachs« in: *Töchter berühmter Männer*, und »Dorothea Händel« in: *Mütter berühmter Männer* (it 979 und it 1356, beide mit Luise F. Pusch), »Johanna die Wahnsinnige, in: *Wahnsinns-Frauen* (st 1876, mit Luise F. Pusch), diverse Arbeiten zur deutschen Grammatik. Mitarbeit am Kalender *Berühmte Frauen*.

Sibylle Mulot, geb. 1950, studierte germanistische und romanistische Sprache und Literatur, Promotion 1977 über Robert Musil, danach Ausbildung zur Journalistin. Seit 1981 freie Autorin. Publikationen: *Sir Galahad*. Porträt einer Verschollenen, 1987. *Ein Mann für sich allein*. Roman, 1991. *Liebeserklärungen*. Roman, 1994. *Nachbarn*. Roman, 1995. Herausgeberin der Werke von Gina Kaus.

Sylke Niemann, geb. 1965, studierte in Hannover zunächst Germanistik und Philosophie, anschließend Erziehungswissenschaft. Tätigkeiten im musikpädagogischen Bereich und als Sängerin im Fach Kabarett/Chanson.

Luise F. Pusch, geb. 1944, Professorin für Sprachwissenschaft. Bücher und Aufsätze zur Grammatik diverser Sprachen und zur Grammatiktheorie. Autorin von u. a.: *Das Deutsche als Männersprache* (1984, es 1217) und *Alle Menschen werden Schwestern* (1990, es 1565). Mitherausgeberin von *WahnsinnsFrauen* (1992, st 1876); Herausgeberin u. a. der Triologie über *Schwestern, Töchter* und *Mütter berühmter Männer* (1985, it 796, 1988, it 979, 1994, it 1356) und des Kalenders *Berühmte Frauen*, 1987ff.

Eva Rieger, geb. 1940, Professorin für Sozialgeschichte der Musik an der Universität Bremen. Publikationen u. a.: »Emilie Kempin«, in: *Wahnsinns-Frauen* (st 1876); »Maria Anna Mozart«, in: *Schwestern berühmter Männer* (it 796) und »Anna Maria Mozart«, in: *Mütter berühmter Männer* (it 1356). Mitarbeit am Kalender *Berühmte Frauen*.

Andrea Schweers, geb. 1952, Journalistin und Lehrerin. Mitbegründerin und sieben Jahre Mitarbeiterin des Frauenkulturhauses Bremen. Private

Forschung und Vorträge über Leben und Werk von Künstlerinnen (Camille Claudel, Rosa Bonheur, Romaine Brooks). Mitarbeit am Kalender *Berühmte Frauen*. In den letzten sechs Jahren tätig als Lehrerin für Deutsch als Fremdsprache. Seit Mai 1995 Sekundarschullehrerin in Kakamega/ Westkenia.

Liliane Studer, geb. 1951, Sozialarbeiterin. Ab 1982 Studium der Germanistik und Schweizer Geschichte in Bern. Lizentiat über Marlen Haushofer. Seit 1988 Literaturkritikerin und Publizistin mit den Schwerpunkten Zeitgenössische Literatur von Frauen, Schweizer Literatur, Frauen- und Geschlechterfragen. Im ersten Band der *WahnsinnsFrauen* publizierte sie: »Ellen West – ›Das Leben lastet wie eine Wolke auf mir‹«. Seit April 1995 Verlegerin eFeF-Verlag, Bern. Lebt und arbeitet in Bern.

Simone Tünnermann, geb. 1966, studierte Erziehungswissenschaft an der Universität Hannover. Arbeitet zur Zeit an einer Dissertation (»Weiblichkeitsbild und Emanzipationsverständnis im epischen Werk deutschsprachiger Schriftstellerinnen 1890-1933«).

Bildnachweis

Archiv Louis-Edgar Berger, Basel: S. 307
Archiv Klaus Wagenbach, Berlin: S. 257
Deutsches Literaturarchiv, Marbach a. N.: S. 73
Arthur Furst: S. 335
Kore Verlag, Freiburg: S. 157
Süddeutscher Verlag, München: S. 367
Weitere Nachweise Suhrkamp Verlag

Literatur von Frauen
im Suhrkamp Taschenbuch Verlag

Isabel Allende: Eva Luna. Roman. Aus dem Spanischen von Lieselotte Kolanoske. st 1897 und st 2531

– Das Geisterhaus. Roman. Aus dem Spanischen von Anneliese Botond. st 1676 und Großdruck. it 2341

– Die Geschichten der Eva Luna. Aus dem Spanischen von Lieselotte Kolanoske. st 2193

– Der unendliche Plan. Roman. Aus dem Spanischen von Lieselotte Kolanoske. st 2302

– Von Liebe und Schatten. Roman. Aus dem Spanischen von Dagmar Ploetz. st 1735

Vita Andersen: Welche Hand willst du? Roman. Aus dem Dänischen von Angelika Gundlach. st 2225

Ruth Andreas-Friedrich: Der Schattenmann. Tagebuchaufzeichnungen 1938-1945. Mit einem Nachwort von Jörg Drews. st 1267

– Schauplatz Berlin. Tagebuchaufzeichnungen 1945-1948. st 1294

Lou Andreas-Salomé: Lebensrückblick. Grundriß einiger Lebenserinnerungen. Aus dem Nachlaß herausgegeben von Ernst Pfeiffer. st 2340

– Lebensrückblick. Grundriß einiger Lebenserinnerungen. Aus dem Nachlaß herausgegeben von Ernst Pfeiffer. Neu durchgesehene Ausgabe mit einem Nachwort des Herausgebers. it 54

– Rainer Maria Rilke. Mit acht Bildtafeln im Text. Herausgegeben von Ernst Pfeiffer. it 1044

Bettine von Arnim: Goethes Briefwechsel mit einem Kinde. Herausgegeben und eingeleitet von Waldemar Oehlke. Mit zeitgenössischen Abbildungen. it 767

– Die Günderode. Mit einem Essay von Christa Wolf. st 2341 und it 702

Elizabeth von Arnim: Alle meine Hunde. Aus dem Englischen von Karin von Schab. it 1502

– April, May und June. Aus dem Englischen von Angelika Beck. Mit einem Nachwort von Kirsten Jüngling und Brigitte Roßbeck. it 1722

– Elizabeth und ihr Garten. Aus dem Englischen von Adelheid Dormagen. it 1293 und Großdruck. it 2338

– Jasminhof. Roman. Aus dem Englischen von Helga Herborth. it 1677

– Liebe. Roman. Aus dem Englischen von Angelika Beck. Deutsche Erstausgabe. it 1591

– Die Reisegesellschaft. Roman. Aus dem Englischen von Angelika Beck. it 1763

– Sallys Glück. Roman. Aus dem Englischen von Schamma Schahadat. it 1764

110/1/7.95

Literatur von Frauen im Suhrkamp Taschenbuch Verlag

Elizabeth von Arnim: Vater. Roman. Aus dem Englischen von Anna Marie von Welck. Neuübersetzung. it 1544

– Verzauberter April. Roman. Aus dem Englischen von Adelheid Dormagen. Mit Fotos aus dem gleichnamigen Film. it 1538 und Großdruck. it 2346

Jane Austen: Die Abtei von Northanger. Aus dem Englischen von Margarete Rauchenberger. Mit Illustrationen von Hugh Thomson. it 931

– Anne Elliot. Aus dem Englischen von Margarete Rauchenberger. Mit Illustrationen von Hugh Thomson. it 1062

– Die großen Romane. Mit den Illustrationen von Hugh Thomson. Sieben Bände in Kassette. it

– Emma. Aus dem Englischen von Charlotte Gräfin von Klinckowstroem. Mit Illustrationen von Hugh Thomson. it 511 und it 1631

– Lady Susan. Ein Roman in Briefen. Aus dem Englischen von Angelika Beck. Mit zwei Romanfragmenten: Die Watsons. Sanditon. Aus dem Englischen von Elizabeth Gilbert. it 1192

– Lady Susan. Ein Roman in Briefen. Aus dem Englischen von Angelika Beck. Großdruck. it 2331

– Mansfield Park. Aus dem Englischen von Angelika Beck. Mit Illustrationen von Hugh Thomson. it 1503

– Stolz und Vorurteil. Aus dem Englischen von Margarete Rauchenberger. Mit Illustrationen von Hugh Thomson und mit einem Essay von Norbert Kohl. it 787

– Verstand und Gefühl. Roman. Aus dem Englischen von Angelika Beck. Mit Illustrationen von Hugh Thomson. it 1615

Ingeborg Bachmann: Malina. Roman. st 641 und st 2346

Emmy Ball-Hennings: Gefängnis. st 1936

Djuna Barnes: Nachtgewächs. Roman. Deutsch von Wolfgang Hildesheimer. Mit einer Einleitung von T.S. Eliot. st 2195

– Ryder. Aus dem Amerikanischen von Henriette Beese. Mit elf Zeichnungen der Autorin. st 1638

Sylvia Beach: Shakespeare and Company. Ein Buchladen in Paris. Aus dem Amerikanischen von Lilly v. Sauter. st 823

Maria Beig: Hochzeitslose. Roman. Mit einem Nachwort von Martin Walser. st 1163

– Rabenkrächzen. Eine Chronik aus Oberschwaben. Roman. Mit einem Nachwort von Martin Walser. st 911

– Die Törichten. Roman. st 2219

– Urgroßelternzeit. Erzählungen. st 1383

Marija Belkina: Die letzten Jahre der Marina Zwetajewa. Aus dem Russischen von Schamma Schahadat und Dorothea Trottenberg. st 2213

110/2/7.95

Literatur von Frauen
im Suhrkamp Taschenbuch Verlag

Charlotte Beradt: Das Dritte Reich des Traums. Mit einem Nachwort von Reinhart Koselleck. st 2321

Ulla Berkéwicz: Adam. st 1664

– Engel sind schwarz und weiß. Roman. st 2296

– Josef stirbt. Erzählung. st 1125

– Maria, Maria. Drei Erzählungen. st 1809

– Michel, sag ich. st 1530

Tania Blixen: Moderne Ehe und andere Betrachtungen. Aus dem Dänischen von Walter Boehlich. Mit einem Nachwort von Hanns Grössel. st 1971

Carmen Boullosa: Sie sind Kühe, wir sind Schweine. Roman. Aus dem Spanischen von Erna Pfeiffer. es 1866

– Die Wundertäterin. Roman. Aus dem Spanischen von Susanne Lange. es 1974

Karin Boye: Kallocain. Utopischer Roman. Aus dem Schwedischen von Hermine Clemens. st 2260

Briefe von Frauen über Krieg und Nationalismus. Aus dem Slowenischen von Marina Einspieler, aus dem Serbokroatischen von Barbara Antkowiak, Angela Richter und Mechthild Schäfer. Mit einem Beitrag von Duška Perišeć-Osti. es 1811

Die Briefe von Goethes Mutter. Gesammelt und herausgegeben von Albert Körner. Mit einem Nachwort von Karl Riha. it 1550

Anne Brontë: Agnes Grey. Aus dem Englischen von Elisabeth von Arx. it 1093

– Die Herrin von Wildfell Hall. Roman. Aus dem Englischen neu übersetzt von Angelika Beck. it 1547

Charlotte Brontë: Erzählungen aus Angria. Aus dem Englischen von Michael Walter und Jörg Drews. it 1285

– Jane Eyre. Eine Autobiographie. Aus dem Englischen von Helmut Kossodo. Mit einem Essay und einer Bibliographie herausgegeben von Norbert Kohl. it 813 und st 2342

– Der Professor. Aus dem Englischen von Gottfried Röckelein. it 1354

– Shirley. Aus dem Englischen von Johannes Reiher und Horst Wolf. it 1145

– Über die Liebe. Herausgegeben von Elsemarie Maletzke. Übertragen von Eva Groepler und Hans J. Schütz. it 1249

– Villette. Roman. Aus dem Englischen von Christiane Agricola. it 1447

Emily Brontë: Die Sturmhöhe. Aus dem Englischen von Grete Rambach. it 141, it 1633 und Großdruck. it 2348

110/3/7.95

Literatur von Frauen im Suhrkamp Taschenbuch Verlag

Die Schwestern Brontë. Leben und Werk in Texten und Bildern. Herausgegeben von Elsemarie Maletzke und Christel Schütz. it 814

Judith Butler: Das Unbehagen der Geschlechter. Aus dem Amerikanischen von Kathrina Menke. es 1722

Antonia S. Byatt: Besessen. Roman. Aus dem Englischen von Melanie Walz. st 2376

– Die Verwandlung des Schmetterlings (Morpho Eugenia). Roman. Aus dem Englischen von Melanie Walz. st 2503

Leonora Carrington: Unten. Aus dem Französischen von Edmund Jacoby. st 2343

Colette: Diese Freuden. Aus dem Französischen von Maria Dessauer. st 2154

Sigrid Damm: Cornelia Goethe. it 1452

Ruth Dinesen: Nelly Sachs. Eine Biographie. Aus dem Dänischen von Gabriele Gerecke. st 2270

Esther Dischereit: Joëmis Tisch. Eine jüdische Geschichte. es 1492

Tove Ditlevsen: Sucht. Erinnerungen. Aus dem Dänischen von Erna Plett in Zusammenarbeit mit Else Kjaer. st 2342

Ulrike Draesner: gedächtnisschleifen. Gedichte. es 1948

Annette von Droste-Hülshoff: Sämtliche Erzählungen. Herausgegeben von Manfred Häckel. it 1521

Marguerite Duras: Blaue Augen schwarzes Haar. Aus dem Französischen von Maria Dessauer. st 1681

– Eden Cinéma. Aus dem Französischen von Ruth Henry. es 1443

– Emily L. Roman. Aus dem Französischen von Maria Dessauer. st 1808

– Ganze Tage in den Bäumen. Erzählung. Deutsch von Elisabeth Schneider. st 1157

– Heiße Küste. Roman. Aus dem Französischen von Georg Goyert. st 1581

– Hiroshima mon amour. Filmnovelle. Deutsch von Walter Maria Guggenheimer. st 112 und st 2533

– Im Park. Roman. Aus dem Französischen von Andrea Spingler. st 1938

– Im Sommer abends um halb elf. Roman. Aus dem Französischen von Ilma Rakusa. st 2201

– La Musica Zwei. Theaterstück. Aus dem Französischen von Simon Werle. es 1408

– Liebe. Aus dem Französischen von Barbara Henninges. st 2460

– Der Liebhaber. Aus dem Französischen von Ilma Rakusa. st 1629

110/4/7.95

Literatur von Frauen
im Suhrkamp Taschenbuch Verlag

Marguerite Duras: Der Liebhaber aus Nordchina. Roman. Aus dem Französischen von Andrea Spingler. st 2384
– Der Matrose von Gibraltar. Roman. Aus dem Französischen von Maria Dessauer. st 1847
– Moderato cantabile. Roman. Aus dem Französischen von Leonharda Gescher und W. M. Guggenheimer. st 1178
– Das Pferdchen von Tarquinia. Roman. In der Übersetzung von Walter M. Guggenheimer. st 1269
– Ein ruhiges Leben. Roman. Deutsch von W. M. Guggenheimer. st 1210
– Sommer 1980. Aus dem Französischen von Ilma Rakusa. es 1205
– Sommerregen. Aus dem Französischen von Andrea Spingler. st 2284
– Das tägliche Leben. Aus dem Französischen von Ilma Rakusa. es 1508
– Der Tod des jungen englischen Fliegers. Aus dem Französischen von Andrea Spingler. es 1945
– Vera Baxter oder Die Atlantikstrände. Aus dem Französischen von Andrea Spingler. es 1389
– Die Verzückung der Lol V. Stein. Deutsch von Katharina Zimmer. st 1079
– Der Vize-Konsul. Roman. Deutsch von W. M. Guggenheimer. st 1017

Marguerite Duras / Michelle Porte: Die Orte der Marguerite Duras. Aus dem Französischen von Justus F. Wittkop. es 1080

Andrea Dworkin: Eis & Feuer. Roman. Aus dem Amerikanischen von Christel Dormagen. st 2229

Einblicke und Ausbrüche. Lebensskizzen berühmter Frauen. Herausgegeben von Susanne Gretter. st 2347

Ria Endres: Werde, was du bist. Dreizehn literarische Frauenportraits. st 1942 und st 2350

Laura Esquivel: Bittersüße Schokolade. Mexikanischer Roman um Liebe, Kochrezepte und bewährte Hausmittel in monatlichen Fortsetzungen. Aus dem Spanischen von Petra Strien. st 2391 und st 2534

Falsche Helden. Frauen über den Krieg. Herausgegeben von Daniela Gioseffi. st 2507

Cristina Fernández Cubas: Das geschenkte Jahr. Roman. Aus dem Spanischen von Eva Schikorski. es 1549

Penelope Fitzgerald: Frühlingsanfang. Roman. Aus dem Englischen von Christa Krüger. it 1693

110/5/7.95

Literatur von Frauen im Suhrkamp Taschenbuch Verlag

Marieluise Fleißer: Gesammelte Werke in vier Bänden. Herausgegeben von Günther Rühle. Vier Bände in Kassette. st 2274–2277
– Band 1: Dramen. st 2274
– Band 2: Romane. Erzählende Prosa. Aufsätze. st 2275
– Band 3: Gesammelte Erzählungen. st 2276
– Band 4: Aus dem Nachlaß. st 2277
– Abenteuer aus dem Englischen Garten. Geschichten. Mit einem Nachwort von Günther Rühle. st 925
– Ingolstädter Stücke. st 403

Adelaida García Morales: Die Logik des Vampirs. Roman. Aus dem Spanischen von Anne Sorg-Schumacher. es 1871
– Das Schweigen der Sirenen. Roman. Aus dem Spanischen von Anne Sorg-Schumacher. es 1647
– Der Süden. Bene. Aus dem Spanischen von Anne Sorg-Schumacher und Imme Bergmaier. es 1460

Gedichte berühmter Frauen. Von Hildegard von Bingen bis Ingeborg Bachmann. Herausgegeben von Elisabeth Borchers. it 1790

Lidia Ginsburg: Aufzeichnungen eines Blockade-Menschen. es 1672

Natalia Ginzburg: Caro Michele. Der Roman einer Familie. Aus dem Italienischen von Arianna Giachi. st 853
– Ein Mann und eine Frau. Aus dem Italienischen von Arianna Giachi. st 816

Evelyn Grill: Wilma. Erzählung. es 1890

Undine Gruenter: Epiphanien, abgeblendet. 56 Prosastücke. es 1870

Karoline von Günderode: Gedichte. Herausgegeben von Franz Josef Görtz. it 809

Barbara Hahn: Unter falschem Namen. Von der schwierigen Autorschaft der Frauen. es 1723

Handbuch für Wahnsinnsfrauen. Herausgegeben von Luise F. Pusch. st 2308

Lioba Happel: Grüne Nachmittage. Gedichte. es 1570
– Ein Hut wie Saturn. Erzählung. st 2217

Shulamith Hareven: Stadt vieler Tage. Saras Jerusalem. Aus dem Hebräischen von Ruth Achlama. st 2505

Kerstin Hensel: Im Schlauch. Erzählung. es 1815

Lisbet Hiide: Frau mit Schnabel. Erzählungen. Aus dem Norwegischen von Ursel Möhle. es 1668

Ricarda Huch: Der Fall Deruga. Kriminalroman. it 1416
– Der letzte Sommer. Eine Erzählung in Briefen. Großdruck. it 2315

Anna Maria Jokl: Die Perlmutterfarbe. Ein Kinderroman für fast alle Leute. st 2412

110/6/7.95

Literatur von Frauen im Suhrkamp Taschenbuch Verlag

Lídia Jorge: Die Küste des Raunens. Roman. Aus dem Portugiesischen von Karin von Schweder-Schreiner. st 2469
– Nachricht von der anderen Seite der Straße. Roman. Aus dem Portugiesischen von Karin von Schweder-Schreiner. st 2149
Marie Luise Kaschnitz: Beschreibung eines Dorfes. Fotografien von Michael Grünwald. it 665
– Eisbären. Erzählungen. it 4
– Elf Liebesgeschichten. Ausgewählt von Elisabeth Borchers. Großdruck. it 2306
– Elissa. Roman. it 1694
– Ferngespräche. Erzählungen. it 1422
– Liebe beginnt. Roman. it 1603
– Liebesgeschichten. Ausgewählt und mit einem Nachwort versehen von Elisabeth Borchers. st 1292
– Menschen und Dinge 1945. Zwölf Essays. Mit einem Nachwort von Karl Krolow. it 1710
– Orte. Aufzeichnungen. it 1321
– Orte und Menschen. Aufzeichnungen. Mit einem Nachwort von Marcel Reich-Ranicki. it 1361
– Steht noch dahin. it 1729
– Tage, Tage, Jahre. Aufzeichnungen. it 1453
– Zwischen Immer und Nie. Gestalten und Themen der Dichtung. Mit einem Nachwort von Hans Bender. it 1527
Kaschnitz Lesebuch. Herausgegeben von Elisabeth Borchers. it 1792
Bettina Klix: Sehen Sprechen Gehen. Prosa. es 1566
Gertrud Koch: Die Einstellung ist die Einstellung. Visuelle Konstruktionen jüdischer Geschichte. es 1674
Barbara Köhler: Deutsches Roulette. Gedichte. es 1642
Cordula Koepcke: Lou Andreas-Salomé. Leben. Persönlichkeit. Werk. Eine Biographie. it 905
Hanna Krall: Schneller als der liebe Gott. Mit einem Vorwort von Willy Brandt. Aus dem Polnischen übersetzt von Klaus Staemmler. es 1023
Ursula Krechel: Mit dem Körper des Vaters spielen. Essays. es 1716
Maruŝa Krese-Weidner: Gestern, Heute, Morgen. Gedichte. Aus dem Slowenischen von Fabjan Hafner. es 1703
Julia Kristeva: Mächte des Grauens. Ein Versuch über den Abscheu. Aus dem Französischen von Xenia Rajewski. es 1684
Sabine Küchler: In meinem letzten Leben war ich die Callas. es 1799

110/7/7.95

Literatur von Frauen
im Suhrkamp Taschenbuch Verlag

Monique Lange: Edith Piaf. Die Geschichte der Piaf. Ihr Leben in Texten und Bildern. Aus dem Französischen von Hugo Beyer. Mit einer Discographie. it 516

Gertrud von le Fort: Erzählungen. Mit einem Nachwort von Eugen Biser. it 1512

– Die Magdeburgische Hochzeit. Roman. it 1384

– Die Tochter Jephthas und andere Erzählungen. st 351

Gertrud Leutenegger: Lebewohl, Gute Reise. Ein dramatisches Poem. es 1001

– Das verlorene Monument. es 1315

Liselotte von der Pfalz: Briefe. Herausgegeben und eingeleitet von Helmuth Kiesel. Mit zeitgenössischen Portraits. it 428

Elisabeth List: Die Präsenz des Anderen. Theorie und Geschlechterpolitik. es 1728

Katherine Mansfield: Das Gartenfest und andere Erzählungen. Aus dem Englischen von Heide Steiner. it 1724

– Über die Liebe. Herausgegeben von Ida Schöffling. it 1703

Claire Tomalin: Katherine Mansfield. Eine Lebensgeschichte. Aus dem Englischen von Eike Schönfeld. st 2336

Angeles Mastretta: Frauen mit großen Augen. Aus dem Spanischen von Monika López. st 2297

– Mexikanischer Tango. Roman. Aus dem Spanischen von Monika López. st 1787

Friederike Mayröcker: Die Abschiede. st 1408

– Ausgewählte Gedichte. 1944-1978. st 1302

– Magische Blätter. es 1202

– Magische Blätter II. es 1421

– Magische Blätter III. es 1646

– Magische Blätter IV. es 1954

Alice Miller: Am Anfang war Erziehung. st 951

– Bilder einer Kindheit. 66 Aquarelle und ein Essay. st 1158

– Du sollst nicht merken. Variationen über das Paradies-Thema. Mit einem neuen Nachwort (1983). st 952

Rosa Montero: Geliebter Gebieter. Roman. Aus dem Spanischen von Susanne Ackermann. st 1879

– Ich werde dich behandeln wie eine Königin. Roman. Aus dem Spanischen von Susanne Ackermann. st 1944

– Zittern. Roman. Aus dem Spanischen von Susanne Ackermann. st 2396

Barbara Neuwirth: Dunkler Fluß des Lebens. Erzählungen. st 2399

110/8/7.95

Literatur von Frauen
im Suhrkamp Taschenbuch Verlag

Ōba Minako: Träume fischen. Roman. Aus dem Japanischen übertragen von Bruno Rhyner. st 2390

Judith Offenbach: Sonja. Eine Melancholie für Fortgeschrittene. st 688

Fabienne Pakleppa: Die Himmelsjäger. Roman. st 2214

Erica Pedretti: Harmloses, bitte & zwei Romane. st 2518

J. J. Phillips: Mojo Hand. Eine orphische Geschichte. Aus dem Amerikanischen von Barbara Henninges. es 1574

Sylvia Plath: Das Bett-Buch. Aus dem Englischen von Eva Demski. Mit farbigen Illustrationen von Rotraud Susanne Berner. it 1474

Linda Wagner-Martin: Sylvia Plath. Eine Biographie. Aus dem Englischen von Sabine Techel. st 2337

Ilma Rakusa: Die Insel. Erzählung. st 1964

– Jim. Sieben Dramolette. es 1880

– Steppe. Eine Erzählung. es 1634

Gwen Raverat: Eine Kindheit in Cambridge. Roman. Aus dem Englischen übertragen von Leonore Schwartz. it 1592

Der Riß am Himmel. Science-fiction von Frauen. Herausgegeben von Karin Ivancsics. Übersetzt von Peter Hiess. st 2175

Christiane Rochefort: Frühling für Anfänger. Roman. Aus dem Französischen von Eugen Helmlé. st 532

– Kinder unserer Zeit. Roman. Aus dem Französischen von Walter Maria Guggenheimer. st 487

– Das Ruhekissen. Roman. Aus dem Französischen von Ernst Sander. st 379

– Die Tür dahinten. Roman. Aus dem Französischen von Eugen Helmlé. st 2160

– Zum Glück gehts dem Sommer entgegen. Roman. Aus dem Französischen von Eugen Helmlé. st 523

Mercè Rodoreda: Auf der Plaça del Diamant. Roman. Aus dem Katalanischen von Hans Weiss. Mit einem Nachwort von Gabriel García Márquez. st 977

Friederike Roth: Die einzige Geschichte. Theaterstück. es 1368

– Das Ganze ein Stück. Theaterstück. es 1399

– Krötenbrunnen. Ein Stück. es 1319

Renate Rubinstein: Immer verliebt. Aus dem Niederländischen von Rahel E. Feilchenfeldt. es 1337

– Nichts zu verlieren und dennoch Angst. Notizen nach einer Trennung. Aus dem Niederländischen übersetzt von Johannes Piron. Mit einem Vorwort von Norbert Elias. es 1022 und st 2230

– Sterben kann man immer noch. Notizen von einer Krankheit. Aus dem Niederländischen von Helga van Beuningen. es 1433

110/9/7.95

Literatur von Frauen
im Suhrkamp Taschenbuch Verlag

Nelly Sachs: Fahrt ins Staublose. Gedichte. st 1485

Das Buch der Nelly Sachs. Herausgegeben von Bengt Holmquist. st 398

George Sand: Geschichte meines Lebens. Aus ihrem autobiographischen Werk ausgewählt und mit einer Einleitung versehen von Renate Wiggershaus. st 2345

Rahel Sanzara: Das verlorene Kind. Roman. Mit einem Nachwort von Peter Engel. st 910

Sappho. Neu übertragen und kommentiert von Stefanie Preiswerk-zum Stein. Mit farbigen Abbildungen. it 1229

Sappho: Strophen und Verse. Übersetzt und herausgegeben von Joachim Schickel. it 309

Kathrin Schmidt: Flußbild mit Engel. es 1931

Misia Sert: Pariser Erinnerungen. Aus dem Französischen von Hedwig Andertann. Mit einem Bildteil. it 1180

Mary W. Shelley: Frankenstein oder Der moderne Prometheus. Aus dem Englischen von Karl Bruno Leder und Gerd Leetz. Mit Fotos aus *Frankenstein*-Filmen und einem Essay und einer Bibliographie von Norbert Kohl. it 1030

Lisa St Aubin de Terán: Joanna. Roman. Aus dem Englischen von Ebba D. Drolshagen. st 2456

Marlene Streeruwitz: New York. New York. Elysian Park. Zwei Stücke. es 1800

– Waikiki-Beach. Sloane Square. Zwei Stücke. es 1786

Karin Struck: Kindheits Ende. Journal einer Krise. es 1123

– Klassenliebe. Roman. es 629

Sabine Techel: Es kündigt sich an. Gedichte. es 1370

Gabriele Tergit: Atem einer anderen Welt. Berliner Reportagen. Herausgegeben und mit einem Nachwort versehen von Jens Brüning. Erstausgabe. st 2280

Dubravka Ugrešić: Die Kultur der Lüge. es 1963

– My American Fictionary. Aus dem Kroatischen von Barbara Antkowiak. es 1895

Wahnsinnsfrauen. Herausgegeben von Sibylle Duda und Luise F. Pusch. Erstausgabe. st 1876

Wahnsinnsfrauen II. Neue Portraits. Herausgegeben von Sibylle Duda und Luise F. Pusch. st 2493

Dorothea Zeemann: Jungfrau und Reptil. Leben zwischen 1945 und 1972. st 776

– Eine unsympathische Frau. Erzählungen. st 2224

110/10/7.95